漢雅文叢

實證唯心論 1
綱要篇

實證與唯心

哲學的批判與歸復

吳　甿　著

商務印書館

本書由嘉禮堂文教基金會贊助出版

實證與唯心 —— 哲學的批判與歸復

作　　　者：吳　旼

責任編輯：吳佰乘

封面設計：涂　慧

出　　　版：商務印書館 (香港) 有限公司

　　　　　　香港筲箕灣耀興道 3 號東滙廣場 8 樓

　　　　　　http://www.commercialpress.com.hk

發　　　行：香港聯合書刊物流有限公司

　　　　　　香港新界荃灣德士古道 220－248 號荃灣工業中心 16 樓

印　　　刷：美雅印刷製本有限公司

　　　　　　九龍觀塘榮業街 6 號海濱工業大廈 4 樓 A

版　　　次：2021 年 12 月第 1 版第 1 次印刷

　　　　　　© 2021 商務印書館 (香港) 有限公司

　　　　　　ISBN 978 962 07 6672 5

　　　　　　Printed in Hong Kong

新 序

千古唯心，實證相應
——「實證唯心論」三書統一版序言

　　《實證與唯心》、《玄理與性理》出版於二十年前，今經修訂，與新編的《目的與存在》一併出版，統稱「實證唯心論」三書。三書所論不外一事，即：全部哲學問題，在今日所謂實證的時代，如何保留其問題的真實性？本論的答覆是：全部哲學問題必須通過人的思想與生命存在之反省，方能取得消極義之哲學論證（人與人所在世界的說明）之可能，與積極義之哲學論證（人在宇宙中之自我定位）之可能，以及統一兩種可能性於一生命自覺與超自覺；而人的思想與生命存在的自我反省，是沒有甚麼比這更實證的。哲學史家湯用彤總括之曰：

> 　　中國之言本體者，蓋未嘗離於人生也。所謂人生者，即言人生之真之實證為第一要義。實證人生者，即所謂返本。而歸真、復命、通玄、履道、體極、存神等等，均可謂返本之異名。[1]

1　《湯用彤全集·往日雜稿》（石家莊：河北教育出版社，2000 年），頁 188。

　　本論歸結為一句：返本者，證心也，唯心實證，實證唯心。

　　今藉三書出統一版之機會，再略說「實證唯心論」之消極的「唯心實證」之批判義、歸原義，與積極的「實證唯心」之自由義、實踐實現義，以及二義即於一心之義。此外，仍時有關於訓詁與義理之關係的議論，雖有些人覺毫無新意，而另些人覺甚有深意，然此問題與本論之根本論旨甚相關，故亦在此略說幾句（有關思想本人已略表於〈言意之辨與魏晉名理〉與〈「語言轉向」之轉向〉兩長文）。本人於訓詁考據全無特別心得可言，所有心得皆從義理所得而得，而無意中暗合於幾位前輩大學者所言，故不免有所引述，以示緬懷之意。

　　書中各文寫於多年之前，所論問題卻越加顯明而迫近在我們面前，無一可以躲避。近讀友人譯文得悉歐美漢學界有所謂「弒孔之風」，於此難免有感觸，不能不稍作回應。是知有關文化生命之事，從無一勞永逸可言，而每一次的論證、申明，都只是重複，亦可是一次創造──以千古唯心故，實證相應故。

一、從「形上」、「形下」之超越區分，說實證唯心論之消極義與積極義

　　人類智性發展到今日，無論怎麼說，都可說是已進入實證時代。[2]

　　二十世紀初發生的「語言轉向」與存在主義運動，亦可說是再一次徹底拆除西方傳統形而上學講壇。二百年前之一次大清拆，是康德的批判哲學。此廓清之功，初看甚難，說穿了甚易，就是：自柏拉圖下來的一套套的形而上學（Metaphysics），既事先宣告是超離的（Transcendent，超智離心，無從考證的），那就應該「歸於沉默」（維特

2　奧古斯特・孔德（Auguste Comte）撰，蕭贛中譯：《實證主義概觀》（台北：商務印書館，1966 年），謂人類智性發展，十三世紀以前是「神學階段」，十三世紀至十七世紀是「形上學階段」，18 世紀以後進入「實證階段」（頁 36）。

根斯坦），歸於「不可知」（如康德，以至羅素之哲學歸宿），不宜再堅持其「超智而主智」的觀念冒險，以免不幸淪為「超智而反智」（《開放的社會及其敵人》作者卡爾・波柏所言），「以學術殺天下後世」[3] 之非平庸之惡。這是西方哲學給自己的忠告。卻又因此，世界恐怕被西方拖着要冒險進入一個「竟要在理性安置其最高榮譽的地方而要以經驗來改造理性本身；以一種死盯在經驗上的鼠目寸光的智慧，以為比昂然挺立、眺望天外的那種生物（人）所本有的眼睛看得更遠、更透徹」[4] 這樣的不可知論的時代。而開放的社會的敵人如今可以直接「反智」到底，無需「超智而反智的偽先知」作掩護了。善良的人們於是寧可回到神學時代，四處尋找神啟神喻神蹟。雖然現代尋神活動亦至少在意願上不想離開實證的道路。

　　在中國方面，既很早告別了神學時代，造神的熱誠虛妄，弒神的罪惡快感，中國人很少體會。兩千多年來都是那句「形而上者謂之道，形而下者謂之器」（《周易・繫辭傳》），是以「人的存在之當下」（當下之人與人的世界）之反省為實存之基準（界線），作徹底的「人本主義」的宣告：在「此存在者」以上者為形而上之道，在「此存在者」以下者為形而下之器，而「此存在者」即活動即存在地實證為形上、形下世界之發明者、區分者，亦即形上、形下世界之區分、形成之所依之根據。但「此存在者」現成並非一實在論的「界限」，以界分形上、形下。相反，是「此存在者」啟動了形上、形下之區分之念，更堅持此念，以之反思「此存在者」自身之形上、形下，自我反省到底，一直反省至此念念之存在根據，即此念念之動處證為其止處 —— 非為防無窮後退故，乃實感故，終止於「寂感同時」，即此「寂感同時」而曰存有論（Ontology）的「最後實存」。此最後實存實為一動態的存有，

3　《宋元學案》第七十九卷，記有宋儒崔與之〈座右銘〉：「無以嗜欲殺身，無以貨財殺子孫，無以政事殺民，無以學術殺天下後世。」
4　康德撰，何兆武譯：《歷史理性批判文集》（北京：商務印書館，1990 年），頁 166。

永存於自我感應，與他人感應、與過去未來感應、與天地萬物感應、
與聖靈鬼神感應之中心，同時即為由感應而必有事焉之生生之中心。
中國經典稱之為「寂感真幾」，或曰「斯人千古不磨心」之「心」，亦
即「夫子以仁發明斯道，其言渾無罅縫。孟子十字打開，更無隱遁。」
（《陸九淵・語錄》）之以仁（感通）為性，能夠「十字打開，更無隱
遁」之心（或即康德在第三批判所言之「特殊的心靈機能 —— 反思判
斷力」），而即心言性，即性言理，即理言氣，即氣言形，言「形而上」
與「形而下」之兩界區分。「氣是形而下者，道是形而上者。形而上
者則是密也。」（《二程集・遺書》）「理也者，形而上之道也，生物之
本也；氣也者，形而下之器也，生物之具也。是以人物之生，必稟此
理，然後有性；必稟此氣，然後有形。其性其形，雖不外乎一生，然
其道器之間分際甚明，不可亂也。」（《晦庵集》卷五十八〈答黃道夫〉）
由「道 —— 器」，轉說為「道 —— 氣」、轉說為「理 —— 氣」，以至說
為「理 —— 器」、說為「理 —— 事」，再而轉移納歸於「體 —— 用」；
又由「體 —— 用」，分作「縱貫說」（實現說）、「內外說」（呈現說）、
「先後說」（因果說），依心之活動方向而慣常有之分別說法。由「分別
說」而可再分別，則有「縱貫而橫說」與「橫說的縱貫」，「由內而外」
與「由外而內」，「由因說果」與「由果說因」之種種再分別。莊子所謂
「自無適有，以至於三，而況自有適有乎」。即此分別心，自無適有，
而言「形而上」與「形而下」；而再分別，自有適有，必至於巧曆不能
得。窮途知返，自眾返寡，返至於「形而上」與「形而下」之「二」，「二」
與原始之「一」為「三」。是「形而上」與「形而下」之「二」，原自「人
的當下存在（當下之人與人的世界）」之「一」之「不安」（儒家），由此
「不安」而反思 —— 宣告「人的當下存在」之所有已決定的，可言說、
可辨識、合法則之世界，只屬形而下世界，牟先生稱之為「執的存有
界」；當撤去所有人為法則、辨識、言說之決定性，即「不安」而步步
還原（超越的還原），則可歸復至寂感同時之「寂感真幾」，即所謂「無
執的存有界」。

道家莊子則勸說道「無適焉，因是已」，回頭是岸吧！這是道家的態度。道家的「岸」固是「天地與我並生而萬物與我為一」之「一」或「無」（「無名天地之始」之無、無名、無言）。此莊子《齊物論》之「天地與我並生，而萬物與我為一。既已為一矣，且得有言乎？既已謂之一矣，且得無言乎？一與言為二，二與一為三。自此以往，巧曆不能得，而況其凡夫！故自無適有以至於三，而況自有適有乎！無適焉，因是已。」之本意。依「無適焉，因是已」而逆向說，使歸復於「一」。

儒家的態度則必歸於「寂天寞地必有事焉」之「不安」，即此「道器之間分際甚明」之形而上與形而下、分際甚明之「明」，而一觸即發，「十字打開，更無隱遁」，而言開天闢地、開物成務，「萬物皆備於我，反身而誠（自誠明，自明誠），樂莫大焉」之創造的、成就的無限，而曰「宇宙便是吾心，吾心即是宇宙」，亦即安於不安，安於仁。而徹底的人文主義地宣稱：

從來哲學書所言之形上、形下兩界之說，以至所有如現象與本體、超越與內在、存在與本質、常與無常、心與物、應然與實然、自由與必然、目的與手段……，皆只是分別心之活動之分別取向（兩極），而有之互倚之名，天下安有此等名所指之實乎？若現象，原只是吾人之心之由漫無方向、無限制之狀態，而自我否定、定為有向、有對，並選擇吾人某特定感官（如眼）之所「感攝」，更將此所感攝從其他存在之關連中抽出，而云「視象」；又可將其與吾人之另些特定之感官（如耳、鼻、舌、身）之所感攝作無窮型態之「組合」，而云「如此如此之現象」；再而可與吾人早前之所感攝之「現象」，通過「記憶」作「比較」，而云「現象之無常」；再而可由「現象之無常」而思「常」而云「本質」、「存有 Being」；再而可依吾人內心之所顯之法則、理念、理想、希望，比照當前存在，而云「應然與實然」，並因此觸發實踐，而云「目的與手段」、「自由與必然」；在實踐中每次將應然實現，同時即湧生新的應然，與已實現之應然為對，而曰「命日降，性日成」；而應然之理想中亦可含「不應再有應然，實然即應然、思維與存在一致、一體平

鋪」……。是知所謂形上、形下種種兩界之說實源于吾人之心之超越區分。現象、本體云云，只是心之感照活動之兩極。現象之為現象，豈能離一照明者、呈現之者？離卻心之感知、時空直覺、意識、記憶、比較、統覺、綜合、判斷、推演、假定……、現象以及有關現象之種種陳述，從何說起？難道有一「如是之現象」先於吾人之認識而「如是地存在」着？若是如此說，則已是源於吾人之心之立此必彼、有現象必有本體、有果必有因、有無常必有常，由這種頭腦而有之認定，而這「先于吾人之認識之如是地存在的如是」這時只是「智思物」，或只是前所言由現象而推置之所謂「本體」矣！是知「現象界」與「本體界」、「形上」與「形下」，皆源自一心，為一心所開；非謂天地間有一自存之現象界，另有一自存之本體界也。（詳閱《玄理與性理》之〈序論：理與心〉）

由是觀之，此由「不安」而十字打開的竟是一「宇宙便是吾心，吾心即是宇宙」的「思維與存在之同一性」（黑格爾）之世界，然則此世界存在之吉凶悔吝，息息相關於此打開混沌世界，投以理性光明的存在者之生命態度，其貞定不貞定，構成自我生命之存在真實與必然性，且牽動及其所在世界之吉凶悔吝；故言「憂患意識」，而有所謂「生命的學問」。生命存在之本性、本心、本體、「天地之性」在每次怳惕震動中即顯露即退藏，故曰「寂感真幾」、曰「奧體」。「實證唯心論」非以實證之名暴露此奧體，乃以實證之名義實證此奧體、實踐此奧體，從而體極深藏此奧體。此自覺置身於「道器之間，分際甚明」之生生之交之中心的自覺者，如何貞定其生命，宋儒程明道答之曰：

> 所謂定者，動亦定，靜亦定，無將迎，無內外。苟以外物為外，牽己而從之，是以己性為有內外也。且以性為隨物於外，則當其在外時，何者為在內？是有意於絕外誘，而不知性之無內外也。既以內外為二本，則又烏可遽語定哉？

夫天地之常，以其心普萬物而無心。聖人之常，以其情順萬事而無情。故君子之學，莫若廓然而大公，物來而順應。（程明道《定性書》）

然則「生命的學問」其大無外，其小無內。故陸象山弟子楊簡謂「乃知此心本靈、本神、本明、本廣大、本變化無方」。乃知陸象山所以直言「抬頭天外看，無我這般人。」非狂言也。

以上，從「實證唯心論」一名之消極義的由來（批判性根據），說到「實證唯心論」一名之積極義的開展，轉還原論的批判的基源論，而為目的論的實踐的實證論。此具見於「實證唯心論」三書各篇。唯《實證與唯心》厚積薄發，《玄理與性理》藉玄學中的儒道之辨而正言若反，或時而花爛映發，在《目的與存在》則全幅展開而言「目的與體性」、「目的與體用」、「目的與性相」；非目的論不足以言實證唯心論，不足以言儒、道、釋為主之中國哲學，亦不足以言中西哲學會通矣！讀者諸君，可有以正之、教之、拯救之者哉？湯用彤謂「實證人生者，即所謂返本。」《尚書・咸有一德》：「終始惟一，時乃日新。」蔡沈《集傳》：「終始有常而無間斷，是乃所以日新也。」是返本則終始惟一有常而無間斷，是乃可言創造而所以日新也。善哉斯言。

二、從「六經注我」與「我注六經」說哲學與哲學史

從來講學問的讀書人，都喜說「我注六經」，或說「六經注我」。論者謂宋明儒學，朱熹主「我注六經」，「唯本文本意是求，則聖賢之指得矣」（《朱文公文集》卷四十八）；陸九淵主「六經注我」，「學苟知本，六經皆我注腳」（《陸九淵集》卷三十四，語錄上）。若六經是自天而降，六經自六經，我自我，我如何能注六經？六經如何能注我？若六經是先聖賢心得之所凝注，聖賢自聖賢，我自我，則何勞我為之注，六經又如何可注我？故當說「我注六經」或「六經注我」，就已表

明不是從天上掉下六經，而是某種因緣下我尊奉之為六經，視之為理想人格心得之所凝注，而經文、經意與我三者之間，有同、異、離、合之辯，而需注；注的目的，唯求疏通。然則「我注六經」的同時必是「六經注我」，「六經注我」的同時必是「我注六經」，是「聖人者先得我心之所同然」。故朱子說「唯本文本意是求，是聖賢之指得矣」，而陸子說「學苟知本，六經皆我注腳」。至於「或問先生何不著書？（陸）對曰：六經注我，我注六經。」（同上）則是從六經俱在，「欲知自下昇高處，真偽先須辨只今」說，非從論學方法說。是朱、陸二子皆無誤也。

自清乾嘉學風以來，近人喜言「訓詁明而後義理明」。牟宗三先生深惡之，反說「義理明而後訓詁明」：「其初也，依語以明義。其終也，『依義不依語』。『不依語』者為防滯於名言而不通也。」（《現象與物自身‧序》）又說：「講學問有三個標準，第一個是文字，第二個是邏輯，第三個是『見』（insight）。」（《中國哲學十九講》之第四講）訓詁考據大概只到三個標準其中之「文字」標準，未到邏輯標準和「見」（insight）的標準。自稱有考據癖的胡適，甚至認為「無論哪一家的哲學，都有一種為學的方法。這個方法便是這一家的名學（邏輯）。」「清代的漢學家，最精校勘訓詁，但多不肯做貫通的工夫，故流於支離碎瑣。」（《中國哲學史大綱‧導言》）亦就是認為「義理明而後訓詁明」。熊十力當年即云：「考據不本於義理，則唯務支離破碎，而絕無安心立命之地。甚者於有價值之問題，不知留心考索，其思想日益卑陋。」（《讀經示要》卷一）深諳訓詁考證的徐復觀先生則析之曰：

　　我們所讀的古人的書，積字成句，應由各字以通一句之義；積句成章，應由各句以通一章之義；積章成書，應由各章以通一書之義。這是由局部以積累到全體的工作。在這一步工作中，用得上清人的所謂考據之學。但我們應知道，不通過局部，固然不能了解全體；但這種了解，只

是起碼的了解。要作進一步的了解，更須反轉來，由全體來確定局部的意義；即是由一句而確定一字之義，由一章而確定一句之義，由一書而確定一章之義，由一家的思想而確定一書之義。這是由全體以衡定局部的工作。即趙歧所謂『深得其意，以解其文』（孟子題辭）的工作，此係工作的第二步。此便非清人訓詁考據之學所能概括得了的工作。（《學術與政治之間》之〈有關思想史的若干問題〉）

徐先生故常稱訓詁小學為「餖飣訓詁」、「雕蟲小技」。

到唐君毅先生則以「義理亦考覈之原」一句，把「我注六經」與「六經注我」、「訓詁明而後義理明」與「義理明而後訓詁明」所有意思，所有問題涵蓋無餘。其言曰：

說明與清理之道，一方面固當本諸文獻之考訂，一方亦當尅就義理之本身，以疏通其滯礙，而實見其歸趣。義理之滯礙不除，歸趣未見，名辭之詁訓將隔塞難通，而文獻之考證，亦不免唐勞寡功。清儒言訓詁明而後義理明，考覈為義理之原，今則當補之以義理明而後訓詁明，義理亦考覈之原矣。然義理之為物，初無古今中外之隔，而自有其永恆性與普遍性。今果如中國哲學義理之為義理而說之，亦時須旁通於世界之哲學義理與人類心思所能有、當有之哲學義理以為言，方能極義理之致。然雖曰旁通，吾人又不能徒取他方之哲學義理，或個人心思所及之義理，為預定之型模；而宰割昔賢之言，加以炮製，以為填充；使中國哲學徒為他方哲學之附庸，或吾一人之哲學之註腳。欲去此中之弊，唯有既本文獻，以探一問題之原始，與哲學名辭義訓之原始；亦進而引釋其涵義，觀其涵義之演變；並緣之以見思想義理之次第孳生之原；則既有本於

文獻，而義理之抒發，又非一名之原始義訓及文獻之所能限。過此以往，若談純粹哲學，又儘可離考訂訓詁之義以別行，雖徒取他方之哲學義理，或他人心思所及之義理以為論，自亦無傷。然緣中國哲學史中之名辭，而說明其義理，清理其問題，則又捨此上之途莫由。（《中國哲學原論‧導論篇‧〈自序〉》）

唐先生此段說明三義：

一、義理無古今中外之隔，故無不可以旁通以互相解讀者；故可即哲學史言哲學，亦可即哲學言哲學史。

二、各方義理須以「我注六經」為原則，方可得其終始之義，亦唯「六經注我」，方能分辨各方義理之異同殊勝，進而可言「密義詮釋」；不可以一方之義理，宰割歪曲他方之言說，以範鑄改造他方之義理。

三、純粹哲學亦儘可以「六經注我，我注六經」。

《先秦諸子繫年》之作者，大史學家錢穆先生，在訓詁考據之窮盡處，採取與唐先生一致的「義理亦考竅之原」之立場。在《中國思想史》有一最不與一般論者相同的看法，是以老子為晚出。

老子是戰國一部晚出書，不僅在論語後，還應在莊子後。老子書中許多重要觀點，幾乎全從莊子引申而來，只因其文辭簡賅，故使人更覺得像是義蘊深玄。荀子說：「老子有見於詘，無見於伸。」大概老子書出在荀子稍前一個不知名之手。道家有老莊，等於儒家有孔孟，這是中國思想史裏兩大主要骨幹。（《中國思想史》第十四）

錢先生此論中最重要那句話是「老子書中許多重要觀點，幾乎全從莊子引申而來」，竟似是全憑哲學（義理）而言哲學史。雖然錢先生此說至今並未得到多數人之贊同。本人聽牟先生說過：一個哲學系統，

應是分解的先行，綜和的在後；老子是分解的，莊子是綜和的，故應是老子先於莊子。（大意）一個哲學系統是否必分析的先行，綜和在後？真是見仁見智，而全屬義理問題；但哲學家的牟先生與史學家的錢先生都支持「義理明而後訓詁明」。

「實證唯心論」三書之設題、論學方法，依所論問題或各有偏重，而嚴守熊、錢、唐、牟、徐諸子之規範，此亦今日學界共許之學術規範。

中國哲學固以儒家為主流，然道家從未有一刻缺席；魏晉至唐佛教大盛；後來講中國哲學，常稱儒道釋三教，更互相援引以為參照；今因西方哲學之廣為人知，中西哲學會通亦早成為常態，本人嘗稱之為「典範互濟」。此「典範互濟」似可另立，而為唐先生所說三義後之第四義，但仍以放到第二義中為宜。做學問的讀書人涉及義理，或有人一時糊塗，以為訓詁小學為群學之終審法庭，但於諸先生所言與唐先生上述三義，當不會陌生。此與西歐中古只尊一教一義，視他教他義為異教、邪教，心態上大不相同。此不相同，常為人詬病，說中國人無護教傳統，欠缺熾熱的宗教情懷。而可異可悲的是，時至今日，中國人卻要為歐洲傳來的意識形態夢魘耗盡三代人的護教狂熱，不惜宰割曲解中國經典，改造中國歷史故實，錯亂中國語言符號，來為一個西方政治神話做註腳、附庸、填充，以配合偽先知對中國的總體社會規劃以至「歷史規劃」，不斷鼓動百年來動機不同的「弒孔之風」（Confucius Killers, Les Assassins de Confucius）。

各式動機不同的「弒孔」都有二個共同點，一是都基於現實因素，二是都「高舉所謂科學進步及考古發現的十字軍旗」，聲稱「他們知悉最新的考古發現，只有他們了解真正的歷史」，也都不忘大講訓詁考據，十足「歷史主義」。

三、從「弒孔之風」看歷史主義與虛無主義

前不久讀到汪立穎女士翻譯的法國漢學家樂唯（Jean Levi）寫的

〈弒孔子之風 —— 批判美國漢學界中的否定主義〉一長文⁵，此文乃其
所著《論美國漢學界中的否定主義》一書之緒論。該書主要針對歐美
漢學界之亂象，而作出批判。〈弒孔子之風〉（以下引文除特別指明外
皆出自此文）看後只能長嘆一聲：「孔子在現代中國的命運！」自「孔
子學院」在歐美遍建，換來的是歐美漢學界刮起「弒孔子之風」。他們
一起混同「事實的孔子」、「歷史文化的孔子」，與「孔子學院」三者，
亦不知道一歷史事實與其意義之關連，其真實性如何安放？而只為着
一種現實的因素，或如該文作者所言「暗中爭奪世界支配權的一種反
響」、「削弱甚至暗中破壞中國上古歷史的最基本支架」。百年來進步
的中國知識分子之所擅長的通過「疑古」或「篡古」來削弱、大張旗鼓
破壞中國歷史的最基本支架，為某個永垂不朽的西方意識型態爭奪世
界支配權，如今「辯證」地有了爭奪者和真正繼承者。在「孔子學院」
建到歐美大學的同時，在孔子的祖國，從大學到中學爭建「馬克思學
院」——

> 當地球上的文化、文明正在逐漸褪色甚至消失之時。
> 所以「解構」孔子形象，應可理解為一辯證的回應。可能
> 無意識，卻是針對目前中國倡導的重拾傳統、儒家道德，
> 孔子再次成為中國文化的象徵而發。

「孔子」再次成為「必弒」者。

> 一個在社會、政治、知識、藝術及科學等所有領域，
> 都顯出倒退現象的時代，矛盾的是，大部分人生活在惟恐
> 被視為落伍的恐懼之中。否定派巧妙地利用了這懼怕心

5　樂唯（Jean Levi）著，汪立穎譯〈弒孔子之風——批判美國漢學界中的否定主義〉，
　　載台北《鵝湖月刊》第 549 期，2021 年 3 月。

理。戴梅可及其徒弟經常以現代性要挾，高舉所謂科學進步及考古發現的十字軍旗，把「落後」的歷史學家所堅信的「戰國諸子百家」、「學術各自不同」、「儒術至漢武帝才被定為一尊」等是「抱殘守缺無稽之談」，和他們美格羅語系的創新的漢學家作對照，他們知悉最新的考古發現，只有他們了解真正的歷史。

弒孔者歷來不乏假訓詁考據之名，加上新出現的「地下證物」，十分「歷史主義」地抹去孔子。在西方漢學界，情形或如有西方教會為《舊約》之大洪水與挪亞方舟，指證一艘出土的古代船骸。這事令信仰者哭泣，因其違反了挪亞方舟的神話本質與宗教涵義；而弒神者則即着這場船骸論證，宣告基督教傳統之破滅。

拆解分析歷史上某時期的意識形態的特徵，這些意識形態經常是後世的著作者或思想家，在回顧反觀歷史時，受到他們本身特定時代的各種因素影響，產生對某段歷史的某種看法及演釋：可以說，每一朝代均有其對前代的歷史觀，在某種程度上說，歷史是經後人再「創造」的。而他們以此為藉口——歷史是篡改的——從而否定它的存在，並視為無效的，沒有作用的（nulle et non avenue）。他們既不尋求意識形態面紗後面的真實，也不從事對篡改或歪曲演釋的運作機制，作真正嚴肅的分析研究；這種工作，原是有助於理解那個對歷史「再造」的社會背景；他們只滿足對那創造的或夢想中的傳統，以解構主義作簡單的驗證，只能投射出「事實不存在」。對於中國古代歷史，他們的全部言論，建基於三個否定一個肯定：

1、　戰國時期不存在各種可辨別的思想流派。

2、　不存在可靠的資料，以重現歷史上的真孔子。

3、　不存在儒家傳統的繼承脈絡，「儒」，並不指儒者，而是指專司禮儀的人。

4、　如此這般，我們所相信的呈現於公元前六至三世紀的社會，是漢代的製造品。

此「三個否定一個肯定」對於進步的「現代性」的中國知識分子一點也不陌生。在查拉圖士特拉提着燈籠走下山，宣告歐洲人親手弒神之後，中國人豈甘落後？倘若無神可弒，那就弒孔，把人文主義教主驅逐流放到西方，恭迎西方的神以及弒神者登上中國神壇。傳統上親孔的歐美漢學界而今「解構孔子形象，應可理解為一辯證的回應」。世界文化史從未出現像今日如此弔詭的一幕：孔子為進步的中國人以及恐懼的西方人上了十字架。

事實上，《論語》是一部極少的具有歷史見證的書籍，它使我們看到社會轉型的主軸，從貴族特徵的周朝社會，不到一個世紀，轉變為平民社會的戰國時期。孔子所開創的師徒關係──新型的社會關係──從中起了催化的巨大作用。孔子恢復周禮的理想，實際上，適得其反，反而成為催生戰國的重要因素之一。如果抹殺孔子的歷史存在，也就是說，如無「歷史的孔子時期」這先設──《論語》就是該時期的典型表現──那麼公元前六世紀至二世紀的中國歷史變遷，將是無法理解的。

東西方的弒孔者指着多堆有殘留、有新仿的，拼湊而成的船骸，聲稱發現孔子之桴，證明孔子之死。對活在歷史文化中的孔子（梁啟超《歷史研究法》所謂「歷史的人格者」）、活在今日的歷史敘述、哲學論述、文化論述，以至活在人們生活中的孔子，視而不見，這就是他

們的「歷史主義」（包括思辨歷史主義與歷史事實主義）。而有史學訓練的人都知道，歷史主義只能導向虛無主義。

關於一歷史事實之判斷必與其意義相關連，其真實性應如何安放，本人多年前曾作一批判性的說明，今摘引之以為本段作結。

　　由迷信有一純客觀外在的事實真相為歷史認知之所對，認定此真相為一已定的、已成的，或「自己完成」的，只待人去加以反映、了解的；由此，而「歷史」或歸於成為逐次向下一層之史實之平鋪的瑣屑考證，但又並不真能循一到底之方法（根本無此方法）以達於最下層（根本無此最下層）之所謂歷史真實，遂由求知所謂絕對的本然歷史真實，而沒入於四散而無歸的所謂歷史真實而失去歷史，這種由歷史主義而來的虛無主義。這是「歷史真實性之錯置」的一般型態。「歷史真實性錯置」之特殊型態為「歷史」因歸於成為離開人的主觀意識與當前存在而「自己完成」的「離史」（離於人心而斷其為有），由這種「離史」觀亦可引生另類歷史主義，可稱為神諭歷史主義、符咒歷史主義或科學主義之歷史主義。這類歷史主義原為尋找解釋每段「離史」與「離史」如何連結為所謂「歷史階段」而繫於某一所謂客觀「歷史目的」，而為所謂不為人的主觀意志為轉移的客觀「歷史規律」中之各個「歷史階段」。但既為「離史」，這種連結自不能在每代人對歷史之肯定態度及對當下存在狀態之選擇中尋找，便只能在超歷史的神、或似內在於歷史而實被神化為超歷史的「生產力」之類中尋找，而為「神諭的」或「科學符咒的」歷史主義。[6]

6　參閱拙文《超政治與政治 —— 整體文化論與新外王》，《鵝湖學誌》第十九期，1998年。今稍加修訂，收入本書為第十章。

　　為着某種「神諭」或「符咒」式的「歷史目的」,「歷史」
又可歸結成為在「進化」(或「退化」)中因而可被全部逐一
否定(如「失樂園」、「吃人的帳簿」、「五千年苦難」)的人
類失敗記錄。基於此種單向度(時間之單向與價值之單向)
歷史觀之「非此則彼」的意識,一種救贖式的命定的烏托
邦整體社會工程、人類改造運動,成為這種歷史主義信奉
者幾乎唯一的實踐選擇 —— 這正是人類剛剛經歷過的,
由徹底西方思維的錯誤歷史觀轉生一套政治神話,鼓動延
續近一世紀的政治災難。此正見歷史在詮釋中並引生行
動、引生歷史,正確的詮釋引生正確的行動,虛妄的詮釋
引生虛妄的行動。而反證歷史真實不在「離心而獨斷其為
有」之「所」中,而在每代人之「溫故知新」之真誠地「能
所合一」中,不能合一則妄。從而拒絕任何離心而泯能歸
所之歷史主義,拒絕各種因「歷史真實性之錯置」而來的
歷史神秘主義 —— 所謂「科學唯物史觀」正是最迷信的歷
史主義。[7]

　　說到歷史事實之判斷必與其意義相關連、其真實性如何安放?此
即涉及作事實判斷之「決定性判斷力」與作目的性判斷之「反思判斷力」
之交滙統一;如何交滙統一而不自欺欺人,此則不能不「反身而誠」,
「誠者物之終始,不誠無物」。我們如何看歷史而不會失去歷史,如何
看世界而不會失去世界,於是有各類型辯證法之說。辯證法者,在思
想方法上自我警惕「看歷史而不會失去歷史,看世界而不會失去世界」
之法門也,心法也,「中國語言在精神上似乎生來就是『辯證的』。」[8]

7　《實證與唯心》第七章〈天道有情,歷史無欺 —— 從實證唯心論史觀看唐君毅先生之
　　體經論史與證史證悲〉。
8　沈有鼎〈致王浩的信件〉(一九七四年八月四日),載《沈有鼎文集》(北京:人民出
　　版社,1992 年 10 月)。

故只有唯心論可言辯證法。沒有離心論之辯證法，更沒有唯物論辯證法。說唯物辯證法的人，是心知唯物論實妄而又死抱不放，求救於唯心論而又深心不甘者之反智妄言。[9] 歷史主義則是離心的，故是反辯證的，或以實在論的超越論看歷史而失去歷史真實，或以實在論的還原論看歷史而失去真實歷史；故歷史主義必歸於虛無主義（「否定主義」）。唯物主義則是徹底的離心主義，卻可笑地大講辯證法。孔子百年來被唯物論所弒，被歷史主義、虛無主義者所弒，被「超智而反智」的偽先知所弒，「一個在社會、政治、知識、藝術及科學等所有領域，都顯出倒退現象的時代，矛盾的是，大部分人生活在惟恐被視為落伍的恐懼之中。否定派（虛無主義）巧妙地利用了這懼怕心理。」逃避自由、逃避歷史、逃避人生者，必逃避孔子，以至行弒孔子。但正是在這裏，我們可以「辯證的」看到「歷史的起源與目的」[10]。

「實證唯心論」三書的讀者諸君，在翻看這一百多萬字的斷續篇章時，是否可以發現一個帶有艱難時代印記的學思之「起源與目的」——如實地發現？是為序，2021 年深秋，香港。

9　關於「唯物論辯證法」之批判，參閱本人〈唯心論與現代中國哲學〉五萬字長文（此文惜不能收入本系列）。該文節錄載於《北學南移‧學人卷二》（台北：秀威出版社，2015 年 4 月）。

10　雅斯培（Karl Jaspers, 1883-1969）著有《歷史的起源與目標》一書，魏楚雄、余新天中譯（北京：華夏出版社，1989 年）。

不愁說到無言處，只信人間有古今

一

本書本名「實證唯心論」，表示所論所依，一切平平，無有精奇。

以實證唯心故，無有精奇：

以唯心實證故，一切平平。

辭曰：證不離心，唯心實證。證境證識，證所證能；證苦證怖，證如證悲；證道證覺，實證唯心。

二

清末讀書人魏源有這樣四句：

　　事必本夫心，然善言心者必有驗於事。法必本夫人，然善言人者必有資於法。今必本夫古，然善言古者必有驗

於今。物必本夫我，然善言我者必有乘於物。[1]

這是善讀中國書的讀書人講的話。日前偶然翻見，正好在本序言引用，沒有說得更好的了。

至於讀西洋書的，我想到金岳霖；他這樣說哲學：

> 坦白地講，哲學對我們來說是一種遊戲。（……）正是在這裏，遊戲是生命中最嚴肅的活動之一。[2]
>
> 我以為哲學是說出一個道理來的成見。（……）哲學中的見，其論理上最根本的部分，或者是假設，或者是信仰，嚴格說來，大都是永遠或暫時不能證明與反證的思想。[3]

這是深諳西方倫理學的人講的話。日前偶然讀到，正好放在本序言來作比照，沒有說得更嚴肅的了。

三

金岳霖此說之嚴肅的解讀，當為：

一、哲學所說須是不能證明與否證之「成見」；

二、然哲學須為之「說出個道理」，故須嚴格遵守論理學規則。「邏輯就是哲學的本質。」[4]；

三、但沒有理由說明我們為甚麼需要「成見」、需要哲學，正如「沒

1　魏源撰：《古微堂外集》，第三卷，收入《魏源全集》（長沙：岳麓書社，2004 年）。

2　金岳霖撰、王路譯：《良知的感嘆 —— 二十世紀中國學人序跋精粹》，〈序〉（深圳：海天出版社，1998 年）。

3　同上註。

4　同註 2。

有理由說明我們為甚麼認識世界，承認世界的存在，或有願望，並努力滿足我們的願望。同樣，也沒有理由說明我們為甚麼該合邏輯。」[5]除非——

四、人註定了必須有「見」（信仰或假設），否則，人不能認識世界、承認世界的存在、有願望並努力實現願望，並開始「人的行為」；

五、並且，為了一個不容已的理由，要為我們之「見」，「說出個道理來」！從而選擇發生並進入哲學這嚴肅遊戲；

六、選擇發生並進入哲學，這理由一如「我們為之而活着的目的本身是不能證明的」[6]。因此，哲學本身就是目的，此外更無任何理由和目的。如是，選擇發生及進入哲學活動者須自覺為擁有不能證明與否證的成見並嚴格遵守自訂之論理學規則者，而為徹底的無目的的遊戲者、自為目的者。

四

在哲學活動中，人自證為擁有不能被證明和否證之「信念」，或為着構造一知識和行為系統而作「假設」者，並「僅僅為了便利」，選擇邏輯為活動規則，替各種信念或假設「說出一個道理」。哲學活動的遊戲性和嚴肅性都在這裏了。然本書所論所依，卻願對金岳霖此說作一轉折，而說：

凡屬哲學之見，皆不能作認知的證明與否證，只可作「本然的」（自然的、當然的、能然的、必然的）、存在的相應實證。而哲學論說正要分別為此說出一個道理：一為從哲學之見之不能證明與否證，而證哲學活動涉及一純粹主體，為此說出一個道理；二為從哲學之見只可在本然的、存在的實感中得直接的實證，而證人在本然狀態中可有直覺

5　同註2。
6　同註2。

之智／智的直覺，而「哲學之見」與「直證實證哲學之見」為一，「為本然存在之實感實證說出個道理」與「由此進入本然存在之實感而實證相應」為一，為此說出個道理。因此，哲學言說必須以下列原則顯示自己：

一、利用邏輯，排除所有可作公開經驗證明與否證的語句，使這類命題語句另歸經驗科學討論，不入哲學。

二、利用邏輯，使哲學言說在每成一說的同時，即遮撥之，使言者與受言者當下從言說中透出，而自覺為言說之主體，即運用言說而不受言說之某相（如認知相）所封限者。以至言說本身，亦只是自由主體自限為言說者之其中之一用，而可隨時撤消言說，而歸於默者。

三、利用邏輯，使哲學言說為一哲學之見說出個道理後，即遮撥之，使此哲學之見不囿於「才說出的那個道理」，以至不囿於「所有說出的道理」。

四、利用邏輯，使哲學言說以遮撥任何哲學成見為己任，在雙遮、遍遮中，開啟存在之門、本然之門、全有之門。歸於一切平平、無有精奇。

朱子和象山詩，有「只愁說到無言處，不信人間有古今。」今願改為：「不愁說到無言處，只信人間有古今。」以「物不遷」故，實證相應故。

五

本書「綜論部」含「導論」和「方法論」共五章；「分論部」含「道德與自由」、「歷史與傳統」、「時代與思想」、「目的論與美學」、「文命與人物」共十二章。全書共分三大部分，有七輯十七章。

本書各文，最早的寫於二十年前，這期間本人的思想學問不敢說沒有長進，然現在把這些文字擺在一起，這兩冊外，另有《玄理與性理》、《憂懼的理性》（未出版），無論有怎樣的不同、細察卻總依一種路數、一種迴旋，而為：以邏輯的、批判的方法，透示本源；由本源

反證理想,由理想照明存在,由存在的實感,實證本源與理想。

這個路數、這種迴旋,我願稱之為「哲學的批判與歸復」,遂成為本書之副題。本書又名「實證唯心論導論篇」,彷彿早擬有全書規模。其實本書諸文,有是博士論文之部分篇章,有是應邀參加各種學術會議之論文,有是演講之記錄,更非一時之作。今各篇匯集,亦綱目略備,諸義呼應,一脈相承,正似早有籌劃。與本人之其他著作參看,更見如此。讀者若覺某義有疑,宜翻讀各篇互解可也。可見本人的學思性格,雖是困而學之,「困學工夫豈易成」,卻是一貫。「自從一見桃花後,直到如今更不疑。」每見一義,欣喜讚嘆,相認之下,本是一根而發,雖曰彼先得我心之所同然耳。

西方分別學思型態,言「軟心腸」與「硬心腸」、「樂觀」與「悲觀」、「刺猬型」與「狐狸型」。中國言學,曰「學而不思則妄,思而不學則殆」,曰「極高明而道中庸」,曰「尊德性而道問學」、「興於詩,立於禮,成於樂」。中西分別學思型態之論,兩不相類。今欲提一說,曰「一貫型」與「變易型」。「變易型」謂學有多本,而未嘗不思統會,然終以更替變易為主要性格者。「一貫型」則學重反本,而未嘗不思變易開新,然終以統之有宗,會之有元為主要性格者。這「變易型」與「一貫型」又可作「觀念的」與「歷史的」之分別說,如說某思想之歷史的「一貫」與「變易」,此不同於某思想之觀念的(非歷史的)「一貫」與「變易」。本書以及另二書所論,既有非歷史的「哲學之見」,又有各觀念發展之歷史性,讀者諸君幸分別之,並皆宜以一貫型之學思衡之──正因此,將發現文章處處充滿揚棄與辯證歸復這種內在緊張,而非觀念變易更替的冒險犯難。

六

事實上,在較大的哲學比較的層面,亦可說西方哲學是變易型,而中國哲學是一貫型。不僅在哲學了悟、哲學之見上,並且在觀念發

展的歷史性中，中國哲學都是一貫型的 —— 正因此，充滿揚棄與歸復的內在緊張，而不是觀念更替變易的探險。了解中國哲學語言這種內在緊張性及其澄明，是進入中國哲學智慧之門。

「中國語言在精神上似乎生來就是『辯證的』。」[7] 說這話的是沈有鼎。牟宗三先生晚年在一次重要演講裏提到這位早年友人和他的「中國文化三期說」。沈氏此說見於〈中國哲學今後的開展〉（下所引皆出自此文[8]）：中國文化第一期為剛動的、創造的，周代是全盛期，「能深深地抓住這一種偉大的精神而加以理論化的，是孔子。在儒家的正統思想以外，道家的返樸思想與玄的精神也在周代找到偉大的代表者：老子與莊子。」第二期為玄悟的，恬退的，唐代是全盛期，「是以道家的歸真返樸的玄學為主脈的」。清末以後則是第二期向第三期的過渡期，「它極度地呈現了過渡時代的淺薄」，「這時候中國真可以說是一個沒有文化的國家了。於是加上外交的失敗，西洋科學文明的模仿，非人文的新式學校的設立，革命軍的興起，五四運動的爆發，新文學的嘗試，線裝書的入茅廁，學風的淺薄浮誇，文化的破產，政治的混亂，經濟的貧困，左派的猖獗……。到處表現着的是淺薄，是模仿、抄襲、猖狂，茫然無措。這是中國文化的第二次浩劫。」文章發表在 1937 年，他說的第二次浩劫（第一次是秦滅六國）其時只是序幕。沈先生卻預言中國文化的第三期正進入大醞釀時期：「新的文化要從新的哲學流出」，「中國今後的哲學是系統性的，不再是散漫的。它是要把第一期哲學的潛在的系統性，變為顯的。這一個系統，就是窮理盡性的唯心論大系統」。留洋多年，精研邏輯數理、深諳西方哲學的沈有鼎，在談中國文化與哲學之歸復、歷史與時代的波動節律時，一字不提西方文化與西方哲學。

7　沈有鼎：〈致王浩的信〉（1974 年 8 月 4 日），載《沈有鼎文集》（北京：人民出版社，1992 年）。

8　同上註。

　　看來，沈有鼎的思想型態，雖然很是一貫型的──因此，他極注
重精神觀念的辯證開展。他心目中第三期中國文化「是要以儒家哲學
的自覺為動因的」，但「儒家哲學的自覺，是要以老莊思想的復興為條
件的。因為道家哲學之於儒家哲學，等於老子之於孔子，告子之於孟
子，佛老之於宋儒，盧梭之於康德，謝林之於黑格爾，沒有前者的啟
發，後者是不可能的。試看沒有受過佛老影響的儒者，都是比較平凡
庸俗，沒有哲學思想的。老莊思想具有一種解放的力量，若是不先有
老莊思想的復興，就來提倡儒家哲學，那就不免於頑固守舊，足以阻
止中國民族的前進。……復興的老莊，是經過解釋的老莊，是積極化
了的老莊，正如中國將來提倡孔子，已不是封建思想的孔子一樣。」
這是難得一見的內行話、警策語。這全是精神觀念之自我揚棄與歸復，
以及來自歷史，超越歷史，和走進歷史之一貫事業；而精神觀念之資
源全在中國思想自身──這是非常深刻嚴肅的，但並不一貫；因如此
一來，西方思想文化成為未被思及的，或思及之但屬排斥的異體物，
人類思想最後可能被理解為相對主義的、實在多元論的。這不僅不利
於對世界文化生態學之理解，不利於各文化體之自我理解及被理解，
且是不一貫的，劣義地悖論的。這當然不是沈先生的原意，而只是
六十多年前一次重要思想表述中不經意的一個表述缺點。

　　牟先生本其一貫的「中國文化與世界」的思想路線，在重提沈先生
當年這番豪傑言說時，很自然的作了扭轉，並把第三期中國文化宣告
為「有其歷史運會的必然性」和「有她在這個時代的使命」的；而且，
她已經到來！

　　　　我們要求一個大綜和，是根據自己的文化生命的命
　　　脈來一個大綜和，是要跟西方希臘傳統所開出的科學、哲
　　　學，以及西方由各種因緣而開出的民主政治來一個結合。
　　　（……）這個大綜和不是一個大雜燴，不是一個拼盤，它是
　　　一個有機的組織。所以，大綜和要從哲學上講，它就是一

個哲學系統，這個哲學系統就是沈有鼎所說的「徹底的唯心論」。[9]

牟先生此一轉說，把人們的目光提高吸引到基於歷史與傳統的真正的世界性與現代性；而第三期中國文化遂得自覺為大綜和的，因而為真正剛動的、創造的、返本的、其命維新的！

本書所說，不能越出這規模。既不敢「照着說」，恐亦不能十分「接着說」，唯有在「接着說」與「活轉說」之間，努力說出一個意思，即：中國文化中本來有的，不能說沒有；中國文化中本來沒有的，不能說有；再者，若是應當有而原來沒有，則亦可有；若是應當沒有而原來有，則亦可沒有。道家透示的純粹主體與儒家體現的創造主體，一而二、二而一。本論並且深願能為此「說出個道理」。既說出道理矣，原來一切平平，無有精奇。人只是不願擔當這平平，不願擔當這自然、當然、能然與必然，逃避自我，逃避自由。

七

本書最後是「文命與人物篇」，主要寫唐君毅、牟宗三、徐復觀幾位老師。所以放到最後，是示：一切觀念系統的最後，是人格世界的建立、是生命格範的光采。寫到這裏，想到在中國文化氣氛中的老一輩之不可及。下面是幾個回憶片段。

1977 年大年初三下午，我接到陳慶浩先生電話，說他正在李璜先生家裏，老先生要見我。我匆匆趕到禮頓道壹號一座公寓。老先生手中拿着刊登我的文章的《明報月刊》，多方詢問。在座的還有香港大學一位教授。他們最後商量安排我唸書。李璜先生吩咐我，待唐君毅先

9　牟宗三撰：〈中國文化發展中的大綜和與中西傳統的融會〉，載《儒學與當今世界》（台北：文津出版社，1994 年 12 月）。

生自台灣養病回港,即去新亞研究所拜訪。半年後的 8 月 18 日,我依李老先生安排到研究所謁見病中的唐先生。甫見面,唐先生即詢我在法國的感受,隨後竟對我寫的文章和所編書隨處指點,談了一個多小時。9 月研究所開學,我便作了旁聽生。半年後唐先生逝世。李璜老先生仍在為我正式入讀碩士學位奔走,在國立台灣大學就我這個案提動議。翌年我終能正式考入研究所。幾年後,李幼老又安排雜誌社聘我為特約撰稿人,助我生活費,使安心報讀博士學位。老先生以百歲高齡與夫人同日逝世。這位可敬的老人,是我轉上學術道路的關鍵。

1978 年冬天,研究所同學由新所長孫國棟、總幹事趙潛帶領拜訪返港小住的新亞創辦人錢穆先生。時錢先生已視力衰退。錢夫人安排我們就坐後,就說:「有一篇寫唐先生逝世的文章,我唸給錢先生聽,他很稱讚,是一位從內地來的青年寫的,你們知道是誰嗎?」孫先生表示不知道。趙先生把我拉上前,說:「這個就是。」錢先生、錢夫人拉着我的手,說:「很高興見到你,我們一來香港就打聽你。」當時我慚愧不已,亦感慨不已。我那篇文章,寫唐先生、寫新亞,但因其時未讀過錢先生的書,亦未見過錢先生,全篇竟沒有一字提到錢先生這位大學者、新亞創辦人。而錢先生卻公開稱讚這篇文字,到處打聽這青年。我亦記起唐先生生前上課時開列各種參考書目,必列錢先生的書,講課更常提到錢先生和其他先生的講法。我由是更感前輩學人之不可及。

今年 3 月 21 日,晚上,授完研究所的課,走近窗戶外望,樹杈枝後遠遠一輪清冷的月,太清、太冷、太遠。我忽有異樣之感。回家即時看傳真機,見有字紙,瞥見「高堂仙逝」四字,即痛極跌坐。嗚呼痛哉!父親以九十八歲高齡離開我們了。童年時父親常給我講三個人物:岳飛(愛國)、海瑞(抗爭)、孫中山(現代建國精神)。帶我們上東坡祠、西來祠,參觀所有展覽會、謁黃花崗烈士陵園,講黃花崗烈士生平。家訓首先是正直,要子女唸醫科,以最能助人(故家中有七位醫生)。父親是當地有名的孝子,自力創業後,每年的二、三、四、

八、十、十二月，定期托人送款予老人院，成為地方上有名望的人家。然 1949 年後，先「統戰」後打成「右派」，二十多年隔離，我唸高小後即很少見到父親。到父親老年，我又已到香港。我心目中父親是聖人，是中國文化氣氛中自然陶養成的聖人。

現代中國人常厚誣傳統文化，然每讀回憶中國文化氣氛中的老一輩人物的文字，而與今人相比，即知厚誣之為厚誣。我遂有說不出的憤慨！

八

這序言寫到這裏，似不能停下來，而可一直寫下去。哲學本來就是「序言」。黑格爾謂理論哲學是「太陽下山了，貓頭鷹才起飛」，說的正是一種序言的本質：為明日／開卷者，而替昨日／寫成者，說其如何為這一切說出個道理而永說不盡之道理（因由）。

所幸本書之出版早定了期限，我可以有理由停筆了。

又，為免常被問：「你與吳甿是同一人嗎？」「你知道吳甿近況嗎？」今統一用此筆名。是為序。

吳甿

2000 年 12 月 5 日

寫於堅尼地城必照樓

目　錄

第二輯　方法論

第三章 「語言轉向」之轉向
　　　　——實證唯心論之語言觀

第四章 「兩極歸宗」與中國哲學精神

第三輯　道德與自由

第四輯　歷史與傳統

第五輯　時代與思想

第十一章　赤手爭剝復，毋忘貴時中

　　—— 紀念《中國文化宣言》四十週年

兼重提中國哲學現代化論題

第六輯　目的論與美學

第十二章　反思判斷與道德判斷

第十三章　反目的論的美學悖論

　　—— 評《批判哲學的批判》中的美學思想

第十四章　生態藝術與藝術生態

第七輯　文命與人物

第一輯

導論

第一章

實證唯心論與當代新儒學
—— 為「實證唯心論」述義，兼論實用主義之世
智及其貧困

一、釋題：「實證唯心論」一名之建立
—— 三年來本人有關思考之回顧

本文標題中「實證唯心論」之名，雖為本人所造，然認識中國傳統學問與當代新儒家學者，必知或至少隱約意會此名來歷，亦必知「實證」一詞取中國老義、常義、正義，以至亦可是 Positive 之原義、常義、正義，以及實證主義創立人奧古斯特・孔德（Auguste Comte, 1798-1857）所言之「實證」一名之「知的特性」與「哲學的系統性之特性」六義，特別是其所強調的「整體性」、「有機性」及「有情性」之實證之義（參閱本書〈孔子與中國思想之實證傳統〉一文）。

孔德在《實證主義概觀》一書中論「實證」一名之「知的特性」與「哲學的系統性之特性」，其言曰：

反觀此實證主義所有知的特性之簡述，可見其主要性

質，皆概括於「實證」一名中，即這裏所用來稱這新哲學者。西歐一切語言文字，皆一致將此名及其引申之義，釋之為含有「真實」及「有用」之意義。合之，則可對於此真正哲學精神，得一完備之定義。此真正哲學精神無他，即不過一普遍且可及之善意，以系統之方式出之耳。在歐洲之一切語言文字中，此名又包含「有機機體」之意向。現在之形而上學精神不能機體化，但評判而已，此則有異於實證精神，雖其在相當時間有一公共致力之範圍。謂實證主義為「有機機體」論者，吾人即為其有社會義之謂。此種意義，於人類之精神方面，固將取神學而代之。「實證」一名將更有一種意義，即謂此系統之有機機體之特性，自引吾人以至於其他之屬性，即其不可變更之相對性。……如是，人類智慧最高之性質，除一事未說外，皆漸以一單簡明了之名詞概之。現在所須者，即應指明那未說之意義，斯即道德知識之性質之連合。而近代進化之程序，則使此事歸於確定，即確定「實證」一名所含之意義終將與人心有直接之關涉，較與知識之關涉為甚。則實證主義之趨向，以其最初之特性即真實之故，應使感情（案：此當指含道德義之感情，如「四端之心」）有系統的高於理性，如其高出於行為言，此即將為一般人所覺悟。最後以道德之條件與心之條件合一故，真正實現「哲學」一名字源上的價值[1]。

其中「知的特性」可簡明述之為六條：

一、實證與空想相對立；

1　奧古斯特・孔德撰，蕭贛中譯：《實證主義概觀》（上海：商務印書館，1938 年初版），頁 62-63。

二、實證與無用相對立；

三、實證與矇昧相對立；

四、實證與斷裂論相對立；

五、實證與非社會之出世間態度相對立；

六、實證與「絕對」相對立。

孔德之為實證主義創立者，其之「實證」義當然是「實證」一名之本義、正義、常義，不限於 Positivism（俗譯「實證主義」）之以「外測符合」、「公開檢驗」為義之狹義。「心」一名亦取中國老義、常義、正義。唯此名西文中無恰當譯名可對應之，俗譯 Idealism 為「唯心論」，民國初年早於唐、牟的老一輩學者當年即反對。牟先生晚年最後一次重要演講，以「徹底的唯心論」說中國哲學，並再三申明：

> Idea 不是心，所以，西方哲學只有 Idealism，沒有唯心論。（……）這些譯名通統不對。西方使用 Idea，都是作對象，對象跟心有關係，跟認知心有關係，但其本身卻不是心。所以，假定說徹底的唯心論，只有中國才有唯心論。中國有唯心論，沒 Idealism。中國人所說的心，不是 Idea。[2]

1995 年 4 月牟先生逝世，我代表新亞研究所師生在追悼會上致悼詞，特別提到先生這次演講：「（先生）回顧一甲子以來，實證的唯心論終於克服虛無的唯物論，並宣告中國文化發展的大綜和時代之來臨。」[3] 此後，「實證唯心論」一名時常出現在我的文字中，偶然亦為友

2　牟宗三先生此講辭以〈中國文化發展中的大綜和與中西傳統的融會〉為題，收入楊祖漢主編：《儒學與當今世界》（第二屆當代新儒學國際學術會議論文集）（台北：文津出版社，1994 年）。

3　悼詞以〈深情宗子，儒哲典範〉為題，收入蔡仁厚、楊祖漢主編：《牟宗三先生紀念集》（台北：東方人文學術基金會印行，1996 年）。

人同儕以及學生論學問難所詢。今藉本文之作，重檢三年來有關思考，撮要為本文之首節，以便於無暇讀我其它諸文者，亦所以正式為此名述義也。

先是，在 1995 年 12 月為悼念牟先生逝世而舉行的「牟宗三先生與中國哲學重建」學術會議上，我發表六萬字論文〈徹底的唯心論與中西哲學會通〉，以康德先驗哲學為西方「準唯心論」，以黑格爾的「整體歷史理想主義」為「準綜和哲學」。文章這樣進入討論：

概略言之，一部西方哲學史之發展，其基本之方向，表現為由「向外」、「在外」尋找「本體」，而逐漸收近，歸於「經驗」、「覺象」，再內收而為「理性」、「理念」、「精神現象」、「意志」，以至現在語言哲學之以「語言」，存在哲學之以「存在的實感」為最後實在，這種日趨向於唯心論之方向。中國哲學則自始是「徹底的唯心論」而十字打開，徹裏徹外，上下貫通，向「涵蓋乾坤」之超越方向發展；而或以「名」（倫理之名）為教，縱貫縱說，創立人倫與自然生化秩序之「有」；或縱貫橫說，「無以全有」，以「無」解放一切既成之「有」，以維護「徹底的唯心論」之天賦的「成為自由」之實現的無限性。

下面先說西方哲學（以德國理想主義為代表）。西方哲學首先表現為離「心」而在外，向外（或向上或向下）求證「宇宙本原」（本體）之趨向，而逐漸停留為在「神我之際」，或「心物之對」上言「真理」，及後則漸歸於即心之覺識覺象或觀念（心之對象）上說本體。至康德出，始根本扭轉此離「心」而在外、向外求本體之趨向，且通過批判此種趨向，但從經驗自身之分解檢定而只肯定構成吾人之經驗世界之知所須之「超越理念」（transcendental idea），此理念由純粹知性提供，由是康德發現了某義之

「心」——「認識心」，並自稱為一次哥白尼式革命。但這只說到一「域內之心」：「認識之主體」（經驗底形上學）。從知識論入路，由「所」（外在經驗）而逆之歸能（內在的經驗），開闢知識之先驗原則原理，湧現主體（先驗原則之提供者），主體即本體（此時祇為域內之體）。康德確表現了與過往哲學向外、在外尋求本體迥異之立場。康德哲學之立場正是實證的立場，不過康德所訴求之實證不是「外在經驗」之實證，而是由「外在經驗之可能」之檢定而折返求實證於「內在的經驗」（融攝理性的經驗）。康德從「內在的實證」建構了「內在形上學」（immanent metaphysics，或曰「經驗底形上學」—— 經驗可能底先驗根據），而其極欲建構的「超絕的形上學」，則因康德既不能在思辨理性中證成，而欲轉由實踐理性（理性之實踐的運用）來證成，亦即轉為由「內在的」（實踐地內在的，而非思辨或觀解地內在）以「道德」此一「理性的事實」去統御「內在的經驗」，以實踐理性統御知解理性，以「超越之應當」統御「存在」，即着超越之「應然」建立「超越之本體」，而建立「超絕的形上學」。此康德所企向也。[4]

接着文章詳析康德之扭轉西方哲學之現象與本體截然二分傳統舊說而為牟宗三所為之總結的「現象與物自身之超越區分」之新說。其關鍵在「物自身」一名之由「本體義、客體義、事實義」之涵意，能否成功轉為兼具「意味義、主觀義、價值義」涵意，則由思辨、概念推演而來的哲學兩難，可轉為人學的、實踐學的、智慧學的境界存有論之開合、闢翕、昇降之兩極拉開距離以構造生命張力之問題。而「物自身」

4　〈徹底的唯心論與中西哲學會通〉一文因篇幅過長，經節錄後收入李明輝主編：《牟宗三先生與中國哲學之重建》（台北：文津出版社，1996 年）。今復原收入本書。

能否為一真實觀念，則須有一直覺覺之、實證之。唯康德自言所有哲學問題為回答「人是甚麼？」故仍重在依其精嚴的概念分析以展示問題和批判問題，以認知的態度（人類知識之限制的態度）保留並透徹化、深化「哲學的兩難」。我在文中結合牟先生之批導，約之為八：（一）「超越的我」與「認知我」、「心理學之我」之混同與區分；（二）「內在的自然學中的理性的心靈學」與「超絕的自然學中的本體界的理性的心靈學」之區分；（三）「我何能意識及純粹的理論原則之必然性」與「實踐理性所用以把純粹實踐法則規定給我們之必然性」之區分及其不可知；（四）自由意志與現實意志之區分；（五）「意志底因果性」與「自然因果性」之區分；（六）「依待的存有及感觸直覺」與「根源的存有及智的直覺」之區分；（七）「道德目的、為義務而義務」與「道德實踐之動力、對道德法則之不可抗拒之尊敬」之區分；（八）自然與自由、存在與目的之區分 —— 決定判斷與反思判斷之區分、審美判斷與目的論判斷之區分。此八大區分可依超越的主體主義而概括在「現象與物自身之區分」一總題中，此區分若能證成，則現象與物自身俱得以真實化，其要在與現象相應的感觸直覺、與物自身相應的智的直覺，作為理性的存在者、思辨者與實踐者，人能否兼具？如何能兼具？若能兼具之，則現象與物自身皆為「心」所涵攝而為實證的、呈現的 —— 陸象山言「宇宙即吾心，吾心即宇宙」之謂。牟先生這樣說：

> 超絕的形上學在思辨理性（理性之思辨的使用）中不能證成，此其所以為「超絕」，然而可以由實踐理性（理性之實踐使用）來證成之，因而可成為「內在的」（實踐地內在的，不是思辨地觀解的或知識地內在的）。[5]

而現象與物自身之超越區分的證成，依這裏所說的「實踐地內在

5　牟宗三撰：《現象與物自身》（台北：台灣學生書局，1966 年），頁 37-38。

的」，則兩者又是可綜和的，以其實踐故、可內在故、可實證故。此「實踐地內在的」故為中國哲學之基本性格，亦是康德後西方哲學之重要方向。而中國哲學因之兼具「實踐地超越」（「思辨地超絕」）與「實踐地內在」之性格，此則須以精神哲學作存在的辯證以領會之。現今的新實用主義正以「內在主義」為號召，然又一往不返地，陷入相對主義之中。

　　基於實證的徹底唯心論，今可把主知態度下所作之八大區分轉向主體主義的現象與物自身之超越區分（哲學的人學之形上形下境界之區分、形與神之區分、才與性之區分、已在與未在而將在之區分、存在與目的之區分，等等），而可克服康德所示之哲學兩難。我在文中特別提出黑格爾哲學之歷史理想主義轉向及其限制：

　　　　康德之後，德國觀念論者皆表面反對而內裏繼承康德哲學，而為綜合被康德二分而須重新溝通之二界費盡思量。要而言之，皆通過進一步之收攝，把眾多原則綜和統一於「理性的心靈學」之「真我」，同時即擴充「真我」，掘井及泉，若決江河，沛然莫之能禦，爭相走上「徹底唯心論」的道路。席勒的「完美人格論」、費希特之「大我」論、謝林之「直觀」說，都在表現同一趨向。至黑格爾之龐大的精神哲學出，卻把這「唯心」推懸為「歷史性之存在與歷史目的」，「心之所向」推展為「歷史方向」，「心之性理」推衍為「歷史法則」、「歷史理性」，「物自身」則「實證化」、「實踐化」、「實現化」為「絕對知識」，有待人克服認識之片面性、抽象性而向之逼近，以完成思維與存在之同一性，而宣稱：「凡是合乎理性的都是現實的；凡是現實的都是合乎理性的。」[6]

6　同註4。

讓我們重讀黑格爾這段話：

> 哲學是探究理性東西的，正因為如此，它是了解現在的東西和現實的東西的，而不是提供某種彼岸的東西。神才知道彼岸的東西在哪裏。或者也可以說（其實我們都能說出），這種彼岸的東西就是在片面的空虛的推論那種錯誤裏面。我在後面提到，甚至柏拉圖的理想國（已成為一個成語，指空虛理想而言）本質上也無非是對希臘倫理的本性的解釋。[7]

吳案：黑氏言理性不能提供彼岸的東西，彼岸的東西只存在於「片面的空虛的推論」裏，因此理性只能通過現在的現實的東西出發思考。這仍然是康德的思想。但反對康德設定一不可知的彼岸 —— 物自身世界。他在別處亦一再宣稱：「哲學從來不與空洞的 —— 單純彼岸世界的東西打交道。」[8]

> （……）柏拉圖理念中特殊的東西所繞着轉的原則，正是當時迫在眉睫的世界變革所繞着轉的樞軸，這就顯出他的偉大天才。
>
> 凡是合乎理性的都是現實的；
> 凡是現實的都是合乎理性的。[9]
>
> 每一個天真意識都像哲學一樣懷着這種信念。哲學

7　黑格爾撰，范揚、張企泰譯：《法哲學原理》（北京：商務印書館，1982 年），頁 10。

8　黑格爾撰，賀麟譯：《小邏輯》（北京：商務印書館，1982 年），頁 208。

9　Georg Wilhelm Friedrich Hegel, Thomas Malcolm Knox (trans.). *Philosophy of Right* (London: Oxford University Press, 1967) 英譯者 T.M. Knox 謂：「他（黑格爾）指本性與存在的綜合。」見英譯本，頁 302。

正是從這一信念出發來考察不論是精神世界或是自然世界
的。如果反思、感情或主觀意識的任何形態把現在看做空
虛的東西，於是就超脫現在，以為這樣便可知道更好的東
西，那麼，這種主觀意識是存在於真空中的，又因為它只
有在現在中才是現實的，所以它本身是完全空虛的。[10]

　　吳案：此句頗繳繞，其意當謂：「把現在看做空虛」的這種主觀意
識本身正是完全空虛的，它剛好自我否定了。因它既存在於現在，它
空虛化（在「真空」中）了自己。而凡合乎理性的東西，既是現在的現
實，又是歷史性的「必然存在」。

　　　如果相反地把理念僅僅看做一個理念，即意見中的觀
　　念或表象，那末哲學就提出了與此不同的見解：除了理念
　　以外沒有甚麼東西是現實的。[11]

　　吳案：意謂與「把現在看做空虛」相反的另一種看法以為理念僅
僅是主觀的意見，則又是一種片面的錯誤。哲學則說：沒有事可以無
理而存在，正如沒有可以離開一一事而虛懸之理。理事合為實理實事，
故謂「除了理念以外沒有甚麼東西是現實的」。

　　　所以最關緊要的，在有時間性的瞬即消逝的假象中，
　　去認識內在的實體和現在的事物中的永久的東西。[12]

　　吳案：意即要從存在看永恆，真理在歷史中。

10　同註 7，頁 11。
11　同註 7，頁 11。
12　同註 7，頁 11。

其實，由於理性的東西（與理念同義）在它的現實中同時達到外部實存，所以它顯現出無限豐富的形式、現象和形態。它把它的核心用各色外皮包裹起來。開始時意識在外皮裏安家，而概念則首先貫穿這層外皮，以便發見內部的脈搏。（……）哲學的任務就在於理解存在的東西，因為存在的東西就是理性。[13]

我遂總結之曰：

康德之二界，在黑格爾這裏，轉為辯證運動之兩極，既為「自由王國」（未來）與「歷史實然」（已在）之兩極，再而為「存在歷程」內部之「理念」與「現實」之兩極，而要求「時中」實現，而說「歷史必然」。西方傳統哲學之基礎還原論的「二元」格式被徹底轉型為「二極歸宗」之辯證的活動歷程哲學，而最接近東方哲學型態；但在某義上又與東方哲學相距最遠，特別與儒家之道德關切距離最遠，此因黑格爾把「心」歷史主義地外化（外離於歷史實踐活動者之個體[individual]）。[14]

因此，我們被逼回到中國哲學，而轉向為人學的、實踐學的、實證的唯心論的境界存有論問題：（一）人之所是與應是之區分與綜和；（二）「實現的無限」與名教倫理之「即有限而無限」；（三）「有向的自由」與「無向的自由」之區分與綜和。此皆中國哲學所謂「工夫所至即是本體」之工夫與本體之關係問題。此文章之下半部所論。文末，我

13　黑格爾撰，范揚、張企泰譯：《法哲學原理》，〈序言〉（北京：商務印書館，1982年），頁 11-12。
14　同註 4。

結之曰：「徹底的唯心論是唯一可能的形上學，是唯一可能的綜和哲學」，「徹底的唯心論是唯一的綜和哲學，是智及仁守的、實證的、實踐的智慧學，是中國哲學的過去與未來。」

翌年 7 月，我有〈兩極歸宗與中國哲學之精神〉一演講，[15] 12 月出席第三屆當代新儒學國際會議發表〈兩極歸宗與道德理想主義〉，[16] 着重進一步指出西方近代哲學之從「二元論」、「實在論」而向「兩極論」、「實踐的活動論」之轉化。文中指出：「哲學之兩難」中之任一邊────

> 依黑格爾的辯證的思辨理性，這些「所謂哲學原理或原則，即使是真的，只要它單單是個原理或原則，它就已經也是假的了。」因為這些原則本來就是由「二元論」之「二分」提供的，它們本就依存於它們所對之另組原則。由此可見：「二元論」以及由「二元論」所二分的世界一齊不能離「精神的開合」──由一端（極）到另一端（極）等活動。以及實踐的存在的抉擇。[17]

又深恐「兩極歸宗」受平庸化之誤解以至在「撐開之張力」上不夠勁道，特引張橫渠「兩不立，則一不可見，一不可見，則兩之用息」之說，並引存在主義所宣說的「生命存在的兩極論」：「在懸崖兩極之間搖晃着走鋼索的人，每挪一步都是對過去未來之超越！」以顯此兩極之存在結構上的緊張力與「為人艱難」。為人艱難正在於「唯心」，有「心」而人遂成為自由者、抉擇者、有善惡者和超越者。儒、道、釋三教念茲在茲。「西方哲學是二元論的截然二分，而為割裂的兩界、兩

---

15 〈兩極歸宗與中國哲學精神〉，今收入本書。
16 〈兩極歸宗與道德理想主義〉，今收入本書。
17 同上註。

域。中國哲學則永遠視兩端為心學的、意義論的『兩極』，而可依意義視域之昇進而綜合之而歸宗（「終極而時中」）。」[18] 而中國哲學之「簡易」之道亦在於此。中國思想總是如此思考兩端，而不會將之二元實在論化。西方為二元論困了兩千年，他們的哲學史就是為二元論和消除其中一元而不斷「發展」，但二元始終是二元。然而，西方哲學的透明、整齊，就在它二元化地處理一些問題，然後窮盡之，卻戛然而止。既是二元，到底不能綜和。中國哲學則視為兩極，兩極只是同一事之始終、陰陽、正反、隱顯之兩端，可「得其宜而折中」。至於「兩極歸宗」之「宗」，其義為：

　　　　一、「宗」或「中」非兩極之量的對折平均，而是兩極之根源中心與終極歸向；

　　　　二、因此，「宗」代表理想、終極目的；

　　　　三、因此，「宗」屬於未來，而為「目的因」，但正因此是歷史之「動力因」。[19]

　　可見「兩極歸宗」乃實證唯心論之方法論，化對偶性為辯證的統一而歸向目的性，攝存有於活動，證活動於方向理想，由方向理想反證存在：

　　　　康德從「人是甚麼？」而黑格爾首先從「何謂歷史」發現了人類生命之有向（要在時間中展現），海德格卻從「每人有死」發現了同一事實（要在時間之存在性格），無論自覺不自覺，每人必在「向死亡的自由」中而發現「唯我之在」。

18　同註 16。
19　同註 16。

　　儒家發現「人生有向」之經典表述是「性善論」，孟子
更從「人生向善」之「表象思考」後返而為「根源的思考」
之「性本善」，尋得「扎根於地而歸宗於天」之全體存在秘
密：唯有「善」，使「善」「不善」成為可能，唯有「誠」使
「有」「不有」成為可能，唯有「一」使「一與二為三」成為
可能（要在存在本身即活動，由活動而有時空、方向、一
多、同異……）。此為儒家由存在入路，最實證、最「根源」
因而最「立兩」、而為「最內在而超越」而「本一合異」之
道德的形上學規模，先秦孔孟創立之，宋明儒學張大之，
王船山以「一本兩端」三申之。至當代新儒學，遂有唐君
毅「心靈九境」之三層縱貫「兩極歸宗」之辯證唯心大系
統，有牟宗三「一心開二門」、「總二門於一心」之「兩層
存有實證唯心論」執而無執之徹底唯心大系統，兩大系統
互相輝映呼應，亦極一時之盛歟！[20]

文末結語為：

　　康德打開了但未能合，黑格爾合於歷史，但不能開；
齊克果「以虛無為用，投向上帝」（原話是「以虛無為用，
投向存在」），實同於「以上帝為用，投向存在、投向個人
真實」；尼采高聲宣說在兩極之間人注定無助，人須自救、
成為強者，之教義；海德格由兩極之大限而畏無返有。從
佛教言，多證苦、集二諦，未證滅、道二諦。從儒家言，
多證苦證業證悲，未證能證所證覺證義證仁（活動的大實
有）。近世西方哲學之由「二元」轉向「二極」大分二路，
歐陸存在主義之「兩極論」一如上述，其因或由傳統二元

20　同註16。

論之反激而起，其入路未嘗不真切，然宗的不立，證能不證所，證怖不證悲，宜以儒家仁義充實之，以寂感安排之。另一路為英美語言分析，我兩年前有《語言轉向之轉向》一文，尋求從語意／語境論所張開之言意兩極再向上翻出一語言主體「人」，則大可與中國豐富的言意、言默思想相對顯，中西哲學對話之境域更可開拓。而「兩極開合總於一心」將是中西哲學未來交會點。

綜上所說：

一、儒家道德理想主義之思想模型為「兩極歸宗」：兩極而非二元，貫通但須揚棄。既是個人的，亦是集團的。

二、近世西方哲學自康德開始由二元轉向兩極，兩極辯證，或歸某義之主體，或歸歷史目的，或無宗而歸個人當下選擇。康德重主體性而稍重個人德性，黑格爾偏重客觀精神之集團歷史，存在主義則以個人為主而不離個人，或歸上帝（信仰之所對）、或「場有」、或「氣質之性」，但多無宗的。

三、因此，中西哲學對話不僅有橋樑，並且有共同之意義視域，而非方鑿圓枘。拒絕對話正是二元論式的殘留。

四、當代新儒學有兩個「兩極歸宗」之大系統，一為唐君毅之「心靈九境」辯證綜和大系統，一為牟宗三「一心開二門，總二門於一心」之徹底唯心大系統，兩大系統又可依「兩極歸宗」重新疏通說明。世人常稱當代新儒學大家唐君毅哲學有黑格爾的影子，若從濃厚的辯證思想處說，亦可；但我亦願鄭重提出：兩家之入路不同，出路亦不一樣。概而言之，黑格爾是「歷史主義」的，而唐先生是「道德主義」的；雖然兩家都是「理想主義」，都反對「二元論」而為「兩極歸宗」之絕對唯心大綜和哲學。世人常轉述牟宗三哲學之「一心開二門」為「二層存有論」，我

亦願在此鄭重提出：「執的存有界」與「無執的存有界」之「執」、「無執」豈可離心？無「心」何來「二門」？牟氏說「二門」，正為示「一心」。世人只知其「二」，不知其「三」與「一」，以至忽忘其「一」之「心」。此中大有可論可說之處，亦是本文初懷。[21]

1997 年底，赴台參加「中國哲學與政治哲學」研討會，提交論文〈超政治與政治——從整體文化論看中國文化之現代轉化與中國革命之悲劇〉。文中涉及問題頗繁，其中一問題是：甚具「實踐的理性」（韋伯〔Max Weber〕的概念）因而與中國傳統思想有多方面相近性、熟習性的「實用主義」，雖有胡適等人大力推介，約翰・杜威（John Dewey, 1859-1952）的親臨，卻不為中國當時思想界所重，只落得「庸俗的資產階級哲學」惡名。我在文中的解釋是：

　　我認為，馬克思主義政治神話有四個主要成分：（一）是柏拉圖的理想國意識型態傳統和希伯萊宗教的救贖主義，及由此而來的對現世、現實人生之否定；構造一種超越的幻覺。（二）是思辨理性的概念技術之理智精審，加上承自黑格爾而「顛倒之」之「過於理智的、無所不包的、反智的」（卡爾・波柏〔Karl Popper〕語）之唯物論辯證法之魔術結合。（三）是由神話傳統之拯救論的歷史主義（歷史命定論），到耶教的「樂園——失樂園——復樂園」三階段歷史主義，到黑格爾「理性的太陽從東方昇起、落於日耳曼」的終結完成的歷史主義等等，無所可逃的西方的封閉式歷史主義傳統，和近代新寵的「科學」、成為信仰對象的「科學」、被認為是客觀真理標籤的「科學」（「科學

21　同註 16。

的……成為馬克思政治神話不可缺的修辭）之結合，而成為「原始共產（樂園）—— 私有制（失樂園）—— 終極共產（復樂園）」之新宗教歷史終結論之歷史主義、「科學的共產主義」、「科學的唯物史觀」之無所可逃、咒術的歷史主義。（四）是一元論（唯物論）使其突出於西方自由主義多元思想之平庸之上，能有極神聖殉道之形似，更有狠慢、虛無之魔性狂熱，而唯是不平庸、不平常，更不溫良恭儉讓。馬克思之信徒、列寧的朋友普列漢諾夫在《論一元論歷史觀之發展》一書中說唯一元論者有過人之堅強意志。此之謂也。

此四項宗教文化特質，向世界各支文化中尋找，應該說，在中國文化中最欠缺，最不濟了；由此四項特質而要求之「共產主義者」之人格型範，在中國傳統人格世界中亦最欠缺、最不類。此全新的「馬克思主義倫理」（如果有的話）會是怎樣？在蘇聯和中國，有大量樣板可供研究。要言之這不會是任何中國傳統文化所能教養、所期望、所願意或甘心看到的！然而一個最陌生、最異質的政治神話，卻在中國找到它的最大實驗場。[22]

此何以故？筆者不相信任何外在因素決定論，包括所謂「時代決定」、「歷史條件決定」，雖然筆者同意，一種特別嚴重的歷史、時代處境，會構成思想活動、意識型態抉擇的契機。

馬克思政治神話的四大西方特質，對處於「認識論危機」（自我認同危機）的中國讀書人，是何等的陌生、新

---

22 〈超政治與政治 —— 從整體文化論看中國文化之現代轉化與中國革命之悲劇〉，《鵝湖學誌》1998 年第十九期，今收入本書。

奇、痛快、一刀兩斷。那一套全不是他們可以依循傳統理性而能理解的，他們亦壓根兒不要依從傳統理性，那一大套全非中國傳統正合他們心意，是他們由衷渴望的火焰、光明。

（一）中國傳統中沒有柏拉圖式、耶教式以否定現世人生以表現理想（尼采所謂「通過誹謗人生而來的超越」）為特質之神諭體系，沒有「人有原罪」因而渴望救贖恩典此路之怖慄意識。儒、道、釋三教皆不誹謗人生。釋氏雖然從印度帶來苦業意識，但以「緣起」說捨離，同時也就以「緣起」保住了世間。道家始終欣賞自然人生，說天地有大美而不言。儒家更正面肯定讚美人生，論語以「學而時習之，不亦說乎！有朋自遠方來，不亦說乎！」開篇。中國思想從無以苦難證存在、以苦難與德行成正比的偏見。孔子稱美顏回貧而好學，然又謂「邦有道，貧且賤，君子恥之。邦無道，富且貴，君子恥之。」並不謳歌貧賤。自周代人文精神成熟，所有非根源於人性的實質性律則，再沒有神聖性而可繼續保留為高層次地位。

（二）中國傳統思想極着重「實證」，包括心性之實證（熊先生所謂性智實證）與經驗、實用之實證。故被西化論者譏為太重實用、太重實踐，而不喜純由概念推演而成之觀念體系或純知識，然亦因此可免於意識型態災害。又多信「言不盡意」，亦使語言魔術無所施其技。故「過度知性」或「反知」之極端，「過度知性的反知」之無賴（如「唯物辯證法」）皆非中國人所長。

（三）中國史學喜言「體經用史」，「經」代表道德判斷、價值理想，是方向性律則，「虛」而非「實」（此處之「虛」、「實」只指「內容」言，不指根源實證之有無），因此，是方向，不是航道，是「無目的」的目的論，不是「按

既定規劃辦事」、不是「總體社會工程學」、不是「歷史若干階段論」。被考據判為偽託的《周禮》、董仲舒的「五德始終」，有「文化設計」、「歷史策劃」之嫌疑，但本非正純，亦有不同。故中國歷史觀，一言以蔽之，太史公所謂「究天人之際，通古今之變」而已。體經用史，是開放歷史，開放歷史目的，開放每一個時代，同時開放社會。亦從來沒有一種將歷史視為「自然知識」以探其「規律」之「科學的史學」。中國的偉大史學傳統從來不會容忍意識型態化。

（四）中國傳統思想特質，基本上不是元論實在論的頭腦。由元論的二元對立，而堅持一元吞食另一元，並且是實在論的吞食，確實是夠緊張，非凡夫俗子所能。中國思想沒有這種元論，傳統思模的「兩極歸宗」亦可以說大大減殺了二元實在論的緊張勁道、「離教式緊張勁道」，致令魔性難以附着，難以表現抗爭之非凡卓絕、烈士殉道之宗教精神。

傳統思想長期理性的結果，是不能面對一個外來的、才解咒二百年，卻又重新追求神諭的西方紀元之時代：或堅持理性化、堅持現代性而失望，或意識了理性的自囚而反現代、反理性，或由理性產品之異化、自由之異化而逃避自由、逃避文明⋯⋯；但另一方面又是船堅炮利的、高效率的、民主的、法律的、自由的，這樣一個四分五裂的西方現代圖像。對當時中國知識分子而言，馬克思的政治神話，相對於其它有限意識型態，自然很不尋常；而那些非意識型態之「民主」、「自由」倒成了庸俗了，實用主義更是庸夫俗子的哲學。[23]

23　同註 22。

　　本年 2 月出席紀念「唐君毅先生逝世二十週年學術研討會」發表論文〈天道有情、歷史無欺──唐君毅先生體經論史與證史證悲〉，此文紹述唐先生關於歷史之哲學反省與中國文化之歷史性格及時代命運等諸義。我順唐先生之說，特別提出「歷史真實性之錯置」一觀念，批評將歷史事實外於人心之各種「歷史客觀主義」：

　　　　由迷信有一純客觀外在的事實真相為歷史認知之所對，認定此真相為一已定的、已成的，或「自己完成」的，只待人去加以反映、了解的；由此「歷史」或歸於成為逐次向下一層之史實之平鋪的瑣屑考證，但又並不真能循一到底之方法（根本無此方法）以達於最下層（根本無此最下層）之所謂歷史真實，遂由求知所謂絕對的本然歷史真實，而沒入於四散而無歸的所謂歷史真實而失去歷史，這種由歷史主義而來的虛無主義。這是「歷史真實性之錯置」的一般型態。「歷史真實性錯置」之特殊型態為「歷史」因歸於成為離開人的主觀意識與當前存在而「自己完成」的「離史」（離於人心而獨斷其為有），由這種「離史」觀亦可引生另類歷史主義，可稱為神諭歷史主義、符咒歷史主義或科學主義之歷史主義。這類歷史主義原為尋找解釋每段「離史」與「離史」如何連結為所謂「歷史階段」而繫於某一所謂客觀「歷史目的」，而為所謂不為人的主觀意志為轉移的客觀「歷史規律」中之各個「歷史階段」。但既為「離史」，這種連結自不能在每代人對歷史之肯定態度及對當下存在狀態之選擇中尋找，便只能在超歷史的神、或似內在於歷史而實被神化為超歷史的「生產力」之類中尋找，而為「神諭的」或「科學符咒的」歷史主義。為着某種「神諭」或「符咒」式的「歷史目的」，「歷史」又可歸結成為在「進化」（或「退化」）中因而可被全部逐一否定（如「失樂

圉」、「吃人的帳簿」、「五千年苦難」）的人類失敗記錄。
基於此種單向（時間之單向與價值之單向）歷史觀之「非
此則彼」的意識，一種救贖式的命定的烏托邦整體社會工
程、人類改造運動，成為這種歷史主義信奉者幾乎唯一的
實踐選擇——這正是人類剛剛經歷過的，由徹底西方思
維的錯誤歷史觀，轉生一套政治神話，鼓動延續近一個世
紀的政治災難。此正見歷史在詮釋中並引生行動、引生歷
史，正確的詮釋引生正確的行動，虛妄的詮釋引生虛妄的
行動。而反證歷史真實不在「離心而獨斷其為有」之「所」
中，而在每代人之「溫故知新」之真誠地「能所合一」中，
不能合一則妄。從而拒絕任何離心而泯能歸所之歷史主
義，拒絕各種因「歷史真實性之錯置」而來的歷史神秘主
義——所謂「科學唯物史觀」正是最迷信的歷史主義。

　　由此可知，並沒有離開歷史意識之「歷史自己」。由
「人存史舉，人亡史息」，我們更可說「溫故之心存則史
舉，知新之心亡則史息」。由上所說，我們亦因此明白，
何以明事理的西方史學家常說「一切歷史都是現代史」（如
貝尼季托‧克羅齊[Benedetto Croce, 1866-1952]）。「現
代史」者，謂由「現代人」本其溫故知新之懷所重證重演
之「歷史」。又說「所有的歷史都是思想的歷史」（如羅
賓‧喬治‧柯林武德[Robin George Collingwood, 1889-
1943]）。然而，這一切重證重演，若只落在「物事」上，
而不是落在「思想」或「意義」上，則借僧肇《物不遷論》
之言：「昔物自在昔，不從今以至昔。今物自在今，不從
昔以至今。」我們並不能有對「昔物」之直接「知覺心」，
又不能有直接對之而構造知識命題謂其「是甚麼」之「判
斷心」，與直接檢證此所判斷與所知覺是否相符，而稱
「真」、「否」之「檢證心」，是則「昔物」與「昔心」俱往而

「皆隱於昔」，以今視之同於「無」而「空」，所謂「堯舜事業，猶過眼浮雲」是也。僧肇又説：「回也見新，交臂非故」。仍是「能所不二」之特別説法。[24]

可知並沒有離開人的歷史意識之「歷史自己」。威廉・狄爾泰（Wilhelm Dilthey，1833-1911）説得好：「歷史學之所以可能，其首要條件，就在於那研究歷史者本身就是一歷史性的存在，同時就是在創造歷史者。」而馬丁・海德格（Martin Heidegger, 1889-1976）直謂：

> 歷史的真正重點既不在於過去，亦不在於現在及其過去之關聯，而在於「人」存在此一真實自我之開展。而「人」存在此一真實自我之開展乃是發源自此有（Dasein）之未來的。作為此有的存在樣式而言，歷史的根在本質是種植在未來之上的。[25]

由「人存史舉，人亡史息」，我們更可說「溫故之心存則史舉，知新之心亡則史息」。

故歷史在某義上亦如僧肇《物不遷論》中那句「回也見新，交臂非故」。歷史，若無一「究天人之際」以知「人性之性」，「通古今之變」以見「人性之常」之「鑒往知來」之心，無一「追體驗以友古人」之心，無一「能決定」與「能反思」之心，無一能料簡分類、立時空數量秩序之心，歷史、歷史判斷從何説起？

此文所涉，表面似一偏重詮釋學的歷史觀，而內裏極重實證、通貫、整體之義，以「誠者物之終始，不誠無物」故。由唐先生所開啟，

---

24 〈天道有情，歷史無欺 —— 唐君毅先生體經論史與證史證悲〉。

25 Martin Heidegger, *Sein und Zeit*, 1927, P.386，中譯本見海德格撰，陳嘉映、王慶節譯：《存在與時間》（北京：三聯書店，1987 年），頁 454。

一個實證唯心史觀之重建，是當代新儒學的重要課題。

　　以上，簡略回顧三年來關於「中國哲學之特殊型態的形而上學」／「語言與存在」／「實踐地內在」與「實踐地超越」／「二元」與「兩極」／分解與綜合／「兩極歸宗」與「一心開二門」、「二與一為三」／內在於歷史與超歷史、超政治與政治／終極價值與工具／「理性」、「人性之性」與「人性之常」／「實學」、實證與實踐／實證與詮釋／「徹底的唯心」與「徹底的實在」／歷史意識與歷史真實，……諸義之個人思考。此種種思考實又以「如何走出哲學的兩難／實踐（道德）的兩難」為主線，此原是本人近年「自然與名教」思考的延續。又本中國文化傳統的開放性格（唐先生稱為「全無遮攔」），常引用柏拉圖、康德、黑格爾、語言分析、存在哲學、近代社會理論等西方思考，以與儒、道、釋對揚互證，只要心正情平，恪守法度，亦覺浹洽有致，並無圓鑿方枘之憾云。

　　而「實證唯心論」依篇首所提「實證」之本義、正義與「心」之本義、正義，在上述所經歷之種種思考中，不可避免地呈現那「唯一的」、「絕對的」、「實在的」根源之學、實學、「心學」之性格。改用佛家語：以有「心」義故，一切法得成！若無「心」義者，一切則不成（佛家是「空」義）。

　　以下，試論析一頗具近代「實證」意識的西方哲學，以重申以上諸義，此即「實用主義」（或「實效主義」），一個在中國現代知識界曾因誤會而受到熱烈宣傳和冷遇以至敵視的「美國哲學」。

　　在當代新儒學的論說視域中，實用主義亦一直被冷落。本人因1997年授「中國近代思想」，翻看有關言說，後補讀原著，發現其甚富一綜和的世間智慧，雖不為透脫的心靈所喜，卻是平實無大過。雖無大過，落在一個出問題的時代、一個出問題的社裎，亦可釀成大過，其過、其病即在「無體、無理、無力」；平庸有餘，契入和透脫兩皆不足也。察此，新儒學當援之以「體」、「理」、「力」，提撕振拔；而實用主義之「實證」意識、實踐意識、實效意識、折中意識、「經驗自律」、

「嫉虛妄」等開放的、綜和的世間智慧,原為中國思想所具所重;由美國心靈申明之,辯才無礙,井然可喜,亦可是「新儒學」之外一章也。

二、西方「哲學的兩難」與實用主義之出現

威廉・詹姆士(William James, 1842-1910)這樣理解他和他的哲學盟友的「所謂實用主義運動」:「好像是忽然天上掉下來似的。其實那是哲學中一向存在的許多傾向突然一齊意識到自己的存在和它們的共同任務。」[26]

此共同任務不外康德的論題:綜和理性主義與經驗主義,並證成現象與物自身之超越區分。依上文所言此「超越區分」之證成即兩者之可能綜和,從而證成徹底的唯心論。由康德對西方傳統二元論之批判與主體主義轉向,至黑格爾之「整體論之歷史主義」轉向,以「歷史存有論」綜和思維與存在;再有存在主義以「我在」綜和超越與內在,語言哲學的「語言轉向」則以「共同語言」綜和意義世界中之客體世界與主觀世界、或借「語言分析」擱置精神心靈世界之實在性(如語言行為主義者所為),至於卡爾・波柏則有三個世界之說:一、物理世界;二、精神世界;三、「人類心靈產品的世界」亦即「文化世界」,其意或以「語言世界」、「文化世界」綜合(或對列)自然世界與精神世界也。

詹姆士《實用主義》一書以「一些舊思想方法之新名字」為副書名之故,「卑之無新論」之謂也。詹姆士更將西方自古以來的哲學分裂歸咎於人的兩類氣質:「柔性的」與「剛性的」,由此形成兩大哲學類型:

26　William James, *Pragmatism*, 1907,中譯本見威廉・詹姆士撰,陳羽綸等譯:《實用主義》(北京:商務印書館,1979 年),頁 3。

柔性的	剛性的
理性主義的（rationalism）	經驗主義的（empiricism）
根據原則而行	根據事實而行
理智主義的（intellectualism）	感覺主義的
觀念主義的（idealism）	唯物主義的
樂觀主義的	悲觀主義的
有宗教信仰的	無宗教信仰的
意志自由論的	宿命論的
一元論的	多元論的
武斷論的	懷疑論的

　　這就是所謂「哲學的兩難」：「任何人既不能夠離開事實也不能夠離開原則而生活一小時」。[27]

　　詹姆士相信他的「實用主義」，「正是你們在思想方法上所需要的中間、調和路線」[28]，沿此第三路線可走出兩難。也就是說，實用主義始創人承擔並真正厭倦了西方哲學之兩難傳統，在孔德區分人類思想三時期為「神學時期、形上學時期、實證時期」後，進一步試圖將「實證時期」後的哲學，引導歸於「人本主義」的自求多福與「追求奇遇」[29]；以「實用的」態度，徹底繼承並轉移神學時期、形上學時期以及實證時期的全部哲學論題（亦即「哲學的兩難」），將西方哲學討論之經典主謂句式之實在性、現成性轉移為由人的「信念 —— 行動」之活動性、實踐性、未來性代替。

　　在我們認識的生活和行動的生活裏，我們都起着創造

27　同上註，頁 9-10。
28　同註 26。
29　同註 26，頁 131。

的作用。我們對實在主辭和賓辭都有所增加。這世界確是可塑造的，是等待我們去給它最後修定的。像天國一樣，世界聽憑人類褻瀆。真理全是由人產生到世界上來的。[30]

世界事物之客體義、實在義，消解轉化為「事件義」、「終始」義、「實踐」義中之「在」。「某一假說，人因它而行動，且發生令人滿意的效果，這一假設就是真的。」[31] 而上列之傳統至現代之哲學兩難各項，詹姆士意謂即在此人為行動之「事件」、「終始」中依一貫徹到底性（consequence）原則而被綜和（或取消）了。

詹氏此說令人思及馬克斯・韋伯之「實踐的理性」概念。「它將目的、手段，或目的理性與價值理性予以結合並消解，使之合到一個具有普遍意涵的生活形式之中。」[32] 即此而言，我們發現實用主義始創人說出了對西方「哲學兩難」最正面而積極的思考──這從康德就開始──及其貧困。

真理究竟被認為是甚麼？……真理這名詞幾乎代表了我們生活中一切可貴事物的全部內容。所謂「真」，就是和一切不安定的、一切實際上令人失望的、沒用的，虛偽和不可信的，一切不可證實和得不到證實的、矛盾和不一致的、一切不自然和不正常的、一切不實在，或實際上無關重要的事物，與之相反的東西。這就是我們所以要投向，並且要拼命投向真理的實用主義的理由。[33]

30　同註 26。

31　同註 26。

32　參閱邁克爾・普西（Michael Pusey）著，廖仁義譯：《哈伯瑪斯》（台北：桂冠圖書公司，1989 年），頁 58。

33　同註 26，頁 200。

這段話幾乎就是孔德之「實證主義哲學的系統性之特性」之節錄。

從價值哲學說，實用主義無疑代表對西方傳統由抽象思辨所立所對之「真」之追求及追求無望之最後厭倦，而欲攝「真」歸「善」（廣義之「善」，「所欲之謂善」），攝「善」歸「利」（實效為「利」，《左傳》謂：「利，義之和也」、「利物足以和義」）。藉此擺脫困擾西方思想二千多年的「本體」與「現象」斷為兩截之關係問題。從哲學為「實踐的智慧學」之本義而言，實用主義之轉向，未嘗不代表一健康開放之哲學態度。其始創人之本意確是這樣。他們這樣描寫實用主義與其他理論之地位處境：

> 實用主義在我們的各種理論中就像旅館裏一條走廊，許多房間的門都和它相通。在一間房裏，你會看見有人在寫無神論著作；隔壁一間房，有人在跪地祈求信仰與力量；在第三間房，化學家在考察物體特性；第四間房有人在思索唯心主義形上學的體系；在第五間房裏，有人證明形而上學的不可能。但是那條走廊卻是屬於大家，如果要找一條進出各人房間的可行通道的話，那就非得經過那條走廊不可。[34]

這段自甘無甚高論之走廊哲學自白，我認為應對之致以充分敬意。我並且願意見到這條走廊能夠通向一個新天地，幸運的話，成為中西哲學會通的又一條橋樑。個別語言分析者講類同的話，但同時揮動「奧坎刀」（Occam's Razor）威嚇要清拆所有「形上學」房間，喧聲四起而驟退，我認為應予以充分保護，因為這零星之聲提醒人們：主知主義之觀解形上學是西方形上學的主流和最重要挫折。獨斷論與唯知檢證論成為西哲之兩極，如何綜合此兩極亦是當有之義。

34　同註 26，頁 131。

哲學不僅需要走廊，需要房間；理想地說，好的哲學不僅有房間，有走廊連結廳堂，並通向園林，依山傍水，使人如歸家園、安身立命。齊克果謂哲學家和他所建構的體系的關係，往往像大宮殿的主人而自己寧願住在宮殿旁邊的穀倉。哲學宮殿雖富麗堂皇，卻不能住人，實用主義必大有感於此。由詹姆士之自居走廊，到第二代約翰·杜威似已看透所有二分的哲學建築之一往不返入於虛渺，遂將調和這絕異兩極之精神產物作為其終生職志。

> 一切古典派哲學在兩個存在的世界中間，劃了一個固定的和根本的區別。其一相當於普通傳統宗教的超自然的世界，而由形而上學描寫成至高終極的實在世界。（……）與這個須經哲學的系統修煉才能了悟的絕對本體實在相對峙的，是日常閱歷的普通的經驗的，相對實在的現象世界。（……）我想這就是影響關乎哲學性質的古代概念最深的一個特質。哲學妄自以為論證超越的、絕對的、或更深奧的、實在的存在，和啟示這究極的、至高的、實在的性質和特色為己任。所以它主張它有一個比實證的科學和日常實際經驗所用的更為高尚的認識官能，並主張這個官能獨具優異的尊嚴和特殊的重要性，如若哲學是引導人到日常生活和特殊科學所啟示的實在以外的「實在」（reality）之證明及直覺去的，那末這樣的主張無可厚非。[35]

實用主義一方面很恰當的指出：「劃分世界為兩種『實有』的區分（一種是高等的，只有理性可以接近且性質上是理想的；一種是低級

---

35 John Dewey, *Reconstruction in Philosophy*, 1920，中譯本見約翰·杜威著，許崇清譯：《哲學的改造》（北京：商務印書館，1997 年），頁 12-13。

的、物質的、可變的、經驗的，感官觀察可以接近的）不可避免地要轉到知識在性質上是靜觀的那個觀念去。」[36] 一方面卻並不能免俗，不能堅持其實用的中立態度，而仍落在這兩種「實有」之區分中，時常不能抑制地要嘲諷否定與經驗主義對立的、詹姆士所謂「柔性的」那一邊。事實上在哲學的兩難中，實用主義所聲稱的那種完全平面公允中立的哲學態度、走廊哲學態度，並不可能。它需要一個根源的、「哲學的」解決。

三、從「純粹理性」、「理性自律」轉向「純粹經驗」、「經驗自律」之意義與局限

實用主義由對西方哲學之反省而要求「哲學的改造」（杜威書名），宣告實踐的、實驗的、實用的轉向，以之克服現代哲學困局：「現代哲學的曖昧和紛亂，就是想把倫理上和道德上都無法結合的兩個東西硬要加以結合」。[37] 這對西方哲學來說，不能不說是切題的、認真的，有一個好的開頭，代表某義的成熟。但實用主義隨即祭起「徹底經驗主義」（radical empiricism；詹姆士自稱此說與「實用主義」無任何邏輯關聯，實用主義者盡可不接受它而止為實用者）之旗幟，宣告只信奉行動實驗中的「經驗自律」：

> 和經驗分立的一種能力，所謂「理性」，曾指引我們到普遍真理的高層世界去，但到如今卻已令我們覺得渺茫、沒趣、無關重要。理性，如康德所謂賦與經驗以普遍性和條理的，已令我們日益覺得多餘──只是耽溺於傳統的形式主義和精巧術語學的人們所特創的無用的東西。從既

36　同上註，頁 65。
37　同註 35，頁 27。

往經驗發出的提示，參照現在的需要和所缺乏等事實而發展起來、成熟起來，可以用作特殊改造的目標和手段，並可用這調整功夫的成敗來檢驗，也就夠了。[38]

「經驗自律」論者，不在乎經驗所內孕的形而上學的特性[39]，故曰「徹底經驗主義」。這樣，在「經驗自律／徹底經驗論」所嘲笑的洞穴之前（洞穴之前度主人是著名的伊索寓言裏的「病獅」，其後是詹姆士引用以譏諷之「絕對」）所有的足跡仍都是朝着洞裏，沒有一個足跡是朝着洞外。這次的洞穴主人是「相對」[40]。作為哲學思想，「徹底經驗論」比它所批評的各式舊思想體系、走廊兩邊的各房間，走出了一步，又倒退了兩步。

在努力擺脫傳統二元論、獨斷的實在論，而要求「實證」、要求實驗、實踐，以「行」主導「知」並綜合「各知」，以「效」主導「行」並綜合「各行」；攝「真」歸「善」──「真理是善的一種，而不是平常所設想那樣與善區分、與善相對等的一個範疇。凡在此信仰上證明本身是善的東西，並且因為某些明確和可指定的理由，也是善的東西，我們就管它叫做真的。」[41]（此說源自孔德之「此（指實證主義）真正哲學精神無他，即不過一普遍且可及之善意，以系統之方式出之耳」之義）凡此所說，都表示實用主義之「解咒」意識，相對應於其所處之哲學傳統，是切題的、認真的，是進一步的。其隱約流露的要求由「分解的精神」轉向為「綜和的精神」亦是可理解的。

但其扯平或混淆人類文化行為之各層面、各部（如知識、事功、藝術、道德，打成一層），過份相信「經驗自律」，相信「經驗含着指引自身改善自己」（此處之「經驗」當指實驗中之前後「經驗」），因而「智

38　同註 35，頁 51。
39　同註 35。
40　同註 35，頁 39。
41　同註 35，頁 42。

慧」便是「以建設形式備充新目的的這種經驗提示，我們起了一個名字叫做『智慧』。」[42] 這種實際目的和工具理性意識之下「順而又順」之「習氣有理論」，「凡存在皆合理」，而絕對價值欠奉之自然主義，其實不僅沒有解決休謨遺留的「普遍性秩序如何可能」的問題，更以「反絕對」之名，拒絕任何對這問題的嚴肅思考。則其重視未來實效之哲學態度亦應受質疑。金岳霖這樣批評休謨：「休謨既正式地沒有真正的普遍，他也沒有以後我們所要提出的真正的秩序。他只有跟着現在和以往的印象的秩序，既然如此，則假若將來推翻現在和以往，他辛辛苦苦得到的秩序也就推翻。」[43] 這個批評同樣適用於對待實用主義。僅此點即可見其終入於「無體、無理、無力」一路。以此方面之表現而言，實驗主義是退了兩步。

實驗主義以「純粹經驗」取代康德的「純粹理性」（含「理論理性」與「實踐理性」），另一方面，它退到康德的「經驗底形上學」之前，而思繞過康德，回到貝克萊、休謨，將休謨的排除了「關係」的「經驗」（片斷經驗＋習慣＋交替反應）——再還原到最初最原始的「整體經驗自身」／「純粹經驗」／「直接生活之流」——此則經驗包含「經驗知覺」和「連結各經驗的關係」。除此之外，「經驗所由生之實在」、「人的觀念」以及「人的觀念之與事物是否相應之判斷」、「歷史事實與其意義」、「人性」、「工具性與物質性」等等，依實用主義，皆有待「實用」之要求將其顯出或將其轉換、或取消，而這已後於「純粹經驗」，被視作為「反思」、「操作」中之事了。

> 我把直接生活之流叫做「純粹經驗」，這種直接的生活之流供給我們後來的反思及其概念性範疇以物質材料。這純粹經驗還沒有成為任何確定的甚麼，雖則已準備成為

42　同註 35，頁 51。

43　金岳霖撰：《知識論》（北京：商務印書館，1983 年），頁 419。

　　一切種類的甚麼；它既是一，同時也是多；但在各方面都
　　並未顯出。它徹底在變化之中。[44]

　　這很有點唯意識流的意味。其所採用之方法是還原法──回到經
驗自身。

　　若基於同樣的「徹底經驗論」，而以「超越之反省法」為方法，則
可有加布里埃爾・馬塞爾（Gabriel Marcel, 1889-1973）之宣說「經驗
本身就是一種神秘」之《存在的奧秘》（馬氏書名）之「經驗主義神秘
論」，而重歸某義之形上學──「境界形上學」。今暫不及此。但美
國人沒有形上學承擔，亦沒有這一份神秘感。作為新大陸的新移民，
美國人無暇玄思；既自認已擺脫傳統懷疑論的專事拆台，亦未深刻到
出現魔性糾結而需要「神性實在性」之確認。舊宗教中的神，除可為
每周工作帶來一天休假，更能提供「精神上的休假」，顯示其「宇宙恐
怖驅逐者」的價值，則神是「真」的。[45] 其餘一切純粹經驗之外的「實
在」，若有意義，其意義只能在「實用」中獲致。這是實用主義的真理
宣言。

四、實用主義與現代中國悲劇

　　當實用主義者說「你最好信以為真的，就是真的」時，口吻像煞中
國鄉村的精明老嫗，她飽經風霜，洞悉世情。但當實用主義說，其實
沒有絕對的「天理」、「常道」，也沒有「人性之性」、「人性之常」等等
時，則中國讀書人並鄉下老嫗都不會以為然。近代首先引入西方實證
思考方法的嚴復，仍說「往自堯舜禹湯文武，立之民極，至孔子而集其

44　威廉・詹姆士撰，江大機等譯：《徹底經驗主義論文集》（上海：人民出版社，1987
　　年），頁3。
45　同註26，頁155。

大成，而天理人倫，以其垂訓者無以易」而認為此中國老道統可與「實測內籀」之學並行。[46]

　　實證主義尤其是實用主義，本來就是要投歸人文主義，大膽點說，本來就是要叛離西方思辨哲學傳統，而靠近中國的實踐的人文主義思想的。實用主義第二代教主約翰・杜威在《訪華演說集： 1919-1920年》中即毫不猶疑將實驗主義與孔子、老子思想比擬，說「老子生於亂世，亦即社會、政治、道德都呈瓦解的時代；稍後的孔子之世亦屬危急存亡之秋，彼時中國百姓深感需要並渴望接受一種哲學，能作為兩千年下來的安定社會的基礎」，而謂實用主義也是在西方傳統思想無法回應時代挑戰之時出現的[47]。《目的與思想 —— 實用主義的意義》一書的作者史正誼（John Edwin Smith, 1921-2009）更認為實用主義與中國思想有如下相似點：

> 　　兩者都極其重視人類面臨的具體事態，強調實際經驗的力量，主張類似的人文主義，肯定人與大自然的相通，並對人類改變環境的獨特能力所引發的問題密切注意，關懷生命的道德情操與人類智能才性的發展，以及最明顯的：深切體會實踐的重要性，亦即相信思想與實行是交融為一、互動依存的⋯⋯。此外，我也談到把理性當作控制環境的工具這種想法，有甚麼優點和困難，因為人生經驗有許多方面不是控制就能解決問題的，類似觀點在莊子、孟子、老子，與孔子等人的篇章也曾論及。[48]

　　杜威及史正誼並非因為要面對中國人，才說應酬或攀附的話，只

46　王栻主編：《嚴復集》（北京：中華書局，1986 年），頁 168。

47　轉引自史正誼（John Smith）著：《目的與思想——實用主義的意義》，〈中文版序言〉（台北：黎明文化事業公司，1983 年）。杜威以為孔子後於老子，只是從其學生胡適，並無據。

48　同註 47，頁 3。

要翻開杜威等人的書，或史正誼的《實用主義的意義》，隨處可讀到國人自己熟習的思想：

　　皮爾士（案：查爾斯・桑德斯・皮爾士［ Charles S. Peirce ］，1839-1914）擺設綜合主義的概念：以結合和習慣為着眼點，來解釋反省思維的徵別模型：演繹、歸納，以及假設之形成。這些反省思維在反應中表現其自身，目標則在使所牽連的特有的推論過程變得恰當。規約心靈的「法則」絕不如規約物質的「法則」那麼嚴重；因為，依皮爾士的泛心靈論，物質根本上是「凍結的」心靈，並且已變得如此完全習氣化，以致其令人產生驚訝的可能性是那麼少。反之，人類心靈受制於「溫和的勢力」，並且保有其活動的性格，將自己顯示於大量的「決斷的自發」，而這是永遠無法被消除的。在這點上，心靈的活動經常受制於不確定性。[49]

　　作為徹底人本主義，要求結束一切非人格、非實踐的思辨哲學的長期統治，回到生活，實用主義這種世間哲學態度，中國人不但不會感到陌生，毋寧是過於熟習了。隨時遇之，當不覺其有何希罕而輕置其於通常思理之笯筐。

　　不幸的是，實用主義傳入中國時，正是國人鄙棄熟習，渴求陌生之時；而引介實用主義的胡適，竟聰明／糊塗到將實用主義放到與中國傳統相對反、對峙的地位，有意無意、似懂非懂地將實用主義在國人面前陌生化、「前進」化、「萬能」化、「科學」化，成為美國哲學最成功和最失敗的掮客。他的成功只是迎合了國人當時鄙熟慕生的心態、救亡心態、革命心態；他的成功正是他的失敗。他的入室弟子、《胡適雜憶》的作者唐德剛教授這樣總結讚揚他的老師：「他是『暴得大名』

的青年，（甚至是中國歷史上最年輕的）啟蒙大師。他沒有槍桿、沒有政權，但是年而未立便把當今世界上一個影響人口最多的、最全面的、最古老的文明砸得七零八落；砸得天下喝采，砸得全民族的下一代鼓掌稱快。青年胡適究竟『啟』了些甚麼『蒙』呢？讓我們三言兩語帶過：曰『打倒孔家店』也；曰『全盤西化』也；曰『廢除文言、使語文一致』也；甚至『廢除漢字，用羅馬拼音』也⋯⋯。」[50]（吳案：還有「四個反對」：反對舊倫理、舊政治、舊藝術、舊宗教等等。）

　　實用主義信徒的胡適，竟聯同馬列信徒的陳獨秀、李大釗一干人，在本世紀初，發動一場最不實用，而孟浪、自我耗損、大砸大廢的「文化大革命」（半世紀後有另次「文化大革命」。兩次「文革」有同有異，成為中國現代史兩大曲折、兩大焦點，同時是兩大神話）。平情而論，在當時舉國若狂中胡適不是最糊塗，他多少清醒過來，清醒到要求回到實用主義立場，主張「多研究些問題，少談些主義」。但老傳統已被掃蕩，能不談「主義」嗎？這算真正清醒嗎？也是平情而論，從「1919 年是二十世紀中國歷史悲劇的門檻，過此以後，則一發不可收拾矣！」[51] 之中國現代史之視準，胡適一干人所肇端的全盤反中國傳統 ── 而全盤西化 ── 而全盤馬列化（此則非胡適所願）── 此一「二十世紀中國悲劇」之思想浪潮，現在到蓋棺論定的時候了。這個世紀快要結束了。[52]

　　回到實用主義在中國的問題。因為胡適代表全面反中國傳統、全盤西化，由他代表的實用主義難免沾染反中國思想（至少反中國主流

50　該文收入《胡適與現代中國文化轉型》（香港：中文大學出版社，1994 年），頁343。
51　見林毓生：〈問題與主義論辯的歷史意義〉，同註 39，頁 3。
52　參閱劉述先：〈就傳統理念的理解與哲學的角度對於胡適的評論〉，此文結尾為：「這麼大名鼎鼎的人物，對古對今，對中對西，都缺乏有深度的了解。在一個開放的社會中，他的思想不是已經被淘汰，就是變成了大家公認的常識，已經沒有任何吸引力可言了。但國內近來對於胡適似乎還有相當濃厚的興趣，此中的理由或者是不言而喻了罷！」同註 39，頁 336。

思想之儒、道、佛）的顏色，這對兩方都是不幸。因據上文所說，中國思想與實用主義有許多可會通之處。中國文化某義上之早熟，可從實用主義得到說明和支持；而實用主義可從中國思想之「極高明而道中庸」而正視「活動的實在論」、「境界形上學」、「即知即行，知行合一」、「兩極歸宗」、「道德的理想主義」諸義，而思回到康德作為再出發點，雖平實而企高明，振拔透脫，則可為實用主義之自我轉進。胡適卻在清代之校勘、訓詁、考證，所謂「樸學」中尋找「科學的方法」以與實證主義、實用主義「格義」，令人有「不知從何說起」之嘆。而實用主義便在胡適這種推介下，很快地日漸睽違於中國近現代思想界。賀麟當時（五十多年前）這樣描寫實用主義之淡出：

> 由於實用主義者重行輕知，重近功忽遠效，重功利輕道義，故其在理論上乏堅實的系統，在主義上無確定的信仰。在他們的目光中，一切都是假設，隨時可以改變。所以其理論是消極的破壞意義居多，積極的建設意義很少。理論和行為，都缺乏建設精神，所以實用主義者，沒有堅定的信仰，沒有革命的方案，頭痛醫頭，腳痛醫頭。「不談主義，多談問題」正是實用主義者最率直的自白。這種零碎片段的作風，其結局在哲學上不能成立偉大系統，在行為上無團體的組織，無堅定不移的理想和信仰。故不論在政治方面、理論方面，都不能滿足青年精神生活的要求。[53]

53　賀麟：〈時代思潮的演變與剖析〉，收入宋志明編：《儒家思想的新開展 —— 賀麟新儒學論著輯要》（北京：中國廣播電視出版社，1995 年），頁 195-196。另代表中共官方馬列派對實用主義一貫批判的文字，見於詹姆士著《實用主義》中譯本內容提要：「實用主義是為帝國主義服務的現代資產階級反動哲學的主要流派之一，它繼承了貝克萊和馬赫主義的主觀唯心主義的路線，宣稱客觀世界可以照人的主觀意願任意塑造，否認物質第一性的原則和規律的客觀性。實用主義在美國特別流行，曾被視為代表美國生活方式的官方哲學，這一哲學是先進的科學思想和馬克思列寧主義的敵人。」（北京：商務印書館，1996 年）

賀麟並且認為正是實用主義的貧乏，使接受啟蒙，掃蕩傳統，而滿懷激情的知識青年轉投「辯證唯物論」而「一發不可收拾矣」！其實，就實用主義本來就只是走廊而言，它是不能負這個責任的。

五、從「經驗自律」反溯，重開實踐的形上學

胡適口中萬應萬驗的實用主義，在時代的檢證中並不見得如何「實用」，而賀麟從中國當時的出路和「滿足青年精神生活的要求」去批評實用主義無能，倒有點沾染實用主義。胡適抱怨國人不長期服用他開的靈丹妙藥，以至沉痾難起，錯在國人，不在靈丹，此有違實用主義之「多談問題，不談主義」之教旨。若從「實效」、「兌現價值」在「滿足」當時國人特別是青年的某種「要求」，則後來的事實似乎證明各種主義中馬列之共產主義「最實用」，但最有現實意識、最行動的馬列信徒卻最看不起實用主義，因為他們亦知道力量只能來自「理想」與「絕對」。若不能提出光明正當的理想，那末把顛倒了的「理想」，「理想地」提出來使一切從反面被「照明」吧！臨床精神分析學家，寫《逃避自由》的弗洛姆說：人註定為創造（倫理價值義）性存在，而唯一能夠替代創造的，是毀滅。此之謂也。換言之，沒有「自然人」，沒有告子之「中性人」，只有孔孟的「仁者，人也」，並因此亦只有人可惡。

由弗洛姆所說，我們可想到存在主義所謂「成為行動者」、「成為人」，更思及理學家「命日降，性日成」、「命日降，性日生」之義。「這人」（齊克果）「有不安」（孔子）、「有四端之心」（孟子）、「有悲覺」（牟宗三）、「有性情」（唐君毅）、「有理性」（康德）、「有歷史」（黑格爾）、「有死亡」（海德格），「在自由中」因而擁有全部可能與全數的行動方向，以及「虛無」（沙特）；但除非他不行動（勃拉得萊 Bradley 謂只有終極完滿 Perfection 者不需行動），只「在其自己」地擁有「無限」（「抽象的無限」——黑格爾）而不進入真實存在；否則，他必須抉擇唯一

的可能、進入唯一的方向。這「唯一可能」與「唯一方向」既是「唯一」，意即為「絕對」的，因它並不與「其它可能」、「其它方向」構成「相對」關係，而是「涵蓋了」、「總持了」、「統會了」（統之有宗，會之有元）之關係（說到人格論，黑格爾謂一個真實的人格有如眾神廟並且由一「唯一神」統領）。因為致命的是，向死的生命擁有不可逆的時間矢向，使他的每一行動抉擇成為唯一的、絕對的。「回也見新，交臂非故」（肇論）亦涵此義。故「成為行動」、「成為自由」本身即是「成為唯一」、「成為絕對」，並非從「抉擇甚麼」說「唯一」、「絕對」。但「抉擇甚麼」卻使他自我定義。孟子曰：「道二，仁與不仁而已。」弗洛姆則說「成為創造者」或者「回到誕生前的狀態」（逃避自由）。要在這「統會」、「兩極歸宗」如何進行及依何原則進行。撇開決定論不說，自決論則儒家相信「心性自律」，康德傾向於信賴純粹理性自律（合實踐理性與理論理性），黑格爾則相信精神活動與整體歷史之「自律」（揚棄），尼采反黑格爾集體歷史主義之道而主張個人權力意志之自律（自我超越）與「永恆歸復」（eternal return）。邏輯實證論宣講邏輯自律與符合說，而不承認有一向上之機。到實用主義詹姆士等人說「純粹經驗自律」，直到希拉里・普特南（Hilary Putnam）和理查德・羅蒂（Richard Rorty）不約而同、有同有不同地宣說一條「內在主義哲學」的道路，而普特南以「實用主義實在論」（「內在的實在論」）之「融貫的自律」之相對主義，加深實用主義之內在化取向。羅蒂直截宣稱「世界完全喪失」（the world well lost），將實用主義的內在化傾向極端化為「偶然的實踐及自我修正論」，而實用主義至此亦完成對自身之否定。因為既失去「符合說」的客觀世界與內在理性自明與融貫自律，失去終極目的、方向與價值，「行動」從何說起？「實用」、「主義」從何說起？當羅蒂說：「如果我們認識到，不論是融貫說還是符合說，都是同樣的陳腐觀念，那我們最終可以跨過實在論和觀念論而到達這樣的觀點，用路德維希・維根斯坦（Ludwig Wittgenstein）的

話：『只要我們願意，我們就可以不再從事哲學。』」[54] 他是以相對主義的態度說這句話了。

由實用主義到相對主義，其中之邏輯關連，我們不容忽視。然而相對主義有違古典實用主義之初衷。杜威在《哲學的改造》中有這樣一段話：

　　如果我們承認哲學過去表面上研究終極的實在，骨子裏卻在想保守社會的傳統中所包含的寶貴精粹；如果我們承認哲學是起於社會上各種目的衝突，世襲制度與時代需要不能兩立的爭鬥；那末，我們可以明白將來的哲學任務，在於闡明人們關於他們自己時代的社會和道德的衝突的諸見解。哲學的目的，是要成為盡人的能力所及以處理這些衝突的機會。當它締構在形而上的尊榮地位時，或許是荒謬而非真實的，但當它與社會的信念和社會的理想的奮鬥結合起來，意義就非常重大。哲學如能捨棄關於終極的絕對的實在的研究的無聊獨佔，將在推動人類的道德力的啟發中，以及人類想獲得更為條理、更明哲的幸福所抱熱望的助成中，取得補償。[55]

我願意改動這段話數語，成為以下的意思，令這段話更合「健全的實用主義」本意，修正其自始視哲學為工具的實用態度，則我所理解的中國哲學和當代新儒學，將對之表同情，以至視為己出云。

一、哲學之研究終極的實在，因視人類文化傳統中的寶貴精粹是此終極實在之具體表現（一步實現），故不認為有隔於人類精神生活而

54　Cornel West "American Evasion of philosophy"（University of Wisconsin Press, 1989）。

55　同註 35，頁 14。

自懸的終極實在。並為着確保人類文化之寶貴精粹得以保守及永現，而宣說終極實在，如「天道」。

　　二、從緣起契機上說哲學起於解決人類之現實困境特別是人類自身行為之衝突，此說無礙於另說哲學運思乃圍繞一個中心課題：「人性之性」與「人性之常」。亦唯有將「人性之性」、「人性之常」看得無疑，如「天道」、「人心」、「良知」；每時代人類處境問題之解決，才「可說」、才可能得以「實用」地展開。

　　三、哲學之本分，哲學之區別於其他學科，在本其對人類命運之關切之最大熱情，締構盡可能滿足並貫通符合說、自明說、融貫說、實用說之真理觀念系統，以保護各學科之作為真理尋求者地位，互不相礙而共存。哲學並且應當捨棄西方舊哲學的非人格的、二元論式的關於終極的絕對的實在的獨斷研究，改為深根於人的立體存在／「我意故我在」之向上一機，重建形上學諸論題，則對於社會的信念和理想之健全，抗禦魔性，推動人類的道德力的培養和生活質素的提高，無疑有大助，而遠勝於以「兌現價值」作為真理檢驗之似實而反渺。因各「兌現價值」可互相否定（同時，或異時）而歸於不實用也。老子曰「無之以為用，有之以為利」。實用主義者再思之。

　　四、因此，一個整體／機體文化觀以及對「人性之性、人性之常」之肯定，對終極目的、價值之肯定，是實用主義所需要的前提，只要它不滿足於從達爾文進化論關於大自然不走彎路、實用的智慧等自然主義之有限啟示並以之來思考人類自己命運的話。

　　實證主義既認定人類經歷了神學時期、形上學時期，而進入實證時期，沒有理由持經驗一層論，而置人之存在實感、仁性、理性、情性於不顧（維特根斯坦之「不可言說」），而寧信一自然主義之隱蔽計劃（自然進化論與文化進化論皆含神秘主義）。針對西方根深蒂固之主知的、二元論的哲學傳統，而說：「只要我們願意，就可以不再需要哲學！」這是對題的、認真的。但對於上述四義之「哲學改造之改造」思考，是無助的；對於實用主義之「哲學之改造」的初衷，是不切題的、消極的。

實用主義或依羅蒂等人之相對主義而歸於自我否定；或依上述四義之重開，調適上遂，而歸於辯證的自我否定並且自我完成——此窮「經驗自律」而見實踐的形上學之路也。

六、實踐的實證、詮釋的實證與唯心實證

實用主義始創人歷來喜把「實用」概念連於「實證」（positive）概念，又把實證概念納入實踐性（practically）概念。皮爾士說：

> 本體論之形上學命題，若非無意義之廢話——以一詞定義它詞，它詞又被其它詞所定義，而始終不能達真實的概念——就是完全荒唐胡謅。……就此而言，實效主義（pragmaticism，皮爾士為自別於他的繼承人詹姆士等之「實用主義」pragmatism 而另立之名）是一種準實證論。[56]
>
> （思想者）必定是淺薄的，若他不能看到及承認實踐性（practicality）——這種實踐性存在於涉及表達模式與文字行為——即同時摧毀了實用主義所築之長城，這座長城原為將胡言夢語拒諸城外。[57]

至詹姆士，直說「在鄙棄一切字面解決、無用的問題與形上學的抽象方面，它（實用主義）與實證主義是一致的。」[58]

此皆見出實用主義之「實證」概念，除含實證主義之「實測」、「檢證」義外，其實更傾向於將其置於「實踐性」概念之下，而為「生活之

56　Charles Peirce, Charles Hartshorne（Ed.）,*The Collected Papers of Charles Sanders Peirce*,vol.5 §423（Cambridge: Harvard University Press, 1934）.

57　同註 56，第五卷，第三十三節。

58　同註 26，頁 30。

流」、「意識之流」中的「發展的實證」、「整體性互動的實證」、「實踐的實證」。詹姆士如是說：

> 　　實用主義這個名詞是從希臘的一個詞 πράγμα 派生的，意思是行動。實踐 practice 和實踐的 practical 這兩個詞就是從這個詞來的。[59]

> 　　真理是對觀念而發生的。它之所以變為真，是被許多事件造成的。它的真實性實際上是個事件或過程，就是它證實它本身的過程，就是它的證實過程，它的有效性也就是使之生效的過程。[60]

　　詹姆士將西方哲學中，「實踐」（practice）之人格論本義，以及古義之「成為人」（而非指所有「行事」），解釋為廣義之「行動」。之前，早年的皮爾士之《怎樣使我們的觀念清晰》，說信念實際上是行動的準則，要清楚一觀念的意義，只需斷定其所引起甚麼行動，「這行動是這觀念的唯一意義」。此即指由信念帶起之行動，為近「實踐」本義。「實踐」一名在古希臘原指生命的行為，以至一般生命之生命過程。但在哲學思想中「實踐」一詞只在人的行為上適用；嚴格說，只指「進行抉擇的人的行為」。亞里士多德之實踐概念，原為一關於「以自身為目的」的人的行為概念，實踐之目的與實踐行為合一，構成人自身的生命承諾。據亞里士多德，人的「實踐」指向只有一個對所有人都具約束力的最終目的——成為「人」。與中哲之「成德」、「為己之學」義同。直至康德，仍恪守亞里士多德之實踐概念，並據此實踐論概念（praktisch、practicism）建構先驗道德哲學。「並非每種活動都叫作實踐，而是只有其目的之實現被設想為具有普遍性原則之結果

59　同註 26，頁 26。
60　同註 26，頁 155。

的，才叫作實踐。」[61] 但康德以後，實踐概念在西方哲學被濫用指所有「行事」，包括滿足純粹外在目的之任意活動，或經濟、生產之類的行為，而混同於 praxis 概念（如在所謂辯證唯物論那裏）。後來的皮爾士有意迴避康德的實踐論 practicism 意涵，將實踐一詞指向一般的「目的 —— 行為」之「行事」義。為了「表達一種與人的明確目的的關係，新理論（案：指實用主義）的驚人之處即在於意識到在理論的認識和理性的目的之間有一種不可分的關聯。正是這一考慮決定了實用主義 pragmaticism 之名的選用」。[62]

近年，詮釋學重新闡發亞里士多德之實踐概念，認為：行動和目的，最終不可分割的關係就是實踐，也就是說，實踐或行為，是目的與行動的統一體。故目的與行為的關係完全不屬於因果律範疇。目的和行為的關係不是原因和結果時間上的前後順序關係，不是作為因、果的前後相繼的兩個事件，用因果來說明行為是完全分割了兩個在「同為某目的」的關係中不可分割地相聯的兩因素。因為行為是由並非時間上不可逆轉的兩個因素構成的，並非其一在前，另一在後，而是一統一的結構，是一實施，而非序列，正是這種實際施行產生了兩因素間之具體關係。通過相應的行動實現目的是兩因素共同的成果，證明了實踐的歷程性質。[63]

詮釋學雖無任何本體論的承諾，甚至有詮釋學者正要極力否認「本體」（甚至否認有「文本自身」），因此在方法學上，他們有意無意地，把舊西方哲學上「本體」概念擱置的同時，突顯了「意義生長」或「價值創造」意識，沿此徹底的人本主義，可逼現一判斷力／判斷主體，以至一實踐主體，吾人可以之取代舊西方哲學之本體地位，而為新詮釋學本體論，而可與儒家之仁性本體論、實證唯心論對揚。儒家

61　康德撰，何兆武譯：《歷史理性批判文集》（北京：商務印書館，1990 年），頁 164。

62　參閱《現代西方著名哲學家評傳》下卷（四川：人民出版社，1988 年），頁 473-474。

63　參閱張汝倫撰：《歷史與實踐》，第三章（上海：人民出版社，1995 年）。

之「唯仁者能好人能惡人」之仁性本體，由詮釋學方法所逼現之實踐主體，終極意義、價值之發現者、判斷者、創造者之視同本體，其與舊西方哲學之「本體」概念之最大區別，即在其作為「本體」而具備上所言之「實踐的相即」與「實踐的歷程」之「即行動（涵表象的行動與根源的內在的行動）即存在」之性格。

而詮釋學的這個實踐概念與儒家之實踐涵義又有不同。儒家雖以「斷離的絕對實在的本體」之設定為妄見，卻深信此內在躍動的仁體之無私遍潤性、在實踐中呈現其對此意義世界之先在性與後得性，可得實證為此意義世界之本體，非止於一本體論之承諾而已；詮釋學則自始自視為一方法學，更無興趣於任何本體論題。牟宗三先生這樣闡發儒家作為理想主義實踐之涵義：

> 儒家的傳統精神是在盡倫盡性踐仁，在此種實踐中，顯示出「仁」這個普遍的原理、形上的實在，即「悱惻之感的良知之覺」這個「心理合一」的形上實在；顯示出這個實在，即表示實踐中實現這個實在；因而反過來，藉這個實在成就一切實踐，使一切實踐成為有價值的、積極的、有理想意義的。[64]

對儒家「仁體」之作為形上實在，這種實踐的實證、徹底唯心的實證，當代新儒學第一代重鎮熊十力先生對之有強烈意識。據牟先生回憶，在一次聚會上，熊十力對馮友蘭說：「你說良知是個假定，這怎麼可以說是假定？良知是真真實實的，而且是個呈現，這須要直下自覺，直下肯定。」[65] 這段回憶已經成為當代新儒學最著名之一公案。熊先生在著述中亦多處申說此義，而富宇宙論的意味。

64　牟宗三撰：《道德的理想主義》（台北：台灣學生書局，1978 年版），頁 39。
65　牟宗三撰：《五十自述》（台北：鵝湖出版社，1989 年），頁 88。

　　我人的生命與宇宙的大生命原來不二，所以，我們憑着性智的自明自識才能實證本體，才自信真理不待外求，才自覺生活有無窮無盡的寶藏。若是不求諸自身本有的自明自識的性智，而只任量智把本體當作外在物事去猜度，或則憑臆測想建立某種本體，或則任妄見否認了本體，這都自絕於真理的。[66]

　　吾心之本體，即是天地萬物之本體。宇宙、人生，寧可析為二片以求之耶？[67]

熊先生之說，似是寧合宇宙、人生為一，而嚴分性智、量智為二，並以「實證本體」為只是性智之事：

　　實證者何？就是這個本心的自知自識。換句話說，就是他本心自己知道自己。不過，這裏所謂知或識的相狀很深微，是極不顯著的，沒有法子來形容他的。這種自知自識時候，是絕沒有能所和內外及同異等等分別的相狀的，而卻是昭昭明明、內自識的，不是渾沌無知的。我們只有在這樣的境界中才叫做實證。而所謂性智，也就是在這樣的境界中才顯現的。這才是得到本體。前面說是實證相應者，名為性智，就是這個道理。[68]

　　玄學見體，唯是性智，不兼量智，是義決定，不應狐疑。[69]

然則，熊氏以性智實證本體，以量智辨物推度，而盛言「翕辟」、

66　熊十力撰：《新唯識論》（語體本）上卷（中華書局，1985 年），頁 7。
67　熊十力撰：《十力語要》第一卷，頁 46。
68　同註 66，頁 6。
69　同註 66，下卷，頁 63。

「分一心法，復作二門（真如門、生滅門）；析一義理，復為三大（體、相、用）」、「本體現象不二，道器不二，天人不二，心物不二，理欲不二，動靜不二，知行不二，德慧知識不二，成己成物不二。」[70] 但話雖如此，熊先生終未完成「量論」，亦即終未能以量智實證經驗世界，實證「經驗的實在」。

　　徹底的唯心實證：以道德心、性智，實證本體界；以認識心、量智實證經驗界。實智 —— 實證 —— 實在，此哲學的大智大德，當有進一步的開展。牟宗三先生完成其「一心開二門」、「攝兩層存有於一心之論」之建構。本文至此，當有一節詳述牟先生之說，並且自忖有所突顯申明，惜為時限，遂止。

　　唐君毅先生在其最後鉅著《生命存在與心靈境界》之自序中嘗言：「哲學論辯，皆對哲學問題而有。無問原不需有答，而其書皆可不讀也。昔陸象山嘗言人之為學，不當艱難自己，艱難他人。吾既艱難自己，不當無故更艱難他人。」

　　由思辨而生以及由不同學派對辯而生之哲學問題，對於「為己」、「成人」之實踐，可有可無，佛經所謂「無記」。但若已發生，便是真問題，若不得答，便可能有虛妄，而不能「無記」。本世紀的中國，是觀念為害的世代；時代艱難，為人為學不能不艱難。故諸先生不憚艱難，留下如斯艱難著作。然諸先生之書，雖難讀，或繁密繳繞，或曲徑另闢，所幸不離「真實」二字：「如實觀、如實知、真實行。」

　　中國的實證傳統，自孔子已經確立。「蓋有不知而作之者，我無是也。」「知之為知之，不知為不知，是知也。」「君子之道，本諸身，徵諸庶民，建諸天地而不悖，考諸三王而不謬，質諸鬼神而無疑，百世以俟聖人而不惑。」「君子尊德性而道問學，致廣大而盡精微，極高明而道中庸，溫故而知新。」「博學之、審問之、慎思之、明辨之、篤行之。」「毋自欺」……。至宋明理學，皆直稱理學為「實學」，朱熹《中

70　熊十力：《原儒》，〈序〉上卷（台北：明文書局，1988 年），頁 1。

庸章句》〈序〉曰：「始言一理，中散為萬事，末復合為一理。放之則彌綸六合，卷之則退藏於密。其味無窮，皆實學也。」《語類》第六十三卷：「誠者，實有之理，體物言與物為體，有是物則有是誠。」對於有人非由實感、唯由思辨作超越推演而生之觀念獨斷、顛倒虛妄，生種種病痛；再又由思辨尋病根，如此病而又病，朱子直斥其妄。《朱子論學切要語》記潘時舉問「今學者幾多未求病根」，朱子答曰：「顱痛灸顱，腳痛灸腳。病在這上，只治這便了，更討甚病根也。」反對藉生命之病痛，羅織成生命之虛妄無明；更以討甚麼病根之名，坐實為原罪穢惡，一味從反面入路，誹謗生命，而不能正視生命之「乃若其情」。是為儒者實證態度之一例。謹以此言為本文結。

（1998 年 9 月山東濟南「第五屆當代新儒學國際學術會議」論文。）

第二章

「徹底的唯心論」與中西哲學會通

—— 從「哲學的兩難」和德國理想主義之終結，看中國哲學的開展與歸復

一、本文緣起：「徹底的唯心論」之名義

1992 年 12 月，牟宗三先生為第二屆當代新儒學國際學術會議作開幕演講，談到當代新儒學的興起有其歷史運會的必然性。回顧過去一甲子，牟先生說：「徹底的唯物論表現過了，表現的結果是徹底失敗。將來中華民族的方向、歷史運會的方向，必然是徹底的唯心論，必然是一個大綜和。這就是說，新儒家的興起有歷史運會上的必然性。你要擔當這個必然性，中華民族要擔當這個必然性。」[1]

當代新儒家正是在繼承弘揚儒道釋這「徹底的唯心論」系統，並吸收西方思想以補足、充實、發展壯大此「徹底的唯心論」，實現「大綜和」，而興起、復位。牟先生說：

1　牟先生此演講題為〈中國文化發展中的大綜和與中西傳統的融會〉，後收入「第二屆當代新儒學國際學術會議」論文集《儒學與當今世界》(台北：文津出版社，1994年)，頁 6。

　　甚麼叫做「徹底的唯心論」呢？用「唯心論」這個名詞倒是不錯。但西方哲學裏沒有唯心論，西方哲學只有 Idealism。這個問題首先要弄清楚。無論柏拉圖的 Idealism，或者是康德的 Idealism，或者是柏克萊的 Idealism，皆不能視之為唯心論。Idea 不是心。所以，西方哲學只有 Idealism，沒有唯心論，一般翻譯作「觀念論」或「理念論」。Idealism 是講 Idea，但 Idea 本身不是心。照柏拉圖那個 Idealism 說是理型論；照康德講的 Transcendental Idealism 說，是「超越的理念論」。……在柏克萊，Idea 是知覺現象，它不是心，是心的對象、具體現實的對象。柏克萊說：to be is to be perceived（存在即是被覺知），是主觀的覺象論。所謂主觀的觀念論、主觀的唯心論，這些譯名統統不對。西方使用 Idea，都是作對象看，對象跟心有關係，跟認知心有關係，但本身卻不是心。所以，假定說徹底的唯心論，只有中國才有唯心論。中國有唯心論，沒有 Idealism。中國人所說的心，不是 Idea。孟子所說的良知良能是心，四端之心是心。陸象山言「宇宙便是吾心，吾心便是宇宙」，是宇宙心，其根據在孟子。王陽明講良知，還是心。佛教講如來藏自性清淨心，也是心，不是 Idea。如來藏自性清淨心前一個系統是唯識宗，唯識宗講阿賴耶，阿賴耶識是識心，也是心，不是 Idea。所以，只有中國才有真正的唯心哲學。甚麼叫做徹底的唯心論呢？就是中國唯心哲學這一個大系統。[2]

　　早在民國初年，當時學界有識之士普遍即已反對將 idealism 譯作「唯心論」。牟先生此說實乃本民國初年學界之公論，及先生一貫之

2　同註 1，頁 10-11。

思路並日常講學之風格，但如此說出，仍引起震動。[3] 我本擬於 1994
年召開的第三屆新儒學國際會議以此為題作回應，從西方現代哲學
之「語言轉向」說起，而思「由語言之批導，必重開理性之批導；由
理性之批導，必重啟歷史文化之批導；由歷史文化之批導，必重新發
現『人』；而『人』總是把自己隱蔽（亦即「無蔽」）在歷史文化及語言
之中，則『人』發現自己即在歷史文化語言之中。《尚書》〈皋陶謨〉：
『知人則哲。』哲學本意在知『人』（康德的「人是甚麼？」），然終不
免落於知言，以知言即知『人』，此哲學之沒落亦正可是哲學之剝復，
而『復其見天地之心』。」由之以觀中西哲學之會通於徹底的唯心

3　牟先生此說很快引起各方回應，據筆者所知，先後有以下幾說：台北「牟宗三先生
　　與中國哲學之重建」研討會開幕日，李明輝先生交給我一份文字影印本，題為〈二十
　　世紀中國哲學的宏觀審視〉，乃內地學者方克立教授 1993 年 8 月 12 日在「第八屆
　　國際中國哲學大會」的講話（刊《中國社會科學院研究生院學報》，1994 年第四期），
　　本其馬克思主義者慣用語言，特別講到牟先生這次演講：「現代新儒家也在做總結
　　本世紀哲學史、思想史的工作。牟宗三在去年年底召開的第二屆當代新儒學國際會
　　議上發表一篇演講，借用據說是沈有鼎先生在抗戰時期說過的一句話：『將來支配
　　中國命運的，不是延安的徹底的唯物論，就是此間的徹底的唯心論』大做文章，他
　　得出結論：20 世紀的歷史已經證明，『延安的徹底的唯物論』已經徹底失敗，現在
　　決定中國命運的只能是新儒家的徹底的唯心論。他還說，西方柏拉圖的理型論、康
　　德的超越的理念論，貝克萊的主觀的覺象論等都不是徹底的唯心論，只有中國儒家
　　孟子、陸王到牟宗三一派哲學才是徹底的唯心論。他也講中西哲學的綜合，結論是
　　最後都要綜合到他的徹底唯心論哲學系統中去。這就是現代新儒家對 20 世紀中國
　　哲學史的總結和對未來中國哲學以至世界哲學的展望，它同樣表現出了鮮明的黨性
　　和學派性。」

　　台北傅佩榮有〈儒家人性論如何超越唯心與唯物的兩極詮釋〉（見沈清松編：《詮釋
　　與創造》[台北：聯合報文化基金會，1995 年]，頁 71-87）。劉述先在第三屆當代
　　新儒學國際學術會議之演講〈當代儒學發展的新契機〉講到：「牟先生最近還有一種
　　表面上看來十分奇怪的看法，他認為只有東方才有真正的唯心論，西方只有各種形
　　式的觀念論。這只是一種企圖在根本處作出中西哲學分別的努力。」楊祖漢編《儒
　　學與當今世界》並寫〈導言〉，特別提到牟先生此說，「此所謂之唯心論，與一般所
　　理解者不同，讀者幸留意焉。」李明輝為所編《牟宗三先生與中國哲學之重建》寫的
　　導言（1996 年），提到「牟先生晚年在一次訪談中以一種不太尋常的方式將他承自
　　中國文化的哲學方向稱為『徹底的唯心論』，此說頗有『晚年定論』之意味。」是見
　　當今學界對「唯心論」此一中國哲學歷來最常用的學名，有如此隔膜，又因而竟陌
　　生至此。

論。[4]才寫了開頭緒論已近兩萬字，乃暫止。而牟師竟遽逝。在追悼會上，我受命代表研究所師生致悼詞，更引先生此說[5]。則我今提此論，一方寄託哀思，以此迴向先生，並求教於諸君子，而不敢云有解於先生此說也。

二、康德的「真我論」及其「哲學的兩難」
—— 康德中途截得「道德法則」以之為綜和原則之理論困難

概略言之，一部西方哲學史之發展，其基本之方向，表現為由「向外」、「在外」尋找「本體」，而逐漸收近，歸於「經驗」、「覺象」，再內收而為「理性」、「理念」、「精神現象」、「意志」，以至現在語言哲學之以「語言」，存在哲學之以「存在的實感」為最後實在，這種日趨向於唯心論之方向。中國哲學則自始是「徹底的唯心論」而十字打開，徹裏徹外，上下貫通，向「涵蓋乾坤」之超越方向發展，而或以「名」（倫理之名）為教，縱貫縱說，創立人倫與自然生化秩序之「有」；或縱貫橫說，「無以全有」，以「無」解放一切既成之「有」，以維護「徹底的唯心論」之天賦的「成為自由」之實現的無限性。

下面先說西方哲學（以德國理想主義為代表）。西方哲學首先表現為離「心」而在外，向外（或向上或向下）求證「宇宙本原」（本體）之趨向，而逐漸停留為在「神我之際」，或「心物之對」上言「真理」，及後則漸歸於即心之覺識覺象或觀念（心之對象）上說本體。至康德出，始根本扭轉此離「心」而在外、向外求本體之趨向，且通過批判此種趨向，但從經驗自身之分解檢定而只肯定構成吾人之經驗世界之知所須

4　此論文原題為〈「語言轉向」與中西哲學會通〉，後易題為〈「語言轉向」之轉向〉，「第三屆當代新儒學國際學術會議」（香港中文大學，1994 年）論文。現收入本書。

5　悼詞題為〈深情宗子，儒哲典範〉。現收入本書之「文命與人物篇」。

之「超越理念」(transcendental idea)，此理念由純粹知性提供，由是康德發現了某義之「心」——「認識心」，並自稱為一次哥白尼式革命。但這只說到一「域內之心」：「認識之主體」(經驗底形上學)。從知識論入路，由「所」(外在經驗)而逆之歸能 (內在的經驗)，開闢知識之先驗原則原理，湧現主體 (先驗原則之提供者)，主體即本體 (此時只是域內之體)。康德確表現了與過往哲學向外、在外尋求本體迥異之立場。康德哲學之立場正是實證的立場，不過康德所訴求之實證不是「外在經驗」之實證，而是由「外在經驗之可能」之檢定而折返求實證於「內在的經驗」(融攝理性的經驗)。康德從「內在的實證」建構了「內在形上學」(immanent metaphysics，或曰「經驗底形上學」—— 經驗可能底先驗根據)，而其極欲建構的「超絕的形上學」，則因康德既不能在思辨理性中證成，而欲轉由實踐理性 (理性之實踐的運用) 來證成，亦即轉為由「內在的」(實踐地內在的，而非思辨或觀解地內在) 以「道德」此一「理性的事實」去統御「內在的經驗」，以實踐理性統御知解理性，以「超越之應當」統御「存在」，即着超越之「應然」建立「超越之本體」，而建立「超絕的形上學」。此康德所企向也。

(一)「唯心論」與康德的「真我論」(沿「思維主體」措思之「超越的靈魂論」)

但是，康德正如海德格所言，很清楚地表明人的有限性，其批判哲學正是暴露人的有限性。當問「人能知甚麼？人應作甚麼？人可希望甚麼？」時，即表明康德對「人是甚麼？」之回答只能是有關於人的有限性。人若如康德、海德格所云註定為有限，則：(一) 人因有限而有「知」(認知性)，而有「表象 (現象) 之知」—— 換言之即只能依「內在經驗」而知 (「因有限而知」)，而不能「無限而知」，不能「無我」而知，不能知「物自身」；(二) 人因有限而有德，人只應作與他的有限者身份所決定者相抗爭之義務律令所指示者 (至於義務之律令之所自，則成為問題)；(三) 人因有限而有望，希望其有限者身份之

「所是」與其「應是」之合一,「能應」與「所應」合一。就人對世界之認識言,人的感性只為接受性,即對既成之存在物(essent)作非創造的攝取。知性雖有其主動性及優越性,但終非創造的,基本上仍須為感觸直覺效勞而有待於感性。因知性並不是直覺的,只是辨解的,使用先驗概念、先驗綜和以至經驗綜合來服務於感觸直覺,以成就「知識」(僅對於人類這種有限性知解活動者有效之知識)。康德純理批判之超越分解之「超越」亦只到此 —— 駕臨經驗以超越地決定之之超越。人則始終只是一「立法者」,知性之為自然立法 —— 但只能以其先驗的自發的超越形式的施設活動(加於感觸直覺所覺之外在經驗)來逼現自然底法則(性相或體相);人始終不是「自然法則之給與者」(製造者),更非自然之創造者。人對這存在界之如此這般,雖則依人的認知模式作經驗的攝取,但不是經驗地創造。由是,「從知識論入路,由『所』而逆之歸『能』以湧現主體,主體即本體」之形上學(內在的形上學)道路,所湧現者,只是一橫攝的主體、認知心,由它而「提供自然底法則」,實只是那些作橫攝用的先驗原則、原理;無論如何籠罩、綜攝、統思、綜涉、綜就一切現象,終只是平列的籠罩、綜涉。康德於此說「知性自身就是自然底法則之給與者(Law giver of Nature)」,「知性自身就是自然底法則之泉源」,「我們所叫做自然的現象,其中之秩序與規則是我們自己所產生(引生)的,假定不是我們自己,不是我們的心之本性根本上曾把它們(秩序與規則)安置在那裏(自然之上),我們決不能在現象中找出它們」。其義不能越過上述之平列橫攝。此橫攝的認知主體(只是一空架子,形式的、邏輯的、架構的「我」)與由此知性主體之「內在經驗」所攝取執持安排的「外在經驗」(也即「現象界」)合成一「執的存在界」(我法二執,執人我、執法我)。

康德主體哲學之主體「我」,首先被「意識到」的,便是這「我思故我在」之「我思」之「我」(「我在於思(知覺)」),在康德即所謂「認知我」。然一如「有思」不必「有我」,認知活動可以是純形式的、無我的

（假我的），況且此「認知我」恰恰不能以「直覺」覺之──既不能以「智的直覺」覺之，亦不能以「感觸直覺」知之。牟先生判曰：

> 它不能現於感性上而為一現象意義的我。當它現於感性上而為現象義即對象義的我，它即喪失其為認知我之身份，而轉為一心理學意義的虛構我，即由一串心象而虛構成者。……因此，認知我與心理學意義的虛構我必須分別看。它既不是真我，它當然亦可說是假我；但此假我是邏輯的，不是心理學意義的。[6]
>
> 認知我亦不能以「物自身」來設想。因為「物自身」的我，即「我之在其自己」之我，是不使用概念的，因此，它亦無統覺之綜和作用。……如果它是智的直覺之所覺（之所朗現），它的概念的定思以及綜和作用馬上即解體，而不復是「認知我」。康德把由統覺所意識到的我視為超越的我而又可以「物自身」視之，這是由混同「認知我」與「知體明覺之真我」而來的差謬。認知我，因其是邏輯的，當然亦可有超越的意義；但此超越的意義是由其自發概念與根源的綜和統一而規定，與知體明覺之真我之為「超越的」不同。此後者是道德的，同時亦是無執的存有論的；而且它的直覺是智的直覺，既不使用概念，亦無綜和作用。[7]（吳案：牟先生謂康德此處之「綜和」指知識義之「超越的統覺」的綜和，非下文之落實真我義之綜和。）

這「認知我」被康德混同於「超越的我」而可以「物自身」視之，更與心理學意義之虛構我（現象意義之我）混同於「我思故我在」之「我」

6　牟宗三撰：《智的直覺與中國哲學》（台北：商務印書館，1971 年），頁 140。
7　牟宗三撰：《現象與物自身》（台北：台灣學生書局，1975 年），頁 161。

（「我在於思」之同層的同一我），而視為「同一我」之三面相（或說三種態度、三層意義）。經牟先生疏導釐清，開示為異層之三個「我」（或三種「我」）：「（一）知體明覺之真我，此由智的直覺以應之；（二）認知我，此由形式直覺以應之；（三）心理學意義的虛構我，此由感觸直覺以應之。」[8] 其中「心理學意義的虛構我」自是「假我」，因其為「我」之「自身同一性，常住不變性」只是由概念而決定成亦即執成者，其本身正是「諸行無常」、「無我」；「認知我」依前論固亦是「假我」。只有「知體明覺之我」為「真我」──「本體義」之「我」。此「本體義之真我」在康德只沿「思維主體」來措思之，思及之，而並不能知道它就是一個實體、一個單純的本體、一個自身同一的永恆的存在，更不能知為「普遍性的」。在其「超越的理念之系統」中只說為是其中一個「超越的理念」，而一切「超越的理念」可分成三類：

> 第一類含有思維主體底絕對統一（無條件的統一），第二類含有現象底條件系列之絕對統一，第三類含有「思想一般」底一切對象底條件之絕對統一。（⋯⋯）這樣，純粹理性能為一「超越的靈魂論」（理性心靈學）供給理念，為一「超越的世界學」（理性的宇宙論）供給理念，最後，並為一「超越的上帝知識學」（超越的神學）供給理念。[9]

此純粹理性所提供之「超越的理念」之系統中，吾人現在最關心者，是康德沿着「思維主體底絕對統一（無條件的統一）」來措思之「超越的靈魂論」。但康德在對於思辨形上學作區分時，「理性心靈學」原歸屬於「內在的自然學」，此則只能是「現象界的（內在的）理性心靈

8　同上註，頁 165。

9　康德撰，牟宗三譯：《純粹理性之批判》下冊（台北：台灣學生書局，1983 年 7 月），頁 55。

學」，而作為其對象的「思維的自然」或「靈魂」既是內部感覺底對象，亦當然是現象意義的「思維的自然」或「靈魂」。對此，牟先生作了重要的釐清，並依上述「超越理念之系統」中之「超越的靈魂論」（理性的心靈學）而重新訂立一「本體界的理性的心靈學（超越的靈魂論）」，而與「理性的宇宙學」、「理性的神學」為三支，總曰「超絕的自然學」（或「超絕的形上學」）。此「理性的心靈學」，亦即「真我論」之「人是（本是、應是）甚麼？」。以中國哲學比觀之，我們願統一用「真我論」此名指康德此部思考。此「真我論」亦即「心性論」、「唯心論」，實乃康德所論全部純粹理性業績成敗之關鍵。康德雖不曾明言及此，然亦不能不意識此三類超越理念之間並非無關聯。

> 最後，我們亦見到：在這些超越理念自身之間存有某種一定的連繫與統一是甚為明顯的，而藉賴着這種連繫與統一，純粹理性遂把它的一切知識結合成一個系統。從「一個人自己」（靈魂）底知識進到世界底知識，而復因着世界底知識再進到根源的存有之知識。這種前進是如此之自然以至於它似乎很像「理性之從前題進到結論」這種邏輯的前進。[10]

此說顯然把「一個人自己（靈魂）底知識」（「理性心靈學」，亦即「真我論」：「人自己是甚麼？」）看作是尋求「根源的存有之知識」（「理性的宇宙論」「超越的神學」，涉及「人可知甚麼？人可希望甚麼？」）之「前題」。在第二版，康德於此處加一註云：

> 形上學（案：指「超絕的形上學」，transcendent metaphysics）只有三個理念以為它的研究底恰當對象，此

10　同上註，頁57。

即：上帝、自由，以及靈魂不滅。這三個理念是這樣地相
關聯着，即：第二概念（自由）當其與第一概念（上帝）相
結合時，它必引至第三概念（靈魂不滅）以為一必然的結
論。形而上學這門學問所可討論的任何其他事皆只是用來
充作一工具或手段以達到這三個理念並建立這三個理念底
實在性。（……）在對於這三個理念之系統性的表象中，
上面那種排列次序，即綜和的次序，必是最適當的；但是
在那「必須必然地先於此綜和次序」的研究中，分析的次
序，或者說，與綜和次序相逆反的那次序，乃是更適合於
「完成我們的偉大計劃」之目的的，因為這分析的或逆反
的次序能使我們從那直接地給與於經驗中的東西去開始往
前進，即從靈魂論前進至世界論，再從世界論前進至對於
上帝之知識。[11]

　　康德此註進一步表明他認為「真我論」（理性的心靈學）是「自由」
（理性的宇宙學）與「上帝」（超越的神學、德福一致之保證）之「綜和」
之「必然的結論」。換言之，「真我論」既是此超越理念之系統之認識
次序（或曰「分析的次序」）上的「始」，自「綜和的次序」言之，卻是此
系統之「終」。此則「真我論」亦即「本體界的理性心靈學」是理解康德
所意許之「超絕的形上學」之「始」和「終」。康德此處表明其屬意正是
自覺或不自覺地走向「徹底的唯心論」。此亦足見若「真我論」不能證
成，則康德這套終落空。牟先生以「人有智的直覺」證立「真我」，挽
救康德，康德無理由不樂見其成。故儒家與牟先生可以評康德之天人
分離為不透，但康德不可以評儒家之天人合一為僭越。因康德這一套
本意原為證成之！此不可以「存在的抉擇」來淹沒理論問題也。

11　同註9，頁58-59。

（二）康德「兩個心靈學」及其綜和之可能

在「知之」、「意識之」之「分析的次序」上，康德解釋「從靈魂論進至世界論，再從世界論進至對上帝之知識」之次序安排，乃基於：「因為這分析的或逆反的次序能使我們從那直接地給與於經驗中的東西去開始往前進。」這裏所云「那直接地給與於經驗中的東西」理應不是任何「外在經驗」以及「關聯於任何可被給與來與它們（指靈魂）相應合之對象之關聯」。這「直接地給與於經驗中的東西」只能是「自我躍動而驚醒其自己，因此而自照」[12] 以及依上文之「自由」與「根源存有之知識──上帝存在」之綜和這種「內在經驗」。這種「內在經驗」當然不是「內在的自然學」中的「理性的心靈學」所云之「內部感覺底對象，即靈魂」之經驗，而是牟先生重定的「超絕的自然學」中的「本體界的理性的心靈學」所云「自誠起明」之呈現，而為實踐地內在的，不是思辨的或觀解的或知識的內在的 [13]。但康德此處卻以理論理性（思辨理性）作為對此三理念之「識別」（Einsicht），謂：

> 形而上學並不為自然科學之目的而需要這三個理念，但只為要想去越過自然之外，始需要這三個理念。通檢或鑒別（Einsicht）這三個理念必使神學、道德學，以及通過此兩者之聯合，加上宗教，以及與宗教相連的我們存在之最高目的，這一切皆為完全而專門地依待於思辨理性之能力者。[14]

然則這三個理念終止於為「設想」。即使擁有「那直接地給與於經驗中的東西」的「真我論（靈魂論）」亦不能例外，因不能對象化

---

12 牟宗三撰：《現象與物自身》（台北：台灣學生書局，1975 年 8 月），頁 162。
13 同註 12，頁 38。
14 同註 9，頁 58。

之，故不能以感觸直覺知其為「有」，又無「智的直覺」（依康德）自誠起明自覺其為「有」。雖則這三個理念之產生可從「我們的理性之本性中對於這些超越的理念作一主觀的『誘致』（Ableitung）而得解釋」[15]，理念之綜和為「本體界之理性的心靈學」或曰「真我論」亦可從對其作分析而必然引致，但這三個理念之實在性固不能「依待於思辨理性之能力」也。康德轉而從實踐理性及實踐理性之優先性展示此三理念，此自是西方傳統下之康德之不可及處。然而，康德終不能由實踐理性之道德意識顯露一自由無限心，由此說智的直覺，而落實真我，展示本體論之理性的心靈，從這些「直接地給與於經驗中的東西」開始前進，即從理性的心靈學前進至理性的宇宙學，再從理性的宇宙學前進至「超越的上帝知識學」（超越的神學）而轉說為「理性的神學」，以期完成康德所意想之真正的形上學：「超絕的形上學」。此中關鍵，牟先生謂端在智的直覺是否可能，亦即端在「真我」之「實在性」（「我意故我在」之「在意志中在」之實在性，而為一活動之實在、即工夫證本體之實在）之真正證立。不僅如此，端在「真我」之普遍性（「聖人先得我心之所同然」之「所同然」普遍性）之真正證立！由「真我」之「實在性」、「普遍性」及「常存自存性」之自誠明，「真我」這「超越的理念」成為「既超越而又內在」的「理性事實」——存在主義哲學所謂「成為自由的」、「成為行動者（agent）」，「成為無限」；亦孟子「盡其心者，知其性也，知其性則知天矣。存其心養其性，所以事天也。殀壽不貳，修身以俟之，所以立命也」所示；而真正實踐實證「超越的理念只為『在條件底系列中上昇至無條件者，即上升至原則』這種上升而服務」這辯證的超越而內在的性格。[16]

　　因此，康德所意許的「真正的形上學」只能是「徹底的唯心論」，亦即「實證的唯心論」，亦即「道德的理想主義」。道德義之實體雖由

15　同註9，頁56。
16　同註9，頁57。

人的道德心顯露，但卻不限於人類而為一「類名」，因其無限故，因其必不可空頭、不可虛懸故，必即於天地萬物之存在而顯露其實體實用，而為實現原理、生化原理，因此同開存有界，而為「乾坤萬有基」。康德最後不能有此一步者，非其不欲有此一步也，以上帝之名義停止此一步也！

　　以下，我們進一步檢視康德依實踐理性之優先性所展開的「道德底形上學」，透視其在主知傳統下不能倖免的「哲學的兩難」困境。牟先生所發現中國儒、道、佛三家思想所共證之「人有智的直覺」能否超克康德的困境？

（三）康德「兩個必然論」之說明及其綜和之可能

　　關於自由與道德，康德有一句話這樣說，他說：「他能作某種事因為他意識到他應當作某種事，而且他承認他是自由的。」[17] 這句話後來被引作為康德道德哲學之簡寫：「我應（道德）即我能（自由）」。

　　可見康德對自由的理解主要通過道德，是所謂「簡易（易經義）之自由」（intelligible freedom），此非一般的對有限價值之抉擇的自由，而是不受個人底特殊屬性，如性好、性癖，以及經驗之牽制，但只由純粹理性決定（立法）「他應作何事」並命令自己服從之之自由。故康德的「自由」可稱作「應然之自由」。康德說：

> 意志不只是簡單地服從於法則（指道德法則），而是
> 其服從於法則是這樣地服從之：「它必須被認為其自身即
> 是立法者」這樣地服從之。而亦只有依此根據，它始服從

17　牟宗三譯注：《康德的道德哲學》（台北：台灣學生書局，1982年9月），頁167。
　　關文運譯此句為：「他由於覺得自己應行某事就能夠行某事，亦且親身體會到自己原是自由的。」見康德著，關文運譯：《實踐理性之批判》（北京：商務印書館，1960年），頁30。

於法則（而它可被認為其自身即是其所服從的法則之制訂者）。[18]

這就是說：道德法則之莊嚴和強制性僅僅來自它是自我立法所決定之法則。這即是道德之奧義，同時即是自由之奧義：

> 大家都知道人是因著義務而受制於（服從於）法則，但卻沒有見到：他所服從的法則就只是那些他自己所訂立的法則，顯然這些其自己所訂立的法則同時也是普遍的。也沒有見到：他只是必須在與自己意志相符合中去行動（意即他只是必須依照他自己的意志去行動），而且自己的意志卻是一個「天造地設地要去給予（制訂）普遍法則」的意志。[19]

這明是孟子「仁義內在」說的德國版。自己服從自己的意志所立的法則，而自己的意志是一個「天造地設地要制訂普遍法則」的意志，這與「仁，人心也；義，人路也。合而言之，道也。」「仁者人也。」「克己復禮為仁。」「為仁由己，豈由人乎哉！」意義全同。

但康德出生在東普魯士一個虔誠派信徒的家庭。康德同憶他父親極崇信上帝。康德當時雖是小孩，父親的這種精神在兒子心靈上留下不可磨滅的痕跡。跟隨康德四十年的僕人蘭伯也是如此。以至整個西方文化傳統也不能沒有上帝。如果說康德自比他的「純粹理性批判」對於傳統認識論是一次「哥白尼式的革命」[20] 是恰當的話，那末在道德學領域，這次謹慎的革命變成熱情的節制（既熱情又節制）。在這裏，康

18　同上註，見〈道德底形上學之基本原則〉，頁 70-71。
19　同註 17，頁 73。
20　同註 9，上冊，〈第二版序言〉。

德的熱情是雙重的，康德既對實踐理性的優先性寄予厚望，又對上帝存在再三致意，然則「人是否真有自由」乃成為康德最困難又最不肯罷休的問題。

　　首先，康德認為，自由與自律是一對互補（互相涵蘊）的觀念。沒有自律（道德法則）則自由不可被「知」；而沒有自由，道德法則不能成立（離開自由的道德法則與道德無關）：

> 　　自由是思辨理性底一切理念中唯一的一個「我們先驗地知其可能性（但卻沒有理解它）」的理念，因為它是我們所知的道德法則之條件（康德自註：我在此說自由是道德法則底條件，此後在正文中我又主張道德法則是「我們在其下能首先意識到自由」的條件。當我有如此之兩說時，我怕有人想像說他見到了不一致，所以我只簡單地如此注解：自由是道德法則底成立「或存在」之根據（ratio essendi of the moral law），而道德法則是自由底認知之根據（ratio cognoscendi freedom），因為設道德法則不曾早已顯明地在我們的理性中被思想，我決不能認為我們自己在認定「自由」這樣一個東西中為有理，雖然它並不是矛盾的。可是設無自由，那必不可能去在我們自己內追尋道德法則）。[21]

　　按康德這個說法，除非我們存心否定道德，否則，「自由」這個「一切理念中唯一的一個『我們先驗地知其可能性』的理念」是不能不設定的——但，康德說，我們「卻沒有（不能）理解它（自由）」。其實，在道德實踐中，自由，正如道德法則，對於一實踐者，是一當下直接呈現，即呈現即直接意識之，即可知之，即實有（存在）且必然有之，宋

21　同註 17，《實踐理性底批判》，〈序言〉，頁 127。

儒之所謂「心即理」、王陽明所謂「知行合一」（知行本一）。這裏並沒有「理解」、「不能理解」的問題，只有肯認不肯認的問題。但康德一方說「心即理」，把「自由」和道德法則說為「互相涵蘊」、「同一的」，一方卻不認為「自由」是能直接意識及之的，而只有道德法則我們能直接意識及之。換言之，要求先分隔心與理，由理（道德法則）開始，再由它「直接地引至自由之概念」。此則「理」（道德法則）是直接呈現的、實有的，而「心」（自由意志）非直接呈現，只是一設定，設定之以為道德法則成立之根據。康德的話是這樣說的：

　　這樣，「自由」與「一無條件的實踐法則」是互相涵蘊的。現在在這裏，我不問：是否它們兩者事實上是不同的，抑或是否一個無條件的法則不寧只是一純粹實踐理性之意識，而此純粹實踐理性之意識又是與積極的自由之概念為同一的；我只問：我們的關於「無條件地實踐的東西」之知識從何處開始，是否它是從自由開始，抑或是從實踐的法則開始。

　　現在，它不能從自由開始，因為關於自由我們不能直接地意識及之，蓋因關於自由之首次概念是消極的故；我們也不能從經驗而推斷之，因為經驗只給我們以現象底法則之知識，因而亦即只給我們以「自然之機械性，自由之直接的反面」之知識。因此，就這道德法則，即，對之我們能直接意識及之（正當我們為我們自己追溯意志之格言時我們能直接意識及之）的這道德法則，它首先把「它自己」呈現給我們，而且它直接地引至自由之概念，因為理性呈現道德法則為一決定底原則，此原則乃是「不為任何感觸條件所勝過」的決定原則，不，乃是「完全獨立不依於感觸條件」的決定原則。

　　但是那道德法則之意識如何可能？我們能意識及純

粹的實踐法則恰如我們能意識及純粹的理論原則（知解原則），我們之如此意識及之是因着注意於「理性所用之規定純粹實踐法則」的那必然性（是因着注意於「理性所用以把純粹實踐法則規定的我們」的那必然性──依拜克譯），以及注意於「從純粹實踐法則身上」消除理性所指導（所管理）的一切經驗條件，而意識及之。「一純粹意志」之概念是從純粹的實踐法則而生出，此恰如「一純粹知性」之概念是從純粹的理論原則（知解原則）而生出。[22]

康德力言我們關於「無條件地實踐的東西」（即道德）之知識「不能從自由開始」，「也不能從經驗而推斷之」，而只能從道德法則開始，因對道德法則，我們能直接意識及之──「當我們為我們自己追溯意志之格言時我們能直接意識及之」。這種說法，有點像朱子學那套，因朱子一系亦不從「不忍」、「不安」、「不容己」處直下透顯自由心，由性分之不容已，自然知孝、知悌、心即性即理。孔孟陸王皆認為「為仁由己」，我們能直接意識及之，所謂「直接意識及之」者即直接呈現──當有任何不安不忍，「仁之在其自己」即本體論地先在於此不安不忍（「仁之對其自己」）而「應然的自由」即把「它自己」呈現給我們而為道德訂立法則。這即是徹上徹下之縱貫縱講的型態。康德只是未透徹，未達鞭闢入裏之境，故總是若即若離。自由、自律、道德法則三者之為合為分，令康德費盡心思。康德以我們之意識及道德法則（純粹的實踐法則）比之我們之意識及知解原則（純粹的論理原則）。道德法則之被意識及乃因着注意於「理性所用以規定純粹實踐法則」（或譯「理性所用以把純粹實踐法則規定給我們」）的那必然性」而直接意識及之（即陸象山所謂「自然知孝」、「自然知悌」）；在康德，正如知解原則之

---

22 康德撰，牟宗三譯註：《康德的道德哲學》（台北：台灣學生書局，1982 年），頁 165-166。

被意識及乃因着注意於思辨理性所用以把純粹的理論原則規定給我們的那必然性，而直接意識及。然而在康德，這兩個「必然性」是有待說明的。因康德無中國哲學之「心性論」，亦即「真我論」。在《純粹理性之批判》中康德一再反對自我意識實體化。「並無像『我在』那樣的『我自己』之知識，但只能有像『我現於我自己』之知識。這樣說來，儘管有（……）構成『對象一般』之思想這樣的一切範疇，然而『自我之意識』卻遠不足以成為『自我之知識』。」[23]《康德哲學講解》的作者約翰·華生（John Watson）把康德這個意思作如下解釋：「在一切關於對象的規定中都不能離開自我意識這事實，並不證明在這主體的持久性的基礎上有一單個持久不可毀滅的實體──自我意識的統一性只說明：只要有對象的意識就有自我意識，它永遠不能推論有一個永恆而不可毀滅的思維實體。」「而這個『我』本身是甚麼，我們不可能知道。」[24]無論「我思故我在」（知性我）或「我意故我在」（意志我），康德都不能真肯定。「認知我」既只是一「形式的我」、「邏輯的我」，只可以「純粹直覺」或「形式的直覺」（formal intuition）以安排之，則此「我」如何能「自發地提供」諸如時空、數目、邏輯形式等「純粹的理論原則規定給我們」，實不可解。是故，「我們能意識及純粹的理論原則（知解原則）……」之「必然性」有待說明（牟先生即以「自由無限心之自我坎陷以成就知識」說明之。然自由無限心為何自我坎陷，又待說明）。同理，「理性所用以把純粹實踐法則規定給我們」的「必然性」更有待說明（孟子以「性分之不容已」之「性善論」說明，復不可移）。

康德不認為人有「智的直覺」，物自身不可知，目的性不可知，自由不可知，真我不可知（梁啟超在〈近世第一大哲康德之學說〉認為康德已立真我，並謂陽明之良知，即康德之真我，其學說之基礎全同。

---

23 同註 9，上冊，頁 313。
24 約翰·華生撰，韋卓民譯：《康德哲學講解》（北京：商務印書館，1963 年），頁 23。

梁氏之說，對康德而言，是太樂觀了。）故亦不可說「必然性」（非只是知識系統內部推演之必然，亦非當我們為我們自己追溯意志之格言時之直接意識及道德法則之必然，乃超越之必然——絕對）這康德的困難，為費希特所察悉，而後來成為黑格爾唯心體系的標記。

下面，我們繼續檢看康德的困難，稍後再說黑格爾如何把康德的困難放到歷史哲學之黑格爾的歷史目的論中，以辯證綜和解決之。就批判哲學而言，這些困難，有些是康德自己願意讓它們出現並繼續存在的，為了上帝的名義而讓它們出現和繼續存在的。

（四）康德的「兩個意志」及其綜和之可能

對於康德來說，自由這概念只有一個意指，即自律——

> 　　所謂意志自由，除自律外，即除「意志對其自己即是一法則」這特性外，它還能是甚麼別的東西呢？但是，「在每一行動中意志對其自己即是一法則」這命題只表示這原則，即：只應依照這樣的格準，即「它同時亦能以『作為一普遍法則的它自己』作為一對象」這樣的格準而行動，除依照這樣的格準而行動外，不能再有別樣的格準可依。現在，這個原則確然即是定然律令之公式，並且亦即是道德底原則。因此，一個自由的意志和一個服從道德法則的意志正是同一個東西。[25]

自由的真義是「自律」——使自己的行為遵從道德原則即符合普遍法則。這是自由的積極義，亦是理性的存在底根本標誌。在這裏觀念與觀念間的關係都是分析的，從「自律」觀念即可分析出其餘觀念。它們之間的關係，康德再次說：

25　同註 17，頁 94。

　　　　自由底理念是不可分地與自律之概念連繫在一起，而
　　自律之概念復又不可分地與道德底普遍原則連繫在一起，
　　這普遍原則理想地說來是理性存有底一切活動之基礎，恰
　　如自然之法則是一切現象之基礎。[26]

　　理性的存在「人」底一切活動均以道德底普遍原則為基礎，恰如自然之法則是一切現象之基礎 —— 這句話的意涵很豐富，但其中「理想地」的意思是：有兩個王國，一為自由王國，一為自然王國；自由王國裏的皆自由，自然王國裏的皆定然，一皆受法則統治；定然者必然，自由者亦必然。我們看不到「應然」，看不到「可能」，除非自由王國要將其法則施行於自然王國，為自然王國提供一原則性理念，始有「應當」、「不應當」的問題，此即有一綜和關係，即自由王國與自然王國統一為目的王國，或曰「人格世界」。這綜和當然只能是先驗的綜和：現實意志與自由（自律）意志之先驗綜和。此處涉及「純粹理性如何能是實踐的」之問題，康德認為「去解明這一切，實已超出人類理性底力量之外，一切尋求關於這一切的說明、這尋求上之艱苦與辛勞，皆屬白費」。[27] 康德說：

　　　　自由之理念使我成為智思界之一分子，由於是如此，
　　是故如果我只是此而無他（意即只是此智思界之一分子
　　而無他），則一切我的活動「必自」總是最符合於意志底
　　自律；但是因為我同時又直覺到我自己為感取界之一分
　　子，故一切我的活動又「應當」符合於意志底自律，而這
　　個定然的「應當」即涵蘊一先驗綜和命題，因為在我的為

26　同註 17，頁 103。
27　詳見牟宗三譯註：《康德的道德哲學》，〈道德底形上學之基本原則〉，第三節 (5)「一切實踐哲學底極限」，頁 107-118。

感性欲望所影響的意志（案：即現實意志 [Willkür]）以
外，進一步還增加有這同一意志底理念（案：即自由意志
[Wille]），但由於此一意志是屬於智思界的，其自身即是
純粹而實踐的，是故此一意志依照理性它含有前一種意志
底最高條件；此恰似有知性底概念（範疇）加之於感取底
直覺（這些知性底概念其自身所指示的不過就是一般說的
規則性的形式），而即依此路數，諸先驗綜和命題始成為
可能的。[28]

作為智思界一分子的「我」，一切「我」的活動「必自」總是符合
意志底自律。這是分析的。因為每一理性的存有當作為一睿智體皆
視其自己為屬於智思界者，並正是只由於其作為一有效因而屬於智
思界，他始名其因果性曰「意志」（Wille），此即實踐理性自身，即自
由意志。而自由意志「就是在一切它的格準中成立（給與）普遍法則
的意志」，故即是「自律」。換言之，在智思界，「自由」與「自律」其
內容意義（intensional meaning）相同，唯分際不同；「自律」是分析
地說，「自由」則是批判地說，而為一設準。自由意志（Wille）與其
自身所發出之定然律令：「你應當只依那種格準，即由之你能同時
意願『它必應成為一普遍法則』這樣的格準，而行動」[29] 二者同屬智思
界，為超越之「自由因」。而現象界之「我」之現實意志（Willkür）服
從智思界之「我」之定然律令，而為「你應當這樣行動，即行動得好似
你的行動之格準，依你的意志，真要成為一普遍的自然之法則。」[30] 此
即表示：現象界為智思界之「自由因」之「果境」；現象界一方面在其
自身所發生的每一事件皆必確然不移地依照自然法則而被決定，另一

---

28 同註 17，頁 105。
29 同註 17，頁 54-55。
30 同註 17，頁 55。

方面，卻須服從智思界之「自由因」。人的自由意志為自然宇宙引入非決定性，此非決定性即「依自由之假定被認為是自由之必然結果」[31] 之決定性，例如「把他自己轉移至一個『與他的感性領域內的欲望底秩序完全不同』的事物之秩序中。」[32] 而這「轉移」所依之「定然的應當」，康德認為，「即涵蘊一先驗綜和命題。因為在我的為感性欲望所影響的意志以外，進一步還增加有這同一意志底理念。」倘若我只是智思界之一分子，一切我的活動「必自」（必然而自然而然）總是符合於意志底自律。同樣，倘若我只是感取界之一分子，我的一切活動亦「必自」（必然而確然不移）總是依照自然法則而被決定，並總是處身於我的感性領域內的欲望底秩序中。倘若如此，則人的一切活動總是被決定的，或被決定為服從道德秩序，或被決定為服從自然法則（包括欲望底秩序），如是則總是分析的，平行的，沒有實踐理性的先驗綜和，沒有縱貫的定然的「應當」。但人不如此，人既是智思界之一分子，同時又為一感取界之一分子，故人的一切活動遂有「應當」可言，且必有「應當」可言。但這先驗的綜和如何可能？即「現實意志」之服從其理念「自由意志」如何可能？康德只籠統地說「由於此一意志（指自由意志）是屬於智思界的，其自身即是純粹而實踐的，是故此一意志依照理性它含有前一種意志（指受感性影響的現實意志）底最高條件；此恰如有知性底概念（範疇）加之於感取底直覺（這些知性底概念其自身所指示的不過就是一般說的規則性的形式），而即依此路數，諸先驗綜和命題始成為可能的。」此即視道德法則為形式因，加之於現實意志。如：「己欲立（現實意志）而立人（道德法則）；己欲達（現實意志）而達人（道德法則）。」「己所不欲（現實意志），勿施於人（道德法則）。」然就康德哲學之限制言，既不能充分證成知性之存有論的性格，不能超越的肯定邏輯我知性我；又不能充分證成自由意志，不能超越的肯定德性我。

31　同註 17，頁 107。
32　同註 17，頁 106。

其所成就的超越哲學，所謂「超越」，只是超過經驗之上而駕臨於經驗以超越地決定經驗以及經驗之對象；所謂「先驗」只是「先」到認知心之執而止。故對於先驗的綜和如何可能，不能有最後的肯定，只能說：「察知思辨的先驗綜和命題之可能性中有很大的困難」，「（察知）這實踐方面的先驗綜合命題其困難亦並不亞於前者」。這種困難（察知其可能性之困難），康德說：「是十分深奧的一種困難。」[33] 回答這個困難，等於回答了「人是（應當是）甚麼？」此是否有待於「無限心」與「人有智的直覺」之肯認？中國哲學能否擔當之？然而康德關於「歸屬於意志的自由」與「自然之必然性」之討論，以及其對「自由」之「不能理解」之理解而終於放棄建立「自由之實在性」的努力，可使我們有一批判態度對待同一問題，且可以對之有一再批判和疏導。

（五）康德的「兩種因果」及其綜和之可能

康德認為：理性為自己創造「自由」此理念，固為了說明道德法則之可能，同時亦是為了說明自然法則之可能。故「自由」之理念之被證明，實事關重大：「只要當自由之概念之實在性因着實踐理性底一個必然的法則而被證明時，則它即是純粹理性底全部系統之拱心石，甚至亦是思辨理性底全部系統之拱心石。」[34]

在《純粹理性之批判》中，康德這樣討論「自由」之宇宙論的意義和實踐的意義：

> 所謂自由，依其宇宙論的意義而言，我理解為是「自發地開始一狀態」之力量。因此，這樣的因果性其自身將不居於另一「在時間中決定之」的原因之下（如依自然底法則所要求者）。依此義而言，自由是一純粹超越的理

33　同註 17，頁 53。
34　同註 17，《實踐理性底批判》，〈序言〉，頁 128。

念，此超越的理念首先並不含有任何從經驗假借得來的東
西，其次，它涉及一個「不能在任何經驗中被決定或被給
與」的對象。「每一生起的東西有一原因」，這是一個普遍
的法則，它制約的一切經驗底可能性。因此，原因底因果
性，即「其自身也是生起或開始有存在」的那個原因之因果
果性，必須其自身轉而復有一原因；而這樣，經驗底全部
領域，不管它擴展至如何遠，遂被轉成「純然自然者」之
綜集。但是，因為在此路數中，沒有「決定因果關係」的
諸條件底絕對綜體可被得到，所以理性為其自己創造了
「一個自發性」之理念，這一個自發性能夠以其自身開始
去活動，而不復依照因果性之法則被一先行的原因所決
定，決定之以至於有活動。

實踐的自由之概念即基於此超越的理念，而自由底
可能性之問題所總是為其所苦（所纏繞）的那困難之真實
的根據亦處於此超越的理念，此則定要特別地被注意。自
由，依其實踐的意義而言，就是意志（Willkür）之獨立不
依於由感性衝動而來的迫束。因為一個意志當它是感性地
被影響時，即為感性的動力所影響時，它即是感性的；如
果它可感性地被迫使為必然如此者，它即是動物性的意志
（arbitrium brutum）。人類的意志確然是一為感性所影響
的意志，但它不是動物性的，而卻是自由的（liberum），
因為感性並不迫使它的活動為必然如此者。人有一種自決
之能力，此能力獨立不依於任何由感性衝動而來的迫束底
強制。

顯然，如果感觸世界中的一切因果性皆是純然的自
然，則每一事件皆必依照必然的法則在時間中為另一件事
所決定。現象，依其決定意志而言，必會在意志底活動中
有其自然的結果，而且亦必會使意志底活動成為必然的

（機械地必然的）。因此，超越的自由之否決必包含着一切實踐的自由之取消。因為實踐的自由預設：雖然某種東西未曾發生過，可是它應當發生；並預設：既然它應當發生，是故其原因，如被發見於現象領域中者，並不是如此之有決定作用之以至於排除了我們的意志底因果性──意志底因果性即是那「獨立不依於那些自然的原因，而且甚至相反於那些自然原因之力量以及影響力，而能產生出某種『依照經驗的法則在時間秩序中而為被決定者』的東西」的那種因果性，因而也就是說，是那「能夠完全以其自己開始一事件之系列」的那種因果性。……

　　依是，在處理關於自然與自由之問題中，我們所遭遇的困難乃是：自由是否畢竟是可能的？而如果它是可能的，它是否能和自然的因果法則之普遍性一同存在？說「世界中的每一結果必須或是從自然而發出或是從自由而發出」，這是一真正地非此即彼的析取命題嗎？我們豈必不可說：在同一事件中，依不同的關係，兩者皆可被發見嗎？「感觸世界中一切事件皆依照自然底不可變更的法則而處於一通貫的連繫中」，這是超越分析中一個已建立起的原則，而此原則是不允許有例外的。因此，問題只能是：自由是否完全為這不可侵犯的規律所排拒？抑或一個結果，儘管其依照自然而這樣被決定，是否不可以同時亦基於自由？現象底絕對實在性（意即超越的實在性）這一通常而錯誤的預設在這裏顯出其有害的影響，使理性陷於狼狽。因為，如果現象真是物之在其自己，則自由便不能被維持。如是，自然將是一事件底完整而充分的決定因。事件底條件將只能在現象系列中被發現；條件與條件底結果這兩者將依照自然底法則而為必然的。可是，另一方面，如果現象不被視為比其所實是者為更多，如果它們不

被看成是物之在其自己，但只被看成是表象，是依照經驗
的法則而被連繫起來的表象，則它們自身必須有那「並非
是現象」的一種根據（案：即「智思的原因」）。這樣的一
種智思的原因底諸結果（案：即現象界之現象）可以顯示
出來，因而亦可通過其它現象而被決定，但這智思的原因
之因果性本身卻並不是這樣被決定了的。雖然諸結果須在
經驗條件底系列中被發現，然而這智思的原因，連同其因
果性，卻是在這系列之外的。這樣，這所產生出的結果在
關涉於其智思的原因中可以被看成是自由的，而同時在關
涉於現象中它又可被看成是依照自然之必然性而為由這些
現象而結成者。[35]

在康德來說，「自由」只是一消極概念，因為它「首先並不含有任
何從經驗假借得來的東西」，其次，它涉及一個「不能在任何經驗中被
決定或被給與的對象」，意即其作為一概念，並無任何直覺以支持之，
故是一「純粹超越的理念」—— 智思物，理性為自己創造此一「自由之
理念」，創造之以說明：

一、自然世界在根源上之元始 —— 自然因果串系之完整性

感觸世界中一切事件皆依照自然底不可變更的法則而處於一
通貫的聯繫中，「每一生起的東西有一原因」此一普遍法則，制約
一切經驗底可能性，因此，原因底因果性，必須其自身轉而復有一
原因。但是，理性在此一思考路數中，並沒有「決定因果關係」的
諸條件底絕對綜體可被得到（原因串系在後返至其條件中是不允許
有絕對綜體的）。「一個根源的活動，即如『以其自身就能把以前
不曾存在的東西使之出現』這樣根源的活動，並不能在因果地相連

---

35 同註 9，下冊，頁 292-295。

的現象中被期望。」[36] 換言之，每一發生的東西只是依照自然之法則
而發生，將總只有一相對的（次等的，subalternen）開始，而決不能有
一元始，也就是說，決沒有互相輾轉相生的原因這種原因方面的系列
的完整性。因此，自然世界在根源上遂為一「不可思議（「情有理無」）」
之存在，或曰「只是存在而無存在性之虛無」。這不是西方理性傳統所
能接受（道家、佛家則即此轉縱貫的元始論宇宙論為橫說的現象論，
說「無始以來」說「緣起性空」，以導人向上翻，轉識成智，證道、證菩
提），故從柏拉圖到海德格都在「追問存在」[37]。理性主義則創造這「一個
自發性」之理念──「自由」。「自由之理念」意謂「自發地開始一狀態」
或「致生或創發一事件系列」之力量，能夠以其自身開始活動，而不復
依照自然因果法則被一先行的條件所決定。依此義，理性為自己創「自
由」此一純粹超越的理念，乃為現象界提供一必須有的「那並非是現象
的根據」──「智思的原因」，以使世界為「可思議」、為「有理」。（宇
宙論意義的「上帝」之理念所承擔者亦是此義。沙特稱：「在上帝與荒
謬之間，我寧選擇荒謬。」則兼說自然秩序與價值秩序兩義，而終指
向宇宙論之上帝計劃義。）此為「自由」之宇宙論意義。

　　二、道德之所以可能

　　自由是道德法則成立之根據，此義上文已述。此為「自由」之實踐
意義。但康德說：「實踐的自由之概念即基於此超越的（自由）理念。」
故「超越的自由之否決必包含着一切實踐的自由之取消。」而在康德，

36　同註 9，下冊，頁 302。

37　《存在與時間》〈題辭〉：「當你們用『存在着』這個詞的時候，顯然你們早就很熟悉這
究竟是甚麼意思，不過，雖然我們也曾相信領會了它，現在卻茫然失措了。（柏拉
圖：〈智者篇〉）存在着（seiend）這個詞究竟意指甚麼？我們今天對這個問題有答
案了嗎？不。所以現在要重新提出存在的這一意義問題。我們今天之所以茫然失措
僅僅是因為不領會『存在』這個詞嗎？不。所以現在首先要重新喚醒對這個問題的
意義之領悟。」及〈1953 年第七版序言〉：「即使在今天，這條道路依然是必要的，
追問存在的問題正激蕩着作為此在的我們。」見馬丁・海德格（Martin Heidegger）
撰，陳嘉映、王慶節譯：《存在與時間》（北京：三聯書店，1987 年）。另參閱本書
〈「語言轉向」之轉向〉。

宇宙論意義的自由只是一純粹超越的理念，其實在性是不能證明的。沒有任何經驗或直覺予以支持，因而是「不能被理解」的。此則實踐意義的自由亦動搖，而道德之可能性成為疑問。「實踐的自由之概念即基於此超越的（自由）理念，而自由底可能性之問題所總是為其所苦（所纏繞）的那困難之真實的根據亦處於此超越的理念。此則定要特別地被注意。」康德知道事關重大，唯康德所在之西方傳統，不認為人有智的直覺，則在康德之分析性的頭腦中，自由既得不到經驗之支持，而僅作為智思物，與上帝、靈魂不朽同屬「三公設」，又無智的直覺支持之，故嚴格來說，最後只歸於不可知（不可理解）。

　　而在這三大「公設」中，康德亦明白：不能證明任何理念的客觀實在性，除自由理念之外。因為自由是道德律令的條件，它的實在性是（自明的）公理（axiom）；上帝理念的實在性只能通過道德律令來證明。似乎康德給予自由以「其客觀實在性可以證明」之待遇，但這所謂「其客觀實在性可被證明」到最後仍只是：因為自由是道德律令的條件，為了「道德的可能」之緣故（說到底我們不能沒有道德），我們讓「自由」的實在性作為自明的公理。而「上帝存在」與「靈魂不滅」還須通過道德律令來證明，亦即只能依附於自由之理念。康德的優先實踐理性，他在道德哲學中的「哥白尼式革命」亦至此而止。在西方傳統之「本質倫理」、「神諭倫理」及「快樂主義」之背景中，康德當然是最認識道德因而最重視自由的。然而他的整套道德哲學的方法仍未免過於依賴觀念之分析，如說「自由是道德律令之條件」，其立意（意味）與孔子曰「食夫稻，衣夫錦，於女安乎？……夫君子之居喪，食旨不甘，聞樂不樂，居處不安，故不為也」固不同，與孟子曰「聞一善言，見一善行，若決江河，沛然莫之能禦」亦不同。孔孟是即當下之性分不容已之存在的實感，確立實踐的自由主體，並由性分之不容已之自由義而直契「天心」（絕對義），此則自由之實踐義與自由之宇宙論義通貫為一，徹上徹下，內外貫通，而無一可疑。康德說「自由是道德律令之條件」並非如儒家對自由（「為仁由己」之自由）之直下肯認，而是基於道

德律令之概念之分析，而思（如黑格爾所云）：

> 從嗜欲得來的那些規定，對意志來說乃是不自主的原
> 則，或者說，如果意志採用那些規定作為目的的話，它就
> 是不自主的，因為它是從某種別的東西得到它的規定的。
> 但當意志自己決定自己時，它便是自由的，它是自主的，
> 它是絕對自發性、自由的原則。意志的本質是自己決定自
> 己。它只能以它自己的自由作為它的目的。只有當實踐理
> 性自己給自己制定規則時，康德才說它是自主的。經驗的
> 意志是不自主的，它是為欲望、衝動所決定的。[38]

黑格爾把康德的道德學理解為偏於空洞的形式主義。道德律令既
為一無條件的（無他因）絕對的命令，此則自必涵蘊實踐的自由，而實
踐的自由必預設：

> 雖然某種東西未曾發生過，可是它應當發生；並預
> 設：既然它應當發生，是故其原因，如被發見於現象領域
> 中者，並不是如此之有決定作用以至於排除了我們的意志
> 底因果性──意志底因果性即是那「獨立不依於那些自
> 然的原因，而且甚至相反於那些自然原因」之力量及影響
> 力，而能產生出某種「依照經驗的法則在時間秩序中而為
> 被決定者的東西」的那種因果性。[39]

因而也就是說，是那「能夠完全以其自己開始一事件之系列」的

38　黑格爾撰，賀麟、王太慶譯：《哲學史講演錄》，第四卷（北京：商務印書館，1978
　　年），頁289。
39　同註9，頁293。

那種因果性。因此實踐的自由必預設超越的自由——宇宙論意義的自由，故曰：「超越的自由之否決必包含着一切實踐的自由之取消。」這一路都是分析的，而最後導致「自由」此純粹超越理念之預設，亦僅止於作為預設。這是分析地自明的公設，其客觀實在性，在康德看來，卻並不真有直覺或經驗以支持之者。故嚴格來說，不能謂已「建立自由理念底實在性」。康德很明白的說到這一點：

> 我們的意向不曾想去建立自由底實在性，所謂自由即是當作一個「含有感觸世界底現象之原因」的能力的那自由——我們無意於去建立如此之自由之實在性。因為，「想去建立自由之實在性」這種研究，由於其不僅只處理概念（案：意即還需要有直覺或經驗），是故它必不會是超越的（案：意即必已轉成為內在的）。又，它亦必不可能成功的，因為我們決不能從經驗中推斷出任何「不能依照經驗底法則而被思」的東西。甚至去證明自由底可能性，這亦不曾是我們的意向，因為設若想去證明自由底可能性，則在此中我們亦必不會成功。因為我們不能由純然的先驗概念知道「任何真實根據以及此根據底因果性」之可能性。在這裏，自由是只當作一超越的理念而被討論。[40]
>
> 我們最後終於把確定的道德概念還原到自由之理念。但是，這自由之理念，我們不能證明它現實地為我們自己之一特性或人性之一特性；只是我們看到了這一點，即：如果我們思議一存有為一理性的存有，並且在關於它（他）的行動中為能認識到它（他）的因果性的存有，即是說，思議一存有為稟具着一個意志者，則自由之理念必須被預設；這樣，我們亦見到：即依這同一根據，我們必須把

40 同註 9，頁 316。

「在它（他）的自由之理念下決定它（他）自己去行動」這
種屬性歸給稟具有理性與意志的每一存有。[41]

　　簡言之，為着可思議世上有「理性的存有」──「人」，自由之理
念須被預設；正如為着提供予感取界一必須有的那「並非是現象」的
根據和「元始」，以使世界成為可思議的，理性才為自己創造此同一個
「自由」──「自發性之理念」。然而，理性卻因此一超越理念而陷入
背反中：「因着此一超越的理念，理性遂被引導着去想：它能夠藉賴
着『不是感觸地被制約的東西 (the sensibly unconditioned)』而肇始了
現象領域中的條件之系列，而因為這樣想，所以它遂捲入一種與那些
法則相衝突之背反，所謂那些法則即『它自己把它們規定給知性之經
驗的使用』的那些法則（案：意即「每一生起的東西有一原因」之自然
法則）。」[42] 此一背反之解決之出路，在康德，唯是現象與物自身之區
分之作成。

（六）康德「兩界論」及其綜和之可能

　　自然與自由之衝突，康德認為，可隨着現象與物自身之區別而達
至一解決。
　　反過來說，若現象與物自身之區分不曾被作成，自由（即道德）將
不允許被思想而不自相矛盾。

　　　　現在讓我們假設事物之作為經驗底對象與此同一事物
　　之作為物自身，這兩者間的區別（我們的「批判」已表示此
　　區別為必然的）不曾被作成，在此情形下，一切事物一般，
　　當它們是有效的原因時，它們必為因果性原則所決定，因

41　同註 17，頁 97。
42　同註 39。

而亦就是說，必為自然之機械性所決定。因此，我們不能對於同一存有，例如人的靈魂，說「它的意志是自由的，而卻又服從自然之必然性，即不是自由的」而無顯明的矛盾，因為在「人的靈魂底意志是自由的」與「人的靈魂底意志服從自然之必然性」這兩個命題中，我已依同一意義而理解靈魂，即是說，理解之為「一物一般」，即理解之為「一物之在其自己」；而且除藉賴着一種先行的批判外，我亦不能不這樣理解之。但是，如果我們的批判在其教告這一義，即：「對象，是依兩層意義而被理解，即被理解為現象，以及被理解為物自身（物之在其自己）」，這一義中，則其無錯誤。又，如果知性底概念之推證是妥實的，因而因果性原則只能應用於依前一意義而被理解的事物，即是說：只當事物是經驗底對象時，因果性原則始可應用於事物（此同一事物，若依另一意義而被理解，則不是服從此原則者）；如是，則在以下之設想中，即設想「同一意志，在現象中，即在它的可見的活動中，是必然地服從自然法則者，而至此為止，它亦不是自由的；然而由於它屬於一物之在其自己，它卻又不是服從那自然法則者，因而它又是自由的」，在這樣的設想中，卻並無矛盾可言。[43]

「自由」歸於智思界之物自身，而現象界則受自然法則之無一例外的統治。唯有如此，「自由」此一理念才是允許被思想而不自相矛盾的。雖然其作為一概念，似純是由我們的純粹理性憑空構思的，而不基於任何直覺，既不基於感觸直覺，亦不基於純粹直覺，其作為概念只是一消極概念，因而是不能最後被理解（知解）的，但只為道德之可能之必然預設。康德認為，這已經很足夠，因為：

---

43 同註 9，上冊，第二版序言，頁 41-42。

　　實在說來，道德並不需要「自由一定可被理解（可被知解）」，它只需要：自由一定不要自相矛盾，因而「自由」一定至少可允許被思想；而且它亦需要：當「自由」這樣被思想時，「自由」對於這樣一個自由的活動，即「若以另一種關係（即自然因果之關係）視之，同樣亦符合於自然之機械性」這樣的一種自由的活動，亦決不置有任何障礙。因此，道德論與自然論可各得其所而不相悖。但是，此一義其為可能是只當一種「批判」已把我們的對於物自身之不可免的無知早已事先建立好，並且已把一切我們所能理論地（知解地）知之者皆限於純然的現象時，才是可能的。[44]

　　道德之可能，需要預設「自由」（即使作為消極概念）；而「自由」之可能，需要預設「物自身」（即使我們對之有「不可免的無知」）；而「物自身」之可能，需要預設現象與物自身之區分之證成，康德的道德哲學，以至其全部批判哲學至此而窮——因康德不認為人有智的直覺：「要去預設自由為一積極的概念，則必需要一智的直覺，而此智的直覺在這裏是不能被認定的。」[45]為何「智的直覺」不能被認定為屬於「人」這一種存有？康德說：

　　　　「直覺自身就能把直覺底對象之存在給與我們」那樣的直覺——這樣的一種直覺，當我們能判斷之時（或當我們能理解之時），它只能屬於根源的存有（肇始萬物者，primordial being, Nur dem Unwesen）。我們的內外部的感觸直覺是依靠於對象之存在的。因而亦就是説，只有當主

44　同註9，頁44。
45　同註17，頁169。

體底表象能力為對象所影響時，它才是可能的。「在空間
與時間中去作直覺活動」這種直覺活動之模式不需被限制
於人類的感性，「一切有限的，能思考的存有在這方面皆
必然地與人類相契合」，這也許或可是如此，雖然我們不
能去判斷是否現實上是如此。但是，不管這種感性底模式
是如何地普遍的，它總不會因此就不是感性。它是派生的
直覺，而不是根源的直覺，因而也就是說，不是一智的直
覺。依上面所述的理由，這樣的「智的直覺」似乎只屬於
「根源的存有」，它從不能被歸於給一「依待的存有」。依
待是在其存在以及在其直覺這兩方面皆是「依待的」這依
待，而這依待的存有通過其依待的直覺（即派生的、感觸
的直覺）決定其存在是只在關聯於所與的對象中決定之。
（英譯者諾曼・坎普・史密斯［ Norman Kemp Smith ］註：
此句或可較自由地譯為：這依待的存有通過其依待的直覺
［即派生的、感觸的直覺］意識到其自己之存在是只在關
聯於所與的對象中意識及之。）[46]

人是「依待的存有」，故只能有「依待的直覺」（依待於對象之存
在，即：只有當主體底表象能力為對象所影響時，它才是可能的）而
無「智的直覺」（根源的直覺，即無需依待，主體所發直覺只是主體之
自我活動而不是被動地被感動）。然而，對於康德，我們可問：人果真
只是「依待的存有」，而不可能同時亦是一「根源的存在」因而有「根源
的直覺」嗎？當我們直覺「雖然某些東西未曾被發生過，可是它應當發
生」這直覺豈不正是主體的自我活動而不是被動地被感動？我們直覺
「未曾被發生過」的事物「應當發生」並且即「使之發生」，這正是我們
實踐一切被稱作道德的行為時所必經歷的這直覺自身就能把直覺底對

---

46 同註 9，頁 172-173。

象之存在給與我們（這亦是我們在宗教和藝術性活動中可能體會的）。
在「人是甚麼？」的問題上，康德既以「道德（自由）的人是自然的目
的」為答，則人是目的性存有，故人雖不免是「依待的存有」，同時亦
是「根源的存有」。人作為「依待的存有」通過其「依待的直覺」（即派
生的、感觸的直覺）意識到其自己之存在只在關聯於所與的對象中意
識及之，而為有限的存有；人亦可自覺為「根源的存在」，通過其「根
源的直覺」（智的直覺）意識到其自己之存在是在此一義上之「肇始萬
物者」，因而是絕對的、無限的存有。人是被造者，為依待的存有，只
有派生的直覺，並意識到自己之存在是存在於現象界，這裏受自然因
果法則統治，沒有自由。但人同時是創造者（某義之肇始萬物者），為
根源的存有，可有智的直覺，意識其存在是存在於智思界，智的直覺
所「對」為「物自身」，「對」之即創造之，不受機械因果統治，而為自
由的。由人屬這兩層存有且兼具此兩層存有（在康德，溝通之者為「反
思判斷力」，唯反思判斷力被限制為一主觀的特殊之心靈機能，不可教
不可學），現象與物自身之區分是可以證成的，而自然與自由，自由與
必然、實然與應然，亦皆可有一理性的說明而無妄。

　　康德的全部系統，以其第一批判（《純粹理性批判》）逼現「物自
身」，提出「人可知道甚麼？」，以其第二批判（《實踐理性之批判》）逼
現「自由意志」（附帶「上帝存在」、「靈魂不滅」），提出「人應當作甚
麼？」以第三批判（《判斷力之批判》）逼現「目的性」理念，提出「人是
甚麼？」然而康德的理性主義基本是「主知主義」（《康德》一書的作者
格奧爾格・齊美爾［Georg Simmel, 1858-1918］即認為康德最後是「主
知主義的」，而不是「主意主義的」[47]）。自這種主知主義的立場，當然
不能肯定人是根源的存有、人有智的直覺、人有限而可無限。康德哲
學精神之充沛本可達至此肯定，但康德哲學方法之自限使其最後只能

---

[47]　Everett G Walter; Georg Simmel, "Kant", *The Philosophical review*, 1905-11, Vol.14
(6), p.720.

承認對「物自身」、「自由意志」、「目的性概念」是「不可免的無知」。自由意志、物自身、宇宙目的，皆只是「宛若（aIs ob, as if）存在」，即是只有主觀必然性的設定，順理性底事實而主觀地邏輯地逼至而有的設準，而不能客觀地就其自身而肯斷其是如此，且必然如此。以道德哲學來說，康德不是客觀地就「人能直接自發地意識及道德法則」此一理性底事實，而肯斷人有自由意志（道德體證），康德是中途截得「道德法則」而以之為首出概念，通過份析此概念，而言「自律」、「自由」，言「先驗的綜和」，遂使本無可疑的道德實踐之可能問題，成為主知主義下「十分深奧的一種困難」。

康德不止一次地，或者說，過於頻仍地講述這種困難：

> 在這種定然律令或道德底法則之情形中，「察知其可能」之困難是十分深奧的一種困難。它是一個先驗地綜和的實踐命題，因為在察知思辨的先驗綜和命題之可能性中有很大的困難，所以亦可很易設想這實踐方面的先驗綜和命題，其困難亦並不亞於前者。[48]

> 理性如果要從事於說明「純粹理性如何能是實踐的」，此問題完全同於去說明「自由如果是可能的」，它（理性）必越過一切它的界限。[49]

> 這假設（意指「自由」）本身如何可能？則不能因任何人底理性而被辨識。[50]

> 純粹理性如何能是實踐的？——去解明這一切，實已超出人類理性的力量之外，一切尋求關於這一切的說明

---

48 康德撰，牟宗三譯：《純粹理性之批判》上冊（台北：台灣學生書局，1983 年），頁 172-173。
49 康德撰，牟宗三譯：《康德的道德哲學》（台北：台灣學生書局，1982 年），頁 112。
50 同註 49，頁 115。

這尋求上之艱苦與辛勞,皆屬白費。[51]

　　當我們不能理解道德律令之實踐的無條件的必然性時,我們猶可理解其「不可理解性」。[52]

　　「這道德法則之意識,或與此為同一事者,即自由之意識,如何可能?」這不能進一步被說明。[53]

　　「一個法則(指道德法則)如何直接地而且以其自身即能是意志之一決定原則」這問題,對於人類理性而言,是一不可解決的問題,而且與「一自由意志如何是可能的?」這問題為同一。[54]

　　道德之可能、自由意志之可能、純粹理性是實踐的之可能,本來是如日月經天一樣明確的「理性底事實」,但卻得不到如實的客觀肯斷,反轉出去,以思辨理性處理之,僅只通過辯證推理作安排,難免化實作虛,故終歸於虛而不實。「設準」之所以為設準,即蹈虛而不趣實也。康德之道德哲學本趣實而終歸於蹈虛者,以此。而康德之深刻,以本人觀之,亦正在其否定對自由作理論論證之可能,而保護「自由」之奧義,保護了「自由」之自證的、實踐的莊嚴品性。

(七) 康德「人有限」論之嚴肅意義,及與「人可無限」綜和之可能

　　康德在「第一批判」留下「物自身」作設準,在「第二批判」留下「自由」(附帶「上帝存在」與「靈魂不朽」)作設準,在「第三批判」留下「目的」作設準,且僅止於作設準,由此形成康德哲學之「宛若」性格而被譏為「不可知論者」。然而,除非對康德的問題,有更好的解答,如依儒家徹上徹下、內外貫通之性理義理,本縱貫縱講、實理實證之證道

51　同註 49,頁 116。
52　同註 49,頁 119。
53　同註 49,頁 189。
54　同註 49,頁 245。

方法，袪康德之所疑，證康德之所設，解康德之所困，反虛入渾，則康德之「宛若哲學」正是一客觀的好的前導，正可被吸收而更進一步；否則，招致不幸的，不是康德，而往往是康德的批評者，如唯實論特別是唯物論者流。

回到康德哲學本身，其在「第一批判」所保留的對於物自身之不可知，「第二批判」所保留的對道德實踐之可能根據之不可知，「第三批判」所保留的對宇宙目的之不可知，實潛藏着康德在西方意識危機中，以哲學的哥白尼革命，對西方精神傳統的一種涵蓋——康德式的反哺，這就是：自然、自由、神三位分立共存。

康德明確表示，他的「六合之外，哲人論而不決」的態度並非是消極的。自然世界之最後不可知，使我們對自然之認識可永不窮竭，科學之發展永無盡頭，而世界可被理解為有「隱蔽計劃」者——「作為整體的人類種族的歷史可以看作是實現自然的一個隱蔽的計劃。」但既為「隱蔽計劃」，故世界之目的性不可知，此則使「人類的努力，總的說來並不像動物那樣只是出於本能，同時又不像有理性的世界公民那樣根據預定計劃行進，因此看起來人類不可能有任何（多少像蜜蜂或海狸那樣）有計劃的歷史。」[55] 人有生命意志，不必像在一傀儡劇中般被安排。雖然，正因此人將不知道每一事應當怎樣做方作得最好而符合自然之隱蔽計劃，或曰神意。由此不可知，康德說，一真正的道德意向（直接獻身於道德法則之道德心）藉此而可能：

> 既然以我們的理性之一切努力，我們對於未來亦只有
> 一十分隱晦而可疑的透視，既然世界底統治者只允許我們
> 去猜測祂的存在以及祂的威嚴，並不允許我們清楚地去看
> 祂的存在與威嚴或去證明祂的存在與威嚴；而另一方面，

---

55 參閱康德撰，何兆武譯：《歷史理性批判文集》，〈世界公民觀點之下的普遍歷史觀念〉（北京：商務印書館，1990 年）。

在我們之內的道德法則，它沒有以任何確定的東西許諾我們或威嚇我們，它要求我們對之有一種無私的尊敬；而只有當這種尊敬成為主動的而且是主宰的，這尊敬始允許我們因着它而對於超感觸者之世界有一展望（透視），而這展望是只以微弱的一瞥而展望之；只有這一切是如上所說明，始有一真正道德意向之餘地（此道德意向是直接的致力於法則者），而一理性的被造物（理性的存有）始能成為值得來分享這圓善者，此圓善是與他的人格之價值相對應，而不只是與他的行動相對應。

　　這樣，自然底研究以及人底研究在別處所充分地教導我們者，在這裏亦可同樣是真的；而「吾人所依以存在」的那不可究測的智慧，其在所否決者方面之值得讚美，並不亞於其在其所賜與者方面之值得讚美。（意即：就其所賜與於吾人者方面說，祂固值得讚美，即就其所否決於吾人者方面說，祂亦值得讚美。）[56]

　　此段實可透露康德全部哲學之「隱蔽計劃」。對於「人無智的直覺，人是有限的」，作為「理性的被造物（理性的存有）」的人應該為此而感激讚美，這讚美不應亞於人對神所賜與於人之理性因而衷心發出者。正因為人對世界和未來只有十分隱晦而可疑之透視，或曰正因為人對自然之「隱蔽計劃」無所知，而世界底統治者只允許我們猜測祂底存在與威嚴，卻偏對之無任何直覺以證明祂的存在與威嚴，以至我們幾乎要懷疑祂的存在與威嚴，但即使如此，我們仍對那內在之道德法則保有一不可抗拒之敬畏──必須如此時，始有一直接獻身於法則之真正道德意向之餘地。我們除了對內在的道德法則有一主動而無私的尊敬並以之為主宰外，我們再無絲毫非份之想（如福報。是知宗教家

56　同註 17，頁 413。

所立之因果報應之說，依康德，必須不為經驗所證實）。我們亦非因為
知道世界底統治者存在而震懾於祂底威嚴，亦非因為道德法則對我們
有任何許諾或威嚇我們，這一切恰好都不是有限的我們所能知的。

康德此說與儒家「義命分立」、「盡性知命」有不同。儒家說「命」，
說人的有限性，是偏於消極的限制意義上說，而「盡性知命」則兼積極
義。因儒家不以為世界之意義不可知，知之並不妨礙人之盡性盡義，
且可是一道德創造之動力。人之有限性雖是實踐道德之必要條件，但
人的無限性是道德實踐之充足條件。而康德不承認人可無限，只以人
之有限性為人可能有「真正道德意向」之必要條件，因道德法則之絕對
性正需通過排除一切條件而得自我肯定者，需要我們獻身，對之有主
動而無私的尊敬並以之為主宰之道德法則。我們對之服從，必須不可
基於一種對之喜歡與自願而湧起的「心之自發的善性」去服從之，亦不
可是基於那為着激勵行為為高貴、勇敢、豪邁而被注入心中的「幻想
中之神聖性」而去服從之。「神聖性」對於被造物之有限者人而言，只
能是「心靈意向之一圓滿的純淨性之幻想物」；否則，即是所謂「道德
的狂熱」，而不是對於一無條件義務之獻身。

> 「因着激勵行為為高貴的、莊嚴的、豪邁的，而被注
> 入於心中」者沒有別的，不過就是吼叫的道德的狂熱與誇
> 奢的自滿自大。因着這種激勵，人們被導入於這幻象，
> 即：那「構成他們的行動之決定原則」者並不是義務，即，
> 並不是尊敬法則。（……）他們產生了一種徒然無益的、
> 高度飛揚的、幻想的思路，以心之自發的善性來諂媚他們
> 自己（這種心之自發的善性既不需要軛制，亦不需要韁轡
> 口御，對於它，沒有命令是需要的），因而遂忘記了他們
> 的義務。[57]

---

57 同註 17，頁 271-272。

自人為有限的「理性的被造物」言，人不能有「心之自發的善性」由之而悅道德法則；自道德法則要求人之無條件服從言，人不應有「心之自發的善性」由之而悅道德法則。此「不能」、「不應」方可顯示道德法則之作為義務，而人作為一尊敬法則者之存有。康德的「為義務而義務」在這裏表達無遺。

人只需服從道德法則，其餘一切不必問，包括行為之真正道德性及諸活動之功過；因為這些亦非人所能知者：

> 諸活動底真正的道德性，諸活動之有功或有過，甚至我們自己的行為底真正的道德性，有功或有過，是完全仍然被隱蔽而不為我們所見的。我們的歸罪歸咎之評估只能涉及（活動之）經驗的性格，此經驗的性格有多少可歸給自由底純粹結果，有多少可歸給純然的自然，即是說，可歸給對之無責可負的氣質之過失（或偏弊），或歸給氣質之幸運的構造（merito fortunae），這是從不能被決定的；因此，對之亦沒有完全公正的判斷可作。[58]

由於人無智的直覺，這一切屬於價值界當然界，亦即智思界之判斷，人是無緣置喙的。唯全知者神能知見這一切及能對之作公正評估，我們被造者只能涉及理性活動底經驗的性格（即當作一「感取之樣式」看的經驗性格），而活動底經驗性格是完全且必然地在智思的性格（即作為一「思想之樣式」的智思性格）中被決定了的。但是，此智思的性格，我們不能知之，因我們只能藉賴現象而指示其本性，而這些現象並不能對於「思想之樣式」即智思的性格給出一直接的知識。亦唯如是，我們別無他途，唯專心一意敬畏法則，服從定言命令（雖則我們並不甚了解，對於由它而有之一「經驗的結果系列之感觸條件有其開始」

---

58 同註 9，下冊，頁 311。

底純粹結果之功過,我們亦無從有可靠的判斷),只為義務而義務,為尊敬法則而尊敬法則。我們在服從法則中所應當有的品性,是從義務去服從它,而不是從自發的性好去服從它(我們底自然性好倒往往受理性自己把法則置於我們身上時所壓制。)亦不是從幻想中的「心之自發的善性」去服從它。無論從自發的善性或自發的性好去服從法則,皆非我們所能,亦非我們所應。若自以為出於「善性」或喜好來服從道德法則,即是以無限存有自居,而為「道德的狂熱」——即對純粹實踐理性所置於人類身上的限制有意的越過。無限的存有是純理,故沒有命令,亦沒有應當。無限的存有是純有,只有有,無無,故所是即應是;沒有可能,沒有選擇,故亦沒有命令,沒有應當。命令與應當只對於一有限的理性的被造物有意義。一有限的理性的被造物,當世界之何從來何所住,他自己之何從來何所往對他皆為不可知而呈現為隱蔽,他仍不顧他一己之性好,但只聽命於實踐理性之律令,而當他服從法則而行為,他並且對其行為底真正的道德性以及功過,皆無所知、無所見、無所期待——當一切正如上所說,這一有限的理性的被造物,得被稱為一「道德的人」。

因此,「人的道德實踐如何是可能的?」在康德思想中,總表現為純粹理性之二律背反及二律背反之緊張。如:「道德之可能」須預設「自由之理念」,同時須預立「自然法則」;既預設「人是自然之目的」,又須預設「自然之隱蔽計劃」;既須預設「人有『道德感』」,又須預設「人只可思而不可知智思界」;既須預設「人為根源的存有(智思界的一分子)」,同時又是「依待的存有」;既須預設「純粹實踐理性為普遍的意志」,同時須承認「人是具體的特殊性的存在」……。此見康德真能為道德立言,為「道德」概念奮鬥。康德以現象界與超越界之區分,以及實踐理性之優先性解決二律背反,但因不能肯認人有智的直覺,只能證成道德底形上學,不能極成一本論的道德的形上學,存有界得不到根源性說明,自由王國與自然王國、應是與所是、自由與道德終不能無隔。

(八)「有向判斷」與「無向判斷」之區分及其綜和之可能

　　康德以前二大批判，完成「自然底形上學」與「道德底形上學」，但亦同時「隨哲學之區分而成知解的與實踐的兩部分」，其間又有種種之背反如上文所展示者。至此為止，借用尼古拉‧哈特曼（Nicolai Hartmann, 1882-1950）批評黑格爾的話，我們可以說，康德是「超越的分解」的哥倫布，借助「超越的分解」發現了新大陸──「物自身」，卻不知道自己發現了甚麼。（哈特曼的話是「黑格爾是客觀精神的哥倫布，但不知道自己發現了甚麼。」）但康德接着有「第三批判」《判斷力之批判》，藉對「人」的「美學判斷」與「目的論判斷」之批判，為「反思判斷」（美學判斷與目的論判斷皆屬反思判斷）設立（逼現）一超越原則──「合目的性原則」，這超越的原則雖只是「這樣一個不能由經驗借得來的超越原則，反省判斷力只能把它當作一個法則從其自身而給出，並且把它當作一法則給與其自身」[59]之主觀的、虛的原則，但它可以範導我們去為「自然的變化多端及種種特殊之法則與我們諸認識功能皆須有一貫通之統一」尋找一「模式」，由此而透視一「自然的神學」，再由「自然的神學」之遮撥，援入「整個自然的最後目的是人──道德者」之觀念，以完成其「道德的神學」（道德底形上學），同時即重新綜和自然界與自由界。所可注意者，康德把溝通兩界之重責寄託於「人」的某種心能──反省判斷力。而「自然的目的是人」，正是相反於還原論（Reductionism），而近於中國哲學之「歸宗性」（Polarity）。惜康德不知道自己發現了甚麼。他的「物自身」觀念實可依「歸宗性」而可有恰當的理解，至少，當他為反思判斷設立「合目的性原則」時，應重提「物自身」（以本人記憶所及，在「第三批判」幾乎沒有「物自身」再出現），並將之與「目的性」理念連接。孟子曰「五穀不熟，不如荑稗」，是五穀的「物自身」即「五穀成熟為五穀自己」：「五穀自己之目的及五穀之合目的性」？或「五穀在整體自然宇宙

59　康德撰，牟宗三譯：《判斷力之批判》，〈引論IV〉（台北：台灣學生書局，1992 年），頁 125。

秩序中之合目的性」？或二者之綜和？理學家言「物物一太極，統體一太極」，康德言「大自然向人生成」、「人是大自然的最後目的」，又言「成為道德者是人的最高目的」。從歸宗論說，這豈不正是「物自身」觀念之恰切表述，而不為還原論所理解者。反思判斷力為物物（包括人自身）反省其自身之合目的性，以及其在整體自然宇宙秩序中之合目的性，並思此合目的性正表現於大自然變化多端，層出不窮的種種特殊具體之現象界之事物、表現於人的獨一無二的個體性及永無重複的行為（反思判斷正是從具體特殊而反省其目的性及整體秩序者）。如是，目的與手段、自由與自然，物自身與現象，在反思判斷中成為關聯的兩極，而反思判斷力（心能）則成為關聯兩極之中心。

又，反省判斷力之「審美判斷力」既是全然「無向的」，則其為「判斷」，乃是就一物之全然無關乎「他物」而只孤絕地觀照「其自身形式之合目的性」之觀照。而「目的論判斷力」則是「雖無向而有向的」，要為當前「種種特殊之具體形態以及聯貫此繁多形態之種種特殊之自然法則」提供一縱貫之統一原則──隸屬原則，以判斷各存在者在一目的性統緒中之「合目的性」之「當是」。此則近儒家義。然則反省判斷力之二支，以其被區分為二故，又須有一綜和，即「審美判斷」與「目的論判斷」之統一。此統一在康德似是「分析的」，但是虛的。一物「其自身形式之合目的性」與一物「在其自身及在整體宇宙秩序中之合目的性」，兩者一虛一實，有虛有實，有合有分，如何綜和，仍有待反思判斷力此一「智的直覺」發現之、「創造」之。此同時亦為中國哲學之「天道既超越而內在」之說明掃除疑慮。

三、「徹底的唯心論」與黑格爾「歷史理想主義」
──從「理一分殊」說「凡是合乎理性的東西都是現實的，凡是現實的東西都是合乎理性的」

康德之後，德國觀念論者皆表面反對而內裏繼承康德哲學，而為

綜和被康德二分而須重新溝通之二界費盡思量。要而言之,皆通過進一步之收攝,把眾多原則綜和統一於「理性的心靈學」之「真我」,同時即擴充「真我」,掘井及泉,若決江河,沛然莫之能禦,爭相走上「徹底唯心論」的道路。席勒的「完美人格論」、費希特之「大我」論、謝林之「直觀」說,都在表現同一趨向。至黑格爾之龐大的精神哲學出,卻把這「心」推懸為「絕對精神與歷史目的」,「心之所向」推展為「歷史方向」,「心之性理」推展為「歷史法則」、「歷史理性」,「物自身」則「實證化」、「實踐化」、「實現化」為「絕對知識」,有待人之克服認識之片面性、抽象性而向之逼近,以完成思維與存在之同一性,而宣稱:「凡是合乎理性的都是現實的;凡是現實的都是合乎理性的。」

讓我們重讀黑格爾這段話:

> 哲學是探究理性東西的,正因為如此,它是了解現在的東西和現實的東西的,而不是提供某種彼岸的東西。神才知道彼岸的東西在哪裏。或者也可以說(其實我們都能說出),這種彼岸的東西就是在片面的空虛的推論那種錯誤裏面。我在後面提到,甚至柏拉圖的理想國(已成為一個成語,指空虛理想而言)本質上也無非是對希臘倫理的本性的解釋。(吳案:黑氏言理性不能提供彼岸的東西,彼岸的東西只存在在「片面的空虛的推論」裏,因此理性只能通過現在的現實的東西出發思考。這仍然是康德的思想。但反對康德設定一不可知的彼岸 ── 物自身世界。他在別處亦一再宣稱:「哲學從來不與空洞的 ── 單純彼岸世界的東西打交道。」)[60](……)柏拉圖理念中特殊的東西所繞着轉的原則,正是當時迫在眉睫的世界變革所繞着轉的樞軸,這就顯出他的偉大天才。

60　黑格爾撰,賀麟譯:《小邏輯》(北京:商務印書館,1982 年),頁 208。

凡是合乎理性的都是現實的；

凡是現實的都是合乎理性的。[61]

　　每一個天真意識都像哲學一樣懷着這種信念。哲學正是從這一信念出發來考察不論是精神世界或是自然世界的。如果反思、感情或主觀意識的任何形態把現在看做空虛的東西，於是就超脫現在，以為這樣便可知道更好的東西，那末，這種主觀意識是存在於真空中的，又因為它只有在現在中才是現實的，所以它本身是完全空虛的。（吳案：此句頗繳繞，其意當謂：「把現在看做空虛」的這種主觀意識本身正是完全空虛的，它剛好自我否定了。因它既存在於現在，它空虛化[在「真空」中]了自己。而凡合乎理性的東西，既是現在的現實，又是歷史性的「必然存在」。）如果相反地把理念僅僅看做一個理念，即意見中的觀念或表象，那末哲學就提出了與此不同的見解：除了理念以外沒有甚麼東西是現實的。（吳案：意謂與「把現在看做空虛」相反的另一種看法以為理念僅僅是主觀的意見，則又是一種片面的錯誤。哲學則説：沒有事可以無理而存在，正如沒有可以離開一一事而虛懸之理。理事合為實理實事，故謂「除了理念以外沒有甚麼東西是現實的」。）所以最關緊要的，在有時間性的瞬即消逝的假象中，去認識內在的實體和現在的事物中的永久的東西。（吳案：意即要從存在看永恆，真理在歷史中。）其實，由於理性的東西（與理念同義）在它的現實中同時達到外部實存，所以它顯現出無限豐富的形式、現象和形態。它

61　英譯者 Thomas Malcolm Knox 謂：「他（黑格爾）指本性與存在的綜合。」Georg Wilhelm Friedrich Hegel, Thomas Malcolm Knox (trans.) *Philosophy of Right* (London: Oxford University Press, 1967)，p.302.

把它的核心用各色外皮包裹起來。開始時意識在外皮裏安
家，而概念則首先貫穿這層外皮，以便發見內部的跳動。
（……）哲學的任務就在於理解存在的東西，因為存在的
東西就是理性。[62]

　　黑格爾之意甚顯豁。「凡是合乎理性的東西都是現實的，凡是現
實的東西都是合乎理性的。」其意與王船山所謂「天下惟器而已矣。道
者器之道，器者不可謂道之器也。」「貴器以實道，道器實一」諸義相
當（見王夫之《周易外傳》第五卷第十二章）。存在若只存在於「現在」，
則只是一空間化的偶然存在，如芝諾（Zeno of Elea）詭論中之矢，某
時停於某點，無方向性、無必然性、無否定、無運動，亦即無歷史性，
亦即無理，即「不存在」。（齊諾以無活動說巴門尼德斯之太一純有，
黑氏則以無矢向，無活動即不存在。）凡合乎「理性的東西（與理念同
義）」皆不止於「現在之現實」。是透過現在之現實所顯現之「無限豐富
的形式、現象和形態」，吾人透過此「外皮」之「這」（this）之一最先之
直接的有所確定之實感（feeling）而本概念以理解之，但終不免於靜止
而片面抽象，則本辯證理性以否定之，再由此否定與原先之肯定之綜
和，而達成否定之否定。由一概念至於另一概念，而結成判斷，以至
於概念串之無窮。「貫穿這層外皮，以便發見內部的脈搏，同時感覺
到在各種外部形態中脈搏仍在跳動」，而知任一合理之「現在之現實」
皆為其「過去」之否定，而其「過去」正有一「未來」為其方向與依歸。
此即整體運動之脈搏跳動。此「即存在即活動之發展歷程與此歷程之
由始至終之所依與所向」即其「理念」；真理即「全體」、即「存在與其
理念合一」。而「現在的現實」總是一切反思、感受或主觀意識之唯一
正當的起點，因「現在的現實」即至今為止之「全體」，即真理。而「現

62　黑格爾撰，范揚、張企泰譯：《法哲學原理》，〈序言〉（北京：商務印書館，1982
　　年），頁 10-12。

在的現實」卻又在分化、在自我揚棄為「過去的現在的現實」和「未來的現在的現實」。一切「有時間性的瞬即消逝的假象」瞬即消逝，「內在的實體和現在事物中的永久東西」進一步達到外部實存，而同時異化為「有時間性的瞬即消逝的假象」。而最先之「現在的現實」之合理內核，即理念，是如是無窮歷程之引領者與歸宿，並為其發展之「力」（force）。則自一全歷史之高度以觀每一「現在的現實」言，黑格爾遂說：「凡是合乎理性的東西都是現實的；凡是現實的東西都是合乎理性的。」從西方之柏拉圖、亞里士多德傳統之觀解的靜態的真理觀而言，這自是可疑。東方思想則歷來盛言「體用一如」、「道不離器」。「道者，氣之根也；氣者，道之使也。」（王符《潛夫論》）「工夫所至即是本體」（本體即實體即現在）。王船山更盛言「因所以發能」「能必副其所」（《尚書引義》〈召誥無逸〉）「理者勢之順」，「道得其理，則自然成勢；又只在勢之必然處見理。」（《讀四書大全說》〈孟子離婁上〉）「有已往者焉，流之源也，而謂之日過去，不知其未嘗去也。有將來者焉，流之歸也，而謂之日未來，不知其必來也。」（《尚書引義》〈多方一〉）當前的現實即涵着過去與未來，亦黑格爾所謂「現實性在其展開過程中表明為必然性」。此見「應然」即涵着「實然」和「必然」，而「實然」亦不能離「應然」而「必然」。此亦王船山所說之「言心、言性、言天、言理，俱必在氣上說。」而氣必載理，承天、見性、藏心，「兩端者，虛實也，動靜也，聚散也，清濁也，其究一也。（……）非合兩而以一為之紐也。」（《思問錄》〈內篇〉）從來「理在氣中，氣無非理；氣在空中，空無非氣；通一而無二者也。」「有即事以窮理，無立理以限事。」（《正蒙》〈太和篇〉注）其實船山思想亦源自宋儒之言「理一分殊」，「程子以為明理一而分殊，可謂一言以蔽之矣。」（朱熹：《西銘》注）「分殊」者涵「歷史分位」與「價值分位」也。西方為區分二界而奮鬥，東方則為貫通二界而用心。此見黑格爾之思想性格近東方之實踐的綜合的型態，而歷史現實意識特強。

　　明白了黑格爾說的「合理」，是指由「辯證理性」所理解的「存在之

理」,「現實」是指「整體論的現實」──由「指向未來之過去」之否定
與否定之否定之現在的現實。「只有整體才具有真正的現實性。」「現
實的整體不僅是結果,而是結果連同其產生過程。」[63] 既是全事全理,
故凡是合理的都是現實的,凡是現實的都是合理的;既是活事活理,
則可將之推得更黑格爾些,便是:

凡是合理的都是現實的而且永恆(從世界看永恆);

凡是現實的都是合理的而且消亡(從永恆看世界)。

下引一段舊文,以見黑格爾如何將康德的「道德」思考置於「現
實性」、「公眾性」、「歷史性」、「世界性」之實證中,亦即把「最高
存在」、「自由」在西方思想中,第一次將之引領入「歷史」此一理
念中:

　　「理」實現於世界,當前世界是理的一步實現,「理」
並且不斷要求實現自己於世界。歷史即是合理化,即自由
化;由一人自由(同於無人自由),到一部分人自由,到所
有人自由。「世界歷史無非是『自由』意識的進展,這一
進展是我們必須在它的必然性中加以認識的。」「理性是
世界的主宰,世界歷史因此是一種合理的過程。」[64] 這是黑
格爾的歷史理性樂觀主義,亦是客觀精神勝利主義,同時
即是整體歷史理想主義。

　　如是,康德的道德三原理依黑格爾可改為:

　　一、普遍立法形式之「應然」須以「法之所是」與公眾
福利──即「現實的義務」、公德──為「應然」之內容。
因此,

63　黑格爾撰,賀麟、王玖興譯:《精神現象學》上冊(北京:商務印書館,1981 年),
　　頁 2;另見下冊,頁 182。

64　黑格爾撰,王造時等譯:《歷史哲學》,〈緒論〉(北京:三聯書店,1956 年),頁
　　73、57。

二、「人是目的」須人不只是自在地存在，同時亦是自為地存在，即個體不再是一「單純的私人」而應是處於「現實的普遍性」中，並在「現實的普遍性」中，即在倫理生活中獲取「人是目的」的意義。「倫理性的規定就是個人的實體性或普通本質，個人只是作為一種偶然性的東西同它發生關係。個人存在與否，對客觀倫理說來是無所謂的，唯有客觀倫理才是永恆的，並且是調整個人生活的力量。」[65] 或者，依黑格爾，「目的」與「手段」截然二分「自始是庸俗的，毫無意義的。」[66]

所以，

三、「意志自律」實即整體（普遍）意志與個體自由意志之統一「共律」，「我就是我們，而我們就是我。」[67] 說得明白些，依黑格爾，是「我們」（含真實個體）共同立法，每個的「我」遵行。

自由與道德，自律與他律、普遍與特殊，都重新統一在「世界精神歷史」之最高階段，「存在於地球上的神聖的觀念」——「現代國家」之理念中[68]。

以上摘自〈歷史理念中之自由與道德〉[69]一文。康德的二界，在黑格爾這裏，轉為辯證運動之兩極，既為「自由王國」（未來式）與「歷史存在」（過去式）之兩極，又為「歷史目的」與「歷史動力」之兩極，

65　黑格爾撰，范揚、張企泰譯：《法哲學原理》（北京：商務印書館，1982年），頁165。
66　同上註，頁151。
67　黑格爾撰，賀麟、王玖興譯：《精神現象學》上冊（北京：商務印書館，1981年），頁122。
68　同註64。
69　詳見〈歷史理念中的自由與道德——從儒家名教傳統看黑格爾對康德道德哲學之轉進〉。此文原稿寫成於1990年，為本人博士論文其中一章。今收入本書。

再而為「存在歷程」內部之「理念」與「現實」、「目的」與「手段」之兩極，而要求「終成」、實現。西方傳統哲學之基原論的「二元」格式被徹底轉型為「兩極歸宗」之辯證的活動歷程哲學，而最接近東方哲學型態，但在某義上又與東方哲學相距最遠，特別與儒家之道德關切相距最遠。此因黑格爾把「心」外化，「客觀化」，而不免對「客觀精神」過份信賴，以至難免「體史用經」。至於馬克思流之顛倒黑格爾哲學，由精神前導顛倒為物質決定，由「歸宗論」顛倒為「還原論」，而為「徹底的唯物論」；則已非黑格爾所能負責矣！

四、「徹底的唯心論」與中國哲學

牟先生在演講裏還講到：

> 以哲學系統講，我們最好用康德哲學作橋樑。吸收西方文化以重鑄中國哲學，把中國的義理撐起來，康德是最好的媒介。康德的架構開兩個世界──現象界（Phenomena）和本體界（Noumena），套在佛教的名詞上說，就是「一心開二門」。在西方，Noumena 方面開得不好。根據康德系統，Noumena 是消極意義的。
>
> 徹底了解中國的唯心論系統，然後根據這個系統的智慧方向來消化康德。因為康德不能說徹底的唯心論，他只能講超越的理念論，超越的理念論就涵着消極的意義。照康德，積極的是經驗的實在論（Empirical Realism）就是限於現象世界，經驗世界。這個問題，請看我的《現象與物自身》。所以，我們根據中國的智慧方向消化康德，把康德所說的超越的理念論與經驗實在論那個型態轉成兩層的存有論──「執的存有論」和「無執的存有論」。「執的存有論」是識心，「無執的存有論」就是智心；這就是徹底

的唯心論。徹底的唯心論就從「無執的存有論」透出來，這個在西方是透不出來的。由無執的存有論透出的徹底唯心論，亦稱徹底的實在論。因為智心與物如同時呈現，智心是絕對的心，物如是絕對的實在；固同時是徹底的唯心論，同時亦即是徹底的實在論也。陽明說明覺之感應為物，物是無物之物，亦同此解。此種精微之玄理，若不深入其裡，那能得知？[70]

以下，我們即用康德（旁及黑格爾）哲學作橋樑，重構中國儒道釋三家「徹底的唯心論」在「哲學的人類學」方面之基本思考。

(一) 人之「所是」與「應是」── 人有限而可無限

依儒家之人學，人不可只為「人」（草木禽獸則可以只為草木禽獸），人之為人必生而為「人子」、「人兄」，這「人子」、「人兄」即要求「子子」、「兄兄」。人與生俱來是一倫理性的存在。但當我們這樣說，我們似已經同意了人是有本質因而是可以定義的，而因此，人被人的本質所決定，而並無自由。但「倫理性的存在」本身即一創造性的自由主體，因此，說人自始是一倫理性的存在，我們的意思只是支持孟子所說的：人是被決定的（有「命」：積極義的目的性的命、倫理性的命，以及消極義的命限義之命。）但是自由的（有「性」：不容已的、自我實現的、自決的），有良知良能的（有「心」：反省心、判斷心、主宰心）。

法國的存在主義者宣稱人不可被定義：「人首先存在着，面對自己，在世界上湧現 ── 然後才定義他自己。」「人除了自我創造之外，甚麼也不是。」[71] 因為「自為之存在」在存在次序上後於「自在之存

---

70 同註 1。

71 沙特撰，周煦良等譯：《存在主義是一種人文主義》（上海：譯文出版社，1988 年），頁 8。

在」，而「自在的存在」是封閉的，沒有可能或不可能，遂與必須是自由的「自為的存在」截然二分，形成存在之破裂。尋求生命存在為一而永不能為一，這是沙特所宣示的人的存在命運。這是悲劇式地討論自由。

儒家認為：人是甚麼，固只能由人自己回答，「人除了自我創造之外，甚麼也不是。」並無一個「本質」在決定人。但人在以自由意志尋求他的「所是」的時候，他必自覺他的「應是」，否則，他即不是自由的。「伯夷叔齊何人也？曰：古之賢人也。曰：求仁而得仁，又何怨？」（《論語》〈述而〉）由這「應是」，儒家發現了「自由」，也就發現了「必然」──人之所以為人。

「人是甚麼？」在康德晚年繼「我可知道甚麼？」「我應當作甚麼？」「我可希望甚麼？」之後，添此一問。康德欲以「自然合目的性」原理溝通自然（「所是」）與自由（「應是」），而以人（道德的人）是自然之最後目的為答案。康德把「自然合目的性原理」寄託於「反思判斷力」上，此則自然之目的性概念不能落實而為虛懸，唯繫於主體對當前世界之紛陳雜沓，須要有一目的性概念（自然合目的性先驗原則）以諧和而統一此自然，以便我對任一具體事物作反省時，可有「它正如它所應是」或「它不如它所應是」之非決定判斷──反思判斷，即所謂「審美判斷」或「目的性判斷」。但這反思判斷──

　　「只有主觀的有效性，因為它所趨向的一般，只是經驗的一般──僅僅是一邏輯的類比。」自然之目的性是一個特殊的先驗概念，它只在反思判斷中有其根據。因為我們不能將任何像「把自然牽涉到目的」這類東西歸給自然之成品上，我們只能用這個概念（即目的性概念）去反思自然之成果，所謂成果是在自然中的現象之結聚方面言，而此所謂結聚是依照經驗律則而定的。而且，這個概念（目的性概念）完全不同於實踐的目的性，如在人類之技

術性實踐或道德實踐中，雖然它無疑地是隨此種類比而被設想。[72]

但若將康德之四問置於其「實踐理性優先性」之下，並轉為儒家或黑格爾之「歸宗論」，「人學」問題可以這樣重構：

一、作為自然王國之一分子（所是），人「應是」甚麼？（此可限制從而實存化「人是甚麼？」之問）。

二、與人相對的自然世界，其存在性相「應是」甚麼？（此可綜合並真實化「人可知甚麼？」、「人應做甚麼？」、「人可希望甚麼？」之問。）

依我們所理解的康德的思想，康德可以這樣回答：

一、人「應是」在自然王國中表明為自由的，即在自然因果法則統治的感取界中，既處於果地，又處於因地；即總是可以自發地開始一狀態，而不被一先行的存在所決定。

二、與人相對之自然世界其存在性相「應是」符合反思判斷之先驗原理，即：自然合目的性原理。再而可進言「自然趨向人」、「最高善是自然的最高目的」、「道德人是人自我的目的」。

由此二問二答，我們可以建立；

一、人格世界分位之等之道德秩序；

二、自然世界分位之等之價值秩序。

再由此二秩序之建立，而溯其源，只是自由無限心之一念之不容己，即性分之不容已，則可達儒家義而可說：

「道德秩序即自然秩序，自然秩序即道德秩序。」

此則極成康德認為近乎神秘主義之「自然法則為自由之法則之符徵（type）」、「感取世界底系統為超感取的事物系統之符徵」之「精徵奧妙」

---

72 康德撰，韋卓民譯：《判斷力批判》，〈導論〉第四節。參閱牟宗三譯本（台北：台灣學生書局，1992 年），上冊，頁 126-127。

的洞見。因為，究極言之，道德秩序與自然秩序皆本於自由無限心之立法活動。天地萬物對於此無限心而言首先是道德實踐之「事」，再才是推出去對象化而為「物」。「事」「物」應合，此即所謂目的王國。性分之不容已而遍潤萬物，萬物非為一堆物量或欲念之對象，而為具有內在價值的絕對存在（E-ject），唯當無限心自我坎陷而為認知心，隨感性以行，動之愈出，萬物因知性之執而被相對化為現象（Ob-ject）。認知心處之自然法則與無限心之自由法則實基於自由無限心之執與無執。若承體順動，本於性分之不容已，則自由法則（道德秩序）與自然法則（宇宙秩序）貫通而先後（本體論義之先後）實現為「理性底事實」和「知性底事實」，而即理即「事」，無無理之「事」，亦無無事之「物」（純物量之物），物事理通而為一，統攝於自由無限心，如王陽明「四句教」所言：「無善無惡心之體。有善有惡意之動。知善知惡是良知。為善去惡是格物。」格物者，應有者有，不應有者無。此「應有者儘有」「不應有者儘無」即徹底透露了自由王國與自然王國的貫通，這是內在的通而為一。至言「自然法則為自由法則之符徵」、「感取世界底系統為超感觸的事物系統之符徵」是外在地說的符徵關係。牟先生對此有如下之疏通：

> 　　行動（即事），就實踐理性說，是直接屬於自由意志之決定，因而亦就是說直接屬於道德法則；而就行動之存在說，那道德法則必須有普遍性，即我如此行動而有此行動之存在，他人或任何人或任何理性的存有亦皆必須如此行動而有此行動之存在。但是，一說到行動之存在，它便屬於感觸界之現象，因此，它必須服從普遍的自然之法則。因此，行動兩頭通，一頭通自由之法則，一頭通自然之法則，這兩種法則必須相對應，因此，普遍的自然之法則可為道德法則之符徵。[73]

73　同註 17，〈附錄：譯者對「符徵」義的疏釋〉，頁 234。

但康德終不能承認人有自由無限心與智的直覺，如是，世界之所是與應是合一，在康德哪裏，竟終不能由作為自然之目的的「道德的人」所開啟的道德的目的性所必然地決定，決定而不可移而頓即普化為乾坤萬有基；決定之即貫注之，利貞萬物，使性命合一，應是與所是合一；卻須待一非決定的審美判斷溝通兩界，此則所是與應是之合一並無客觀真實性，而「自然向人生成」「道德的人是自然的目的」諸義亦不能最後極成。自然與自由、所是與應是、識心與本心、心與性、性與命、理與氣、自律與他律、自然與名教，在康德那裏得到最關切的討論，但終不能統一。

儒家則自始視這自然世界同時為一意味世界，實然不離應然，所是不離應是。而「人」終是宇宙之中心，「人」不僅是這自然世界可能被認識之律則之立法者，更是這自然世界（包括現實存在之人自身）之「所是」之本體論意義之「因」（「應是」之立法者、決定者），既是自我之應是之規定者，亦是「對我」（所）之應是之規定者。但這「人」須是「道德的人」。這意思即孟子說的：「仁者，人也，合而言之，道也。」道即攝「所是」於「應是」。

(二)「實現的無限」與歷史文化之「有限」

我們說人是自然的目的和意義世界的立法者兼領受者，這是自理上說，自人作為存在者之存在性之性理說。人的存在並非如沙特所言被偶然地拋入這無理可言（自在與自為、所是與應是分裂）的世界。人的存在有其存在之必然性、存在之理，此即實現為一道德者。然人之所以為人之存在性若只是存在而不活動（「人之存在性之在其自己」），則只是一理，只是人實現為自由人和目的性的存在之無限的可能，且僅是可能。故須有一凸出，有方向，有決定，而「對其自己」。自「人之存在性之對其自己」、自覺其性理而有真實具體的彰現呈現言，即孟子所言的「心」。自此「對其自己」要求與「在其自己」合一以克服存在之破裂、以實現「存有」言，即心性滲透交融而為一，心即性

即理，則人之存在既是必然的又是自由的，是抉擇者、創造者復為終極目的。

　　人的生命存在遂可成為「實現的無限」。所謂「實現的無限」即「從心所欲」，表示其總是「意志因果」（causality of will）之因（自由因），即只制約別的，而不為別的所制約。我們由條件串的絕對綜和所提供的「第一因」此宇宙論的理念，這「第一因」亦表示只為因不為果，只制約別的而不為別的所制約。「第一因」與作為意志因果之「因」即發佈無條件定然命令之自由意志，其性質相同。然而，這二者是可能的麼？

　　「第一因」這宇宙論的理念出自我們從因果串倒溯而中止而設定，此則違背我們理性自定之軌約原則，故「第一因」不能有理性的說明。

　　「自由意志」則隨時當機躍動而呈現，呈現為當機發佈無條件定然命令之自由因，而即呈現即自知、自證、自存。由是，宇宙論的「第一因」之理念可為「自由意志」所收攝，以至「造物主」、「智神」之理念亦皆可化除。宇宙之生化秩序及其意義（目的性）皆可隨「定然命令」而一起朗現，萬事萬物皆為有理的（非無理的）存在，此即「造物」義、「創生」義。

　　創生之積極義，即康德所言「此直覺（案：指上帝獨有的「智的直覺」）自身就能給出其對象之存在。」這裏「對象」不解認知對象，康德乃指物自身，依儒家義則是「行為物」，即分位之等之價值系統中之存在。（此亦見儒家義之創造與上帝之創造，有不同。）如陸象山說見父自然知孝，見兄自然知弟。見父知孝、見兄知弟，則父兄為分位之等之價值系統中之存在，即存在於我之良知之明覺中，而為我踐仁致孝致弟之「對象」。此見儒家認為人有「智的直覺」。無此智的直覺，則見父不知父自無孝，見兄不知兄自無弟，以至君臣、夫婦、朋友，皆可互視而不見，縱見得「有」，亦只是一堆「知覺與料」，或只是欲望之對象，即只成「執的存有界」中之有，或知性所執，或情識所執。就其為執的存有界之為「執的存有」而觀之，即道家所謂「憧憧往來」，佛家所謂「幻化人」，海德格所謂「Ob-ject」（無存在性之存在、被執成）。明白「煩惱

心遍即生死色遍」，亦可轉識成智，由止息一己之執，而萬物歸於自在（E-ject），所謂「萬物靜觀皆自得」也。心既與萬物無間克服對偶性而歸於一如，萬物不復對着某某而現（Ob-ject），而是無對地自在着而自如（E-ject），而智心即主體自身亦與物無對而自在而自如而不復為識心或情識我。此則萬物與我俱自得自在而自由。此乃「自由」之消極義，亦是「創生」之消極義。此義，儒道佛皆能正視。唯儒家以積極義之自由為首出，為縱貫的實現（創生）原理：從性分之不容已、自由之不容已而直貫至宇宙生化秩序以至為宇宙提供一目的性原理；而以消極義之自由為平鋪的成全（承載）原理：從不容已亦已，解消主體之縱貫的創生相縱貫相，使主體退藏於密，而萬物（包括他人之主體我）得從一己之我之縱貫的創生（立法）活動中解放出來，而各得其所，而平鋪相忘而自得自在自存。亦可說積極義之創生為有向的自由，消極義的創生為無向的自由。儒家是縱貫的縱說，而歸於如如，是有向而無向，證能而證所，證悲而證如證覺。佛老則縱貫橫講，一體平鋪，是泯有向於無向，證能不證所，證如不證悲。故儒家有「名教」，亦有「無名教」（宗教、如教）。孔子稱堯：「蕩蕩乎，民無能名焉。」又曰：「毋意，毋必，毋固，毋我。」「君子之於天下也，無適也，無莫也，義之與比。」而顏淵稱孔子：「仰之彌高，鑽之彌堅，瞻之在前，忽焉在後。……既竭吾才，如有所立卓爾，雖欲從之，莫由也己。」而達巷黨人亦稱：「大哉孔子！博學而無所成名。」名教是漸，無（超）名教是頓，故聖人可學可至。佛老則無「名教」，只有「無名」、「無教」（以「無」、「空」為教），故佛與至人真人不可學但可至，非以學至，乃以智至，以「無為」、「無己、無功、無名」至。此老子所以說「為道日損，損之又損，以至於無為」，莊子所以說「至人無己，神人無功，聖人無名」也。

（三）「有向的自由」與「無向的自由」

儒家的義理性格是縱貫的，是積極的實現創造；其系統的表述則是縱貫縱講，攝存有於活動，即活動即存在。無而能有，有而能無。

實理實事，無一虛妄。但又可縱貫而橫講，當下平鋪，承載成全不棄人，不德而德，不生而生，當仁亦讓。即惺惺即寂寂，即感即照即寂，「無心俱是實，有心俱是幻」（陽明心學語）雖是堯舜事業，亦只是過眼浮雲。萬物靜觀皆自得，何勞一心作主張。故儒家的自由義既是有向的，又是無向的，二義互補，而歸於有向而無向，無向而有向之「實圓」。

道家則只言寂照，雖亦似有寂、有照之二義，惟其言有向（「常有欲以觀其徼」）並無創造義──無積極的創造義，只是不生之生，觀照玄覽。「有向」只是「照向」、「鑒照」，而以「無向」（「自反」）為宗，泯有向於無向，故總是縱貫而橫講。或曰「橫講的縱貫」更能見出道家玄理之性格。「橫講的縱貫」便只有平鋪的境界義的圓──「即活動即不存在」之「虛圓」。

此儒道之二型態亦可是互補關係（其實儒家須兼具二義始不失為儒家，道家則虛圓即不失為道家。說互補是「非批判的」就二家之主要姿態而言）。至魏晉玄學，王弼以「聖人體無」、「聖人有情」會通之，向秀、郭象則以「本跡冥圓」作安排。至梁阮孝緒，則本其道家立場作一綜述，抉發其中抑揚權宜，而謂體茲則孔莊之意其過半矣。其言曰：

> 夫至道之本，貴在無為；聖人之迹，存乎拯弊。弊拯由迹，迹用有乖於本。本既無為，為，非道之至。（案：此意同於老子言「失道而後德，失德而後仁，失仁而後義，失義而後禮，夫禮者忠信之薄而亂之首」，唯末句改為「夫禮者聖人之迹而拯弊之用。」）然不垂其迹，則世無以平；不究其本，則道實交喪。丘但將存其迹，故宜權晦其本；老、莊但明其本，亦宜深抑其迹。迹既可抑，數子所以有餘；本方見晦，尼丘是故不足。非得一之士闕彼明智，體之之徒獨懷鑒識。（案：「得一之士」指孔聖，「體之之徒」指老莊。此句謂：非拯弊者欠明智，無為之徒獨

體至道。意謂孔、老各有勝場，亦各有權宜抑揚、有餘有不足。此乃形式地自本迹、體用上比較儒道。雖亦言及拯世救弊，卻又謂「迹用有乖於本。本既無為，為，非道之至」，如是迹用只是至道之一步「否定」與「否定之否定」之辯證環節，並無「應然」之理上之必然性。故所言仍是清談的、品鑒的，非積極的判教。）然聖已極照，反創其跡；賢未居宗，更言其本。（案：此與王弼言「聖人體無，無又不可訓，故不說也。老子是有者也，故恆言其所不足」意同。）良由迹須拯世，非聖不能；本實明理，在賢可照。（案：此所以聖人貴名教，而「賢者」老莊明自然無為之至道也。）若能體茲本迹，悟彼抑揚，則孔莊之意其過半矣。（《梁書》第五十一卷〈處士列傳・阮孝緒傳〉）

　　阮孝緒一如王弼、郭象，自形式義之本迹、體用、無有上安排孔老，思以會通自然與名教。此雖有邏輯構造以至辯證理性上的必然性，但仍可只是隨名入理，輾轉關生的觀念系統一套。對於儒家天道性命貫通之徹上徹下的義理性格無了解，對性分不容已而要求客觀價值之實現而必投身於分位之等之客觀秩序之客觀精神無了解，則名教之「有」只是至道之「無」之一步辯證的開顯（「必須的否定性環節」），這只有辯證理性上的必然性（dialectical necessity）而無道德必然性（moral necessity）。至於謂「聖人之迹，存乎拯弊」，「不垂其迹，則世無以平」，仍只是消極的權宜應迹，所謂「架漏過時，牽補度日」之屬，說不出其客觀的真實的價值，亦不能正視分位之等之價值秩序之積極意義。這本就不是道家關心的。延至魏晉終成時代一大病。《世說》〈任誕篇〉注記：「是時竹林諸賢之風雖高，而禮教尚峻。洎元康中，遂至放蕩越禮。樂廣譏之曰：名教中自有樂地，何至於此！樂令之言有旨哉，謂彼非玄心，徒利其縱恣而已。」樂廣之譏諷自非尋常。名教並非一味設置來束縛人、妨人作樂的，孔子的「知之者不如好之者，好之者

不如樂之者。」、「回也不改其樂」、「從心所欲不踰矩」、「見其禮而知
其政，聞其樂而知其德」、「不仁者不可以久處約，不可以長處樂」、
「知者樂水，仁者樂山」、「君子不憂不懼」、「其為人也，發憤忘食，樂
以忘憂，不知老之將至」，……宋明儒喜言「尋孔顏樂處」。從來樂地
中自有名教，名教中自有樂地；亦惟樂地（自由自得）中有真名教（道
德），惟名教中能久處約、長處樂也；此儒家之圓實境也。樂廣所言實
未到此。彼只是自道家之玄心，玄同自然與名教，即此玄同不繫而言
名教中自有樂地，不必另尋樂土，這無非「和光同塵」之屬。此道家虛
圓之境也，亦唯「致虛極，守靜篤」之玄心者得之，非縱肆之徒所能冀
也。縱肆之徒反為縱肆所繫縛，而轉入於不自由而苦矣！但真正的自
由仍須通過主觀精神之破裂和否定之痛苦，在奮鬥中重生，此則非玄
心者所能知矣！因魏晉名士少有真明價值之源、道德之創生義者，多
不能正視名教之客觀的積極意義，而只以拯弊應迹視之。但自儒家思
想經漢代四百年之漫長的經學凍結後之學術型態而言，王弼、向、郭
之「援道入儒」、較說抑揚，則有鬆動、撥滯、豁醒之功，同時，由玄
鑒而暴露了自然與名教的衝突和「道德的兩難」。

（四）「道德的兩難」以及超化之道

先秦儒家自孔孟「仁者人也」、「盡心知性知天」直下開闢價值之
源，樹立道德主體，到「中庸」「易傳」之「天命之謂性」、「乾道變化，
各正性命」，已充分建立一徹上徹下，內外貫通的道德的形上學。道德
秩序即宇宙秩序，宇宙秩序即道德秩序；「先天而天弗違，後天而奉天
時」。但總以心性論（自由主體）為中心，而本性分之不容已，向客觀
方面滲潤涵蓋；無而能有，有而能無；是以「應是」定「所是」，非以「所
是」定「應是」也。而謂「本天敘以定倫常，法天時以行政事」，「天敘」、
「天時」皆道德秩序之宇宙論的表達，非自然秩序也。此原始儒家天道
性命直貫之義理之根本原則，為不可移者。但在漢代，儒學心性論之
中心地位為氣化的宇宙論取代，道德秩序、價值秩序決定於宇宙秩序，

而有所謂「三綱五常」之名教，而竟反忘其本，原出自一念之仁之不容已。則名教流為純外在之禮法，而人乃殉仁義之名，不出於本性之自然（自由）矣！此熊十力所以深惡痛絕！「如孝德在五常中，是仁之端也，為子者以束於名教而為孝，則非出於至性之不容已，其賊仁不已甚乎！又如夫婦之別，義之端也，今束於名教，而始為有別，是使天下之為夫婦者皆喪其情義之真也。……人性雖有智德，竟以束於名教而亡之矣！」[74] 此名教之成為宇宙秩序在人間之倒映，則價值之源閉塞、道德主體湮沒，而名教純為「本質倫理（Wesensethik）」、「他律道德」之別名，而為自由之否定，同時即是道德之否定。但人之所以為人（儒定所發現而人人可親證者）既是自由的又是道德的，此即性分之不容已之即自由即道德，此自由的道德主體所自覺之所為，固時與名教所束暗合，故經常不覺有異。如為子者出於至性之不容已而為孝，與束於名教而為孝，在所為上無大別，故亦不覺有重大之區別。即有衝突，亦是為子者生命內部自由意志與惰性之衝突，亦即道德主體與氣質生命之衝突，再幽微些，或是「為盡孝而盡孝」與「為盡孝之名而盡孝」之衝突。此皆作為理性的存有者與其感性生命之衝突，此衝突及衝突之克服原為道德實踐之必要環節，早為「克己復禮」所揭示，而不應視為自然（自由）與名教之衝突，或謂之為道德危機。「有執」與「無執」、「自由」與「道德」問題之真正困難在我們即使把道德視為一「理性底事實」予以肯認，我們仍須面對以下問題（先從道德主體如何可有道德實踐之動力說起）：

一、道德實踐之動力是否內在於自由主體，而為自由主體之內容特性？〈大雅・烝民〉詩云：「天生烝民，有物有則，民之秉彝，好是懿德。」孔子曰「為仁由己」、「回也不改其樂」，孟子曰「四端之心人皆有之」、「所好有甚於生，所惡有甚於死」、「理義悅心」。皆作肯定回答。

---

74 熊十力撰：《原儒》上卷（香港：龍門書店，1970 年），頁 39。

　　二、道德者之人格能否臻於完美而不破裂？儒家言「堯舜性之」、「知之者不如好之者，好之者不如樂之者」、「睟面盎背，四體不言而喻」、「尋孔顏樂處」、「形色天性也，唯聖人為能踐形」。亦作肯定之回答。

　　三、作為具體存在者的理分與理分之衝突（道德的兩難）如何解決？孔子言「父為子隱，子為父隱，直在其中」，朱夫子言「天地生萬物，聖人應萬事，直而已矣！」以直下承擔為回答，而以「本末輕重，先後緩急」為抉擇。

　　四、道德者與道德者間理分之衝突，相對立之倫理力量之道德價值何在？儒家言「性分理分」、「尊尊」、「親親」，言「守約」、「守分」、「皋陶為士有所受」。企以為解答。

　　五、道德是目的，抑人是目的？或曰道德價值與其它價值之衝突如何解決？人可否殉仁義？更可否着他人殉道殉仁義？儒家當然反對以人為手段另達目的，並沒有離開以人為目的的所謂道德或善，故在政治上言「仁政」、「王道」，「先養後教」、「先富後教」、「民為貴，社稷次之，君為輕。」不輕言殉道，「天下有道，以道殉身。天下無道，以身殉道。」更不可以他人為殉，故言「己所不欲，勿施於人」、「興滅國，繼絕世」。

　　六、道德主體與道德主體之間，踐仁孰為先？是否應「當仁不讓」？或「當仁亦讓」？孔子雖曾言「當仁不讓於師」，但亦曰「己欲立而立人，己欲達而達人」，「君子成人之美」。是見當不讓即不讓，當讓即讓。

　　七、純粹意志（自由意志）自發自命之道德法則是否必是最有普遍性之法則？此最具普遍性是何意義？孟子曰「盡心知性知天」，儒家喜言「人同此心，心同此理」，是由「盡心」講普遍性、講心同理同。然又言「理一分殊」，分雖殊而理則一，則此普遍性是具體的普遍性，是一具體分位之普遍性，非抽象的普遍性。唯此具體的普遍性永開放向更高的普遍性與更精微的具體性，而純亦不已。

　　八、當前可見之道德價值與長遠之道德價值是否一致？在道德領域，是否有「自然的隱蔽計劃」，或「歷史理性的詭譎」？「天何言哉！

四時行焉，萬物生焉，天何言哉！」「乾道變化，各正性命」，「毋意，毋必，毋固，毋我」，「無可無不可」。「六合之外，聖人存而不論；六合之內，聖人論而不議。」「勿忘勿助長」、「知不可為而為之」，諸語皆謂踐仁之非功利性、絕對性，然又言「古之人修其天爵而人爵從之」、「德福一致」，更默示踐仁之深契合目的性以及本身即為最高目的者。

九、名教作為「客觀精神」和「客觀化了的精神」，本身無意識、非人格，因而無反省力，它如何保持代表普遍意志？當與主觀精神或人格精神發生衝突，名教能否自我揚棄？亦因此，名教是否為一封閉之價值系統？或只是通向絕對精神之一歷程、一道路？孔子曰「道之以政，齊之以刑，民免而無恥；道之以德，齊之以禮，有恥有格」，「天下有道，則庶人不議」。孟子曰「徒善不足以為政，徒法不能以自行」。皆以政法禮教不能離開主觀自由之奮鬥與人格精神之支持，否則便成無本之外在的桎梏，故當「殷因於夏禮，所損益可知也；周因於殷禮，所損益可知也。其或繼周者，雖百世可知也。」則孟子言「時中」，稱孔子「聖之時者」。表示政法禮教非一套僵化之分位之等之價值系統。

十、由純粹意志（自由意志）所下之律令，是無條件的、因而是普遍的道德律令。然人的意志何時可稱為「純粹的」？誰能確認、自信其意志是「純粹的」？此問題本為第一問題（前提），亦是本論文之「道德如何可能？」「人可有智的直覺？」之首出課題，今置於此為最後問題，是重提之。重提之以示「實證唯心論」對此問題不取「認知論的樂觀主義」的態度，但以憂患與艱難之態度正視之。

以上諸難皆為「有執」與「無執」所蘊涵，所謂蘊涵即從「有執」與「無執」之二觀念及其要求會通，而分解，邏輯地出現之問題，而互相關聯，展轉引生。我們亦隨文指出儒家對此諸難皆有分解的相應之解答。然而，若換一態度，亦可說此諸難既由分解之識心而有，亦可轉識為智，隨非分解之智心之呈現而無。故有王陽明之四句教：「無善無惡心之體，有善有惡意之動，知善知惡是良知，為善去惡是格物。」以「無善無惡心之體，有善有惡意之動」攝一切「善」「惡」。再有王龍

溪以「四無」為究竟圓唱，諸難即可不解而解。

> 體用顯微只是一機，心意知物只是一事。若悟得心
> 是無善無惡之心，意是無善無惡之意，知即是無善無惡之
> 知，物即是無善無惡之物。蓋無心之心則藏密，無意之意
> 則應圓，無知之知則體寂，無物之物則用神。天命之性粹
> 然至善，神感神應，其機自不容已，無善可名。惡固本無，
> 善亦不可得而有也。（〈天泉證道記〉）

此儒家之圓教，縱貫而無縱貫相。天命之性粹然至善，神感神應，
其機自不容已；然當下平鋪，心意知物只是一事，只是一事亦即無事。
無心、無意、無知、無物，一是天理之如如流行豈得謂有事哉！又豈
得謂無事哉！心藏密、意應圓、知體寂、物用神，同時即是無心、無
意、無知、無物，又即心意知物只是一事即無事即天命之性粹然至善
之神感神應之一機之一觸即發而全發而無觸無發。這是縱貫的實現的
無限因而即有限而無限，無限而無無限相，而歸於如如。即此如如之
圓境言，亦無可言天人之際，無可言理氣之分，無可言理分位分，無可
言先後緩急，無可言目的與手段，無可言讓不讓，無可言普遍性特殊
性，無可言整體與個別，無可言全程價值與短暫價值，無可言主觀客
觀絕對精神，以至無可言自由與道德。自由之為自由，道德之為道德，
正是要無去一切內容的限制，無去一切條件、律法，突破自然因果，
突破一切制約和相對性，而為有向但無內容因而可實現無限內容之實
現的無限。一有限制，即不是自由，不是道德；因此，亦即須突破「自
由」、突破「道德」、突破「無限」（無限既為無限，即不應限於無限）。
「抬頭舉目渾全只是知體（良知本體）著見」（羅近溪語），更復何言！

此儒家成德之教所言自由與道德之無限而絕對，在德國理想主義
哲學中有深刻的討論，並成為康德到黑格爾之主要努力，努力於人的
絕對自由的無限展現，亦即道德的展現。此實可與儒家思想相比觀。

現引錄一段文字以見之：

> 在理想主義裡，實有等於精神，卻是那從感性從有限解脫出來的無限性，是絕對自由的本身。自由的即是不屬別的存在管轄，自己保有自己。（……）那保有自由，以自我的保有來發展其天賦的無限性及其應承當的自由的那一種實有的名稱便是精神。「成為無限」也就是「成為精神」，也就是「成為自由」的。因此，在人走向無限的自由，爭取他那天賦同時又應當自己承擔和追求的「神性」途徑上，理想主義主張一種無止境進步的樂觀主義。理想主義的「展現」主張把人直接置於他本有的無限性之前：人本身內部那導引他、率領他，同時又約束他的是那突破界限的，那超越的因素。人只是受他自己的一種可能性的束縛：成為絕對的可能性。惟一的一種具有束縛力的連繫是他和他本身內的那一上主的連繫，人本身便是一潛勢的上主，現下應當成就的上主。因此，他的法則並不是甚麼具有內容的法律，也不是甚麼可以認知的客現秩序，而僅僅是一種很明確的方向：正是那向絕對進行的方向。這一方向的消極實現是對各種感性的天賦、動機和連繫的克服（依康德的意見），積極方面則是無止息地求取精神化的行動（依費希特）、或者作為一種向着絕對的知識進行的辯證法式的過渡以求克服一切片面的界定或暫時的安頓（依黑格爾），終於達到在理性的直觀中和絕對本體作神秘的契合的極致（依謝林）。[75]

---

75 弗里德里希・馬克斯・繆勒 (Friedrich Max Müller) 撰，張康譯：〈存在哲學在當代思想界之意義〉，《台北：現代學人》1958 年第四期。轉引自牟宗三撰：《心體與性體》第一冊「綜論」部（台北：正中書局，1968 年 5 月），頁 182-183。

　　此見康德以後德國理想主義之新傳統，實有同於中國哲學之基本道路：理想主義的實證唯心的道路，唯儒家則表現為具體清澈、精誠坦惕、溫潤平實而高明圓熟之智慧，德國哲學則表現為思辨之嚴整而有系統之概念架構之思理。無智慧，則思辨之功唐捐；無思辨，則智慧之光浮泛。吾人既有幸生於華族之傳統，吾人亦當思與西方思想相會通。自由的無限展現，即道德的無限實現、即人之所以為人、即乾坤萬有基，吾人既懷之、信而識之亦應辯之以相示。

五、結　語

　　在審視了西方近代之重要代表哲學的偉大建構之後，我們得出這樣一個思考：徹底的唯心論是唯一可能的形上學，是唯一可能的綜和哲學。

　　在重溫中國哲學之智慧傳統之後，我們得出這樣一個思考：徹底的唯心論是唯一的綜和哲學，是智及仁守的實證的實踐的智慧學，是中國哲學的過去與未來。

　　謹以此文紀念牟師宗三先生對中西哲學會通與中國哲學重建之巨大貢獻。

　　（本文之二、三、四諸節寫於 1989 年。1995 年 12 月台北，悼念牟宗三先生逝世之「牟宗三先生與中國哲學之重建」學術會議論文。）

第二輯

方法論

第三章

「語言轉向」之轉向
—— 實證唯心論之語言觀

語言每次擔當人類思想的工具，隨即反轉成為文本，成為實在，成為目的。「語言轉向」清理這個奧密，隨即自我禁錮，成為實在，成為目的。

一、從西方哲學史看「語言轉向」

本世紀初，西方哲學發生的「語言轉向」(linguistic turn)，對其所在傳統之衝突被表述為：認為意義比存在或知識更為基本，就是說，用意義來理解存在和知識，而不把它們看作先於意義的東西。[1]

1　Henry Le Roy Finch, Wittgenstein: "This table shows Wittgenstein's basic innovation to be taking meaning as more fundamental than either being or knowledge - that is, understanding being and knowledge both in terms of meaning, rather than accepting either as in any way at all prior to meaning." *The Later Philosophy*（《後期維特根斯坦哲學》）(Atlantic Highlands, NJ: Humanities Press, 1977), p.246。

　　路德維希・維特根斯坦（Ludwig Wittgenstein, 1889-1951）被認為是這次轉向的肇始者。

　　「奧坎刀（Occam's Razor）運動」曾無視歷史，甚至自覺為非歷史的，但我們較相信「哲學即哲學史」，將其置於西方哲學史中正視。「存在」和「知識」曾經是西方傳統哲學的主要問題，先是柏拉圖的「理型論」，其後之西方哲學即「為存在而奮鬥」；直至近代笛卡兒之「認識論轉向」（epistemological turn），從「甚麼是最後存在」轉為「何以知有存在」，而以康德的表述最為經典：「我的理性，包括思辨理性與實踐理性，所關心的可概括在下述三個問題：一、我能（kann）認識甚麼？二、我應（soll）做甚麼？三、我可（darf）期望甚麼？」最後總括為「人是甚麼？」（康德《純粹理性批判》A805-B833 及《邏輯講義》〈導論III〉）至此「存有」和「知識」問題完全轉歸為「我論」「人論」問題，成為西方哲學的全新出發點。

　　早期的維特根斯坦之「語言轉向」其實只回應康德的第一問，表明仍是「主知主義」的「為知存有而奮鬥」。希臘懷疑論者郭賈士（Gorgias）那三題：「無存在」、「即有存在亦不可知」、「即有知亦不可說」，由「存在」而「知存在」而「說存在」，維特根斯坦把這一切集中為：所有表明人能「知有存在」之可能中，語言作為「意義」的最後實在的特殊地位：

　　　　「語言是世界的量度。」「世界是我的世界這一點表明於這樣的事實：語言（我所理解的那個語言）（案：指圖像語言）的界限，意味着我的世界的界限。[2]

　　「世界」通過「可知」而「存在」，「可知」通過「可說」而「具義」，

2　維特根斯坦撰，郭英中譯：《邏輯哲學論》（北京：商務印書館出版，1962 年），頁 79。另可參閱牟宗三譯本：《名理論》（台北：台灣學生書局，1985 年）T5.62。

「可說」通過「意義」而「可說」。由是觀之，維氏的「語言轉向」其實「很康德」。一些反對基源主義的學者如理查德・羅蒂（Richard Rorty）即看到這一點：

> （語言）分析哲學是康德哲學的又一變種，這一變種的主要標誌是：把摹寫過程看作是語言的而非心理的，把語言哲學而不是「先驗批判」或心理學看作展示「知識基礎」的學科。對語言的這種重視（……）並不表示本質上改變了笛卡兒 —— 康德的問題，因而並不真的給人們帶來關於哲學的全新印象，因為分析哲學仍然委身於這種研究：為一切文化建構一個永恆的中立框架（知識基礎）。[3]

　　「語言轉向」似乎仍不外尋找「知識基礎」，而不能擺脫主知主義的西方傳統形上學「永恆的中立框架」之舊形象。但我們仍然關注這次轉向在表明：「知識」與「存在」都不能離開人用語言所建構而成的意義世界，語言之於人，是本質的；從而宣告發現「語言」這個「最後實在」 —— 它同化了人的自我、他人、外在世界，以至過去未來、言與默；是的，既言「言」，如何能忘「默」！

　　這個宣告「語言」為最後實在的發現者，他是否意識：他的「語言轉向」由唯名論語言分析始，而以語言實在論之獨斷論、「真空中的邏輯」（維特根斯坦語）為終結？中國哲學中的「默」的智慧，是否可以為這個終結帶來新的可能：在「真空中的邏輯」和語言出現之前，有一個默，在言與默之間有一個幾微，在語言、存在、意義、意向與自我意識中，有一個不安、不忍。這才是最後實在 —— 在這一連串的反省與覺情中在！

3　羅蒂撰，李幼蒸譯：《哲學和自然之鏡》（*Philosohpy and the Mirror of Nature*）（台北：桂冠出版社，1944 年）。

　　對「意義」的關注雖首先落在「認知」上，但語言畢竟完全繫屬於人，離開相干的語言者之意向，任何語句符號連自身是否是在時空中的物質序列亦說不上。人之使用語言，「以名舉實，以詞抒意」（《墨辯》〈小取〉），或「名有三科」：「命物」、「毀譽」、「況謂」（《尹文子》〈大道上〉），各有所當之義。即為表述對外物之認知之語，亦不離認知者意向之執定，否則認知亦不可能，遑論用語。而語言意義之互達，須語言共用者之所思與應思的內容有共通性，此則有待一文化傳統之認取。隨着「意義」關注之深化（威拉德・范奧曼・奎因［Willard Van Orman Quine］因此而反動，宣稱寧要行為的使用，而不要意義）和多維度語言學（語式學 syntactics、語義學 semantics、語用學 pragmatics）[4] 之共識，「語言轉向」不可避免要重新思考正視康德的問題，即以語言為樞紐，重新思考：人 —— 語言 —— 文化（知識、道德、宗教、藝術）與存在。康德說：「一個理性的存在者（即人）產生能自行抉擇目的的能力，從而是在自由中，這種能力，就是文化。因之，關於人類，我們有理由歸於自然的最終目的的，只能是文化（而不是幸福）。」[5] 人作為自然最後之目的存在，注定是文化人，而文化無非就是人所創製的符號世界（主要是語言），符號世界同時反哺人，確保人的文化性。世界被符號化與人的自行符號化，此即恩斯特・凱西爾（Ernst Cassirer）文化哲學的主要思考，以符號為軸介再次嘗試叩開「人性與存在」之門。然則文化世界之有，乃人自行抉擇之主體性之符號化，

4　查爾斯・莫里斯（Morris Charles）把符號學看作「包括所有這三種學科和它們的相互關係的總的學科。」參閱全國現代外國哲學研究會編：《現代外國哲學論文集》（北京：商務印書館，1982 年），頁 319。

5　康德：「在一理性的存有中，一種『適宜於其自己所選擇的任何目的』這種適宜能力之產生，因而也就是說，一種『適宜於一存有之在其自由中』這種適宜能力之產生，便就是文化教養。因此，那『可以是最後一級目的而我們也有理由就人類而言去把它歸之於自然』者便就只是這文化教養。人之個人的俗世幸福，以及如我們所可說，『人只是［制定非理性的外在自然中的秩序與諧和］的主要工具』這一純然的事實，皆須被排除，不可算作是自然之最後一級的目的。」見氏撰，牟宗三譯註：《判斷力之批判》下冊，第八十三節（台北：台灣學生書局，1993 年），頁 136。

符號化為「我知──」、「我應──」、「我望──」以至「我是──」，
世界亦相應符號化為知識、道德、宗教、藝術的存在。老子曰：「無
名天地之始，有名萬物之母。」人與萬物，唯有進入「文化」（有名）才
享有存在性，則人與萬物，唯存在於語言中：「能夠被領悟的存在就
是語言。（Sein, das verstanden werden kann, ist Sprache）」（漢斯-格奧
爾格・伽達默爾［Hans-Georg Gadamer］《真理與方法》名句）。是知：

> 人是符號的動物。
>
> 　　正是這種人類活動的體系，規定和劃定了「人性」的
> 圓周，語言、神話、宗教、藝術、歷史，都是這個圓的組
> 成部分和各個扇面。因此，「人的哲學」一定是這樣一種
> 哲學：它能使我們洞見這些人類活動各自的基本結構，同
> 時又能使我們把這些活動理解為一個有機的整體。[6]

　　堅持以認知語言為唯一有意義語言，而否定認知以外之人類活動
（如道德、宗教、藝術）可作有意義之語言表述之持論者，亦無非基於
一自擇之主體性之意向，而僵持不活，終於張皇幽渺，實不足與語「意
義」與「哲學的人類學」或曰「生命的學問」（「人的哲學」）。

　　「語言轉向」轉到底，必是「意義」、「價值」之復活，而重證主體
性。中國哲學以其特重主體意向性（包含超意向與無意向）之傳統，應
該迎接西方哲學這次轉向，以期共參「存在的奧義」。

二、意義與存在

　　西方哲學「尋找存在」自柏拉圖開始：「當你們用『存在着』這個

6　恩斯特・凱西爾（Ernst Cassirer）撰，甘陽譯：《人論》（上海：上海譯文出版社，
　　1985 年 12 月），頁 87。

詞的時候，顯然你們早就很熟悉這究竟是甚麼意思，不過，雖然我們也曾相信領會了它，現在卻茫然失措了。」(《智者篇》) 但柏拉圖同時把「存在」推開了。以現象界為可見但不可知其為有，本體界不可見但知其為有。名字即是對實在本質的命名，名字直接代表實在，作純指稱之用，而無關乎人的認識活動 (或其他活動) 之參與或承諾。如是「存在」不在時間中且永不可及，故可永遠追問。馬丁‧海德格 (Martin Heidegger) 1927 年發表《存在與時間》時引上述柏拉圖的話為篇首語，1953 年為第七版作序時仍寫道：「即使在今天，這條道路依然是必要的，追問存在的問題正激蕩着作為此在的我們。」[7] 海德格的追問方法與柏拉圖當然迥異，他轉從「人」這種能意識自身在不在中在之「此在」(Dasein) 狀況，以自行選擇而暴露了其之有限性，而 ——

> 能以最本己的本真的方式成為有罪責的。此在有所領會地讓自己被喚上前去，喚向上面這種可能性，其中包含有此在對呼聲成為自由的情況：準備着能被召喚。此在以領會呼聲的方式聽命於它最本己的生存可能性。此在選擇了它自己。[8]

純內在地剖析赤裸於時間中的此在之「真時」(duration) 存在之意義，這種說自存於不存的「存在的語言」，可算全無向外指稱之語言，故海德格謂任何對此書之轉述以至此書自身恐只會導致不幸。海德格之語言可與柏拉圖直接指稱之語言成一對比，而迥異於經驗語言、對象語言 (object-language)。

中國哲學之重點自始不在向外尋找「存在」或「關於存在的知識」，亦不以為可以離開人的「能知」、「能行」而「說所名」、「說所知」、「說

7　馬丁‧海德格爾撰，陳嘉映、王慶節譯：《存在與時間》(北京：三聯書店，1987 年)，頁 1。

8　同上註，頁 343。

所行」。孔子曰：「名之必可以言之也，言之必可以行之也。」世界存在不離開人的思與言行存在，在人的思言行存在中獲取「意義」——知識的，或是價值方面的，而人的存在不離人之自誠明、自明誠。誠則感，明則照，由誠明而開「意義的世界」，由「意義的世界」開顯「世界的意義」，而互證人與萬有之存在。而每一具體生命之誠明感照固「選擇了他自己」，亦暴露了他的有限性。故儒道二家皆即此同時說「寂」、說「無」、說「感」、說「照」，而立儒家的「寂感」模型和道家的「寂照」模型兩系。

儒家寂感模型之「寂然不動，感而遂通天下之故」，天下不離一心之寂感，離一心之寂感天下因失義而不知其有。故儒家之語言，既非指稱語，亦非無指稱語。「天何言哉！四時行焉，百物生焉，天何言哉！」以言言天何言，此時之天、四時、百物，因「天何言」而一矣冥矣！因「言天何言」而多矣迹矣！又因「以言言天何言」而啟「一多即、迹冥圓」，在四時行、百物生中默存天道。此儒家之語言，一方「以言啟言」、一方「以言去言」；在啟言、去言中，浮現一「動的直覺」。故《易》曰：「書不盡言，言不盡意，……繫辭焉以盡其言。」又曰：「鼓天下之動者存乎辭。」然雖為一「動的直覺」，其言並不重向外指一實在（無論是現象界或超越界），而重內向（inter-subjectivity）以引發語言之授受者「聞一善言，見一善行，若決江河，沛然莫之能禦」而實現一實在。及其實在矣，亦不必有言矣，不必實在矣！此時當浮現一「靜的直覺」以直接於「全體可能性之觀照」（the envisagement of all possibilities）。[9] 同時，「此在對呼聲（案：此處可解「言說」，莊子所謂「重言」）成為自由的情況：準備着能被召喚」（上引海德格語），而感亦不已，而不能無言，以實現新的可能實在。正是「維天之命，於穆

9　唐君毅先生以柏格森等人之直覺法為「動的直覺」，以胡塞爾等人之直覺法為「靜的直覺」。此處借用。見唐君毅撰：《哲學概論》第一部，第九章（香港：孟氏教育基金會，1961 年）。

不已」。儒家寂感模型之語言，大體這種動態的，以體驗與直覺先行，內外互相引發以賦與語言之意義並更充實之、且不斷擴充生長，以不斷擴建語言之意義世界之語言。即此而可曰「神無方而易無體」，以不可方物故。歷代儒者之言，大體此類：「誠者物之終始，不誠無物。」（《中庸》）「大其心，則能體天下之物。物有未體，則心為有外。世人之心，止於見聞之狹；聖人盡性，不以見聞梏其心，其視天下，無一物非我。」（張載《正蒙》）「所謂致知格物者，致吾心之良知於事事物物也；吾心之良知即所謂天理也，致吾心良知之天理於事事物物，則事事物物皆得其理矣。」（王陽明《傳習錄》）「天地鬼神離卻我的靈明，便沒有天地鬼神萬物了。」（同上）「遺吾心而求物理，無物理矣！外物理而求吾心，吾心又何物耶？」（同上）「心以物為體，離物無知；今欲離物以求知，是張子所謂反鏡索照也。然則物有時而離心乎？曰：無時非物。心在外乎？曰：唯心無外。」（劉蕺山《語錄》）此皆可引發開拓一合內外、兼三世之「如何趨向於合目的性之存在歷程」之張力（辯證）語言也，非指物語也。

　　道家寂照模型之語言，莊子多恢詭譎怪，偏於以言去言，使智照無痕，言無由起，而歸於無言，歸於各存在之自在而各不相侵擾，「萬物靜觀皆自得」，世界在寂照中宛如，此近乎「靜的直覺」。老子曰「無名天地之始」、「聖人無名」、「名與身孰親？」莊子更施「謬悠之言，荒唐之言，無端崖之辭」，只為「言無言」，以言去言。「天地與我並生，而萬物與我為一。既已為之一矣。且得有言乎？既已謂之一矣，且得無言乎？一與言為二，二與一為三。自此而往，巧歷不能得，而況其凡乎！」（〈齊物論〉）語言生於破裂，成於有對，行於執持之途，而逐之愈出。以有涯逐無涯，殆矣！「天地有大美而不言」，然老莊申之不已者，欲以言止言，指引一無言自得之境界也。其後之佛教更大破言語執，佛曰：「我於般若未嘗說一字。」「若起正真般若觀照，一剎那間，妄念俱滅；若識自性，一悟即至佛地。」（《壇經》）「迷人向文字中求，悟人向心而覺。」（《大珠禪師語錄》）「推倒我山無一事，莫將文字縛真

如。」（司空圖）道家之玄理，佛教之空理，皆重以言去言。去言者，抹去「執見」也，抹去或「存在」或「不存在」之邊見也，然亦所以或出入於有無，或「無以全有」，以至「來去自如，謂之如來」，在「存在」與「不存在」之遮撥中，層層上翻，「四重二諦」以至帝網重重之雙遣雙遮。此亦可是一形式的形上學也。

　　儒道釋，中國哲學主流也，是知中國哲學語言大體皆非指稱語（無論指稱經驗或超驗）。中國哲學所關心自始非以一外在世界（無論現象界、超越界、或神界）之存在為首義，亦不以分解認知外物以究其構成之理為當務之急，更不將人對象化而以認知語言圖示之。則語言之於中國哲學，甚少作事物世界之圖像（日常實用語固不免此類，然非中國哲學語言之慣常），而可是示事物存在之理、實現之理，以相喻傳意，可是召喚事物或人自己之企向，以開展一「存在之歷程」，亦可是以言銷言，使「言語道斷，心行路絕」、無可攀援，而如如自在。則無論孔子「正名」、易「尚辭」（「言者尚其辭」、「鼓天下之動者存乎辭」）、孟子「知言」、墨子「辨言」、老莊「無言」、荀子「制名」（「名有固善」）、董仲舒「深察名號」、魏晉「言意之辨」、佛家「以言破言」……，總是語言與言說主體，以及主體與主體間的事，少有專指外在者。此中國哲學「主意」傳統之語言慣態。而言之為物既直接繫屬於言說主體，則或成或敗、或解或綁，於各家宗旨關係大矣，故中國哲學自始各家都有「名學」。胡適《中國哲學史大綱》說中國古代沒有特別一家「名家」，因為「無論那一家的哲學，都有一種為學的方法，這個方法便是這一家的名學。所以老子要無名、孔子要正名、墨子說言有三表，揚子說『實無名，名無實』，公孫龍有〈名實論〉，荀子有〈正名篇〉，莊子有〈齊物論〉，伊文子有〈刑名〉之論；這都是各家的名學。因為家家都有『名學』，所以沒有甚麼名家。」[10] 四十年後在台北版〈自記〉中又說：「這個看法，我認為根本不錯。……所以我這本哲學史在這個基本立場上，

10　胡適撰：《中國哲學史大綱》上卷第八篇第一章（北京：商務印書館，1919 年）。

在當時頗有開山的作用。可惜後來寫中國哲學史的人，很少人能夠充分了解這個看法。」胡適的書寫得不好，不能說「沒有甚麼名家」，但「家家都有名學」卻說得好。名學與諸子俱始，隨諸子學而有不同的名學。但除墨辯、公孫龍外，諸子名學皆不特重命物之名，亦不以名即實，而唯重名言之表意共喻相接，以成就文化生命之用。

　　名言外無掛搭，只繫乎一心，則名言負載的是心意內容，而只對心志作承諾，再可謂對心志之共喻相結所成之「客觀心志」作承諾，再而可謂對古今心志之共喻相結之「天心」作承諾。公孫龍等之特重外指之命物之名，而隨名入實，以名即實，而名實相亂，苛察繳繞。西方傳統哲學語言亦偏重外指之名，隨名入實，逐名即逐實，而逐於無涯，或窮途而返。一些抽象名言被言過其實地賦與存在的實在性，或負上本體論的承諾，此懷德海所謂「錯置具體性的謬誤」（fallacy of misplaced concreteness）。由存在破裂而來的「存在的孺慕」而生出對存在的虛擬，摹狀，並訴諸語言；卻反由語言對之作承諾，正表現自我放逐者無家可歸，尋找家園、尋找存在的迫切。在上帝退隱之後，這種尋找是非常蒼涼了。然自方法學看，這類「錯置」、「誤推」，正來自迫切向上翻、向外落實的心靈；假借語言，離心造境，落在言說網絡中膠着，而牢結，由迷信語言而落入語言之圈套中，結果是上帝與存在再次退隱。可見阻礙西方心靈重返家園的，與其說是由柏拉圖肇始的言之鑿鑿的「界限」，毋寧是到處劃分界限（differentiation）之「言之鑿鑿」以及由言之鑿鑿而來的「錯置」以及「理性的誤推」，而有這場「語言轉向」，而這場「語言轉向」恐又要落入實在論的圈套中。

　　中國哲學因自始不向外尋，故亦少這種語言的幻結空華。中國哲學認為妨礙我們回到本真的，不是現象之遮蔽，而是我們自身的習氣，「因為習氣正可謂一種內部的現象，而現象正可謂一種外表的習氣」。[11]

11　唐君毅撰：《中西哲學思想之比較論文集》，收入《唐君毅全集》（台北：台灣學生書局，1986 年），頁 61。

語言障、文字執亦正是一種習氣，與外在的現象一旦糾纏，步步牢結步步幻，處處生華處處空；如何能求得本真呢！

三、真理與語言

我們既說到「語言轉向」對西方哲學的意義，我們還說到中國哲學語言的特殊性與諸家之名學，並略及有關語言的哲學思考對中西哲學的啟示。哲學看來還不能撇開語言（參道可以，「後哲學」可以），問題只是到底誰委身誰、或相依為命。重要的是：哲學用語言表達或所能表達的，是否「真理」？是「何種真理」？語言表達能否「相應」？以及「真理依何而定？」

要充分開展和理論這些問題，非本文所擬及。筆者十年前曾有長文縷析魏晉玄學「言意之辨」，對以上問題多有涉及。[12] 亦多未愜意，可見確是「言不盡意」。當時既於牟宗三先生之見解多所稱引，現更擬對牟先生有關思想加以疏通，或加新證以進一解，以稍示當代新儒學對「語言轉向」之回應。

在進入個別問題之前，先對上述問題作一獨斷式的簡答，亦所以方便於繼起之討論也。

一、真理不限於「符合說」一種，哲學之各部皆有「真理」可說，但正須分辨不同之真理，若以價值論或本體論之真理為知識論之真理，或以知識論之真理為價值論形上學之真理，皆可成大謬。又，若以「可說之真理」必能外延化而有所指，即以認知意義為唯一有意義，否則沒有意義（meaningless）或不是真理；則持此論者之「為何持此論」亦無認知意義，故亦可謂 meaningless。現在似亦無人再持此說。

二、依牟先生，真理可大分兩種，「外延真理」（extensional truth）

---

12 見〈言意之辨與魏晉名理〉，《鵝湖月刊》1984 至 1985 年各期連載，後收入《玄理與性理》（香港：經要文化出版有限公司，2002 年）。

與「內容真理」（intensional truth）；又可曰為「廣度的真理」與「強度的真理」。而依哲學之本義，當以內容真理為哲學活動所企，而凡外延真理當歸屬於科學探求。從事哲學活動而以為在探求科學知識，這對雙方都是不幸：若以科學知識之外延化要求，來要求哲學活動，亦屬可嘆！

三、相應於兩種真理，而有兩種名言，曰「外延名言」與「內容名言」，外延名言「言可盡意」，內容名言則「言不盡意」或「盡而不盡」。又，外延名言可曰科學語言，內容名言則有情感語言與啟發語言（heuristic language）之分。

四、依不同真理而有不同真理判準。外延真理當採符合說（然亦須與自明說，融貫說等其他真理配合疏通），而符合說又可分為符合於經驗，或符合於實用目的。內容真理則依不同型態而取其存在的入路，或道德的、或藝術的、或宗教的，或歷史文化的，以契會印證之；而更重視直覺法與超越的反省之辯證法，或康德的「反思判斷」（由具體翻出普遍）。

五、海德格有「根源的思考」（original thought）和「表象的思考」（representative thought）之區分，內容真理即屬根源的思考，外延真理即屬表象的思考。而且，內容真理是外延真理之依據。要知道，外延真理之外延有所指而止於一一對應，是本於一理性生命中止其他活動、「虛壹而靜」，自我冷卻而自限於一軌約原則，而斷裂、分解、抽象、靜攝其之所得之所與，再以概念語詞套之。而此恰恰本非天造地設如此的，除非內容真理有一「召喚」，而自我坎陷，「非如此不可」。是知內容真理不僅有意義，且是有意義的外延真理之本。

以下，撮述牟宗三先生有關兩種真理，兩種名言之說明，並加以疏導，以進一解。

牟先生早年於《理則學》一書即講到兩種「命題」，其言曰：

內容命題（intensional proposition），其所以為「內容的」，最基本的意義，可先從兩方面說：一是繫屬於主體，

二是有實際內容或實際的意義。使其脫離主體而客觀化，便為外延命題（extensional proposition）；再抽去它的實際內容或實際意義，而只剩下一命題形式（propositional form）亦是外延命題。

　　復次，「內容的」與「外延的」可有各層次與各方面的使用。一個命題，若從其概念之內容方面想，便是內容的；若從其外延所指之分子或所成之類方面想，便是外延的。[13]

在《政道與治道》中也說：

　　在邏輯上，有內容命題與外延命題之分，繫屬於主體的句子為內容命題，如：「我相信：X是人涵着X有死。」此中兩語句連結為內容的連結，故此連結所成的整句即為內容命題，因其繫屬於「我相信」故。脫離主體而可以客觀地被主斷的連結為外延的連結，故其所成之命題亦為一外延命題；此如：「X是人涵着X有死。」（《政道與治道》第八章）[14]

　　這種區分，牟先生謂從羅素那兒來，在羅素主要為了講科學知識、數學知識。因為羅素的語言思想建立在「語言表達實在」、語言與世界之關係為一種「同構對應」（isomorphism）之設定上。作如此區分，意謂語言之用，或表達實在（知識）、或傳情達意（情感）。只有前者關乎「真理」。據由戈特洛布・弗雷格（Gottlob Frege, 1848-1925）、伯特蘭・羅素（Bertrand Russell, 1872-1970）、到前期維特根斯坦一路之堅

13　見牟宗三撰：《理則學》，第二章〈論命題〉，第五節「內容命題與外延命題」（台北：正中出版社，1959年）。

14　牟宗三撰：《政道與治道》（台北：台灣學生書局，1970年），頁144。

持，真理只發生在語言和實在之關係上而非在主體態度中。「至於『符合』，我們由之走向相信：當一個命題是真的時，它是憑一個或多個稱其為『證實者』（verification）的事件出現而為真。」[15] 內容命題並無可作外在檢證的事件與之對應，故羅素最後否定內容命題為「命題」，即否定內容名言有真值。（依弗雷格，內容名言雖可有「意義（Sinn）」但因沒有「指云（Bedeutung）」而失去真值。）牟先生則借此區分，揭示發生在主體態度方面的兩種取向，並依這兩種不同取向而開為兩個不同的真理領域，是為「外延真理」與「內容真理」，意即「外延名言」、「內容名言」各為表達不同真理之有效語言。在《才性與玄理》一書中判別《人物志》〈材理篇〉之「四理四明」時，曰：

> 四部之理謂道理、事理、義理、情理。道理是屬於形上學的，事理是屬於政治社會的，義理是屬於禮樂教化的，情理是屬於人情屈伸進退之幾微的。此皆是與生活密切相連的具體的內容之理。至於純形式的名數之理以及科學的外延之理，則未能及，不管是具體的內容之理，或抽象的外延之理（純形式的名數之理是純形式地外延的，經驗科學之外延之理是有抽象的特定內容外延的），皆須以智照之明而彰。惟對於內容之理，則須用具體之智（具體的解悟）；對於外延之理，則須用抽象之智（抽象的解悟）。凡是內容之理皆是直接由主體之精神生活而發契的，凡外延之理皆是脫離主體而純為客觀的。人之才性不同，故其燭理之機能亦異，有的最宜契悟內容之理，有的最宜適應外延之理。即同屬內容之理，亦有適於「道理」，而不適於「事理」，或有適於「義理」，而不適於「情理」。

---

15 《羅素主要著作》，頁 247。轉引自周昌忠：《西方現代語言哲學》（上海：人民出版社，1992 年），頁 76。

故劉昺注云:「材既殊途,理亦異趣,故講群材,至理而定」。此即由對於客觀之理之盡不盡而定材質情性之殊異。契悟客觀之理,須用智悟之明。就內容的四理而言,則智明為具體的智明,由具體的智明以內容地把握之。[16]

「內容真理」直接由主體之精神生活而發契,而無關乎外在事件,則其之為真理,固不是「符合說」之真理,若「符合」只謂與外在世界之事物之關係為同構對應。但外延名言之與世界「對應」而可檢證,此檢證是否即「脫離主體而純為客觀的」?外延之理是否「純客觀真理」?又何謂「純客觀」?此則須作進一步分疏。《墨辯》〈小取篇〉謂:「以名舉實,以詞抒意。」此「舉實」能無「意」之參與而純客觀乎?《公孫龍》〈名實論〉:「正其所實者,正其名也。」之「正名」為「純客觀」乎?成書於漢代之《尹文子》謂「名有三科」:「一曰命物之名,方圓黑白也。二曰毀譽之名,善惡貴賤也。三曰況謂之名,賢愚愛憎是也。」(《尹文子》〈大道上〉)「命物之名」之「方圓黑白」是否純客觀?又謂「名分不可相亂。名宜屬彼,分宜屬我。我愛白而憎黑,韻商而舍徵,好膻而惡焦,嗜甘而逆苦。白、黑、商、徵、膻、焦、甘、苦,彼之名也;愛、憎、韻、舍、好、惡、嗜、逆,我之分也。」(《尹文子》〈大道上〉)然「白、黑、商、徵、膻、焦、甘、苦」果純為客觀乎?魏晉名士王弼作「名號」與「稱謂」之別:「名也者,定彼者也;稱也者,從謂者也。名生乎彼,稱出乎我。」(《老子微旨例略》)既曰「名生乎彼」又說「名也者,定彼者也」。(案:以意定之也。)然則「命名」之「純客觀」如何理解?此處略舉中土古代數子之言,以示「外延名言」之「正」、「不正」,固不與「內容名言」相同,然「外延名言」之「正」之是否為「純客觀的」,自古即頗令論者費神。

深受現代英美邏輯實證論和分析哲學學者尊崇,並奉為此派先驅

16　牟宗三撰:《才性與玄理》(香港:人生出版社,1970 年),頁 63。

（另一為維特根斯坦）的大衛・休謨（David Hume）即不以為有任何「純客觀事實」可言——無論外物或心靈，不過是一束印象（a bundle of impression）或曰「經驗」。如說：「這花是黃色的。」依休謨所言，此陳述句中之謂詞「黃色」只代表吾人心中之「觀念」（idea），而觀念只是吾人之「印象」（impression）之複製。「黃色」印象來自「這花之色」，「這花之黃色」「明確有力地」進入「我」，令「我」有「印象」。及至執着了而稱「這花是黃色的」時，卻是經由一「黃色」之名詞使得這具體特殊之「印象」化為「類觀念」（general idea）而抽象化了。這名詞使得這知覺具有較廣泛的指涉，令其他近似的個別知覺可經由已建立的習慣聯繫（customary conjunction）而被喚起。[17] 而所喚起之關於「黃色」的印象，可以人人不同，以至時時不同。對畫家來說，有十幾種及至幾十種不同的「黃」。對同一畫家，亦可因當時情境及已有對「黃色」之經驗、感受、期待，而喚起不同之「黃色」印象。對於不特別跟顏色打交道的你我，則似乎可以喚起近似之「黃」印象。[18] 然則「這花是黃色的」之為「真」，實即「黃色」名詞喚起關於「黃色」之印象人人相若而有相當普遍性，並從此句之外延（所指）之「這花」處檢證，而這所謂「檢證」，亦只是回到「這花之色」那裏，由這花之色令檢證者有印象，而衍生（thinking）相應之「黃色」觀念；而達成此言說（「這花是黃的」）與檢證者在被以普遍詞項（「黃」）所指涉之普遍觀念「黃」處相喻相接。故邏輯實證論者常謂在他們字典中沒有「純客觀」，只有「互為主觀」（inter-subjective）。最後亦無非是「看吧！還有甚麼話說！」此所以羅素等人從休謨之「觀念論」，轉為「指稱論」，即重視符號之指稱（「意義的意義」）：語詞之有意義在於其能命名、指稱不同於此「詞

17　參閱友人李瑞全撰：《休謨》，第二章（台北：東大圖書公司，1993 年）。

18　美哲赫爾曼・庫恩（Hermann Cohen, 1842-1918）有如下觀察：「在實驗中顯示物質的大小、顏色等也隨着實驗者以前訓練和經驗在變化。……一個人所看到的不僅僅依賴於他在看甚麼，而且也依賴他以前的視覺概念的經驗已經教會他在看甚麼。」見氏著：《科學革命的結構》（上海：上海科技出版社，1980），頁 92。

自身」的外在而可辨別的東西（或事件）或某些外在事物之關係。而此
「看吧！還有甚麼話說！」遂成為維特根斯坦之神秘，亦所以有後期維
特根斯坦之再轉向。

在維氏，既以語言為事物之圖像，則既面對事物，此時再有言說，
皆只令吾人離開當前明確之知，而退回到「觀念」中。黑格爾說：

> 當我們說出感性的東西時，我們是把它當作普遍的東
> 西說的。我們所說的原是「這一個」，卻總是說：普遍這
> 一個。或當說：「它存在」時，亦是說為「一般的存在」。
> 當我們這樣說時，心中當然沒有表象出一個「普遍的這一
> 個」或「一般的存在」，但是我們說出來的卻總是普遍的東
> 西。換句話說，我們沒有真正地說出我們在感性確定性中
> 所意謂的東西。[19]

「思想是灰色的，生命之樹常青。」既回到赫拉克利特（Heraclitus）
之河流，人自當歸於默。此處本無神秘，亦無關禪。然而亦可由此，
而反省「指稱論」之重視語言對外物之命名、指稱、描述義，最後無非
視語句有使人回到所談論的事件之作用；則自此一角度，而說語言的
根本意義在於引發吾人的思想行為之意向亦可，而可轉為語言之「應
用論」：語言之意義由語言之應用賦予，語言之可能亦由語言之應用
而可能。如「五」這個語詞所代表的並不是「東西」。

> 「五」這個語詞的意義（Bedeutung）是甚麼呢？——
> 這裏並沒有這種東西，只有「五」這個語詞的應用方法。[20]

---

19 黑格爾撰，賀麟、王玖興譯：《精神現象學》上卷（北京：商務印書館，1981 年），頁 66。
20 見維特根斯坦撰，湯潮、范光棣譯：《哲學研究》（北京：三聯書店，1992），頁 7。

　　當對店主說「五個蘋果」時，引發店主取五個（而不是三、四個）蘋果的行為，使這句話（以及「五」）有意義。而當向繪畫班的孩子說「五個蘋果」時，則引發孩子繪畫五個蘋果之行為。同說「五個蘋果」，前者可拿到沉甸甸的五個蘋果，後者得到一張塗滿顏色的畫紙。不同的行為效應正相應表現了語句的意義。若孩子回應的不是圖畫，而是三番四次跑去找蘋果，倒是失義了。後期維特根斯坦在其《哲學研究》（Philosophical Investigations）即對其早年的原子論語義學之認為「語句之意義唯在它是所描述的對象的圖像」這種狹隘頭腦，極度反感。維特根斯坦再次發生了轉向，放棄自我封閉的邏輯實在論，而轉向從語言實踐討論語句的意義，決定語言意義的不是語詞與語言外的對象之是否對應，而是「語言的使用與非語言活動交織而成的整體」，換言之，是「我們文化的形式」。語句的意義和真假，最後決定於使用者接受在其中生活的文化傳統。

　　由此看來，後期維氏顯然不再以外延名言（或可以外延化之語言）為唯一有意義的語言；一語句之真假亦不僅以是否與對象一一對應為判準，而毋寧是以語句之使用與所引發之行為能否達到預期目的——即我們生活於其中的「據之以判別真和假的繼承下來的（文化）背景」之適當性為判準。魯迅有〈立論〉一文謂立論難：孩子滿月，賀客說「這孩子將來富貴長命」，這話使大家歡喜；若說「這孩子將來會死」，則被轟走。有些話雖真而妄，何來立論難。威拉德・范奧曼・奎因甚至說：「我們可以要行為、使用，而放棄意義。」[21] 艾德蒙德・胡塞爾（Edmund Husserl, 1859-1938）甚至認為主體之意向性活動授與語句意義，由意向活動所對之客體只是通過一特定方式加以概念化的對象，都是不完全的。否定有離開語境（使用語言者的生活文化情境及語句所屬理論脈絡）的所謂純客觀義之知識，更遑論以「真空中的邏輯」（維

21　W.V.Quine, *Use and its Place in Meaning* (Dordrecht: Springer Netherlands, 1987) , p.1.

氏語）以及外延真理為唯一真理了。然則「真理」自始至終皆非客觀現成的，「真理」似乎只能通過某種「普遍性」了解。

由後期維特根斯坦（與《邏輯哲學論》或譯《名理論》之寫作相距十八年）開始的整體語用學隱含一極深之逆轉：一語句之意義有賴普遍心靈，而「普遍心靈」之辨認只能是一個特定的文化傳統之系列的意向實踐，或曰「集體意向性」。（據胡塞爾認為意向性包括三種因素：意向活動主體、意向之客體以及意向活動本身。）是則外延名言、外延真理之為真理之檢證，亦要求檢證者有共同的「意向性質」即意向活動指向對象之方式（如採取理智的態度）之一致。奎因說：「一個語句是觀察的，乃就它的真值在任何場合皆為語言共同體中目擊這場合的幾乎任何成員所公認而言。」[22] 故即使「外延真理之普遍性」亦不能離一文化共同體各成員之主體態度（包括共同通過一定方式對對象加以抽象化、量化的檢證）。

因此，「真理」其實最後爭的只是這麼一種「普遍性」，即感知和觀察的社會性：

> 我們可以指望感知相似性標準中有相當大的社會一致性。我們可以期望，我們的天賦相似性標準相互酷似，因為它們是在種族中遺傳；而且，甚至當這些標準逐漸隨經驗變化時，我們也可以預期它們保持很大程度的相似，因為我們共有的環境、共有的文化、共有的語言和相互的影響。[23]

我們對外延真理的「普遍性」之有信心只是因為「社會性」給了

22　奎因：《指云的根源》，頁 39。轉引自周昌忠撰：《西方現代語言哲學》（上海：人民出版社，1992 年），頁 243。

23　同上註。

觀察者主觀際性以保證:「感知是這樣的私人事情,但我發現具有諷刺意味的是,被當作感知的東西的最好證據卻應當是社會的適合性(conformity)。」[24] 建基於「認為語言的基礎在於簡單概念的向來統治歐洲哲學的幻象」和「語句是所描述的對象的圖像」的「維特根斯坦幻象」之交織之上的邏輯分析語義學。由其創立者本人轉向為情境語用學,再與詮釋學合流,使語言哲學回復生命情境。詮釋學方法主要是回到語言歧義性本身之對話性格,而發現其中歷史文化所賦予意義之多次元及辯證性。此則不能不恢復曾被維氏驅逐之「語言我」之主動性。在解讀所有由語言所表達的「語者心目中之世界圖像」時,「我」之自我解放,而獲致與「所讀」及其他「能讀」之「視域之融合」(fusion of horizon),包括同時性的以至異時性的融合。而此,乃是「真理的普遍性」的最後寄託。

四、社會的普遍性、歷史的普遍性、直覺的普遍性以及超越的反省之普遍性

牟宗三先生近年即不再以「純客觀」說「外延名言」、「外延真理」,而轉以「普遍性之不同」區別「外延真理」與「內容真理」:

> 現在我們再進一步來看看這種內容真理和外延真理的不同在甚麼地方。內容真理和外延真理都是真理,都具有普遍性,內容真理具有內容的普遍性,外延真理具有外延的普遍性。兩者雖然都有普遍性,但這兩種普遍性還是有差別的,否則為何同是普遍性卻一個是內容的普遍性而另一個叫外延的普遍性呢?那到底區別在哪裏呢?我們可以說:外延的普遍性是抽象的普遍性(abstract

---

24 同註 19,頁 32。

universality），而內容的普遍性是具體的普遍性（concrete universality）。就用這兩名詞把它們分別開來。[25]

外延名言以抽象概念相喻相接，為「廣度的真理」，其確定性與其量化之程度成正比，以達至外延的、廣度的、抽象的量的確定性為務。既忽視存在物之獨特具體之性相，亦無叩問語言者之主觀感受、意向、聯想，更無顧「逝者如斯夫，不舍晝夜！」一往只求用儘量量化之語句與被抽象化並儘量量化之事物之某方面一一對應；即此亦可謂「言盡意」，而無所謂「言外之意」。雖則是抽象地、片面地盡、約定俗成地盡、選擇地盡、抽離於存在之流地盡、偏計執地盡、坎陷地盡，此「盡」亦盡顯一大公無私，為成就客觀知識，奮不顧身之「殉知」精神。然此精神意義亦非其所能說明矣！此抽象的普遍性其實有待於以概念語言指稱一具體對象，其是否一一對應之可檢證性，而為「科學語言」所企，並永在構造中，一如科學可永遠試誤而重構也。

內容真理為具體的普遍性，因其為真理，全賴語言者之「反思判斷」，即以存在者個人當下之所感所知所思所意，反省而推擴為「人皆有之」之感之知之思之意。如孟子說「今人乍見孺子將入於井，皆有怵惕惻隱之心」即此類。其餘文學語言、宗教語言、藝術語言，皆此類也。此「反思判斷力」（reflective urteilskraft）為康德後期《判斷力批判》所提出以為尋求普遍與特殊之關係的心智能力。而反思判斷之不同於決定判斷，在於前者「由特殊到普遍」，而後者由「普遍到特殊」。由特殊到普遍，這種判斷雖然只有「主觀的普遍有效性」，寄託於生命之強度性之觸動與呼應，但其之有普遍性卻無疑，故康德稱之為「判斷」。此生命之強度性觸動感應當然有關於生命之純粹化，從私欲、偏執、習染、矜持中透出；透出而擇善固執，重返存在，則可成道德判斷之普遍性；透出而暫時不涉存在，站在一邊（站出距離），如是可作「審

25　牟宗三撰：《中國哲學十九講》（台北：台灣學生書局，1983 年），頁 32。

美判斷」，而此亦可以為「道德判斷」的主體性基礎掃除障礙（此義有待申論，暫不及）[26]。無論審美判斷或道德判斷，雖是特殊的單稱判斷，但既蕩習遣執，排除一己之偶然性，則可設想其判斷普遍有效於人人，因其判斷既來自一普遍意志，當應能說出普遍的「人性之常」故。「聞一善言，見一善行，若決江河，沛然莫之能禦」此非普遍性耶？雖則「它們取得這種普遍有效性的方法與邏輯概念和邏輯規律全然不同而已。」[27] 故牟先生謂內容真理之有「相當的普遍性」，這「相當」不解「不夠滿」，而正是「盈滿」：「我這裏說的『相當』是『相應』的意思，就是說它有和 intensional 這個意思恰當的相應的普遍性。」[28] 生命相應，一觸即發，道德、藝術、宗教，皆此「相應」之具體的普遍真理也！生命的學問總在開始一生命之存在歷程，而不是指稱一外在已成之物也，故「言不盡意」；但既一觸即發，則亦可說是星火燎原之「全盡」，亦可說「不盡即盡」或「盡而不盡」。

五、知言與知人

英人查爾斯・凱・奧格登（Charles Kay Ogden）與艾弗・阿姆斯特朗・瑞恰慈（Ivor Armstrong Richards）合著之《意義之意義》（*The Meaning of Meaning*, 1923）提出著名的「符號三角形」以解說「思指 —— 符號 —— 所指」之關係，並強調「要尋找失去的一角（所指）」。我認為他們也把最重要的一角失去了，這便是「人」，在此被成為隱形了。在本文結束之前，我願提出新的語言圖示，以保住「人」，亦所以保住語言。保住「人」，表示「人」可同時擁藏多種語言，可同時展開多種語言，亦可捨棄言說而歸於默。圖示如下：

---

26 參閱本人另著：《玄理與性理》，〈「聖人體無」所開啟的目的論思想〉。
27 Ernst Cassirer, *The Philosophy of Symbolic Form*, Vol. 1 (New Heaven ： 1953)，p.32.
28 同註 25。

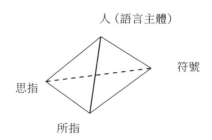

　　圖所示為一立體之三角形四面體。它除表示「以名舉實」、「以詞抒意」外，更可表示「純命名」、「思而不言」等語言境況，以及各種不同之語言境況之相互關連於語言主體、不能離開語言者之語言意向（「家家都有自己的名學」）：

　　（一）純命名：語言主體（人）之意圖只在運用符號單純命名一外在之事物，雖亦連帶傳遞了固有文化中有關此命名之聯想，但可聲明中止有關聯想。此則偏重右側三角形：

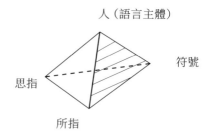

　　（二）不命名：語言主體（人）有所思、有所指（有向）而未運用符號（有意或無意）。此則只重左側三角形：

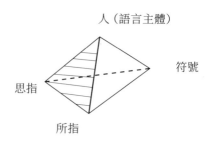

（三）以詞抒意：語言主體（人）運用符號名言表達思想，但並不指向外在事物。凡屬內容名言者皆不向外指，只表達內容真理，而重詮釋。此則側重後面之三角形：

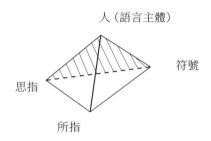

（四）名以舉實：此則暫無語言主體，而只有文本。觀言者須解讀文本以探得

立言者（語言主體）之本意，此故需要訓詁檢證，由符號帶起之內容思想求證於所指，又由所指之實是，檢證思想及其所用之符號。此則側重底面之三角形：

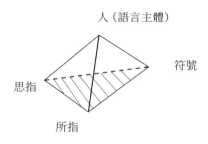

圖示所示，除顯示「人」之存在外，更意在表明吾人之具體言說雖或只突顯關係之某方面（某三角形），但仍不能抹掉關連之其他方面（其他之三角形），各方面（各三角形）皆在起作用，互相支持，互相引發，亦互相限制。這其實正是我們最忠實地使用語言時所應該得到和顧及的。擁有人類最優秀語言文字傳承的中國哲學，其言說應作如是觀。

　　由語言之批導，必重開理性之批導；由理性之批導，必重啟歷史
文化之批導；由歷史文化之批導，必重新發現「人」；而「人」總是把
自己隱蔽（亦即無蔽）在歷史文化及語言之中。則「人」發現自己在歷
史文化及語言中。《尚書》〈皋陶謨〉：「知人則哲。」哲學本意在知人
（康德「人是甚麼？」），然終不免落於知言，以知言代替可知人。有實
在論者以名為實，此哲學之沒落。「語言轉向」即言破實，亦正可以是
哲學之剝復，而「復其見天地之心」（《易》〈復卦象〉）。為天地立心者，
人也。王弼注此句云：「復者，反本之謂也。天地以本為心者也。凡
動息則靜，靜非對動者也。語息則默，默非對語者也。然則天地雖大，
富有萬物，雷動風行，運化萬變，寂然至無，是其本矣。故動息地中，
乃天地之心見也。若其以有為心，則異類未獲具存矣。」知言亦須忘
言歸默，亦所以天地之心見也。故亦曰：「百姓日用而不知」，海德格
謂「真理隱蔽」，莊子曰：「魚相忘乎江湖，人相忘乎道術。」語言之
於人，亦當如是乎？

　　（1994 年，香港中文大學「第三屆當代新儒學國際學術會議」論
文。）

附錄一：
「內容名言」析義[1]

　　一、內容名言之符號所負荷的，是概念的「內容意義」（intensional meaning），而非「外延意義」（extensional meaning）。

　　二、內容名言之符號與它所代表的內容意義之結合，不可以直接約定。吾人可手指一客觀之山，呼之曰「山」，並約定之。然當吾人說「仁者樂山」時，「山」所代表的並非客觀義之山，而是山在吾人心中所引起的一切。這時吾人不能手指之，而只能用「後設語言」（metalanguage）對之作描述表現。然山在各人心中所引起的意義不必相同。故一語詞所代表之意義，須通過對各家思想之考察及此語詞在各家思想系統內部被使用之情況而決定之。如山在孔子系統和在莊子系統，即可有不同之象徵意義。

　　三、外延名言中的概念皆有確定之內涵與外延，此因外延名言皆有「所指」，而所指者為現象界之事物，故可以「觀察語言」（observation language）定義之。內容名言則無「所指」，其所欲表達者並非外在之事物，而是心中之意理。語言三角形遂失去一角：

　　此則不能以「觀察語言」給內容名言之概念作界定，以確定其外延。外延不確定（積極的界定），則消息系統的集合之元素不能確定而呈開放狀態，而信號系統集合之元素必須確定而封閉，此因「意無盡

1　〈言意之辨與魏晉名理〉第三章節錄。

而言必有窮」。消息系統與信號系統之元素呈多一對應，必引致兩系統結構之多一對應。以某義入言單值確定，而聽受者經過一對多反演過程，一對多必然多值不確定，「言有窮而意無盡」，言意非一一對應，故言不盡意，言意合而不同。此即同態對應。

若吾人心中之意，為「無執」之意、「超概念」之意，此則消息系統本身有一超系統性，系統結構呈現弔詭。相對應之信號系統，其與消息系統之關係，亦呈現弔詭。言意離而不合，吾人可稱之為「超言意」，或「超多一同態對應」。

四、外延名言所建立的是一命題世界，吾人可對此命題世界中的概念作明確的定義，以表明吾人對於這些概念所顯示之理的知識限度，以防止從一概念作推論時，越出吾人的知識限度。然反省吾人之定義活動，實不能離開吾人知性所施設之「形式網」：如時空、因果等先驗範疇以及由概念所決定的那些決定關係。故外延名言之是否有意義，建立在是否能加以檢證，而所謂「檢證」之真理性，仍不免是「互為主觀的」──命題世界的建立，須預設人類有共同知識（共同的感觸直覺與共同的直覺形式及先驗範疇），然無人可限制吾人之可知性主體躍進為一超知性主體，儒、道、佛之主體，即皆為超知性主體。此則時空、因果以及概念所決定的那些決定關係，通統是知性之執。佛家所謂「遍計執」，道家所謂「成心」之造作、儒家王陽明所謂「意之所在為物」之「意見」。以至康德所成就的超越哲學，其所謂「先驗」，只是「先」到認知心（識心）之本執而止；所謂「超越」，只是越過經驗以上而駕臨於經驗以超越地決定經驗以及經驗之對象。「先驗」是「執的先驗」、「超越」是「執的超越」，現象底法則性是「執的法則性」，以至全部邏輯，無論是形式的、或超越的，都是在執底層次上。（見牟師《現象與物自身》第七章）儒、道、佛教皆要正視此諸執及由此諸執所成之執的存有界，又能破此諸執，破此由執而成之存有界，以成就一無執的存有界。則任何描述、表現此無執的存有界之言說，皆只能是「辯證的詭詞」，只作指點、啟發之用。「謬悠之口，荒唐之言，無端崖

之辭」,「言無言」、「非言非默」,以至言語道斷、以默相示,皆為破此由執而成之命題世界,同時避免自身成為另一執的命題世界。則教下名理中的內容名言,其能否被印證,需要主體之執與無執之對翻而上達:其觀察性,需要主體之「內省」(introspection)、「自我觀察」(self observation) 或「內觀」(perception by the inner sense) 去加以印證或否定。

附錄二：
可道世界與不可道世界 [1]

關於可道世界與不可道世界，牟宗三先生曾借道家所表現的型態，作詳盡的說明，茲引錄於下，並從言意之辨角度，略作一解，以結束本文。

老子道德經開頭就說「道可道，非常道。」可道與不可道，他意識的很清楚。如果用現在的話說出來，可道世界就是可用一定的概念去論謂的世界，而此世界必為現象世界，而使用概念去論謂的主體就是知性主體，即表現為知性型態的主體。在主體方面，使用概念，必遵守使用概念的理路；在客觀方面，用概念去論謂皆有效，即皆有確定而恰當的指謂。譬如方當方的，圓當圓的，上當上，下當下，皆不可亂。不可道世界就是不能用一定的概念去論謂的世界，而此世界必為本體世界，即老子所說的「道」；而主體方面則必為超知性主體，此在道家即說為無思無慮，無為而無不為的道心之因應，用今語說之，則名為「智的直覺」（智的直覺，非感觸直覺。Intellectual intuition, not sensible intuition）。道家於超知性方面，能正面而視，發揮的很盡致。道德經的作者很能知道「道」這個本體不能用一家的概念去論謂。例如「其上不皎，其下不昧。迎之不見其首，隨之不見其後。」這就表示說：道，從上面說，亦不見得皎亮，從下面說，亦不見得是幽昧。昧而不昧。皎而不皎。馴致亦無所謂皎，亦無謂昧，亦無所謂上，亦無所謂下。同理，首而非首，尾而非尾，

1　節錄自《玄理與性理》〈言意之辨與魏晉名理〉餘論。

前而非前，後而非後。馴致亦無所謂首與尾，亦無所謂前與後，是則上下皎昧、首尾前後，諸概念，皆不能有確定而恰當的指謂。用上一個概念，即須否定此概念而顯道之性。這種用而不用以顯道之性，按照西方哲學，我們可以叫它是「辯證的論謂」（Dialectical Predication）。道家當然沒有用辯證這個名詞。然這裏是一個辯證的思維，則毫無問題。莊子齊物論篇幾乎整個是説如何從知性範圍內按照一定標準而來的是非善惡美醜之相對世界轉到是非善惡美醜之絕對世界。這種超轉，就叫做「恢詭譎怪，道通為一」。恢詭譎怪，簡名為詭譎，亦即莊子所説的「弔詭」。恢詭譎怪有遮表兩面的意思。從遮方面説，按照一切標準而來的相對世界都是沒有準的，依此都可予以大顛倒。而此大顛倒，自知性範圍觀之，即詭譎怪矣。但不經此一怪，則不能通為一而見本真。從表方面説，這種詭譎即顯示道體之永恆如如。而詭譎或弔詭，在英語為 Paradox，而此弔詭即「辯證的弔詭」（Dialectical Paradox）也。[2]

　　牟先生以「可用一定的概念去論謂的世界」與「不可用一定的概念去論謂的世界」作可道世界與不可道世界的區分；可道世界必為現象界，不可道世界必為本體界。現可試問：此現象世界與本體世界之區分，是何種意義之區分？則可決定可道與不可道之區分，為何意義之區分。

　　依康德之批判哲學，西方傳統形上學所作之現象與本體之「隔離型態」之區分，皆為「純粹理性底誤推」，故為獨斷的形上學。而康德自己所作的現象與物自身之超越區分，因康德囿於西方傳統，否定人有「智的直覺」，故亦未充分極成（詳見牟先生《智的直覺與中國哲學》

2　牟宗三：《歷史哲學》第三部，第二章。

及《現象與物自身》二書，此不贅述）。關於物自身，康德說：「物自身不是另一對象，乃是同一對象之不同面相。」又說：「物自身與現象之區分是主觀的，不是客觀的。」此見物自身所指表者並非一事物之原樣而為吾人永不可知者，此根本不是「事實」的問題，也不是能否知道的問題——根本不是可以用認知態度接近的。物自身自始即是一有高度價值意味之「智思物」（Intelligible Entity），而與上帝、自由意志、不滅靈魂同屬本體界。此則對物自身之覺知，須吾人之主體為超越主體，以智的直覺覺知之。只有肯定人有限而可無限，且可即有限而無限，人可有智的直覺，此本體界與現象界之超越區分才可充分證成。若此超越區分永遠不能證成，則物自身之意義不穩定，現象之意義亦不穩定，整套超越哲學即不能極成。由此可見，本體界之證成，繫於人能否有智的直覺。東方哲學的傳統，無論儒道佛，皆承認人有限而可即有限而為無限，人可有智的直覺，而有兩層存有論：現象界的存有論（執的存有論）與本體界的存有論（無執的存有論）。然本體界之證成，不能離開智的直覺屬人所有之肯定，則本體界之真理，只能是主體性真理——內容真理，而所有關於本體界之論謂，皆必須繫屬於主體之下，而為內容名言。此則所謂不可道之本體世界，不僅不是超絕不可知者，反而是存在於吾人最內在最根源處。此最內在最根源同時就是最普遍而超越。要在吾人逆覺之一躍，撤去由認識心施設的形式網，物自身呈現，而吾人之主體亦由知性主體躍為超知性主體——絕對主體。因撤去形式網，故不能用一定的概念論謂此本體世界，因概念必須在一形式網中形成，而形式網之施設，實根源於吾人識心之執。反過來說，現象世界之可以一定的概念去論講，亦根源於吾人之知性主體所施設之形式網。如說：「水在攝氏一百度沸騰。」這是一外延命題，可作公開的檢證——肯證與否證。然所謂公開檢證，亦只是「攝氏一百度之溫度之水」與「水沸騰」兩椿先後發生之事實，而作為一因果關係之命題，並不能在經驗本身得到。故此外延之因果關係命題，其建立之根據，不能離知性施設之因果範疇，即最簡單之外延指

涉命題，如說：「這是水。」亦不能離知性主體所施設「水不能同時是非水」之矛盾之控御。而因果關係、矛盾律皆屬先驗領域，只能歸於知性主體之直覺之構造。「存在命題」如是，即「非存在的關係命題」（表示邏輯之純形式系統中之關係命題），若不只限其為一無本漂蕩之邏輯系統之虛構，即不只限其為系統內部推演的必然，而思極成系統外之超越之必然、邏輯之絕對性與必然性，則須承認：此非存在的關係命題，使其所以能為「只是關係」之首出之規律，即是「純粹理性」之客觀化。因該首出之「只是關係」之規律，既不能由經驗對象抽選而成（非存在之規律），亦不代表對象（非指示對象之對象概念），則吾人已斷絕一切存在牽連，吾人在外即無所參考，亦無所簡擇。當此之時，而吾人居然能成一表示邏輯之純形式系統，則它必有所本，必有客觀的理性基礎，此即純粹理性自己之客觀化。自其客觀化而成一形式化之關係式言，則為綜和的（就關係式之為關係式言，自必是綜和的），然此關係式實即是此系統開始時之首出規律之重疊展現，故此關係式自己即是一規律。自其為規律而且其為規律是首出規律之變形言，非存在的形式系統中所有的形式命題（即關係式命題）皆是「重疊地分析的」。是以此形式系統只是一規律之流轉。而此形式化的規律系統，實即純粹理性自己之客觀化。則此整個系統自己是一邏輯構造，是「理之問題」之如是呈現，而非自外面依照一外取的或有存在牽連的法則而成之構造。故此種非存在系統中之關係命題，雖表面為重疊變形之分析的（Tautologically analytic），而其實皆為先驗綜和的，皆不能離主體之直覺的構造，亦即不能離吾人之認識心 ——「邏輯的我」。自知識的立場，此邏輯的我是最後的。然此所謂最後，義猶「流動之液體在達成某種目的上凝固其自己因而顯示出其客觀性」。在其客觀性成立之前（或背後）必尚有一階段，而此邏輯的我並非真是最後 —— 絕對終極的。邏輯的我之為最後，是因湧現知識規律而已客觀化其自己而為最後，是因「自客觀理解言至此即足」而為最後。則客觀心、邏輯我之有，必是在其之前者為達成某種目的（在此即為達成客觀理解），

而故意冷卻下來、凝固其自己、亦即否定自己，而成為如此之認識上的客觀的心、邏輯的我。此邏輯的我之前者，或說此邏輯的我之形上的根源，即為形上的超越的真我，這才是最後的──絕對終極的。（參閱牟先生所著之《認識心之批判》第一卷）

如是觀之，則所有外延真理，皆須內容真理為其所以可能之超越的根據，所有外延名言，皆不能離主體施設之形式網。而所謂「邏輯的絕對性與必然性」，只是純粹理性凝固其自己以顯示其客觀性，「自客觀理解言至此即是」之「絕對」與「必然」。而所謂「客觀」亦只是「互為主觀」。因此，就人類的意義世界全部言，內容真理是體，外延真理是用。邏輯數學回歸於知性主體而得先驗性與超越之安立；而知性主體亦因邏輯數學之回歸而得成為「客觀的心」、「邏輯的我」。而此認識上的客觀的心、邏輯的我，亦只是形上的超越的真我（無限心），為成就知識以至政治秩序而有之一步自我之否定、自我之坎陷，或曰「辯證的開顯」。

從知識論入路，由所而逆之，開闢先驗原則、原理或實體之領域，再反之而歸能，湧現主體，以探價值之根源。此康德哲學之精神與路向，可簡稱之為「由所反能，窮智見德」。惟康德受西方「隔離型態」之學統（哲學傳統）所圍，未能充分極成。中土思想強調實踐問題之優先性，從道德入路，先逼出價值根源，於是主體湧現，顯其先驗之原則，再施設形式網以控御經驗。此「逆之則成聖成賢，順之則生天生地」一語所表示者。可簡稱之為「攝智歸仁，證能證所」。此則本體世界非一不可知世界，而現象世界非一最後真實世界。因本體世界實即吾人之主體之自由世界，反身而誠，最親切最真實不過。而現象世界遷播無常、剎那生滅，吾人關於現象世界之知識，皆在一特定之知性範疇內按照一定標準而我，皆是相對的。如「水在攝氏一百度沸騰」，只是在一特定之條件（如一定之氣壓，水的成分與測量工具等）下所取得，故只有相對的概然性，並非甚麼絕對真理也。亦惟如此，故可用一定的概念去論謂，因概念正是在相對與限制中形成。而本體

世界 —— 主體自由世界，則是一絕對與無限之世界，即一超概念之世界，然正是最親切最真實最內在之世界。

由上所述，可見說內容真理與外延真理、內容名言與外延名言、可道與不可道、言盡意與言不盡意，仍只是方便說法，如實觀之，只是主體無限心之執與無執 —— 執，便成可道世界；無執，便是不可道世界；執而無執，便是可道而不可盡之世界；故「寄言出意，盡而不盡」，應是言意之辨當有之圓唱。

最後，借列子一段詭詞，結束本文。[3]

> 子列子曰：得意者無言，進知者亦無言。（張湛注：窮理體極，故言意兼忘。）用無言為言，亦言：無知為知，亦知。（張湛注：方欲以無言廢言，無知遣知，希言傍宗之徒，固未免於言知也。）無言與不言，無知與不知，亦言亦知。（張湛注：比方亦復欲全自然，處無言無知之域，此即復是遣無所遣、知無所知。遣無所遣者，未能離遣，知無所知者，曷嘗忘知。固非自然而忘言知也。）亦無所不言，亦無所不知；亦無所言，亦無所知。（張湛注：夫無言者，有言之宗也。無知者，有知之主也。至人之心，窅然洞虛，應物而言而非我言，即物而知而非我知。故終日不言，而無玄默之稱。終日用知，而無役慮之名。故得無所不言，無所不知也。）如斯而已。

（寫於 1983 年 6 月，後刊於 1984 年《鵝湖月刊》。）

3　見《列子》，〈仲尼第四〉。

第四章

「兩極歸宗」與中國哲學精神

　　各位：難得大家如此好學，這是我的由衷感受。講這類問題，思考這類問題，對於一般香港人似乎不是必要的，而大家認為是必要的，可見平時我們哲學工作者，有時候也會淡忘自己工作的迫切性。今次講的題目是「中國哲學之精神」，這是貴會提供給我的。這題目很大、很空泛。是我的憂患意識過強，一直不敢碰這個題目，或是我的憂患意識不夠，直到昨天我才預備這講稿。

一、釋題

一、何謂「中國哲學」？

　　首先，我想對這個題目解釋一下。當接觸這個題目，敏感的思考者馬上會意識到一個問題，就是為甚麼會有「中國哲學」這一提法。我們常說「德國哲學」、「法國哲學」、「中國哲學」，但從來沒有聽過有「法國數學」、「德國科學」。那些抽象普遍的學科，幾乎不帶任何特殊性，

所以沒有聽過有英美數學和中國數學之分，也沒有聽過有中國科學和德國科學之別。雖然另類科學並非不可能，中醫理論及其功效即不是現科學所能解釋的，此正見中醫不宜「科學（西醫）化」。科學正是要抽象化一切具體，普遍化所有特殊，最後量化各類質。

但哲學即哲學史，哲學所思考的雖是普遍的根源性的真理，但歷史地落在每一民族心靈的特殊進路中，即形成每一民族哲學的特殊性。哲學心靈不同，包括入路不同、偏重不同、解決的方法不同，以至思想成熟程度不同，而形成不同的哲學。如西方哲學以「本體與現象之關係」最重要，而表現為知識論的；中國哲學則以「本體與工夫之關係」最重要，而表現為實踐論的。不同雖必有異，亦正可以互相參照，進入哲學運動、進入哲學史。中國佛教喜「判教」，亦本此義。此所以有「中國哲學」之名。但又何謂「中國哲學精神」之「精神」呢？

二、何謂「精神」？

西方哲學辭典對「精神」有這樣一個說明：「西洋哲學傳統意義的精神（spirit）乃指非物質、單純而實體性的存有。」這一說法是很特別的。非物質指不可作為在時空中之對象物，但是純一的實體性的存在，這便不是虛幻。接着說：「可藉（此精神的）自我意識、藉對自己的自由抉擇而擁有自己」。意即精神必須在自覺性活動中，在自由抉擇中表示其為精神。這單一性和實存性的精神「並且能夠領悟及實現超感覺價值，它的非物質不僅是指精神本身不帶物質性，並且表示它對物質沒有內在的從屬性（植物動物則為從屬性）。」（參閱瓦爾特・布呂格爾〔Walter Brugger〕編著《西洋哲學辭典》）即表示它不受物質的機械規律所決定，它是能夠越出物質而通過自覺表現它自己，而擁有自己。精神擁有自己同時意謂精神與任何物質以至形體可完全分離。

在中國，「精神」這個觀念最早來自道家。「精」相對於「粗」，「粗」者物形，「精」者神氣。《淮南子》有〈精神篇〉謂「精者神之氣，神者人之守」，劉劭《人物志》〈九徵〉謂「物生有形，形有精神，能知精神則窮理盡性」。精粗不同但不離，精主導粗、粗從屬精，歸於精。精似

是一活動的動者，亦是目的因。「精」好像西方哲學所講，藉對自己的自由抉擇而擁有自己，此即所謂「神」了。中國文字很傳神，用「精神」這兩個字概括了西方哲學剛才那段話。它是非物質性的，但卻是生命這統一體中最精的，而這最精的不是靜止不活動的一個存在，而是活動的，能自我意識並且能躍起，通過自由抉擇從而擁有自己，並且，與西方哲學不同，精神在中國哲學中還能統御形體，為世界提供動力因與目的因，而不離世界，從而實證自己。

三、何謂「中國哲學精神」？

綜上所述，則「中國哲學精神」所指，乃中國哲學史中最「精」者，亦即中國哲學強烈關注及持續之哲學問題及其思考與解決方法，由之而顯示「中國哲學」對自己之自由抉擇，而涵蓋、主導、貫穿相即於各時代、各哲學家之哲學活動，並涵蓋統御了中國文化之「粗」的各部；由之中國哲學、中國文化擁有自己、實踐自己、實證自己，並啟動新的哲學心靈、啟動自己的未來。

本講只能略講第一句，即「中國哲學最關注的哲學問題」，也只能粗講，望各位聽粗而思精，實現各位精神之自我擁有。

下面先簡介近代各前賢對「中國哲學精神」之體會。

二、對「中國哲學精神」之諸說

「中國哲學之精神」有時以「中國哲學之特質」或「中國哲學之精神方向」等名義展開討論。本世紀以來，由於西方文化之挑戰，幾乎所有中國學者都發表了關於中國哲學之精神的看法。下略舉數家：

一、梁啟超以人生哲學為中國哲學之基調與主題，其言曰：「我想我們中國哲學上最重要的問題，是：怎麼樣能夠令我的思想行為和我的生命融合為一？怎麼樣能夠令我的生命和宇宙融合為一？」（見梁啟超《中國近三百年學術史》）

二、梁漱溟則認為中國哲學有自己一套形而上學，這套形上學並

非如西方傳統哲學般單憑概念與邏輯推演走入獨斷一路，而是「盡宇宙是一生活」，「以為宇宙間實沒有那絕對的、單的、極端的、一偏的、不調和的事物。（⋯⋯）這個話都是觀察變化而說的，不是看着呆靜的宇宙而是看宇宙的變化流行，所謂變化就是由調和到不調和，或由不調和到調和。（⋯⋯）一切事物都成立於此相反相成之調和的關係之上，純粹的單是沒有的，真正的極端是無其事的。這個意思我認為凡中國式思想的人所共有。」（見梁漱溟《東西文化及其哲學》）梁氏並據此而謂孔子人生哲學之首義「就是以生活為對、為好的態度」而迥異於印度與西洋哲學。

三、方東美以「機體主義」釋中國哲學精神，大意謂：中國哲學精神之顯揚，恆以重重統貫之整體為中心，可藉機體主義而闡明之：（一）否認可將人與物對峙；（二）否認可將宇宙世界化為純由基本元素組合，在機械秩序中；（三）否認可將變動不居之宇宙壓縮為一套封閉系統，而旨在肯認：「一在本質上彼是相因，交融互攝，旁通統貫而廣大和諧之系統。」（見方東美《中國哲學之精神及其發展》）

四、唐君毅先生特別強調中國哲學的「一元性」，或「一本性」。中國文化的各領域，如哲學、文學、藝術、政治、科技都有一統一的根源。中國文化各領域都依中國哲學精神而得一統一性。此不同於西方文化來自多元、各領域各自獨立，且對「真」往往起對立爭辯，而不能夠得一真實的統一性。唐先生論中西哲學不同之言甚豐，今撮為八點說之（見唐君毅先生《中西哲學思想之比較論文集》）。要之，唐先生認為：「中國人對宇宙的看法，根本上最採取『分全合一』、『天人不二』的看法，西洋人對於宇宙的看法根本上是採取『先裂分於全，離人於天』的看法的。」（見唐君毅先生《中西哲學思想之比較論文集》）意即：西哲一開始依其重分離之心靈，重視現象與本體、宇宙與人、我與他、主與客、內與外，一一嚴分開來，不停分下去，然後在分中依還原法將所分實在化。此即先認為真理在外面，隱藏在「現象之後」，於是追尋去，不斷分解，最後就向下找，或向上找，找出一個最後實

在來方罷休。中哲則認為天地人本一體，息息相關，只是人自己習氣使隔離了，只需將吾人生命純淨化，不帶習氣，誠實反省我的存在，我即能馬上擴充開去，與天地萬物合一。

五、徐復觀先生認為儒家思想基於一憂患意識。中國各家思想皆不視現實世界為負價值，相反，皆正面肯定。人為萬物之靈，在儒家是要去承擔天地萬物的道德秩序和合理性的責任，由此責任感而生憂患。實在說來，除了人，又有誰能為天地立法呢？西方交給上帝，交了二千年，最後還不是人在立法？說到這裏，我想特別指出，在世界各種哲學思考中，只有中國哲學能全幅肯定這個世界，而不是否定、誹謗這個世界，雖然，「天地雖大而人生終有憾」，能否真誠讚美這天地人生，正是能否擁有中國智慧的試金石，也正是憂患意識之所以為憂患意識之精義。

徐先生並說中國文化為「心的文化」，他認為中國哲學不講形而上學，而講形而「中」學，一切存在都不能離開人這個「中」，這個「心」。

六、牟宗三先生在《中國哲學的特質》以「主體性」與「內在道德性」為中國哲學之特質，牟先生後來在另一講演集《中西哲學之會通十四講》，以中西哲學比較的提法去講中國哲學的精神：

「中國哲學所關心的是『生命』，而西方哲學所關心的其重心在『自然』。」「我們可說兩個哲學傳統的領導觀念，一個是生命，另一個是自然。中國文化之開端，哲學觀念之呈現，着眼點在生命，故中國文化所關心的是『生命』，而西方文化的重點，其所關係的是『自然』或『外在的對象』（nature of external object），這是領導線索。」（見牟宗三先生《中西哲學之會通十四講》之第二講）

以上，我們回顧了六位學者所說的中國哲學精神。德哲康德在歐洲啟蒙運動餘波中開展其批判哲學，而總結為全部哲學業績只在問：人能知甚麼？人應做甚麼？人可望甚麼？人是甚麼？──表示西方哲學在兩千年摸索後，回到「人學」、回到「生命」，可視為對中國哲學的呼應。

三、「中國哲學精神」之再肯認

至此，我們可以轉而對中國哲學精神作一分解的展示。

一、**世界觀方面**：

　　（一）、對現實世界之肯定；

　　（二）、對世界存在於理則秩序之肯定。《詩經》：「天生烝民，有物有則；民之秉彝，好是懿德。」

　　（三）、對宇宙人生之可以統一之肯定。《中庸》：「天命之謂性，率性之謂道，修道之謂教。」「誠者，物之終始，不誠無物。」

二、**本體論方面**：

　　（一）、現象不離本體，道不離器；

　　（二）、本體在人類精神行程中逐步展現，而每一歷史面相皆含本體；

　　（三）、道常存，而隱顯則依於工夫，故工夫至則抬頭所見俱是本體；道之隱乃由於人受習氣遮蔽，習氣一去，本體朗現。故孟子曰：「萬物皆備於我也，反身而誠，樂莫大焉。」陸象山謂：「吾心即宇宙，宇宙即吾心。」

三、**價值論方面**

　　（一）、價值根源於人本性有「應」、「不應」之覺醒，此即德性；

　　（二）、德性原則並且是自然形態之多樣性及自然之特殊法則之多式性之最高統一原則，而可建立道德的目的論；

　　（三）、理一分殊，價值層級之結構非機械的、單向的、金字塔式的，而是機體的、生命的、相生的、重質的。

四、**人生論方面**：

　　（一）、客觀不離主觀，主觀正可客觀。主觀之「誠」即客觀，客觀之「真」亦主觀。故儒道皆有「我」與「無我」之理境與二者之辯證綜合。

　　（二）、重知情意之統一，並以「意」為首出。

　　（三）、聖凡非二，聖人境界表示生命之純淨，聖人可學可至。

（四）、人格世界之建立。自某義言之，存在先於本質，本質由自由者或不自由者自造，而有人格世界。同時即反證有超越的普遍的人的本性。

四、從「兩極歸宗」看中國哲學精神

在提出中國哲學一個很根本很特別的方法論思想之前，我先承上所說進講中國哲學之大綜和的精神，此即孔子「吾道一以貫之」之精神，從「吾道一以貫之」中，我們正可以明白「兩極歸宗」為何義。

中國哲學之大綜和精神表現在：

一、形上、形下非二界；

二、心物非二元；

三、主客非對立；

四、內外非二域；

五、價值秩序與存在秩序非二；

六、自然與自由非二截。

本體宇宙論之道論就是孔子所云之「吾道一以貫之」之道，中國哲學對宇宙萬物，主與客、內與外、動與靜、心與物、主體與客體，以至形上與形下，通統採綜合的態度。老子曰：「天得一以清，地得一以寧，神得一以靈……。」道家以「無」為一、為道，使一切有不成為有的限制，故曰「無以全有」（王弼注老）。中國哲學以「一貫之道」貫通各各相對之物、相異之理，有如山水畫之不定點透視（自由透視），以一絕對的意境統一貫通各各景物定點透視之相對性，而為一開放的、生生的大一。儒家是道德的大有，厚德載物；道家是玄覽的大無，無以全有。

中國哲學對存在界不視為一僵化的、機械的，與價值無關的一個死體，更不是由存在界之物質秩序來說明、決定價值世界、意義世界。相反，他是由價值意識滲透（安排和說明），因而是活的、且有活動方

向（目的）的存在界，而不是盲目的，或只是互相否定的。

中國哲學家中的道體，依上所說，就是既超越又內在。內在是內在於每一個體生命，由每一生命體現它；超越是在「人同此心，人同此理」，在於道的普遍性和恆常性。道為我所具體化，但道即表示一方向一運動而超出任一具體性之限制。如以哲學性相來說，中國哲學、西方哲學、印度哲學等不同形態的哲學，正是道的不同面相，而以最能代表道的精神之哲學，為道之自我意識與道之擁有自己，而哲學即以此為哲學之理想。

在這裏，我想通過中國哲學的某一基本思想方法去看中國哲學精神。我想通過「兩極歸宗」來看中國哲學。中國哲學無論儒道釋，當處理根源性的哲學問題，無論用哪種哲學語言，其思想方法總是「兩極歸宗」，即孔子所曰「叩其兩端而竭焉」之方法。

「兩極歸宗」是中國哲學一個很特別的方法。「兩」不同於「二」，「二」是「第二」的意思，「兩」是杜預所云之「體有左右證有兩」之「兩」。這是平級的、相關而相異的兩端。「極」非今日帶貶義之所謂「極端」，而是端之美稱。西方哲學是二元論的截然二分，而為割裂的兩界、兩域。中國哲學則永遠視兩端為心學的意義論的「兩端」，而可依意義視域之昇進而綜合之而歸宗（超越之「中」、終極目的）。

孔子曰：「吾有知乎哉？無知也。有鄙夫問於我，空空如也。我叩其兩端而竭焉。」《論語正義》注之曰：「意空空然，唯叩事之終始兩端以竭盡所能，不為偏也。」、「叩兩端而得其宜，得所宜則為中（案：宗）。」就《論語》說及《論語正義》所注，「兩極歸宗」之意義就很明白了。中國人總是如此思考兩端，而不會將之二元化。西方為二元論困了兩千年，他們的哲學史就是為二元化和消滅其中一元而不斷「發展」，但二元始終是二元。然而，西方哲學的透明、整齊就在它二元化地處理一些問題，然後窮盡之，卻戛然而止。既是二元，到底不能綜和。中國哲學則視為兩極，兩極只是同一事之終始、陰陽、正反、隱顯之兩端，可得其宜而折中。《論語正義》注云：「通變神化之妙，皆

自此兩端而宜之也。」通變神化之妙，叩其兩端得其宜、「得所宜則為中」。《尚書・大禹謨》：「惟精惟一，允執厥中。」疏：「當精心一意，信執其中正之道。」此「兩極歸宗」之本義。

同是儒家，荀子亦是「叩其兩端而得其宜」的，只是荀子的心靈有不同，荀子是在知識上講兩端。〈解蔽篇〉曰：「心生而有知，知而有異；異也者，同時兼知之。同時兼知之，兩也。」此兼知是知識論的，與孔子「通變神化之妙而得所宜」不同。孔子重視人對事物的實踐主導及目的理性（智的直覺）照察中存在界之勢態與契機，而非只是一種靜態的認知態度。作為知識活動者，不應只有一個角度之知，而須兼知；這固不錯，但非這裏說的「兩極歸宗」本義。

道家亦有許多這類話頭，如老子曰：「反者道之動」、「道生一，一生二，二生三，三生萬物」。然則萬物「歸根復命」，正宜非有非無而歸玄，「彼是莫得其偶，謂之道樞。樞始得其環中，以應無窮。」（〈齊物論〉）此道家之「兩極歸宗」義。「宗」者，「環中」也，「無」也。莊子再有言：「窮則反，終則始，此物之所有。」「天地與我並生，萬物與我為一。既已為一矣，且得有言乎！既已謂之一矣，且得無言乎！一與言為二，二與一為三，順此以往，巧曆不能得也。」這表示道家深感「物極必反」，自然之物不會走極端，走極端只因人之「妄作凶」。而世界之破裂、兩極化源自「有」（有我、有言……）。故王弼主「崇本（無）息末（有）」，方法仍是「無」，既無有，亦無無，故曰「玄之又玄，眾妙之門」。亦是要從有無、動靜之變化中得其「宜」的態度。唯道家的「宗」是在動靜之間、有向無向之間，在兩端裏保持吾人之「宗」（無為、無執、無心……），以不即不離的觀照態度，不把一己之見帶進去而擾亂這存在界自己。

道家的「兩極歸宗」是說混沌之破裂及破裂之否定而歸於「道」。「道」在道家是「自然之道」，自由無為，萬物在觀照中皆是「自然合目的的」，此與儒家的「宗」是道德價值目的之實現，使應有者有，不應有者無的理想不同。

「兩極歸宗」論在中國歷史思想文獻中多有，茲舉數說以明「兩極歸宗」乃中國哲學之共法（佛教雙遮亦類此，其「宗」與儒道皆不同。唯今不及論之。）

一、《尚書》〈洪範篇〉有「皇極」之說，與「太極」、「人極」為「三極」。太極是宇宙論的一端，代表「自然界」；人極是人生論、人格論的一端，代表「自由界」；兩極歸於皇極，歸於歷史文化之道，皇極是宗。

二、「時中」說：孟子謂孔子是「聖之時者」，表示聖人的精神人格既代表一終極理想人格，因此其自由無限正須在歷史性之限制中實現為自由無限而得其宜。此亦即「中庸」義：「君子之中庸也，君子而時中。」

三、《易》之「終始歸中」、「時中而位成」說：

原始反終，故知生死之說（《易》〈繫辭上〉）；易之為書也，原始要終，以為質也（《易》〈繫辭下〉）；大明終始，六位時成（《易》〈乾彖〉）。

四、張橫渠之「立兩見一」說：

兩不立，則一不可見，一不可見，則兩之用息（〈太和篇〉）；一物兩體，氣也；一故神，兩故化（〈參兩篇〉）；一故神，兩在故不測（同上）。

此即既要立二，又要見一。若不見一，則兩之用息，亦顯不出兩端的價值意義。反之，兩不立，一亦不可見。

五、陸象山之「三極之道」說：

有一物必有上下、有左右、有前後、有首尾、有背向、有內外、有表裏，故有一必有二。故曰一生二。有上下左右首尾前後表裏，則必有中。中與兩端則為三矣，

故曰二生三。故太極不得不判為兩儀，兩儀之分，天地既位，則人在其中矣。三極之道，豈作易者所能自為之哉！（《語錄》：「三五以變錯綜其數」）

象山此段甚美，借〈洪範〉之「三極」（太極、人極、皇極）之說，攝道歸儒，總括了許多範疇，並將知性範疇引入宇宙論與價值論。

六、王船山「兩端一本」說：

王船山在中國哲學史以「道不離器」見稱，其方法即「兩端一本」，其言曰：「兩端者，虛實也，動靜也，聚散也，清濁也，其究一也。」（《思問錄》〈內篇〉）

王船山可謂中國哲學「兩極歸宗」的集大成者，其言甚豐，今不贅。

五、結 語

最後，略對「兩極歸宗」之「宗」再說幾句：

一、「宗」或「中」非「兩極」之量的對析平均，而是兩極之「中心」與活動方向；

二、因此，「宗」代表理想與終極目的；

三、因此，「宗」屬於未來，而為「目的因」，但正因此是歷史之「動力因」。

今天，我們從多方面重溫了中國哲學之精神，我們還通過「兩極歸宗」總結了中國哲學主要思想方法。我認為，在現今中西哲學對話的時代，「兩極歸宗」更是重要而恰當的方法，未來的哲學，將說明這一點。

今天講到這裏，謝謝各位。

（1996 年 8 月 8 日，志蓮淨苑「中國文化講座」講辭。梁惠健整理，原載《毅圃》第十期。）

第五章

「兩極歸宗」與道德的理想主義
—— 儒家實證唯心之辯證綜和 與西方哲學之近代轉向

一、本文緣起

　　1995 年為「牟宗三先生與中國哲學之重建」國際學術會議提交之論文〈徹底的唯心論與中西哲學會通〉[1]中，我有兩處講到「兩極歸宗」。首先是說康德：

> 康德把「一個在感觸世界中必須看被成是現象」的存
> 有 —— 人，假定其自身可擁有「在一感取之對象中其自身
> 不是現象者，名之曰『智思的（純智所思的）』」之能力者，
> 此能力即「自由意志」，由此能力所構成之因果性，即可
> 成為感取世界中的現象之原因 —— 目的因。由是，主體

1　見本書「導論篇」第二章〈「徹底的唯心論」與中西哲學會通 —— 從「哲學的兩難」和德國理想主義之終結，看中國哲學〉。

即本體，目的王國即自由王國。本體與主體為一，本體界不僅不是超絕不可知者，恰相反，乃是存在於吾人最內在最根源處，此最內在最根源處同時即是最普遍而超越（以「先天而天弗違」故），此即道德主體。（……）此見本體界與現象界之區分實只是「兩極性」（polarity）之區分，而非「二元性」（duality）之區分。此區分自某義言之，源自主體之原始的破裂。本此，我們才可能明瞭康德為何把溝通兩界（「自然」與「自由」）寄託於「人」的一種心能──判斷力。

另一處是說黑格爾之改造康德哲學：

　　康德的二界，在黑格爾這裏，轉為辯證運動之兩極：既為「歷史目的」與「歷史動力」之兩極，再而為「存在歷程」內部之「理念」與「現實」、「目的」與「手段」等等之兩極，而要「終成」、實現。西方傳統哲學之基原論的「二元」格式被徹底轉型為「兩極歸宗」之辯證的活動歷程哲學，而最接近東方哲學型態，但在某義上又與東方哲學相距最遠，特別與儒家之道德關切相距最遠。此因黑格爾把「心」外在化（案：即同文另處說的「把這『心』懸為『歷史目的』，把『心之所向』外化為『歷史方向』，『心之性理』外化為『歷史法則』、『歷史理性』」），而不免對「客觀精神」（依黑格爾即「時代意願」、「現代國家」）過份信賴。

當時對「兩極歸宗」並未加詳說。其實我說「兩極歸宗」時，心中想的是「道德的理想主義」。

「儒家」又被稱為「道德的理想主義」。此「道德的理想主義」相異於「救贖主義」而為「大自力」此「道德的理想主義」相異於「解脫主義」

而為「大實在之證如入悲」此「道德的理想主義」相異於「無名論、齊物論」而為「大名教、大分殊」，此「道德的理想主義」相異於「歷史主義」而為「道德主義」，此「道德的理想主義」相異於「存在主義之氣性承擔」而為「以理生氣，綜和的盡氣盡理」，此「道德的理想主義」相反於「以理限事，以理殺人」而為「厚德載物成人」，此「道德的理想主義」相反於「純否定之唯物辯證法」[2]而為「大肯定之唯心辯證法」。「唯心辯證法」即「兩極歸宗法」。無論天道、人道、地道，皆本「兩極歸宗」為方法以觀之、說之、行之，正德利用厚生。

本文即欲簡述「兩極歸宗」作為「道德理想主義」思想方法之意義。

二、康德、黑格爾之「兩極」轉向與中西哲學對話

康德在《判斷力之批判》引論的最後有一條很重要的註，是為解釋其把其全部哲學體系（三大批判）和其所思之「哲學的人學」系統之統一所作之圖表者。依此圖表，在人的全部心靈能力中，「情」為「知」與「意」之中介，「判斷力」為「知性」與「理性」之中介，「合目的性」為「規律性」與「終極目的」之中介，而「藝術」則為「自然」與「自由」之中介。如是，康德哲學之系統性端賴人的心靈能力之統一性，亦即人的整體精神之統一性。或說哲學之可能，根本須預設「人這個世界」是有「宗」的、統一的。因為，依康德，哲學不能沒有體系。「沒有體系也可以獲得歷史知識，同樣，在一定程度上也可以獲得數學知識。可是，沒有體系則永遠不能獲得哲學知識。」[3]而康德認為，對這體系之「一」之超越分解如其圖表所示，理應是「三分」的，而不是「二分」的：

2　關於「純否定」，參閱《唐君毅全集》第十八卷（台北：台灣學生書局，1991 年）頁 422-423。

3　康德：〈原稿〉，載阿爾森・古留加 (Arsenij Gulyga) 撰，賈澤林等譯：《康德傳》（北京：商務印書館，1981 年），頁 182。

　　在純粹哲學裏，我所作的區分幾乎總是三分的，這被認為是有可疑。但我之所以如此作，是由於事實之本性而然的。如果一種區分須是先驗的，則它必須或是依照矛盾律而為分析的，此則總是二分的（quodlibet ens est aut A aut non A），或是綜和的。如果它是在綜和之情形中從先驗概念而被引出（不像在數學中從「相應於概念」的先驗直覺而被生出），則須按照綜和統一之一般需要，即需要：（一）一個能制約之條件；（二）一個被條件所制約者；（三）由「被制約者」與「制約者」之聯合而產生之第三概念。如是，則區分必然是三分的。[4]

康德的超越分解「幾乎總是三分」，在第一批判中就已經十分明顯（如四組每組三分之範疇），而被認為有可疑，直到第三批判還要為之作解釋，因為正如黑格爾所說：

　　理念的總念是在三個環節中得到完成的。這個對於三位一體的高卓意識我們在柏拉圖和其他人的思想中也再度看到。但是這種三位一體的辯證思想，後來在抽象思想領域中卻失掉了，只有在宗教裏尚保存着，但是被認為屬於一個超越的世界。再以後，抽象的理智跟着抬頭，宣佈它是無意義的。直到康德，才重新打開理解它的道路。一切事物的總念之真實性與全體性，從其本質來看，都為三體合一的範疇所攝入。重新意識到這一真理，乃是我們時代的任務。[5]

4　康德撰，牟宗三譯：《判斷力之批判》上冊（台北：台灣學生書局，1992 年），頁 157。
5　黑格爾撰，賀麟等譯：《哲學史演講錄》第一卷，〈東方哲學・乙〉（北京：商務印書館，1959 年），頁 142。

西方自從開始以抽象的理智為主流那個漫長傳統，其思考格式總是二分的；當思想涉及存在領域，則總是「二元論」的。情形如一些西方學者所言：

> 把獨立無改的「超越性」與由之而創造的依賴性事物加以嚴格的劃分，這就是所謂的「二元論」。對創造性來源之解釋是毋需藉助於其創造物的。獨立無改的超越創造者之諸般描述促進了西方型式「宇宙發生論」的長足發展；而此一「潘多拉之盒」（Pandora's box）一旦揭開，層出不窮的各種「二元論」築成了西方形上學臆說的基本架構。[6]

然而既有近代之康德、黑格爾這樣的代表西方哲學高峰的思想家，他們或在超越的分解中採「三分」（康德），或在精神歷史之反省中採用「兩極歸宗」（黑格爾），無可置疑已形成了西方哲學近世新主流新傳統（尚不算入懷特德、柏格森及部分存在主義哲學家）。則不能說西方思想二千多年鐵板一塊盡是「二分」或「二元論」的，更不能說任何開展中之中西哲學對話，都將因中西這兩個不同傳統所沉壓成之思想模型而必受到「嚴重的干擾」，如謂：

> 自從希伯來文化與希臘文化交匯而形成了西方傳統以來，「無中生有」的教義發生了決定性的影響，「超越性語言」因而甚囂塵上。影響所及，一切語言均無以踰越「二元性」的範疇。[7]

6　見郝大維（David Hall）、安樂哲（Roger Ames）：〈殊途同歸──詮釋孔子思想的三項基本預設假定〉，《大陸雜誌》1984 年第六十八卷第五期，頁 230。
7　同上註。

　　話雖如此，但至少康德是否定「二元論」之確知、確證性的，並把「無中生有」等打入「二律背反」，贏得黑格爾之擊節，謂其「恢復了辯證法，恢復了辯證法的名譽」[8]，而黑氏進而積極徹底地把「二元論」之層出不窮的形上學臆說的基本架構，如〈殊途同歸〉的作者所列，「諸如『超自然之與自然』（supernatural ／ natural）、『實有之與表象』、『存有之與非存有』、『知識之與表意』（knowledge ／ opinion）、『一己之與他人』（self ／ other）、『主體之與客體』、『基質之與屬性』（substance ／ attributes）、『心體之與物質』（mind ／ matter）、『形式之與物質』（form ／ matter）、『行動者之與行動』（agent ／ act）、『有生命之與無生命』（animate ／ inanimate）、『生之與死』（birth ／ death），以及『無中生有之與自有變無』（creation exnihilo ／ destrcutio in-nihilum）等」[9]，通統放進其「兩極歸宗」之辯證綜和中，化「元」為「極」；而其中各「元」之原有「實體」（entity）義之「分立法」（discreteness）、「終極性」（finality）、「封閉性」（closedness）、「決定性」（determinateness）以及「獨立性」（independence），等等，依黑格爾之「辯證的思辨理性」，這些「所謂哲學原理或原則，即使是真的，只要它單單是個原理或原則，它就已經也是假的了。」[10] 因為這些原則本來就是由「二元論」之「二分」提供的，它們本就依存於它們之所對之另一組原則：「連續性」（interconnectedness）、「互依性」、「開放性」（openness）、「不決定性」（indeterminateness）、「互補性」（complementarity）、「相關性」（correlativity）以及「共擴性」（co-extensiveness）等一組「兩極性」原

8　康德的「二律背反」原意只是要揭發純粹思辨理性可能有之虛幻。見卡爾‧波柏（Karl Popper）撰，莊文瑞等譯：《開放社會及其敵人》下（新北：桂冠圖書公司，1984 年），頁 632。

9　同註 6。

10　黑格爾撰，賀麟、王玖興譯：《精神現象學》上卷（北京：商務印書館，1979 年），頁 14。

則。由此可見：「兩元論」以及由「兩元論」所二分之觀念世界一齊不能離「精神之開合」——由一端（極）到另一端（極）等活動。明乎此，則〈殊途同歸〉之作者之自知其所擬設之「論釋孔子思想三項基本預設假定」之「內在性」（immanence）、「兩極性」（polarity）與「傳統性」（traditional），本來就是對比於「超越性」（transcendence）、「二元性」（duality）與「歷史性」（historical）而被「二分」地提出的。「此類對比既來自西方哲學傳統，它們當然不能免於『二元論性』聯想的窠臼。」[11] 亦就不奇怪〈殊途同歸〉的作者之甘心以身試法，其用心或如其文之標題所示，只為「殊途同歸」而已。

　　經此一辯證與反思，吾人即知「二元性」與「兩極性」之「二分」本身即蘊涵「三」而透視一「一」：「兩極一宗」、「兩與一為三」與「兩與一為『一』」不二（即三即一）。而吾人之開展中西哲學對話，正是「叩其兩端而竭焉」，即叩西哲之「二元性」與中哲之「兩極性」之兩端，既知「二元性」之「對列心色諸法」之「假」（俗諦），進而當知「二元性」對「兩極性」之「二分」亦「假」，更進知以「二」對「一」亦「假」。此吉藏「四重二諦」所示，雖宗趣不同，例示亦有近之，其言曰：「說此三門，為令悟不三，無所依得，如名為理。」（《大乘玄義》）吉藏「無所依得」故得一解脫之「空理」，儒家「無所依得」，故得「性命之理」而涵蓋乾坤，天道、人道、地道三而一（吉藏是「非三非一」）。康德、黑格爾所代表的「觀念論」的系統性理想，亦在是也。當代新儒家之善引觀念論、善引康德、黑格爾，以互證發明，重撐理想大旗，此固一方面為外部之原因，即時代發展到中西文化、中西哲學之正面遭遇，要求會通；再收窄點說，時代正有西方文化、西方哲學「深層結構」所生之「觀念病毒」之令中國陷入空前災劫，須正本清源，辨別所以；另方面亦實緣於康德、黑格爾諸子哲學，既帶領西方哲學發生「內在性」、「兩極性」之近代轉向，無論其本懷與方法，皆有與中國哲學

11　同註6。

有深相契會之處，而反西方的西方馬列唯物論與中國傳統相距最遠、最陌生。[12]

三、儒家唯心辯證綜和之基本模型

《易》〈說卦傳〉：「昔者聖人之作易也，將以順性命之理，是以立天之道，曰陰曰陽；立地之道，曰剛曰柔；立人之道，曰仁曰義。兼三才而兩之，故易六畫而成卦；分陰分陽，迭用柔剛，故易六位而成章。」此儒家「兩極歸宗」辯證法之原始模型。試圖示如下：

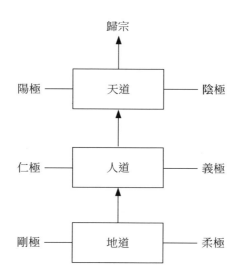

12　有一種廣泛流行的看法，認為馬列主義之能在中國掀起波濤，「其根據和原因，仍在中國文化傳統身上，是中國傳統的思維方法、行為規範、價值觀念和馬克斯列寧主義有相通容之處……。」我歷來最反對此說。二十年前（1976 年）我即以〈中國文化之從憂患意識轉為驚慄意識〉為題，論馬列主義來華之契機。此文內容要在揭示在一特定歷史關頭之中國知識分子大多已非傳統之憂患之士，而陷入西方「二元」文化之「罪惡深重」、「水深火熱」、「國族淪亡」等等之「大破裂」、「大驚慄」、「大苦業」之從負面入之激情，又不得正路正解正行。遂而彌漫「大拯救」、「大救贖」、「大犧牲」、「大解放」之狂熱，遂見即合於基督教之變態之「超智而反智」的現代救世主義之西方意識形態（……）該文已佚。

此圖示需說明者：天道本無所謂陰陽，陰陽者天道「兼體而無累」之用也，作用見體（神體虛體）。[13] 而陰陽、仁義、剛柔諸「兩極」，非全部範疇也，如黑格爾謂依其精神現象學，範疇可無定限量地多。而此圖示所強調者，天道、地道不離人道；人道曰仁曰義，然亦不能離天道、地道而獨立。[14] 總曰「順性命之理」，分曰「兼三才而兩之，易六位而成章」。亦以言詮故，幸勿以圖害意，以詞傷義。言意之辨，正須有一「兩極歸宗」也。

《易緯乾鑿度》曰：「易一名而含三義，所謂易也，變易也，不易也。」鄭玄據此云：「易一名而含三義：易簡一也，變易二也，不易三也。」（《易贊》、《易論》此意正與本圖示同。）見「變易」者，陰陽也，「為道也屢遷，變動不居……唯變所適。」（《易》〈繫辭下〉）「易簡」者，「兩極」也，「兼三才而兩之」、「易六位而成章」也，「初率其辭，而揆其方，既有典常。」（《易》〈繫辭下〉）「不易」者，「經」也、「道」也，「性命之理」也。《易》〈繫辭〉即盛言此即活動即存在之「二與一為三」之「三極之道」：

> 六爻之動，三極之道也。（《易》〈繫辭上〉）（案：六爻中以初、二兩爻象徵「地」，三、四兩爻象徵「人」，五、上兩爻象徵「天」。）

> 原始反終，故知生死之說。（同上）

---

13 關於天道陰陽，宋儒許多討論，今引牟宗三一段文字說之：「朱子對『一陰一陽之謂道』作分解表示是如此：一陰一陽之謂道，總說：陰陽不是道，所以陰陽者才是道，而『一陰一陽』之『一』即表示『所以』也。朱子是從『所以』處表示，而橫渠則由『兼體而無累』表示。從『所以』處表示較更是形式的陳述，其直接所推證者，偏重『理』字義；而從『兼體無累』表示，則能直證神與虛，以神體虛體為道為易也，此則更易接近道之創生義、道之寂感真幾義，道之為心（天心、本心）義，而理自在其中也。此一表示方式之不同，亦啟對於道體體悟之分歧，亦是心理為一（心即理）為二（性即理）所由分之關鍵。」見《心體與性體》第一冊（台北：正中書局，1968年），頁450。

14 關於人道之「仁」「義」，袁保新教授藉海德格之「在世存有」(Being-in-the World) 義，解「仁」為「代表普遍性的感通原則」，「義」為「代表具體性的『情境化原則』」，見袁氏著：〈盡心與立命〉（「第三屆當代新儒學國際會議」論文）。

> 以終始，其要無咎。此之謂易之道也。（同上）
>
> 易之為書也，原始要終，以為質也。（《易》〈繫辭下〉）
>
> 大明終始，六位時成。（《易》〈乾彖〉）

此中「終始」兩端，「允執其中」者，「時中」之義也：

> 以亨行時中也。（王弼注：「時之所願，惟願亨也；
> 以亨行之，得時中也。」[《易》〈乾彖〉]）
>
> 時止則止，時行則行。動靜不失其時，其道光明。
> （《易》〈乾彖〉）

故《易傳》常有「XX 之時大矣哉！」「時用大矣哉！」之嘆。至此則不能不正視此「三極之道」、或曰「三而一者」、或曰「允執其中」者、「得時中」者，此一大系列之縱貫綜和與橫攝綜和之「統之有宗，會之有元」之「宗」「元」之義釋矣！既有「宗」、「元」，自非「離中心主義」之「執離」、「執空」，此「宗」、「元」只能在「兩極」歸向中尋找／證立。《論語》〈子罕〉記孔子曰：

> 吾有知乎哉？無知也。有鄙夫問於我，空空如也。我
> 叩其兩端而竭焉。（《論語正義》釋文：「此兩端即中庸，
> 舜執其兩端，用其中於民之兩端也。」「通變神化之妙，
> 皆自此兩端而宜之也。」）

然則此「宗」、「元」乃扣兩端而求「宜」求「中」之辯證綜和之「允執其中」，而貫穿終始之「方向」、「目的」、「理想」者也。此「兩極歸宗」之辯證綜和，既有橫攝的「陰陽」、「仁義」、「剛柔」，更有縱貫的「天人之際」，前後的「古今之變」，而終成於人道，亦總始出於人道之「理想」、「目的」、「方向」。

自橫攝的兩極言，無論是「相關」(relative)、「相反」(contrary)，或「有無」、「肯定、否定」，其之為「端」為「極」，本依於既有所「感」(「寂然不動，感而遂通天下之故」)，立「此」則不能不立「彼」，而來回於彼此兩極，並要求此兩極有辯證綜和而「有道」，有「陰陽之道」、「仁義之道」、「剛柔之道」，同時即有縱貫的兩極之辯證綜和直貫下來，要求與橫攝之兩極綜和作綜和而「有道」。此即「六爻之動，三極之道」、「時中」之義，亦即「兼三才而兩之」、「易六位而成章」之所表。宋儒張橫渠以六字說之，曰：「命日降，性日成。」[15] 此「命」即「天命」，「天命」者，縱貫的「究天人之際」之綜和之下貫也，而與「分陰分陽」，迭用柔剛之橫攝的綜和再作綜和而化氣之偏而不斷地繼其天命之則，以彰著彰顯而「成性」「成章」。「性」者，既是人之所以為人之「應是」，亦是人之所以為人之「能是」(ability-to-be)──「我應故我能」，並因「我應故我能」而總攝「兼三才而兩之」「易六位而成章」之一切存在而「命日降，性日成」。故橫渠又曰：

> 性，其總，合兩也。命，其受，有則也。不極總之要，則不至受之分。盡性窮理而不可變，乃吾則也。[16]

朱子解之曰：

> 合虛與氣有性之名。有這氣，道理便隨在裏面，無此氣，則道理無安頓處。[17]

朱子以「合虛與氣」說「性」，是聯想橫渠另處所言：「太虛不能無氣，氣不能不聚而為萬物，萬物不能不散而為太虛。循是出入，是皆

15　見《張載集》，〈誠明篇〉(北京：中華書局，1978 年)，頁 22。

16　同上註。

17　見《宋元學案》，〈橫渠學案〉(上)(北京：中華書局，1986 年)，頁 672。

不得已而然也。然則聖人盡道其間，兼體而不累者，存神其至矣。」[18]
然以「太虛不能無氣……」說「性」，則「性體義」有損。若只是從「其
總合兩而不偏」、「兼體而不累，存神其至」而言合太虛神體與氣之聚
散動靜等而一之，以見性體之真實義與創生義妙用義，而與「命日降，
性日成」合觀，則亦為相應。要之，在「其總而合兩」、「兼體而不累」、
「不極總之要，則不至受之分」之辯證綜和之存在感之顯發。

橫渠這種「兩極歸宗」之大綜和哲學亦即其具體哲學之存在關懷，
幾乎無處無之。再摘兩段以見其誠：

> 兩不立，則一不可見；一不可見，則兩之用息。兩體
> 者，虛實也，動靜也，聚散也，清濁也，其究一而已。[19]
>
> 無所不感者虛也，感即合也、成也。以萬物本一，故
> 一能合異。以其能合異，故謂之感。若非有異，則無合。
> 天性，乾坤陰陽也；二端，故有感；本一，故能合。天地
> 生萬物，所受雖不同，皆無需臾之不感，所謂性即天道也。[20]

虛，故能無所不感；既能感異端，即能合異而成一也。如是，無
需臾之不感故，無需臾之無兩無異，亦故無需臾之不一也。

「兩極歸宗」亦可表述為「三極之道」。《洪範》本有太極、人極、
皇極，「三極」之說，陸象山則說為「三極之道」，其言曰：

> 有一物必有上下、有左右、有前後、有首尾、有背
> 向、有內外、有表裏，故有一必有二。故曰一生二，有上
> 下左右首尾前後表裏，則必有中。中與兩端則為三矣，

18 《張載集》，〈太和篇〉，頁7。
19 同上註。
20 同註18，〈乾稱篇〉，頁63。

故曰二生三。故太極不得不判為兩儀，兩儀之分，天地既位，則人在其中能自為之哉！（《陸九淵集》第二十一卷〈三五以變錯綜其數〉）

此中國之道德的存在哲學也，此乃「扎根於地」但又能「成長」而上達於天的全體存在哲學，而非「連根拔起」的二元論形上學。這「成長」既與天地萬有以及他人互依共存，而為「非唯我之在」。但是生命必有向，康德從「人是甚麼？」而黑格爾首先從「何謂歷史」發現了人類生命之有向（要在時間中展現），海德格卻從「每人有死」發現了同一事實（要在時間之存在性格），無論自覺不自覺，每人必在「向死亡的自由」中而發現「唯我之在」。

儒家發現「人生有向」之經典表述是「性善論」，孟子更從「人生向善」之「表象思考」後返而為「根源的思考」之「性本善」，尋得「扎根於地而歸宗於天」之全體存在秘密：唯有「善」，使「善」、「不善」成為可能，唯有「誠」使「有」、「不有」成為可能，唯有「一」使「一與二為三」成為可能（要在存在本身即活動，由活動而有時空、方向、一多、同異……）。此為儒家由存在入路，最實證、最「根源」因而最「立兩」、而為「最內在而超越」而「本一合異」之道德的形上學規模，先秦孔孟創立之，宋明儒學張大之、王船山以「一本兩端」三申之。至當代新儒學，遂有唐君毅「心靈九境」之三層縱貫「兩極歸宗」之辯證唯心大系統，有牟宗三「一心開二門」、「總二門於一心」之「兩層存有實證唯心論」執而無執之徹底唯心大系統，兩大系統互相輝映呼應，亦極一時之盛歟！

四、黑格爾的兩極歸宗與歷史理想主義

黑格爾以「絕對知識」為未來宗的，且永遠為未來宗的，世界歷史向之而趨。此說完全改變了康德「物自身」概念之消極及被動地位。「終極目的」並不為個別的人這種「個體自我」（individual I）所能「知」，

此則一如康德。但絕對目的不為個人所能知，卻正因此引領着人類不再視其為固定的、外在超絕的、在實踐之外、在歷史之外、時間之外孤懸的一個「絕對真理」。相反，「絕對知識」只表明為唯一之歷史向度：「世界歷史無非是『自由』意識的進展，這一進展是我們必須在它的必然性中加以認識的。」[21] 如是「絕對知識」表現為一「歷史必然」：即「自由」在歷史中開展並「必然」（方向上）最後實現自己。但依黑格爾，個體自我之為「我」，首先因其「有限性」（亦正因此，依辯證之思辨理性，則亦證「人有自由、無限性」），首先為現實所規定了的，並且以人的身份在欲望中的（黑格爾謂：人只有在欲望中才會說「我」）。因此，人在緣起中，為「過去」之「有」（既承之向度）與「現在」之「無」（所欠缺）規定為「欲望者我」，因為欲望，更因為欲望之為欲望之「諸行無常」，或曰 "Desire for another Desire"，世界之現實性得到否定性之力量，而進入時間／人的目的性活動／歷史性中；而人的欲望，以及為欲望之欲望，因着其「有限性」之本質，或在其實現時互相否定，或在每次滿足中而自我否定，真正遺下的只是達成滿足欲望的「手段」和「工具」。此全部「工具」「手段」，正是人類文明。而當初為實現人類具體目的之那一切「手段」、「工具」，在黑格爾「歷史存有論」中辯證地轉為目的性之存在，而人因存在之欠缺（「諸法無我」）之無窮欲望與種種目的，反轉為「歷史觀念」實現其自己之手段矣。因此，人的自由無限性必須作為其有限性之對立而有意義，「人的高貴處就在於可能保持這種矛盾，而這種矛盾是任何自然物在自身中所沒有的，也不是它所能忍受的。」[22] 換言之，人的真實的自由無限性在於自我揚棄為「在歷史中一有限的在」，而不能逃於時間之外／歷史之外。「人的歷史時間」之存在樣式遂為：

21　黑格爾撰，王造時、謝詒徵譯：《歷史哲學》，〈緒論〉（北京：三聯書店，1956 年）。

22　黑格爾撰，范揚、張企泰譯：《法哲學原理》（北京：商務印書館，1982 年），頁 46。

（未來→）過去→現在→未來▶死（在歷史中再生）

而「世界歷史時間」之存在樣式為：

過去→現在→未來▶歷史終結（絕對知識）

「世界歷史時間」因而是單線的（uni-dimensional），而人的歷史時間在生時是以目的性（未來）主導的，死後則有個人目的性之中止，唯餘手段工具轉為歷史性之存在，然則人的在生與死後的「歷史」可以是周而復始的、生長的、永無終結的，參與人類終結目的之每次顯現的。故是周而復始的多度的（multi-dimensional）。中國思想偏重從人的存在之目的性活動說時間。目的性活動是周而復始的多維度的，超越生死，此與黑格爾之強分目的手段有不同。

此黑格爾歷史哲學中人的命運：自由着向絕對知識行進、因而在辯證之揚棄中以求克服一切有限性，但人的現實存在終是一有限性，故最後實存的只是世界歷史／文化。由是可見黑格爾哲學之中心關懷並非為「人」尋找一存有論，而是為「歷史」提供一存有論基礎。由「絕對精神」、「歷史理性」、「絕對知識」、「自由與必然」、「客觀精神」等為核心觀念之黑格爾大綜和哲學，我稱其為「歷史理想主義」，認為其在解消西方本原論之「二元」格式，轉為辯證的「兩極歸宗」上，與中國哲學最接近；但在道德關切（個人之成德與世界終極目的之關連）上，又與儒家相距最遠。正因此，遂有後來之存在哲學者對黑格爾之不滿。

五、存在主義之兩極說與海德格之基本存有論

直接地是因為不滿黑格爾之「歷史存有論」將人的「個體自我」（individual I）工具化為「歷史」「文化」之手段（到馬克思唯物論則顛倒

為「歷史」「文化」是人存在之手段，而人存在是族類之手段，族類存在是「階級」之手段，階級存在則為生產力之手段，生產力又只為人存在之手段，人存在又只為生產力必然發展之手段，……之唯物論純手段、純否定），而有齊克果之高呼「那個人！」（That Individual！）「唯有一個人能達到目標──這句話所意念的不是比較性，因為比較是把他人計算在內。這話意指每一個人都可以成為這一個人。」「『個人』，以宗教的觀點而言，是這個時代，一切歷史以及人類全體必須通過的範疇。……這條隘道之通過是除了成為個人之外別無他法的。」[23]

　　「去激起、去邀請許多人來通過這條只容一人通過的隘道。」──那條「個人」與上帝的唯一通道，這是齊克果「個人存有論」之最好象徵意象。而弔詭的是，為了反抗黑格爾「絕對精神」之內在化於「世界歷史」而為世界歷史之內在目的，齊克果寧願選擇一「二元論」式的超越的上帝，「以虛無為用，投向存有（神）」，走「二元論」的「由最高神攝取而得成為永恆」之「個體」得救之宗教道路。但齊克果既保有那直通上帝的個人隘道，並宣說：「當永恆真理與個體存在相聯結，即成為一弔詭（案：意謂一高度辯證之綜和）。」[24]「主體性就是真理。」[25]這時，齊克果又終是一「兩極歸宗」論者，雖然他極力保持「兩極」之「極不靠近」、「極不平穩」之高度緊張性、艱難性（齊克果明白表示他的使命是使人活得艱難），並因此成為在懸崖「兩端之間」走鋼索之第一人──尼采之先導。

　　尼采徹底地反了假基督了，一切舊形上學之二元實在之最後遺產被尼采叫賣典當了，並將所得緊握在手成為權力意志（the will to

---

23　見沃爾特‧考夫曼（Walter Kaufmann）編，陳鼓應、孟祥森、劉崎等譯：《存在主義》，齊克果：《那個人》（That Individual）（北京：商務印書館，1993年），頁90、96。

24　見 Søren Aabye Kierkegaard（齊克果）, "Concluding Unscientific Postscript" (Princeton: Princeton University Press, for American-Scandinavian Foundation, 1941.), p.187

25　同上註，頁169。

power），人神二元論徹底轉為生命存在之兩極論：成為強者／弱者！成為主人／奴隸！成為行動，成為時間、成為歷史、成為超越、成為自由！否則，一無所有！成為「不成」！若視尼采為「徹底有體系之哲學家」（海德格正是這樣說），則尼采將黑格爾的人的歷史時間樣式改為人的存在時間樣式：

現在→過去→未來→現在？！

在懸崖兩極之間搖晃着走鋼索的人，每挪一步都是對過去未來之超越！

亦只有自齊克果這「最有神論者」與尼采這「最無神論者」所共同宣說的「極不安全」、「絕無慰藉」之存在兩極說，我們才好明白馬丁·海德格（Martin Heidegger）的即人的存在時間（向死的存在）而建立的「基本存有論」。海德格無非選用了最隱晦、最不牢靠、最致命的言辭，構造尼采之兩極及兩極間之「可能性」。在〈回到形上學基礎之路〉一文中，海德格解釋任何形上學不能離「存在」這土壤，哲學之樹不能連根拔起：

笛卡兒說：「整個哲學像一棵樹：樹根有如形上學，樹幹有如物理學，而從樹幹伸出的樹枝，則有如一切其他科學⋯⋯。」（opp.ed.Ad.Et.Ta.IX.14）

根據這個看法，我們可以問：哲學的樹根生長在甚麼樣的土壤中呢？樹根——通過樹根而整棵樹——從甚麼地方吸收其養分和力量？隱藏在地中的甚麼要素進入而留在這裏支持並滋養這棵樹的樹根中呢？甚麼是形上學的基礎和要素？[26]

---

26 同註23，頁215。

　　海德格再次代表了近世西方哲學要求回歸生命存在之轉向。無論怎樣的懷疑與答辯、超越推述與辯證綜和，哲學之樹總須扎根於存在鄉土。走鋼索者仗賴了那緊繃在兩極之間的鋼索以及半空中途不可測的風，而成為走鋼索者，並因此，隨着每一步之搖晃，這一切所有被照明了（coming to stand in the light）。

　　「存在者」的本質「就在於去存在」而總抉擇了一種「存在狀態」，而與所在構成一「場有」（field theory of men）[27] 之意義世界──「此在」之存在狀態中的一種「在的方式」，或曰「此在在世之端緒與極限」。「此在」或在這千頭萬緒（無論如何千頭萬緒總不外「在」或「不在」──孟子則曰「道二，仁與不仁而已」。）之中而「沉淪」（唯我不在），或即此千頭萬緒「生死心遍即生死色遍」而驀然躍起，領會此在在世之極限：從來處說人被發現（thrownness）在一「故事」中（過去），而向着死（未來）；兩極皆「無」，鋼索動搖（現在）。一切的有，在每一可能性之開展中被帶入「不之狀態」，成為不確定、成為「唯我之在」（唯我本不確定故）。

> 　　此在在無家可歸狀態中原始地與它自己本身相並。無家可歸狀態把這一存在者帶到它未經偽裝的「不之狀態」面前，而這種「不之狀態」屬於此在最本己能在的可能性。[28]

　　此「不之狀態」即當下之：無家可歸、不注定、不遮蔽、不能不自由、不能不可能。此在由此提早「進入死」而（與在世對顯）為：歸家、確定、遮蔽、無向、唯一可能（不再可能）等等「死之情態」──

27　唐力權教授近年推動「場有哲學」。在《周易與懷德海之間》之〈序言〉中謂：「從場有哲學的觀點來看，建構解構、向心離心，均是哲學心靈、文化心靈不可分的兩面。」（引自〈哲學與文化〉1989 年第十六卷第十期，頁 46）

28　馬丁・海德格（Martin Heidegger）撰，陳嘉映、王慶節譯：《存在與時間》（北京：三聯書店出版，1987 年），頁 342。

由此存在兩極之存在結構上的張力，「畏（對死的畏）將此在從其消散於世界的沉淪中抽回來了。」「畏如此把此在個別化並開展出來成為唯我之在（solusipse）。」[29] 則海德格之「存在時間」樣式當為：

過去（已在／無）→未來（死／無）→現在（沉淪或站出來／無或有）→未來（本質／無或有）

尼采說：「自由去死和在死中得自由。當說『是』的時代已經過去，人可以作神聖的否定！由是他知道怎樣去死 —— 以及如何去活！」[30] 海德格以「置之死地而後生」說「本真存在」；再藉仗本真存在來「照亮」存在以及存在之意義世界。我們由是明白了近代西方哲學轉向中的又一個圓圈。

六、小結

康德打開了但未能合，黑格爾合於歷史，但不能開；齊克果「以虛無為用，投向上帝」（原話是「以虛無為用，投向存在」），實同於「以上帝為用，投向存在、投向個人真實」；尼采高聲宣說在兩極之間人注定無助，人須自救、成為強者之教義；海德格由兩極之大限而畏無返有。從佛教言，多證苦、集二諦，未證滅、道二諦。從儒家言，多證苦證業證悲，未證能證所證覺，證義證仁（創生活動的大實有）。近世西方哲學之由「二元」轉向「二極」大分二路，歐陸存在主義之「兩極論」一如上述，其因或由傳統二元論之反激而起，其入路未嘗不真切，然心宗不立，證能不證所，證怖不證悲，宜以儒家仁義充實之，以寂感安排之。另一路為英美語言分析，我兩年前有〈語言轉向之轉

---

29 同上註，頁 228。
30 尼采撰，雷崧生譯：《查拉杜斯特拉如是說》（台北：台灣中華書局，1963 年），頁 106。

向〉一文，尋求從語意／語境論所張開之言意兩極再向上翻出一語言者「人」，則大可與中國豐富的言意、言默思想相對顯，中西哲學對話之境域更可開拓。而「兩極開合總於一心」將是中西哲學未來交會點。

綜上所說：

一、儒家道德理想主義之思想模型為「兩極歸宗」：兩極而非二元，貫通但須揚棄。既是個人的，亦是集團的。

二、近世西方哲學自康德開始由二元轉向兩極，兩極辯證而或歸某義之主體，或歸歷史目的，或無宗而歸個人當下選擇。康德重主體性而稍重個人純粹理性，黑格爾偏重客觀精神之集團，存在主義則以個人為主而超越個人，或歸上帝（信仰之所對），或「場有」、或「氣質之性」，但多無宗。

三、因此，中西哲學對話不僅有橋樑，並且有共同之意義視域，而非方枘圓鑿。拒絕對話正是二元論式的殘留。

四、當代新儒學有兩個「兩極歸宗」之大系統，一為唐君毅之「心靈九境」辯證綜和大系統，一為牟宗三「一心開二門，總二門於一心」之徹底唯心大系統，兩大系統又可依「兩極歸宗」重新疏通說明。世人常稱當代新儒學大家唐君毅哲學有黑格爾的影子，若從濃厚的辯證思想處說，亦可；但我亦願鄭重提出：兩家之入路不同，出路亦不一樣。概而言之，黑格爾是「歷史主義」的，而唐先生是「道德主義」的；雖然兩家都是「理想主義」，都反對「二元論」而為「兩極歸宗」之絕對唯心大綜和哲學。世人常轉述牟宗三哲學之「一心開二門」為「二層存有論」，我亦願在此鄭重提出：「執的存有界」與「無執的存有界」之「執」、「無執」豈可離心？無「心」何來「二門」？牟氏說「二門」，正為示「一心」。世人只知其「二」，不知其「三」，以至忽忘其「一」之「心」。此中大有可論可說之處，亦是本文初懷；然寫至此，篇幅與時間皆不允許，亦見存在之極限而未嘗不令人感嘆者。然亦可藉此感入深重罪責證得存在。

（1996 年 12 月 20 日，台北第三屆當代新儒學國際學術會議前夕。）

道德與自由

第六章

歷史理念中的自由與道德
—— 從儒家名教看黑格爾對康德道德哲學之轉進

一、前言：從「道德」轉向「倫理」

本文圖藉康德道德哲學與黑格爾對康德道德哲學之改造，為儒家名教求一正解；亦所以本儒家「先天而天弗違，後天而奉天時」、「本天敘以定倫常，法天時以行政事」之義，正視與肯定黑格爾轉進之功。至於以儒家性情之學與道家玄智消除黑氏「歷史必然論」可能有之流弊，更是當有之論，卻非本文所能及。

我們不能說黑格爾對康德道德哲學所作的客觀化改造即等同於周禮所開的名教傳統所表現或所負擔的。但當我們充分了解黑格爾的意義——經過對黑格爾有關思想的條理平章，則黑格爾之要求「道德」向「倫理」過渡，把「道德」、「自由」、「無限」、「善」等置於歷史理念之下，而引領之走上實現之路等諸義，可幫助我們建立對周禮所開名教傳統之正解，並互察其各自之限制，而為「名教」近百年來之污名辯誣。

　　黑格爾對康德道德哲學之轉進，對於今日新儒家之思考如何由內聖開出外王，當有觀念之支持，可以互相發明增益，而不僅僅是一次「典範遞移」（paradigm shifts）之示例而已！雖然，這種德國式的思辨支援，總教我們緬懷先賢哲「善力舉秋毫，善聽聞雷霆」簡易切要之智慧。但軟罷的現代中國頭腦確有需要用概念把自己支撐，以便面對時代：當「現代化」已經叩開亞洲「儒家文化圈」之門，夜幕低垂，思想的貓頭鷹還沒有起飛。

　　「現代化」固非一時間概念，但亦非一純價值觀念。恰當地說，「現代化」是一歷史性觀念，是有關「凡是合理的都是存在的，凡是存在的都是合理的」之歷史開合之觀念，因之，是一實踐的觀念：呈現一自覺之要求與實踐的必然性，從而構造「歷史之必然」。故「現代化」根本是「體經用史」的問題，它雖非一時間概念，但它須在時間中醞釀和實現。它只能是一歷史節目並在歷史中完成和過去。「孰能濁以靜之徐清，孰能安以久動之徐生」（老子）。這不是抱怨、咒罵所能為功，更不是「叛經誣史」之純否定所可張望者。

　　然則周禮以來之名教傳統與黑格爾「體經論史」皆可有助我們今日對「新外王」之思考。

二、康德之原則與黑格爾之批評

　　康德之後，經過約翰・費希特（Johann Fichte）和弗里德里希・謝林（Friedrich Wilhelm Joseph von Schelling），黑格爾成為康德哲學之最大的批評者和繼承者；在自由與道德問題上，更是如此。

　　黑格爾認為：康德所發現的人的道德主體性，是「自為地、無限的、自由的主體性」（fuer sich unendliche Subjektivitat der Freiheit），但卻因為「無限」只停在「道德（應當）」階段（主觀自由），則首先它沒有承受任何它以外的義務，除了它自己的自由外，沒有別的目的，它為自己建立的「應然的」行為法則（道德律）除了普遍性、自我一致性之

外，不能獲得任何具體內容與規定，而只有空洞的形式（所謂「空虛的形式主義」）。在《法哲學原理》（或譯《權限哲學》）中，黑格爾這樣批評康德：

> 着重指出純粹的不受制約的意志的自我規定（吳案：指康德之「自律」原則）並把它作為義務的根源，這誠然很重要，（……）但是固執單純的道德觀點而不使之向倫理的觀念過渡，就會把這種收穫貶低為空虛的形式主義，把道德科學貶低為關於為義務而盡義務的修辭，或演講。（……）矛盾只能是跟某種東西，即跟預先被建立為固定原則的內容，所發生的矛盾，只有在跟這種原則相關中，才說得上某種行為是跟它一致的，或是跟它相矛盾的。但是，如果應該為義務而不是為某種內容而盡義務，這是形式的同一，正是這種形式的同一排斥一切內容和規定。
>
> 此外，還有二律背反和永世不絕的應然的其他各種形態，在其中關係的單純道德觀點徘徊往來，既未能把它們解決，也未能越出「應然」一步。[1]

顯然，黑格爾不滿意康德在自由與道德問題上的「主知主義」討論，這既違反康德自己「實踐理性之優先性」，當然不能見遇於「言必稱歷史」的黑格爾。

黑格爾在《哲學史講演錄》第三部說：

> 實踐理性立即被理解為具體的。理論理性的最後頂點為抽象的同一性，它只能提供抽象條理的規則和準則。只

---

[1]　黑格爾撰，范揚、張企泰譯：《法哲學原理》（北京：商務印書館，1982年版），頁137-138。

有實踐理性才是有立法作用的，才是具體的，它為它自己
建立的規律就是道德律。康德明白說出了實踐理性本身是
具體的。不過進一步便可看見，這種自由首先是空的，它
是一切別的東西的否定（吳案：指包括習俗、教育、城市
法律，感性的以至道德的情感性好、圓滿、神的意志等之
否定），沒有約束力，自我沒有承受一切別的東西（吳案：
指如家庭、社會、國家）的義務。所以它是不確定的：它
是意志和它自身的同一性，即意志在自身中。但甚麼是這
個道德律的內容呢？這裏我們所看見的又是空無內容。因
為所謂道德律除了只是同一性、自我一致性、普遍性之
外，不是任何別的東西。形式的立法原則在這種孤立的境
地裏不能獲得任何內容、任何規定。這個原則所具有的唯
一形式就是自己與自己的同一。這種普遍原則、這種自身
不矛盾性乃是一種空的東西，這種空的原則不論在實踐方
面或理論方面都不能達到實在性。康德是這樣表述普遍的
道德律的（人們一直就願意建立這樣的普遍形式，這也是
抽象理智的要求）：「根據通則來行動」（規律也應該是我
自己特殊的規律）「這些通則能夠成為普遍的規律」。因此
這個規定仍只是抽象的同一性。

　　這樣，康德對於義務的定義（因為抽象的問題是：
對自由意志說來甚麼是義務？）除了同一性，自身不矛盾
的形式外（而這種形式乃是抽象理智的法則）甚麼東西也
沒有。[2]

黑格爾之批評是否中肯？讓我們先重溫康德之原則。

2　黑格爾撰，賀麟、王太慶譯：《哲學史講演錄》第三部，第四卷〈近代哲學〉（北京：
　　商務印書館，1978 年），頁 290。

　　康德在《道德底形上學之基本原則》中，綜結道德原則在形式、材質、意志三方面之公式為：

　　一、「格準必須這樣被選用，即好似它們可用來充作普遍的自然之法則。」——形式。

　　二、「理性的存有由於以其自己之本性他是一目的，因而他在其自身即是一。」——內容、目的。

　　三、「一切格準因它們自己所有的立法性（一切從自律的立法而生的格準——依拜克〔Lewis White Beck〕譯）皆當與一可能的目的王國相諧和，一如其與一自然底王國相諧和。」——意志自律。[3]

　　在《實踐理性底批判》第一部第一卷第一章，康德提出道德律令之四項「定理」：

　　一、非經驗——先驗性：由欲望之對象所決定的實踐原則皆是經驗、特殊的；道德法則與之相反。

　　二、非關幸福——義務：有關幸福之實踐原則並無實踐的普遍必然性，道德法則須具普遍的實踐的必然性。

　　三、非實質——形式性：只是格言底純然形式而不是格言之材料，此格言可適合於普遍的立法、成為普遍的法則。

　　四、非他律——自律：意志自律是一切道德法則底唯一原則。而所謂有選擇權的意志之他律不僅不是責成之基礎，且相反於責成原則、相反於意志底道德性。[4]

　　「自律」為最重要。此因康德始終以「自由」為其「全部學統之拱心石」。自由，因此不能他律、不能有條件、不能無度、不能受制於自然因果，即不能後驗，並且，不能封限（故無一定內容，以保證實現為各種善行之可能性）。此所以馬丁・海德格（Martin Heidegger）稱之為

3　康德撰，牟宗三譯：《康德的道德哲學》（台北：台灣學生書局，1982 年），頁 78-80。

4　同上註，頁 152-157。

「方向倫理」或「展現倫理」為恰當，而所謂「形式主義」不可視為病。康德的道德原則之第一條「無上命令」原分二式，第一式：「你應當只依那種格準，即由之你能同時意願『它必應成為一普遍法則』這樣的格準，而行動。」屬智思界（客觀超越之純粹理性），為「因」；第二式：「你應該這樣行動，即行動得好似你的行動之格準，依你的意志，真要成為一普遍的自然之法則。」屬經驗界（道德的自我意識）而為第一式之「果」，但貫入經驗界而為「因」。[5] 第一式可理解為客觀的；第二式可理解為主觀的。黑格爾顯然不理會此種區分，而逕視康德之道德律令為僅具主觀性。

> 主觀意志在自身中反思而要求克服自身之特殊性以達普遍性，但仍停留在「主觀的普遍性」主觀之抽象階段，只是「主觀意志的法」。[6]
>
> 善對特殊主體的關係是成為他的意志的本質，從而他的意志簡單明瞭他在這種關係中負有義務。由於特殊性跟善是有區別的，而且是屬於主觀意志之列，所以善最初被規定為普遍抽象的本質性，即義務，正因為這種普遍抽象的規定的緣故，所以就應當為義務而盡義務。[7]

黑格爾承認這「着重指出義務的這種意義，乃是康德的實踐哲學的功績和它的卓越觀點。」[8] 但黑格爾認為康德即止於此；止於「主觀的普遍性」、「主觀意志的法」——主觀的「道德」的階段、「形式的良心」（Gewissen）階段，因此「缺乏現實性」，是片面的，抽象的，因而是不真實的；甚至是危險的。

5　同註3，頁33-34。
6　同註1，頁41。
7　同註1，頁136。
8　同上註。

　　良心如果僅僅是形式的主觀性，那簡直就是處於轉向作惡的待發點上的東西，道德和惡兩者都在獨立存在以及獨自知道和決定的自我確信中有其共同根源。[9]

　　當自我意識把其他一切有效的規定貶低為空虛，而把自己貶低為意志的純內在性時，它就有可能或者把自在自為的普遍物作為它的原則（意指服從道德法則），或者把任性即自己的特殊性提升到普遍物之上，而把這個作為它的原則，並通過行為來實現它，即有可能為非作歹。[10]

　　黑格爾這些話雖未明言針對康德，但顯然有所對而發。康德所言頒佈道德律令之純粹實踐理性（或曰「純粹自由意志」）固不可被理解為「意志的純內在性」（意即純主觀性），特別在第一式之表述中，定然律令來自智思界之自由意志。唯在康德哲學系統中因否定人有「智的直覺」，遂使智思物（包括自由意志）終被視為不可知，而只在彼岸，只為一必須之「設準」（即主觀的預定之理念），遂使道德實踐之動力減殺，而招致許多誤解，然實非康德本意。

　　黑氏之批評雖有所見，然亦須有簡別。而康德所申明之嚴格主義道德學實不可反對，而只能沿之而充其極。在費希特、謝林之後，黑格爾把經由康德作嚴格邏輯構造之「自由」與「道德」理念放進歷史，從屬於歷史理念，從而獲得存在的歷史的辯證開顯之性格；亦即是說，把康德解放的（未決定的）自由主體引領向絕對理念的自我意識以及自我實現之歷史行程中。此絕對理念的歷史行程（個人的或集團整體的），黑格爾由內向外開展為（依《法哲學原理》之結構）：抽象法──道德──倫理（家庭──市民社會──國家）。

9　同註1，頁143。
10　同註1，頁142。

由此絕對精神之歷史行程，我們重檢黑格爾對康德道德原則之改造，以使由「道德」進展到「倫理」。

三、「普遍性之應當」向「法」過渡
── 黑格爾對康德原則第一條之改造

黑格爾將被人等同起來的「道德」與「倫理」兩概念嚴格分開，視前者為只具主觀性的自我立法，因而是片面的、缺乏現實性和必然性。

黑格爾批評康德只限於「道德」，不懂「倫理」：

> 道德和倫理在習慣上幾乎是當作同義詞來使用。在本書中（案：指《法哲學原理》）則具有本質上不同的意義。普通看法有時似乎也把它們區別開來的。康德多半喜歡使用「道德」一詞。其實在他的哲學中，各項實踐原則完全限於道德這一概念，致使倫理的觀點完全不能成立，並且甚至把它公然取消。[11]

黑格爾認為主觀的「道德」要實現向「倫理」的過渡，首先必須捨棄它的抽象的形式性，亦即是說，給「應當」（義務）以具體的內容：

> 意志的本質對我來說就是義務，如果現在僅僅知道善是我的義務，那末，我還是停留在抽象的義務上。我應該為義務本身而盡義務。（……）任何行為都顯然地要求一個特殊內容和特定目的，但義務這一抽象概念並不包含這種內容和目的，於是就發生義務究竟是甚麼這樣一個疑問。關於義務的規定，除了下述以外暫時還沒有別的說

11　同註 1，頁 42。

法：行「法」之所是，並關懷福利 ── 不僅自己的福利，
而且普遍性質的福利，即他人的福利。（⋯⋯）其實，善
作為普遍物是抽象的，而作為抽象的東西就無法實現。為
了能夠實現，善還必須得到特殊化的規定。[12]

　　在康德，義務的內容是無需另加規定且不應另加規定的，應當做
甚麼應由每個理性的存在當下決定。康德認為：「滿足定然的道德命
令，這總是在每一個人的力量之中，但是要去滿足經驗地制約的幸福
之箴言，甚至只就一個簡單的目的說，那卻是很少可能的，而且亦無
法對於每一人皆可能。」[13] 黑格爾以「行法之所是，並關懷公共福利」
來規定義務，一方面，表示黑格爾以一種實證的態度不認為人人能分
辨甚麼是普遍法則，甚麼只是「自己的特殊性」，若如此，「那簡直就
是處於轉向作惡的待發點上」，而這即表示黑格爾不信任道德動機論，
而偏向於效果論以及對於幸福論的接受。另一方面，更重要的是表示
黑格爾對「法」（Recht，或譯「權限」）與「道德」之互補關係的思想。
黑格爾認為：

　　無論法的東西和道德的東西都不能自為地實存，而必
須以倫理的東西為其承擔和基礎，因為法欠缺主觀性的環
節，而道德則僅僅具有主觀性的環節。所以，法和道德本
身都缺乏現實性。[14]

　　這與「克己復禮」、「徒善不足以為政，徒法不可以自行」說的一
樣。「法」欠缺主觀性環節因而是抽象的、形式的，但黑格爾一如中土

12　同註 1，頁 136-137。
13　同註 3，頁 177。
14　同註 1，頁 162-163。

哲人強烈反對那種從個體之間的契約關係來理解「法」的見解，如霍布士、盧梭。黑格爾認為康德亦在內：

> 比較為一般人所接受的康德的定義（康德的〈法學導言〉）[15] 的要點是「限制我的自由或任性，使它能夠依據一種普遍規律而與任何一個人的任性並行不悖。」這個定義一方面只包含否定的規定，即限制；而另一方面它所包含的肯定的東西——普遍規律，或所謂理性規律，一個人的任性和另一個人的任性的符合一致——則歸結為人所共知的形式的同一性和不矛盾律。上面所引舉的這一法的定義包含着自盧梭以來特別流行的見解。依照這種見解，其成為實體性的基礎和首要的東西的，不是自在自為地存在的、合乎理性的意志，而是單個人在他獨特任性中的意志；也不是作為內在理性東西，而只是作為外在的形式的普遍物而出現。這種見解完全缺乏思辨的思想，而為哲學概念所唾棄；同時它在人們頭腦和現實中產生一些現象，其可怕性，只能拿以它們為基礎的那種思想的膚淺性來與之相比擬。[16]

「法」不應該被理解為消極的、限制性的、外在的形式、抽象的普遍物，不應被理解為僅為保障個人免彼此侵犯擾亂而被迫將各個私人意志連成一「公共意志」之社會契約。「法」來自先驗的理性理念，是「理性的意志」。它不來自經驗，也不能還原為幸福，對幸福的理解人各不同。自由、平等、人格獨立不得受侵害等則有普遍性，而來自先

15　見康德撰，參閱沈叔平譯：《法的形而上學原理》(The Science of Right)，〈權利科學導言〉(北京：商務印書館，1991 年)。

16　同註 1，頁 36-37。

驗理性。法是「自由意志的定在」。[17]「法是一般神聖的東西。這單單因為它是絕對概念的定在，自我意識着的自由的定在之故。」[18]「定在」即限定與客觀化，「自我意識着的自由」之限定與客觀化，亦即「主觀的自由精神」通過客觀化自己，尋求實現，法是神聖的一步。雖然在法的階段，只是最初步而且是抽象的形式的開出（定在），但卻是「揚棄人格的純粹主觀性」之一步。[19] 由揚棄人格的純粹主觀性，使作為理念而存在的人，得「給他的自由以外部的領域」，[20] 以成就家庭、社會、國家、天下，以及歷史。通過此步「辯證的開顯」而自覺──

> 我作為這個人，在一切方面（在內部任性、衝動和情欲方面，以及在直接外部的定在方面）都完全是被規定了的和有限的。畢竟我全然是純自我相關係；因此我是在有限性中知道自己是無限的、普遍的、自然的存在。[21]
>
> 作為這樣一個人，我完全是被規定了東西，例如我有這點年齡，身材這樣高大，在這個地點，以及其他一切可以視為特異性的東西。所以人既是高貴的東西同時又是完全低微的東西。他包含着無限的東西和完全有限的東西的統一，一定界限和完全無界限的統一。人的高貴處就在於能保持這種矛盾，而這種矛盾是任何自然東西在自身中所沒有的，也不是它所能忍受的。[22]

如是，「法」不是為着人的有限性而設。若僅為着人的有限性則無需有「法」，而只需「無法無天」（「森林法則」）。「法」乃來自人的無限

17　同註 1，頁 36。
18　同註 1，頁 37。
19　同上註。
20　同註 1，頁 30。
21　同註 1，頁 43。
22　同註 1，頁 46。

性並正因此種無限性而自我要求為有限 ── 亦即「自律」。一個最富無限性的存在必定同時最富具體性，否則，其無限性將淪為絕對的有限性 ── 虛無。

這亦是「人格」（person）之要點：無限與有限之統一，普遍性與特殊性之統一，自由（無界限）與一定界限之統一。如是，每一人格即一「辯證的王國」，人不僅是主體，「主體只是人格的可能性」[23]「人，是意識到這種主體性的主體。」[24] 因此，「法」的命令是：「成為一個人，並尊敬他人為人。」[25] 以及「不得侵害人格或從人格中所產生的東西。」[26] 法即為平等之一──人格所應共守之一「對列原則」（principle of co-ordination）。「行法之所是」，使個人之道德踐履之縱貫的只及一己的主觀精神，得一定在而客觀化，橫列自限而勿侵害他人；而進入倫理階段，即尊尊之等，親親之殺；而不可越分亂理。「尊敬他人」，即個人方式之自覺的限定，或曰「揚棄人格的純粹主觀性」；因他人亦為人，亦是一發展中的人格 ── 獨立的辯證的王國。「隸屬原則」（principle of sub-ordination）只能在個人道德踐履中施於自己，即孟子所謂「先立於其大者，則其小者不能奪也。」但不能隨意以之加於他人，否則即構成對他人人格之侵害、剝奪而反轉為罪惡。其中最詭譎者表現為以自己之義務優先於他人之義務而構成對他人德性之剝奪，如奪人之孝、奪人之廉，以至奪人之報國等。要言之，黑格爾以「行法之所是」作康德之「義務」之規定，是要克服「義務」這一概念之主觀性、抽象性。依黑格爾：我們（「意識到自己是主體的主體」）為了不仍然只在我們本身中、只在主觀中是自由的，而使之實現，使構成普遍目的的善不僅僅停留在內心，便首先必須給自由意志以外部的定在。這種定在最初的材料就是外界事物，而自由之最初方式即表現為我們對於事物

23　同上註。
24　同上註。
25　同上註。
26　同註 1，頁 47。

之所有權，這即是「抽象法」的階段，通過這階段以揚棄人格的純粹主觀性。但這並不相當於真正的自由，故有道德階段之「主觀意志的法」（即康德之自我立法），「無條件命令」即對自由意志之外部定在之否定，以凸顯意志本身是自由的。「主觀意志的法」與「市民法」的統一，自由得到充分的現實性，在外部實存中得完成，即意志實現自我超越，此可視為否定之否定。黑格爾相信人的意志不能忍受空虛無內容的抽象性。

> 　　抽象的善消融為完全無力的東西，而可由我加入任何內容。精神主義的主觀性也因其欠缺客觀的意義，而同樣是缺乏內容的。所以為了擺脫空虛性和否定性的痛苦，就產生了對客觀性的渴望。人們寧願在這客觀性中降為奴僕，完成依從。[27]

此見黑格爾真是一位極富超越精神之哲學家，因而極富現實性考慮。

黑格爾在經過觀察「最近有許多新教徒之所以轉入天主教，就因為發見其內心空虛，於是便想抓到某種結實的東西、某種支持或某種權威。」[28] 他認為：由康德批判哲學所解放的自由主體，如果不被引領到向絕對理念的自我意識之歷史行程中，則將空虛無告，還不如先前之由上帝（教會）指令一切，使人覺得「抓到某種結實的東西」。此自由主體之向絕對理念的自我意識之歷史行程，黑格爾由內向外展示為：由抽象法進到道德，由道德進展到倫理；而倫理的最高觀念是「國家」：

27　同註 1，頁 162。
28　同上註。

自在自為的國家就是倫理性的整體，即自由的現實化；而自由之成為現實乃是理性的絕對目的。國家是地上的精神，這種精神在世界上有意識地使自身成為實在。[29]

國家是客觀精神，所以個人本身只有成為國家成員才具有客觀性、真理性和倫理性。[30]

於是，康德的道德原則第一條：「普遍的立法形式」即無條件亦無內容的「應當」，在黑格爾那裏獲得了確定的內容：成為國家成員，行法之所是，並關懷公眾福利。下面我們看黑格爾對康德原則第二條「人是目的」的改進。

四、「人是目的」與「人是整體人類歷史之手段」之辯證綜合 —— 黑格爾對康德原則第二條之改造

黑氏不認為有隔絕時間之真理或存在，海德格即承繼此一觀念建構其《存在與時間》之「現象存有論」。故康德的智思物，如「上帝」、「無限」、「自由意志」、「靈魂」通統要被理解為在時間中作辯證的歷史展現，而為「精神現象學」課題（此義可與中土「聖之時者」、「君子而時中」之「時中」義互相發明）。而「精神的主體或實體即自由」，人作為「目的性的存在」其本身目的就是自由：「人類自身具有目的，就是因為他自身中具有『神聖』的東西 —— 那便是我們從開始就稱做『自由』。」[31] 但這種自由既是神聖的理性、自決的力量，則表示它只能通過否定性環節來表現，在否定「自由之否定（有限）」的同時，否定「自由之無限」，而展現為「自由」要求實現之「歷史」。故黑格爾說：「世

---

29 同註 1，頁 258。
30 同註 1，頁 254。
31 黑格爾撰，王造時，謝詒徵譯：《歷史哲學》（北京：三聯書店，1956 年），頁 57。

界歷史無非是『自由』意識的進展；這一種進展是我們必須在它的必然性中加以認識的。」[32] 康德言道德原則之第二條「人是目的」原可以有兩種含義：作為歷史觀念中的整體人類與作為個體的人。康德似着重後一義，強調每一理性者均有其無可替代之價值尊嚴，「人格」（Person）即「目的自身」。在《道德底形上學》一書中，更言兩種「同時是義務的目的」（涵蘊於「目的自身」的義務）：自己的圓滿性與他人之幸福。雖然康德亦言「在這種全體（指國家）裏面，當然沒有一個成員應該是一種單純的手段，而應該同時又是一個目的的，而既然他對於那整體有其貢獻，所以他的地位和職務都又應該為那全體的觀念予以確定的。」[33] 似乎個人亦可以是全體（國家）之一種手段，雖則不應是「單純的手段」而「應該同時又是一個目的的」。但在康德，似更着重每一理性的存在本身即是一具絕對價值之「客觀目的」、「沒有其他目的能夠代之的目的」。

　　理性的存有名曰「人格」，因為他們的本性把他們表示為「其自身即是目的」—— 不只是這樣的主觀的目的，即「其存在當作我們的行動之結果看對於我們有一價值」這樣的主觀目的，而乃是客觀的目的，即是說，是這樣的東西，即「它的存在其自身即是一目的」這樣的東西；抑有進者，「其自身即是一目的」這樣一個目的乃是一個沒有其他目的能夠代之的目的，而這些其他目的皆必只作為工具而服役於它，因為否則，便沒有甚麼東西能有絕對價值。[34]

---

32 同上註，頁 73。

33 康德撰，韋卓民，宗白華譯：《判斷力批判》下卷，第六十三節（北京：商務印書館，1964 年），頁 24。

34 同註 3，頁 65-66。

康德既注重「作為個體存在的人」此一義，然而接着的問題是：究竟是「道德的人」是目的？抑是「自然存在的人」是目的？若答以「當以前者為目的」——這是我們最先而且很容易想到的，因為康德曾經如此強調道德律令（義務）之為無條件的因不能基於任何自然性好（以至於任何所謂「善意」），任何自然性好以至「善意」皆不能不是特殊的主觀的、偶然的，而道德律令則必須而且僅僅是其格準之應當成為一普遍法則，因而是絕對的、必然的。康德又言道德律令是「先驗地綜和的實踐命題」，表示道德律令乃外加於人之現實意志之一定然命令。現實意志即具體存在者之主觀意志，在道德實踐中，明是受命者，只能說是執行者，亦即它可以違抗命令，而事實上它就經常違抗，故需要奮鬥；此見現實生命之存在本身似不能是目的——但如此一來，我們首先不能理解這第二條「人是目的」本身尚有何獨立意義。「人是目的」若只謂作為純粹自由意志之智思物「人」是目的，則它只是第一條之重複：普遍之純粹意志以普遍客觀之目的為對象，故以自身為目的並要求普遍法則，這固然如黑格爾所說保持了同一性，但卻令人沮喪，因為它不曾顧及現實的個人，而反視現實之自然存在的人為實現道德律令之工具。而當我們留意康德為建立「人是目的」此原則而說「理性的自然（存有）其存在是當作『其自身即是一目的』而存在」時，[35] 顯然康德所言之此原則：「你應當這樣行動，即在每一情形中，你總得把『人之為人』之人，不管是自己人格中的人之為人之人抑或是任何別人人格中的人為人之人，當作一目的來看待，決不可只當作一工具來看待」[36] 中之「人」是指現實存在之一一「人格」之「一」（「人之為人」之人），此現實存在之一一人格之「一」即既是理性的存在同時又是由習得而有之其自身即能夠為決意之動力之「人格性之才能」的存在。[37] 易

35　同註 3，頁 66。

36　同註 3，頁 66-67。

37　同註 3，參閱牟宗三撰：《圓善論》，第一章之附錄：〈康德論人性中之根本惡〉第一節（台北：台灣學生書局，1985 年）。

言之，即是一個能夠對其行為負責的「人之為人」之人，或如黑格爾所言「成為一個人」之人。簡言之，「人是目的」，康德之意當是：每一作為有理性的同時對其行為負責的自然存在（現實存在——在黑格爾，這是一「辯證的王國」）其自身即是一目的。人不僅以此思想自己的存在，亦以此思想別人的存在，並以此思想世界的存在：「如果沒有人類，整個世界就會成為一個單純的荒野，徒然的，沒有最後目的的了。」[38]「人作為道德的即世上有理性的存在者的情況下，像是在任何世上的有理性的存在者的情況下那樣，我們就不能再去提出這個問題：他是為着甚麼的目的（最終是甚麼，quem in finem）而存在的？他的存在，在其自身，就是含有最高目的的（……）他是必不可認為他是從屬於自然的任何勢力的。」[39]

因此，那四個著名例子：自殺、許假諾、忽略自身才能、不肯助人，依康德，不僅違背普遍法則，亦皆違背「人是目的」的原則，即或把自己（如自殺、自暴自棄）或把他人（如許假諾、不助人）僅視作工具，因而是不道德的。[40]

但另一方面，站在總體歷史觀的角度，康德卻把「作為目的的人」他的「普遍性的我」與「特殊性的我」之間，個人與個人之間，以及人與歷史觀念之間之關係，理解為一種「善惡互依之俱分進化論」：

> 　　大自然使人類的全部秉賦得以發展所採用的手段，就是人類在社會中的對抗性，但僅以這種對抗性終將成為人類合法秩序的原因為限。
>
> 　　這裏的對抗性一詞，我指的是人類的非社會的社會性；也就是指人類進入社會的傾向，而這一傾向又是和一種經

38　康德撰，韋卓民，白宗華譯：《判斷力批判》（北京：商務印書館，1964 年），頁109。

39　同上註，頁 100。

40　同註 3，頁 67-69。

常威脅着要分裂社會的貫穿終始的阻力給在一起。（……）可是，正是這種阻力才喚起了人類的全部能力，推動着他去克服自己的懶惰傾向，並且由於虛榮心、權力欲或貪婪心的驅使（……）於是就出現了由野蠻進入文化的真正的第一步，而文化本身就是人類的社會價值之所在。於是人類全部的才智就逐漸地發展起來了。（……）人類若是也像他們所畜牧的羊群那樣溫馴，就難以為自己的生存創造出比自己的家畜所具有的更大的價值來了；他們便會填補不起來造化作為有理性的大自然為他們的目的而留下的空白。[41]

如是，人作為道德律令之服從者，既是世界存在的最終目的，又是大自然實現其「隱蔽計劃」之手段（當作為幸福之追求者），而這個「隱蔽計劃」又是以全面發展成就人之自然才能並成為「道德的人」為目標，而形成一歷史的辯證：「自然趨向於人」（人是目的），同時「人趨向於自我超越」（人是成為「人」之手段）。因此，最後是：努力於這個最後目的的達成，這個目的就是通過自由而成為可能的最高的善。

> 歷史學使人希望：當考察人類意志自由的作用的整體時，可以揭示出它們有一種合乎規律的進程。

> 個別的人，甚至於整個民族，很少想到：當每個人都根據自己的心意並且往往是彼此互相衝突地追求自己的目標時，他們卻不知不覺地是朝向他們自己所不認識的自然目標作為一個引導而在前進着，為了推進它而在努力着。

> 人類的歷史大體上可以看作是大自然的一項隱蔽計劃的實現，為的是要奠定一種對內的、並且為此目的同時也就是對外的完美的國家憲法，作為大自然得以在人類身

41　康德撰，何兆武譯：《歷史理性批判文集》（北京：商務印書館，1990 年），頁 6-7。

上充分發展其全部秉賦的唯一狀態。（……）那就是作為
一個基地而使人類的全部原始秉賦都將在它那裏得到發展
的一種普遍的世界公民狀態[42]

　　黑格爾的歷史哲學即從康德的這一提示開始，而把康德作為主觀
理念之「歷史目的」、「自然隱蔽計劃」改造成為客觀觀念。把「人是目
的」此一觀念作歷史的辯證的展開：「人是目的」即包含「人是手段」。
「人是目的」須從人之服從「歷史使命」以否定自身以促成絕對精神（作
為歷史觀念之整體的人的總體意志）之歷史行程中認取：

　　世界歷史開始於它的普遍的目的——「精神的概念」
獲得滿足，只是自在地獲得滿足；這一種普遍的目的是一
種內在的、最內在的、不自覺的衝動；而歷史的全部事
業（如我們已經說過的），就是要使這種衝動達到自覺的行
為；因此，我們叫做主觀方面的東西，如像需要、本能、
熱情、私利，以及意見和主觀的概念，都表現為純屬自然
存在——在一開始的時候，它們都不期然而出現了。這一
大堆欲望的，興趣和活動，便是「世界精神」為完成它的
目的——使這目的具有意識，並且實現這目的——所用
的工具和手段。這個目的只是要發現它自己——完成它自
己——並且把它自己看作是具體的現實。然而前面所述
各個人和各民族的種種生活力的表現，一方面，固然是它
們追求和滿足它們自己的目的，同時又是一種更崇高、更
廣大的目的的手段和工具。關於這一種目的各個人和各民
族是無所知的，他們是無意識地或者不自覺地實現了它。
（……）就是「理性」統治了世界，也同樣統治了世界歷史。

42　同上註，參閱〈世界公民觀點之下的普遍歷史觀念〉一文，頁 18。

對於這個自在自為的、普遍的、實體的東西 ── 其他一切
萬有皆居於從屬的地位，供它的驅策，做它的工具。[43]

不僅個人主觀特殊性是「世界精神」為完成它的目的的手段和工
具，即便是黑格爾所稱的「世界歷史人物」、「時代的英雄」，亦只是某
一時代的「世界精神的代理人」，或說得明白些，只是「偉大的工具」：

> 他們整個的本性只是他們的熱情，當他們的目的達
> 成以後，他們便凋謝零落；就像脫鄰果實的空殼一樣。
> （……）它（指「世界精神」亦即「理性」或「歷史觀念」）驅
> 使熱情去為它自己工作；熱情從這種推動這裏發展了它的
> 存在，因而熱情受了損失，遭到禍殃 ── 這可以叫做『理
> 性的狡計』。（……）特殊的事物比起普遍的事物來，大多
> 顯得微乎其微，沒有多大價值，各個人是供犧牲的、被拋
> 棄的。「觀念」自己不受生滅無常的懲罰，而由各個人的
> 熱情來受這種懲罰。[44]

凡是驅策歷史以達到個人特殊目的者，到頭來受歷史驅使為普遍
之歷史理性效勞，以實現黑格爾之樂觀主義的歷史之進展。特殊者或
自我否定，或相互否定而同歸於盡，普遍精神則坐享其成。

因此，在黑格爾，所謂「人是目的」，只能在歷史中這樣理解：

> 在世界歷史本身之過程中（因為仍是未完成的），歷
> 史之抽象的最後的目的尚未成為（人底）欲望及利益之顯
> 著的對象（案：意即歷史的最後目的不為功利而短視的

43　黑格爾撰，王造時，謝詒徵譯：《歷史哲學》，〈緒論〉（北京：三聯書店，1956 年），
　　頁 57。
44　同上註。

人所能理會）。而這些受限制的情感（案：指主觀的特殊性）仍然是不自覺它們所要滿足的目的，即：普遍的原則即「理性」是含藏在它們（個體性）中，並且在透過它們而實現自己。這問題也預定自由與必然底統一之形式：精神之藏隱的抽象的過程被認為是「必然」，而那在人底自覺意志中（當作他們的利益者）顯示它自己的，則是屬於「自由」之領域。[45]

作為在歷史觀念中的「整體的人」（即「理性」，即「人的本質」，即「自由」，即「精神」），是歷史的最後的目的；作為個體的人，則是歷史的工具；但他之作為工具，是通過個體的主觀自由之自覺，以實現其特殊之目的，這同時，普遍的原則（理性）即隱藏其中，而展現為精神在歷史行程中之必然。這很有王船山「唯盡氣為能盡理」的意味。

因此，黑格爾說：「世界底歷史不過就是自由底覺識之進展；這一進展就是它的發展是依照它的本性之必然性而發展的進展。」[46]

五、整體普遍意志（歷史意志）與個人意志之統一共律 —— 黑格爾對康德原則第三條之改造

對於康德的道德原理的第一條「普遍形式底立法」，黑格爾認為，人是歷史性的存在，「普遍的應當」須有具體內容規定，使人能負起現實的義務，實現客觀自由，此即「行法之所是」，各守其分，各盡其責。對於康德道德原理第二條「人是目的」，黑格爾重視的是「作為在歷史觀念中的整體的人」。至於個人之要求滿足其個體特殊性而互相限制

45　轉引自謝幼偉編：《黑格爾哲學論文集（一）》（台北：中華文化出版事業委員會，1956 年），頁 18-19。
46　同上註。

互相否定卻正是「歷史目的」之辯證的展現。下面，我們看康德道德原理第三條「意志自律」所蘊涵的理論問題和黑格爾的訴諸歷史的回答：自由須在世界歷史之合理性進展之必然性中認取，意志自律即整體普遍意志（歷史意志）與個體意志之統一「共律」。首先，看康德道德哲學中最重要的第三原理：

> 　　意志底第三實踐原則，這原則是「意志與普遍的實踐理性相諧和」底最後（終極）條件（最高條件），此即，「每一理性存有底意志為一普遍地立法的意志」這個理念。[47]
>
> 　　意志底自律，是一切道德法則底唯一原則，而且也是「符合於道德法則」的一切義務底唯一原則；另一方面，有選擇權的意志之他律，不只是不能是任何責成底基礎，且反而相反於責成之原則，並相反於意志底道德性。[48]

（一）「意志自律」之動力問題：「人是甚麼？」

　　第一程式提出「普遍性」作為道德法則之形式要求，第二程式提出「人格之人」（Menschheit）作為普遍性之主體即道德實踐之對象（以人格之人為實踐之目的）；第三程式即兩者的綜合：「普遍的應當」是作為目的性存在的有理性者自命自定的道德法則。此即所謂「意志與普遍的實踐理性相諧和」底最後（終極）條件（最高條件）。然而，人為何能有此最高條件（自律）以備「意志與普遍的實踐理性相諧和」？或更進而致疑，可問：意志何以能立法、自定道德律？並命令吾人服從道德律而湧現「普遍的應當」之意識？意志之此種方向：「遵循純粹理性！」純是其本性抑在吾人整個生命中尚有其源泉？若純是意志之本性，則意志與吾人整個生命之關係為何？若意志、吾人之整體生命與純粹理

47　同註3，頁70。
48　同上註，頁171。

性、普遍法則，不是相即相涵，則如何能說「意志與普遍的實踐理性相諧和」並宣稱意志是自由的並自律自令以支配吾人之整體生命？

這些問題，康德未能正面作肯定回答。康德只要求人們將無條件的道德律令之意識視為「理性底事實」而加以肯定。上述的問題：「純粹理性如何能是實踐的？」「一個定然律令如何可能？」「自由如何是可能的？」以至思議一個無條件的實踐法則（如定然律令者）之「絕對必然性」，則要為「實踐方面的先驗綜和命題」，察知其可能性之困難，「是十分深奧的一種困難」。這困難實來自康德的批判哲學所隱含的哲學人類學中從無「本心」一觀念以貫通及再統一被其嚴分之理性生命與感性生命，以上提感性生命使其自然服從於理性，並以「本心即理」說自命自悅，以衝破理性生命與感性生命之對立；即應然即可能即實然必然即自律自由。

在《純粹理性之批判》一書最後部分，康德自述：「我的『理性』，包括思辨理性與實踐理性，所關心的，可概括在下述三個問題中：一、我能（德語：kann）認識甚麼？二、我應（德語：soll）作甚麼？三、我可（德語：darf）期望甚麼？」到晚年（76歲）出版的《邏輯學講義》（1800年）導論Ⅲ中，康德加上最後一問：「人是甚麼？」並說：「第一問由形而上學回答；第二問由道德回答；第三問由宗教回答；第四問由人類學回答。歸根到底，所有這些可看作是人類學（案：哲學人類學），因為前三問都與最後一問有關。」[49]

此見康德自己已意識此問題：要回答前三問，歸根究底不能不先回答第四問「人是甚麼？」但康德本人對「人是甚麼？」卻終於沒有善答，亦即最後未能真正貫通人之知、情、意三方面活動。其第三批判之貫通實然（自然）世界與應然（自由）世界，仍是非歷史的、非存在的、形式主義的貫通，而並未就人作為自由的理性的存在同時真正成

49　康德撰，藍公武譯：《純粹理性之批判》（北京：商務印書館，1960年），頁549-550。

為在歷史中行動的具體存在者，作真實的綜合的肯定，而可只是一思辨哲學之分析的對象。

以嚴格排除任何感性（特殊性）以滿足理性（即普遍性）為特徵的康德的形式主義道德哲學，現問：作為道德的實踐者，其統一的自我以及實踐的動力來自何方？這答案自然是在這套批判哲學底極限之外的（參閱其《道德底形上學之基本原則》書末兩小節）。曾經與康德辯論「喜愛與義務」的詩人弗里德里希・席勒（Johann Christoph Friedrich von Schiller）在〈論優雅與尊嚴〉中批評康德道：「如果在道德活動中感性生命始終只是被壓制的一方，而決非共事的一方，則它如何能將其全部情感之火委諸一場勝利，這場勝利乃是針對它自己而受到慶賀？如果感性生命與純粹精神之間終無如此密切的關係，以致連分析的知性非憑暴烈的手段都無法再把感性生命從純粹精神中分隔開來，感性生命如何能如此活潑地分享純粹精神底自我意識？」席勒認為這種破裂對於人格來說，是不幸的：

> 本來意志與感受底能力，較諸與認知底能力，有一更直接的關聯；而且，如果意志必須首先循純粹理性，則在多數情況下，這是不好的。如果某人不能信賴性好底聲音，而不得不每次均先聆聽道德底原理，則我對此人不會有好感。如果他以某種自信信任性好，而無被誤導的危險，我反而會敬佩他。因為這證明了：這兩項原則已在他身上產生一種協調，這種協調是完人底印記，也就是所謂優美心靈。[50]

在另一書，席勒換一個角度，申說理性生命與感性生命相一致即是「美」；「當我們懷着情欲去擁抱一個理性鄙視的人時，我們就痛苦

50　轉引自朱光潛撰：《西方美學史》（香港：文化資料供應社，1977 年重印），頁 100。

地感到本能的強迫,當我們仇視一個值得尊敬的人時,我們也就痛苦地感到理性的強迫。但是如果一個人既能吸引我們的欲念,又能博得我們的尊敬,情感的強迫和理性的強迫就同時消失了。」(《審美教育書簡》,第十四信)[51] 一個「美的人格」,是理性生命與感性生命統一的人格。孟子所謂「踐形」、「悅理義」,宋明儒喜言的「光風霽月」。但康德認為此皆是「道德的幻想」。對席勒以「理性與感性的統一」[52] 來溝通道德與自由,黑格爾給予很高的評價,說:「席勒的大功勞就在於克服了康德所了解的思想的主觀性與抽象性,敢於設法超越這些局限,在思想上把統一與和解作為真實來了解。(案:言外之意,指康德把統一只作為抽象概念,作為主觀之統覺活動之結果來了解)」[53]

(二) 普遍性與個體特殊性之辯證綜合

　　緊接康德之費希特、謝林,即為克服由康德所展示之自然與自由、實然與應然、存在與活動、經驗界與智思界、現象與物自身、客體與主體之鴻溝,而力求將康德所言之「超越的統覺我」與「道德主體」合一並伸展與實體化,以在道德上真正說明「我應故我能」──「他能作某種事,因為他意識到他應當作某種事,而且他承認他是自由的。」[54]

　　誠然如牟先生所言「在西方哲學中,最能顯着地表現縱貫系統,並且還能開出主體的康德」[55]。惜康德的縱貫系統未能終成,其所以未能終成,亦正因其主體是三分之主體。

　　黑格爾哲學的始點和終點,都可說是要全面答覆康德遺留的問題。但黑格爾的心靈,是一綜攝的歷史心靈,對黑格爾來說:哲學,

51　同上註。
52　同註 50。
53　黑格爾撰,朱光潛譯:《美學》第一卷,序論第三部分 (北京:人民文學出版社,1958 年),頁 73-75。
54　同註 3,頁 167。
55　牟宗三撰:《中國哲學十九講》(台北:台灣學生書局,1983 年),頁 437。

即哲學史；普遍，是歷史的普遍（最普遍的即是最具體的）；自我，是全體的自我（Human I-）；理性，是歷史必然之理念；而自由是對必然之認識與體現。一個極善於作抽象思辨的哲學家，卻自認跟隨詩人歌德。歌德《浮士德》中的詩句：「我是那樣一種力量，它總是意在作惡，而且總是創造了善。」據說催生了黑格爾的「理性的詭計」。席勒與康德的論爭當然為黑格爾知悉，在早年的一則手稿中，他即精確地揭開康德的矛盾：

> 康德底實踐理性是普遍性底能力，亦即排拒的能力（吳案：指對特殊性、感性之排拒），動機是敬畏；在恐懼中壓制這個被排拒者（案：指個體在對道德法則之敬畏中，在恐懼中壓制人的特殊性、感性）——一種解體（案：指理性與感性之解體），對一仍然統一者的排拒（案：即內在的排拒）；被排拒者並非一被揚棄者，而是一被分開而仍存在者（案：即理性我與感性我在這裏被安排為非辯證的、無前途的矛盾對立）。命令固然是主觀的，即人類底法則（案：即命令來自理性），但卻是一種與其他存在於人類之內者（案：指個體特殊性、感性）相牴牾的法則，即一支配的法則；它只下命令，敬畏推動行為。但敬畏是行為所依據的原則之反面（案：依康德敬畏既非理性當身，而屬感性，則便只能是道德法則之反面，卻成為道德行為的動機、推動者）；原則是普遍性，敬畏則不是普遍性。對於敬畏而言，命令始終是一既與者。（案：敬畏之為敬畏，即感性對一由理性所加之無上命令之畏懼。如是，服從道德法則是基於畏懼之情感。此則成道德之二律背反。）[56]

56　Herman Noh (eds.), Hegel's Theologische Jugendschriften, §388 (Tubingen, 1907). 轉引自李明輝：〈儒家與自律道德〉，《鵝湖月刊》1988 年第一期。

　　這真是康德的難題，他先前費大力將理性與感性、普遍與特殊、無條件與有條件儘可能地對立起來，而他的整套自律道德正建立在這種對立之上。這種對立遂剝奪了這套哲學與實踐之同一性（黑格爾說它停在談說道德的階段），雖然它原是為取得思辨上的嚴格同一性而被如此費力建構成的。

　　有兩件工作是可以做來完成康德的：（一）在內聖方面是「逆之則成聖成賢」，訴諸一個統一的自我，「敬畏」作為道德感情不再屬於感性，而歸於道德主體之「悅理義」。這是自上而下，而上下通徹，攝情歸義，「聖人有情」的辦法。（二）在外王方面是「順之則生天生地」，正視各個體特殊性本身之合理性與必要性，而普遍理性之實現正寄託於各個體特殊性之普遍滿足，而將主觀自由之自覺所表現的普遍性與個體性之對立，看作是道德概念不再停留在抽象階段而要求進一步實現為「具體之普遍」所必須之否定性開顯，特殊性（氣質之性）因而是必不可少之一環，藉此，普遍理性才可能表現為「歷史之必然之現實性」。「熱情的特殊利益，和一個普遍原則的活潑發展，所以是不可分離的；因為『普遍的東西』是從那特殊的、決定的東西和它的否定所生的結果。」[57] 因此之故，黑氏支持席勒反對把特殊性與普遍性之對立作抽象構思之固定的做法，而認為：

　　　　特殊性這一原則當然是對立面的一個環節，它最初至少是與普遍性同一而又與它有差別的。可是，抽象反思卻把這一環節在它與普遍物的差別和對立中固定下來，於是就產生一種對道德的見解，以為道德只是在同自我滿足作持續不斷的敵我鬥爭，只是要求：「義務命令你去做的事，你就深惡痛絕地去做！」[58]

57　同註 43。
58　席勒語：〈哲學家們〉。引自黑格爾《法哲學原理》第 124 節（同註 1），頁 127。

「特殊性」與「普遍性」是既同一而又有差別的，不應在抽象思考中把兩者在簡單之對立中固定下來。而個體性（特殊性）之甦醒，從普遍實體中分裂，而要求重合，卻真正開始了自由精神之歷史。

（三）自由 —— 即歷史的合理性之展現

黑格爾在其《歷史哲學》一書中歸結人類歷史為向自由之實現：由無人自由（一人自由），到部分人自由，到人人自由。他的歷史敘述是這樣：

在黎明期的東方，個體性，主觀的自由被吞沒於整體性、普遍性。或可說得更根本些，在黎明期，個體性、普遍性兩原則皆未能形成，而只是渾同於「大一統」，這時沒有人是自由的。皇帝一個人似是自由的，但皇帝卻是自然物性（情欲）的奴隸。這是黑格爾說的東方王國。到了青年期的希臘王國，有一部分人是自由的，因為這部分人知道他是自由的。但這部分人之知道自己是自由的，是有似在遊戲者之知道他須服從遊戲規則並且是自由的 —— 這種和諧統一乃建基於參加者不加反省地樂意服從規則。亦即是說，遊戲所體現的和諧統一，歸根結蒂只是主觀的自由，並無必然性。在遊戲中，規則直接地與個體結縛在一起，結果是指示個體的自由意志，是普遍意志（或集體意志）與個體主觀意志之自然統一。

黑格爾關於希臘王國是「道德與主觀意念之統一」，是「美的自由之王國」的說法明顯地來自席勒，但黑格爾卻又是在一方面支持康德的，故他認為希臘之自由人自然地不反省地統一於理典，尚不是真正的道德性，因未經過破裂，破裂為理性我與感性我之對立，由於感性我對理性我之否定（違抗），而掀起生命內在的主觀自由之戰鬥，而痛楚；最後，或者翻上來，而達成否定之否定，而重生為自由的主體性；或者翻不上來，而為純否定。在希臘王國尚未經破裂，雖然是「真正的諧和，是最嫵媚的世界，但卻也是最容易凋謝或很快就過去的花朵」，因希臘王國未及將理典（正義）客觀地撐起來抽象地觀之。好景不常，

破裂不可避免地發生，不管這破裂來自內部或外部。於是，或者不能克服由破裂而來之否定，而倒下去不再嫵媚，或者竟能否定了否定，在痛楚中重生，挺立為純粹之自由主體，那時亦不再嫵媚不再青年，而是高尚。

康德稱當人置身在數量力量上不可抵抗之自然威力之狂野逼迫之中，而怖慄驚訝，生命頻受挫折，但仍以人的尊嚴站立着不曾屈服，體會其「人之作為全體大自然之終極目的者」之身份——同時即為自我實現為自由，而要求擁有文化教養者之身份，由此身份之覺醒和實證，痛楚感瞬即轉為勝利感，此即「崇高感」。康德以之象徵道德生活中理性的勝利。康德即此而建立其美學中之「壯美」（崇高美）說，以區別於「優美」、「自然美」。

崇高感是痛楚（感性生命受到它以外之力量之強制支配）與喜悅（不被征服之自悅）之統一，可以之象徵由「敬畏」與「勝利」（純智的喜悅）所組合的道德情感。康德此說很順適的轉為黑格爾精神現象學的所謂「第二自然」中的合目的性理念之超自覺階段。「（非藝術的合目的性）就是自然界在崇高中的、也就是道德性在崇高中的樣式，這道德性正是第二個（超感性的）自然（亦即「理性的事實」）。」[59] 席勒認為，希臘人自然地表現了這種崇高的道德情感。席勒重視和諧統一。黑格爾則認為在希臘尚未破裂因此亦未能走出原始和諧。黑氏重視對立、否定：「凡是始終都是肯定的東西，就會始終都沒有生命。生命是向否定以及否定的痛苦前進的，只有通過消除對立和矛盾，生命才變成對它本身是肯定的。」[60] 真正分裂發生在羅馬王國——「倫理生活無限地分裂為私人的自我意識和抽象的普遍性這兩個極端。」[61] 個體性散列為諸神祇般一律平等地享有確定權

59　黑格爾撰，朱光潛譯：《美學》第一卷（北京：人民文學出版社，1958 年），頁 119-120。

60　同上註。

61　同註 1，第 357 節，頁 358。

利但卻毫無生氣，被統一於「民族目的」之類的嚴肅要求。為「抽象的普遍性」吸收而安放在「黃昏中的萬神廟」羅馬帝國。黑氏稱此為人類歷史之成年期（manhood of history），是理性的黃昏，只有「抽象的普遍性」。

「具體的普遍性」之發現和實現，或曰「自由」之內外本未合而為一之充實飽滿之實現，亦即神性與人性，普遍性與個別性之有機統一：「神的本性與人的本性統一的原則，客觀真理與自由 —— 表現在自我意識和主觀內部的客觀真理與自由 —— 的調和。」[62] 依黑格爾，是在日爾曼王國，這是世界歷史第四形態，為精神的老年期（old age），精神在充分發展中回歸自己並包涵其在發展實現其自身之每一歷程中之每一成果，（如在國家中保留市民社會、家庭、個體性）並更使此每一成果得在對列中統一而獲得真實性絕對性。

> 凡是合乎理性的都是現實的；
> 凡是現實的都是合乎理性的。[63]

「理」實現於世界，當前世界是理的一步實現，「理」並且不斷要求實現自己於世界。歷史即是合理化，即自由化；由一人自由（同於無人自由），到一部分人自由，到所有人自由。「世界歷史無非是『自由』意識的進展，這一進展是我們必須在它的必然性中加以認識的。」「理性是世界的主宰，世界歷史因此是一種合理的過程。」這是黑格爾的歷史理性之樂觀主義，亦是客觀精神勝利主義，同時即是整體歷史觀。如是康德的道德三原理依黑格爾可改為：

一、普遍立法形式之「應然」須以「法之所是」與公眾福利 —— 即「現實的義務」、公德 —— 為「應然」之內容。

62　同註 1，頁 359。
63　同註 1，〈序言〉，頁 11。

二、「人是目的」須人不只是自在地存在，同時亦是自為地存在，即個體不再是一「單純的私人」而應是處於「現實的普遍性」中，並在「現實的普遍性」中，即在倫理生活中獲取「人是目的」的意義。

> 倫理性的規定就是個人的實體性或普通本質，個人只是作為一種偶然性的東西同它發生關係。個人存在與否，對客觀倫理說來是無所謂的，唯有客觀倫理才是永恆的，並且是調整個人生活的力量。因此，人類把倫理看作是永恆的正義，是自在自為地存在的神。[64]

或者，依黑格爾，「目的」與「手段」截然二分「自始是庸俗的，毫無意義的」[65] 所以，

三、「意志自律」實即整體（普遍）意志與個體自由意志之統一「共律」，「我就是我們，而我們就是我。」[66] 說得明白些，依黑格爾，是「我們」共同立法，每個的「我」遵行。

自由與道德、自律與他律、普遍與特殊，都重新統一在「世界精神歷史」之最高階段，「存在地球上的神聖的觀念」——「現代國家」之理念中：

> 國定乃是「自由」的實現，也就是絕對的最後目的實現，而且它是自為地存在。我們還要知道，人類具有的一切價值——一切精神的現實性，都是由國家而有的。因為它的精神的現實性就是：它自己的本質——它自己「合理的本質」——對着自覺的客觀存在，這種本質為了它具

---

64 同註 1，頁 165。
65 同註 43，頁 151。
66 黑格爾撰，賀麟、王玖興譯：《精神現象學》上卷（北京：商務印書館，1979 年），頁 122。

有客觀的直接的有限存在。只有這樣，它才是自覺的；只有這樣，它才參加了道德——一種公正的道德的社會與政治生活，因為「真實」的東西是普遍的和主觀的「意志」的「統一」，而「普遍的東西」要在「國家」裏、在它的法律裏、在它的普遍的和合理的許多部署裏發現。「國家」是存在於地球上的「神聖的理念」。所以，在國家裏面，歷史的對象就比從前更有了確定的形式；並且，在國家裏面，「自由」獲得了客觀性，並且生活在這種客觀性的享受之中。因為「法律」是「精神」的客觀性，乃是精神真正的意志。只有服從法律，意志才有自由，因為它所服從的是它自己——它是獨立的，所以也是自由的。當國家或者祖國形成一種共同存在的時候；當人類主觀的意志服從法律的時候——「自由」和「必然」間的矛盾便消失了。那種「合理的」東西作為實體的東西，它是必然的；當我們承認它為法律，並且把它當作我們自己存在的實體來服從它，我們就是自由的。於是客觀的意志和主觀的意志互相調和，從而成為一個相同的純粹的全體。[67]

新實在論者尼古拉‧哈特曼（Nicolas Hartmann）謂黑格爾是客觀精神的哥倫布，借助客觀精神發現了新大陸，卻不知道自己發現了甚麼。但黑格爾委實發現了存在於地上的神聖理念——國家。令人不安的是黑格爾將「客觀精神」、「國家」過份神聖化，似乎客觀精神必是「真理」，不會有失誤。作為客觀精神最高階段「倫理」之最後實現之國家，既是「在地上行走的精神（絕對精神）」，則更是神聖不能有錯。然正如哈特曼所說：客觀精神本身既沒有意識，也沒有人格，客觀精神不是天使長，客觀精神最後只有委託個人來實現，如孟子說「徒法不

67 同註43，黑格爾撰：《歷史哲學》，〈緒論〉。

可以自行」，而這種實現在現實上必定不完全，不能沒有失誤；因為執行者個人在知識上既不可能是全知者，在主觀意志上亦不可能要求他是已經完全免除了個人的性好、利害、偏見等之限制而為大公無私者。亦因此，「客觀精神」對「自己」無反省力，無「自知之明」，乃至無是非對錯可言。它總是「理」，因為只它是現實的；現實的因此是必然的。此則需要「人格精神」對之批判。否則，浸至「以理殺人」，「人死於法，猶有憐之者，死於理，其誰憐之！」（戴東原：《孟子字義疏證》〈理〉）可見現代國家之出現，只是問題得客觀化解決之開始，人類的自由與福祉，只能由人類的自由精神在不斷的奮鬥中自我維護、自我實現。

六、儒家名教與客觀精神

《左傳》這樣記述周禮所開之名教傳統：「先君周公制周禮曰：則以觀德，往以處事，事以度功，功以食民。」（文公十八年）「樹之風聲，分之采物，著之話言，為之律度，引之表儀，予之法制，告之訓典，教之防利，委之常秩，道之禮則。」（文公六年）表現了「聖人盡倫，王者盡制」之客觀精神。但這假托先聖王制禮作樂之名義之客觀精神，終失去其本在歷史中由主觀精神之格物窮理，而互為互動，「互為主觀」而言「客觀精神」之義，成為「客觀化了的精神」，這「客觀化了的精神」至春秋出現所謂「周文疲弊」。周文疲弊，禮崩樂壞，意即「客觀化了的精神」與「客觀精神」脫節，更失去「人格精神」（主觀精神）之支持，而成虛文、外在的桎梏。至孔子出，「林放問禮之本。子曰大哉問！」攝禮歸義，制義以名。名也者，首先是「人格精神」之名。即要求人格精神之興發，以反省、照察、批判「客觀精神」，以重造「客觀化了的精神」。

人格，既是一目的性存在（依康德）又是一「辯證的王國」（依黑格爾），則人格之名首先示一特殊位分之確認並要求實現普遍精神──「理分」。名教，即「以名為教」──以理分之名為教：

夫稱至治者，非貴其無亂，貴萬物得所而不失其情
也。言善教者，非貴其無害也，貴性命不傷，性命咸遂也。
故治之與，所以道通群心，在乎萬物之生也。古之聖人，
知其如此，故作為名教，平章天下。（袁宏《後漢紀》第
二十三卷）

名教之名，自其為舉實語，指向一實然而言，此實然是命定的，
如「人之子」、「某人之子」、「某人之長子」；自其為抒意語，意涵一應
然而言，此應然即透露一自由意志，而要求其命定之實然符合應然，
如「子子」。此義孟子說得最真切：「仁之於父子也，義之於君臣也，
禮之於賓主也，智之於賢者也，聖人之於天道也，命也，有性焉，君子
不謂命也。」性而有命，命而有性；有性有命，遂有人格世界之名與義。

《左傳》又謂：「名以制義，義以出禮，禮以體政，政以正民。」換
言之：正民者政，體政者禮，出禮者義，制義者「名」；「名」，是建立
客觀精神與倫理生活之樞紐。故孔子重名，曰：「唯名與器不可以假
人，君之所司也。名以出信，信以守器。」曰：「君子名之必可言也，
言之必可行也。」即要求名實、言行一致，更蘊涵實踐的實在論之應
然與實然之統一。荀子隆禮義，更重客觀制度的名分，曰：「制名以指
實，上以明貴賤，下以辨同異。（……）此所謂有名也。」特重名教在
客觀社會生活之重要。然則名之根源何在？諸名何從出？曰：諸名皆
自義道出。孟子曰：「仁，人心也；義，人路也。」又與告子辯「仁義
內在」。換言之，義道是主體自由之要求實現（實化、客觀化）而自我
有限化和無限化。因為，自由必須在限制中表現——在限制中實現無
限制。義，即限制中之自由（由限制而實現應然）。黑格爾說得好：「義
務（義）所限制的並不是自由，而是自由的抽象，即不自由。義務（義）
就是達到本質，獲得肯定的自由。」[68] 故政教名理之名，依存於義道，

68　同註 1，第 149 節，頁 168。

而其為名，正亦具備此舉實與抒意之雙重意指。如「人子」，既指某人之子之所是，同時即指作某人之子所應是。

故唯人有「名」，草木禽獸無「名」。就禽獸之自身言，只是一所是，並無應是之自覺及自我要求，故各是一草木禽獸而已耳。唯人類的世界有名有義，有分位之等，有價值層級；因為人是自由的，並自覺自己是自由的，他可以依其所認為的應是改變眼前的所是，使應是與所是合一，這合一便成為他的企望，由這企望，一個價值的層級世界——名義世界——便形成了。

由是觀之，一現實上的人——已有的存在，雖現實上尚未有任何行事以「定義」（創造）其自己，然此已有的存在所應有而現實上尚未有之一切行事既可由此潛在的「在其自己」之「性」，或「聞一善言，觀一善行，決若江河，沛然莫之能禦」而為「對其自己」而有所顯發抉擇，否定那無限的可能性而保留唯一應當實現的可能性，即可能與「在其自己」合一之可能性之「用」。此即可轉而充實、強化此已有的存在之體用，而使之實現為應有的存在——成為有理的存在，成為必然存在。

此「對其自己」之「能轉回來潤澤、充實已有的存在」之「能返潤者」之心，與那在此已有的存在者身上「起活動而能顯發應有之行事者」性之合一，即是此已有的存在者之充實擴大。自其返潤而充實擴大那已有的存在，此返潤而充實擴大在原則上不應有界限言，此在自我實現中的已有的存在雖有限而可無限。

此已有之存在因有「心」之返轉充實，而超越原來已有的存在，由此超昇，即當下形成一價值之層級，而有價值層級之名。就人只是一「自由的存在」言，他同時擁有實現自由的無限的可能性但無一可能，他尚未定義（創造）其自己，故無可名之，無名，但只是一「潛在的無限」（potentially infinite）。當他實現自為與自在的合一，而其憤悱、不容已之德性生命，人的存在樣態遂成為所謂「實現的無限」（actually infinite）。此實現的無限不適於任何有限的範疇，根本凌越於一切有限物存在等級之上，但卻歷史地落在有限物存在上並通過對之否定同時

自我有限化而前進而無限，而亦無可名之，超名。換言之，名教之名，只相應於人之存在為自覺自為之存在。可見名教之意義，重在建立客觀的倫理世界。對於只是潛在的無限可能之自在之存在而言，名教之名表示一呼喚，一方向，一實現之應然之必然（道德之必然）與可能；對於在實踐的實現的無限之絕對存在而言，名教之名表示其無限須有一倫理的、以至歷史的性格，並非一「惡無限」（黑格爾語，指抽象的無意義的無限，劣義無限）。

此實現的無限，在中國由孔孟所開啟。孔孟以「不安」、「不忍」、「憤悱不容已」之指點，啟發人之真實道德生命而言「仁」，其獨特的縱貫的性格，可以引發開啟這「實現的無限」。但孔孟（還有荀子）的最大關注，是在周文疲弊之時，重證「禮之本」以守護名教，亦即政教禮法之客觀價值秩序的意義。就人之現實存在為具體特殊之存在，因理性而要求客觀普遍性而言，儒家的這種關注，表現文化生命的成熟。

人類歷史正是基於──「人是動物，然而是理性的動物」、「人有限，然而可無限」、「人被拋擲入存在界，然而是自由的」、「人共有一個實然（向死之生存），然而各有無限可能」──人的這種兩重存在性而開展的。故只有人有歷史，自然界沒有歷史，神亦沒有歷史。神性無限，而物性只有限，因此皆不能有歷史。人兼此二性故有限而無限，此無限是與歷史結合之無限，是歷史的創造者、照明者、承載者、結聚者，之無限。此外，抽象法沒有歷史，道德亦沒有歷史。「法欠缺主觀性環節，而道德則僅僅是具有主觀性環節。所以，法和道德本身都缺乏現實性。」[69] 缺乏現實性亦即缺乏歷史性、客觀性。只有倫理有現實性因而擁有歷史。中國人之歷史意識特強，以中國人的倫理觀特重故。

故中國思想自始以心性論為中心而展開，以「心」之實體觀念統攝神性、物性，所謂「一心開二門」。言心，則有「天心」、「神心」、「仁心」、「道心」、「靈台心」、「鏡心」一系，與「統類心」、「習心」、「成心」、

69　同註 1，頁 163。

「情識心」另一系，分屬超越界與現實界並為之作主。而心之為心，則自由貫通，可上可下，本體之震動即是工夫，工夫所至即是本體，中間沒有不可逾越的隔閡，有隔閡亦是心自隔閡自坎陷。故坎陷亦是自由的坎陷。此則「我意」、「我感」、「我思（知）」貫通而「故我在」——不可不在，必在！如是即回答了康德最後尋找的「人是甚麼？」同時亦就回答了「上帝是甚麼？」「自由是甚麼？」「道德是甚麼？」「存有（物自身與現象）是甚麼？」以及「歷史是甚麼？」如是，則既保住了超越界，又保住了現實界：既證成自由無限心（神、聖、至人真人、佛），又護持了一切法，一木一石皆實而不妄，以「行可兼知」、「能必副其所」（王夫之）故。實理實事，生命不可欺，歷史不可欺。而人類之歷史文化實根於此而有理而真實，此「先天而天弗違，後天而奉天時」一語所示。

中國歷史文化即本於華族之自覺心靈所自定之重德的方向，以德性為首出，而向客觀落實發展，終形成以「分位之等之價值觀念」為特徵之歷史性的文化性格。「本天敘以定倫常，法天時以行政事」，價值秩序即宇宙秩序，宇宙秩序象徵人間之價值秩序以及其在歷史中的永恆開展。黑格爾本言由內而外，在歷史時間中漸次展現之精神現象學，卻在演講歷史哲學時，忽改說為空間上之由東而西之世界精神歷史階段論，借題發揮其意識型態之歷史哲學（後之唯物史觀論者奉之為至寶）以及以日耳曼民族終結歷史論，而異化為歷史終結論、命定論的實在目的論頭腦，違反其自內而外、由主觀而互為主觀、而客觀，而超主客觀之自我實現的辯證的精神生命的洞見。其又或因認知欠缺，對中國歷史文化性格誤判，一知半解，本不足為怪，引來一班似懂非懂者跟着起哄咒罵中國文化，雖然如此，亦無妨吾人正解黑格爾，保留其合理內核，為中國名教傳統援一西方觀念系統以對揚之也。

　　夫分位之等者，所以實現客觀價值也。層層而上之，
則人有向上之仰望而不肯物化，而超越之理想則亦由是而

肯定。……分位等級保，則價值層級保。自人格而言之，
則人之道德智慧，亦層層向上而擴大。人必須超越其「形
限」以上升，由較低之價值層，升至較高之價值層，最後
升至與神接與天通。高低以何判？以物化之深淺判，以精
神之隱顯程度判。物化深者，其精神隱陷之程度亦甚，
此則完全不離其軀殼，所謂小人也。由此逐步超轉，直
至精神全體透露，則與神接與天通，所謂大人聖人也。故
天也，神也，乃純粹天理也，絕對精神也。人之步步透露
其精神，即步步實現其價值，同時亦即步步肯定實在之真
理，而至於超越理想絕對真理之肯定。若欲實現客觀價
值，則必投身於分位等級中而表現客觀精神也。[70]

倘欲實現客觀價值，則須投身於分位等級中表現客觀精神；然分
位之等之有，非為封限人的主體之自由，而是使人有向上之仰望，層
層而上之，主體自由能步步落實、步步實現，步步透顯。名教，以其
為表「分位之等之價值觀念系統」之義用言，可視為中國文化生命之一
特徵。名教（分位之等之價值觀念）在中國歷史文化中的意義，上引牟
宗三先生這段話說的非常透徹，吾人須正視之。

（寫於 1989 年。1992 年台灣「第二屆當代新儒學國際學術會議」
論文。）

---

70 牟宗三撰：《歷史哲學》第一部，第二章（台北：台灣學生書局，1962 年增訂版）。

第四輯

歷史與傳統

第七章

天道有情，歷史無欺
—— 從實證唯心論史觀看唐君毅先生體經論史與證史證悲

當年唐先生辭世，我一直在想：唐先生之辭世，必有深意。後讀許多紀念文章，以至讀到有內地學者回憶說由唐先生逝世引起的震動，他才得知海外有「新儒家」；又這二十年來，一切由唐先生逝世而觸發的有關唐君毅哲學及中國文化、中國哲學之思考、反省，皆足證我所想不誤 —— 唐先生以他的辭世引發這一切，而這一切將不斷擴大着當年唐先生逝世之作為歷史事件之意義，今天這個學術會議亦正在擴大此意義 —— 一如本文以下依唐先生有關思想之所論。

一、從意義論看歷史事實與歷史判斷

關於何為歷史事實與歷史判斷，唐君毅先生對之有一極深之反省和哲學說明，其言曰：

> 所謂一歷史事實所具有之性質或四義，即：歷史事實

為屬於已成之過去世界的、客觀自己存在的、單獨而唯一
無二的、自有其絕對的本然真相，可為吾人之所了解記錄
之四者，皆無一能不待另一相反之義補足而成立。此能加
以補足之義，則一為：視已成過去之歷史事實其意義亦由
新生出的事實而決定，換言之，即亦為由方生之世界與現
在未來之世界之為何，而決定者；二為：歷史知識之世界
中，根本無分別單獨的，而只客觀的自己存在的歷史事實
之自身，只有具各種普遍意義，而在一關係的全體中存在
之事實；三為：所謂客觀的歷史事實，乃相對於主觀的歷
史意識，而呈現其各方面的真相者；四為：所謂其絕對的
本然的真相，亦只在此相對於主觀而呈現之各方面的真相
中，被了解、被記錄，另無客觀外在的絕對的本然的史實
之真相，可為人之所了解而加以記錄者。[1]

　　此即「由歷史意識中之意義結構，以看歷史事實」之歷史觀。唐先
生並據此而說，若離歷史意識，則所謂歷史事實之世界頓入於混沌而
在知識世界中同於不存在。此義深切著明，唐先生在《歷史事實與歷
史意識（上、下）》言之甚諦而詳，今不贅。中國古代史家亦多能得之，
太史公言史學，一言以蔽之曰：「究天人之際，通古今之變，成一家之
言。」唯此可免於各種「歷史主義」之虛無 —— 由迷信有一純客觀外在
的事實真相為歷史認知之所對，認定此真相為一已定的、已成的，或
「自己完成」的，只待人去加以反映、了解的；由此，而「歷史」或歸
於成為逐次向下一層之史實之平鋪的瑣屑考證，但又並不真能循一到
底之方法（根本無此方法）以達於最下層（根本無此最下層）之所謂歷
史真實，遂由求知所謂絕對的本然歷史真實，而沒入於四散而無歸的

1　見《中華人文與當今世界》上冊，〈歷史事實與歷史意義〉，收入《唐君毅全集》第七
　　卷（台北：台灣學生書局，1991 年），頁 129-130。

所謂歷史真實而失去歷史，這種由歷史主義而來的虛無主義。這是「歷史真實性之錯置」的一般型態。「歷史真實性錯置」之特殊型態為「歷史」因歸於成為離開人的主觀意識與當前存在而「自己完成」的「離史」（離於人心而斷其為有），由這種「離史」觀亦可引生另類歷史主義，可稱為神諭歷史主義、符咒歷史主義或科學主義之歷史主義。這類歷史主義原為尋找解釋每段「離史」與「離史」如何連結為所謂「歷史階段」而繫於某一所謂客觀「歷史目的」，而為所謂不為人的主觀意志為轉移的客觀「歷史規律」中之各個「歷史階段」。但既為「離史」，這種連結自不能在每代人對歷史之肯定態度及對當下存在狀態之選擇中尋找，便只能在超歷史的神、或似內在於歷史而實被神化為超歷史的「生產力」之類中尋找，而為「神諭的」或「科學符咒的」歷史主義[2]。為着某種「神諭」或「符咒」式的「歷史目的」，「歷史」又可歸結成為在「進化」（或「退化」）中因而可被全部逐一否定（如「失樂園」、「吃人的帳簿」、「五千年苦難」）的人類失敗記錄。基於此種單向度（時間之單向與價值之單向）歷史觀之「非此則彼」的意識，一種救贖式的命定的烏托邦整體社會工程、人類改造運動，成為這種歷史主義信奉者幾乎唯一的實踐選擇──這正是人類剛剛經歷過的，由徹底西方思維的錯誤歷史觀轉生一套政治神話，鼓動延續近一世紀的政治災難。此正見歷史在詮釋中並引生行動、引生歷史，正確的詮釋引生正確的行動，虛妄的詮釋引生虛妄的行動。而反證歷史真實不在「離心而獨斷其為有」之「所」中，而在每代人之「溫故知新」之真誠地「能所合一」中，不能合一則妄。從而拒絕任何離心而泯能歸所之歷史主義，拒絕各種因「歷史真實性之錯置」而來的歷史神秘主義──所謂「科學唯物史觀」正是最迷信的歷史主義。

　　由此可知，並沒有離開歷史意識之「歷史自己」。由「人存史舉，

2　參閱拙文：〈超政治與政治──整體文化論與新外王〉，《鵝湖學誌》1998 年第十九期。今稍加修訂，收入本書。

人亡史息」，我們更可說「溫故之心存則史舉，知新之心亡則史息」。
由上所說，我們亦因此明白，何以明事理的西方史學家常說「一切歷
史都是現代史」（貝尼季托・克羅齊 [Benedetto Croce, 1866-1952]）。
「現代史」者，謂由「現代人」本其溫故知新之懷所重證重演之「歷史」。
又說「所有的歷史都是思想的歷史」（羅賓・喬治・柯靈烏 [Robin
George Collingwood, 1889-1943]）。然而，這一切重證重演，若只落
在「物事」上，而不是落在「思想」或「意義」上，則借僧肇《物不遷論》
之言：「昔物自在昔，不從今以至昔。今物自在今，不從昔以至今。」
我們並不能有對「昔物」之直接「知覺心」，又不能有直接對之而構造
知識命題謂其「是甚麼」之「判斷心」，與直接檢證此所判斷與所知覺
是否相符，而稱「真」、「否」之「檢證心」，是則「昔物」與「昔心」俱
往而「皆隱於昔」，以今視之同於「無」而「空」，所謂「堯舜事業，猶過
眼浮雲」是也。僧肇又說：「回也見新，交臂非故」。仍是「能所不二」
之特別說法。

　　中國人歷史意識特強，世所公認，所為正是將「人」（在世存在者）
「放在歷史」中，因「人本來就在歷史中」故。黑格爾說：「一切精神都
是歷史的。」而存在主義者海德格則謂：

　　　　歷史的發生是在世界存在的發生。「此在」的歷史性
　　本質上是世界的歷史性。……只要「此在」真實地存在，
　　就已經遇到在世界中發現的東西了。隨着歷史的在世界存
　　的生存，上手的和眼前的東西已經入了世界歷史。[3]

　　這表示西方近代哲學家也了解到：離開當代人在世界存在中之存
在態度與實踐作為，世界歷史不可解；反過來，離開世界歷史，世界

3　見馬丁・海德格撰，陳嘉映、王慶節合譯，熊偉校：《存在與時間》（北京：三聯書
　　店，1987 年），頁 456。

存在亦不可能。故曰「存有與時間」。人創造歷史並被歷史的實踐結構塑造，海德格因而拒絕任何非存在非實踐的哲學言說。為把人的實踐置定為本體論意義之概念，海氏寧犧牲歷史哲學的主要課題，諸如「歷史規律」、「歷史目的」等，而將「歷史」置於個人之存在實感及其與「未來」之關聯之中。

> 歷史的本質重點既不在於過去事，亦不在於現在及其過去之關聯，乃在於「存活」者底真我之開展，而「存活者」此一真我之開展卻即發源自此有（Dasein）之未來的。作為此有的存在樣式而言，歷史之根在本質上乃是深植於未來的。[4]

中國傳統之歷史觀，司馬遷曰：「究天人之際，通古今之變，成一家之言。」王船山進言：「有即事以窮理，無立理以限事。所惡乎異端者，非惡其無能為理也，罔然僅有得於理，因立之以概天下也。」（《續春秋左氏傳博義》下卷第四頁）皆合天人事理古今未來以言人文化成之義。船山更本《易傳》「一陰一陽之謂道，繼之者善也，成之者性也」之言，立乾坤並建之義，從陰陽不息、相對互涵之流行表現，說理之相繼表現流行於氣，「命日降，性日成」（張橫渠語），日新又新而富有，相繼而進之歷史觀。

> 各極其致，而不憂其終相背而不相通，是以君子樂觀其反也。……變不失常，而常非和會也。隨變屢遷而合德，如溫暑寒涼之交成乎歲，歲有常矣。（《周易外傳》第七卷〈雜卦傳〉）

4　同上註，頁 454。

則船山之意，非謂陰陽乾坤相銷相泯而歸於和會混一之太極之凝然不動；若如此，則不能「隨變屢遷而合德，如温暑寒涼之交成乎歲」，亦不能明天地萬物生生不已，而來必繼往、往必自寄於來、日新而富有之易義。其中任一環節本身皆不可言其為惡，如四季之温暑涼寒，任一本身不可謂其為惡。故船山不以「惡」為有根於生命之原始，「惡」唯是那引至整體生命諸活動之流行之互相衝突阻滯者。個人生命如此、民族生命亦如此。

由船山之言乾坤、陰陽、性情之「各極其致」之「兩」、「反」，又言「變不失常」、「不憂其終相背而不相通」之「一」、「常」，這種「兩極歸宗」、大開大合，通歷史之全而為論之說，我們可更了解唐先生以通中國歷史之全，而透視中國文化原始精神經五千年發展至今，所宣示之一重要說法：

> （中國今後）其所歸之方向，只是一個，即：中國的文化與民族必兩腳俱立，而非只跛腳的勉強支撐。此一方向，乃由百餘年之中國兼受西方之文化及政治的壓迫，所引起的反抗，加以規定。此反抗，必到此民族與文化之靈魂與身體，一齊頂天立地站立為止。[5]

以船山之言說之，即中國文化精神是「乾」，民族生命是「坤」，須乾坤並建，文化精神之健須存乎民族生命之順，又民族生命之順須存乎文化精神之健，相依而流行，而「各極其致，而不憂其終相背而不相通，是以君子樂觀其反也」，以終必相保合於太極之常。太極之常者，「隨變屢遷而合德，如温暑寒涼之交成乎歲」者也。唐先生即此而暢論

5　見《唐君毅全集》第八卷：《中華人文與當今世界》（下冊）之〈中國現代社會政治文化思想之方向，及海外知識分子對當前時代之態度〉（台北：台灣學生書局，1991年），頁 259。

中國文化之原始精神及其在歷史中所經之七次挑戰與回應，更在中國歷史最黑暗時刻，發表〈中國現代社會政治文化思想之方向，及海外知識份子對當前時代之態度〉重要講詞。此講詞發表後，香港、台灣、美國一年間至少有二十篇文章回應[6]。本學年我因授「中國近代思想」、「哲學與現代問題」兩課，着學生讀唐先生此文，我亦在圖書館臨時重讀此文，竟不能釋手，以至誤了上課時間。廿六年的時間間隔，同時是廿六年的歷史驗證，除了對唐先生「體經論史」之高卓透闢再次感嘆外，當更知前文所述之義：唐文所述及當時之事實及唐文本身之為事實，不僅存在於當時而為自身之存在，亦因隨後中國發生之事實而衍生新意義和呈現新的真相──包括廿多年來讀此唐文者之與唐先生之歷史文化意識相感應，並與一己之時代存在感結合所產生之歷史效應，以及在未來世界中凝聚成更大的歷史力量與勢能所衍生之新意義和呈現真相，而證凡是符合「人性之常」者終存在，凡違反「人性之常」者終不存在，而來必繼往，往必自寄於來，變化無方、無往不復、日新而富有之易義，而攝黑格爾之「絕對精神之辯證發展」、懷特海「上帝之先萬物性與後萬物性」及海德格之「人存在於未來」諸義於其中，而不能已。

　　下面試從歷史存有論與存在歷史論，以唐先生此諸文為主，重構唐先生之歷史哲學，並即此還看中國歷史文化發展之方向、動力與各階段之歷史意義。

二、中國文化原始精神及其歷史性格

　　關於中國文化精神，唐先生幾乎每書必言及。今舉兩段以見之。「由孔孟之精神為樞紐所形成之中國文化精神，吾人即可說為：依天道以立人道，而使天德流行（即上帝之德直接現身）於人性、人倫、人文之精神人道。」「直接依絕對之生命精神，以成就主觀生命精神，而使

6　同註 5。見〈海外知識份子對當前時代之態度答問〉，頁 266。

絕對生命精神，內在於主觀生命精神，而再通過主觀生命精神，以表現於客觀生命精神。」[7] 此即當代新儒學着意發揚之傳統儒學「天道性命貫通」、「天道超越而內在」、「先天而天弗違，後天而奉天時」、「自然世界、文化世界、人格世界，道通為一」、「內聖外王」諸義之唐氏表述。

我曾有一講詞，其中釋「精神」一義，有云：

在中國，「精神」這個觀念最早來自道家。「精」相對於「粗」，「粗」者物形，「精」者神氣。《淮南子》有《精神篇》謂「精者神之氣，神者人之守」，劉劭《人物志》〈九徵〉謂「物生有形，形有神精，能知精神則窮理盡性」。精粗不同但不離。精主導粗，粗從屬於精、歸於精。精似是一不動的動者，亦是目的因。「精」好像西方哲學所講，藉對自己的自由抉擇而擁有自己，此即所謂「神」了。中國文字很傳神，用「精神」這兩字概括了西方哲學剛才那段話。它是非物質性的，但卻是生命這統一體中最精的，而這最精的不是靜止不活動的一個存在，而是活動的，能自我意識並且能躍起，通過自由抉擇從而擁有自己。並且，與西方哲學不同，精神在中國哲學中還能以統御形體。為世界提供動力因與目的因，而不離世界，從而實證自己。

講詞中有一簡括民國以來六位學者之論中國文化與哲學特質之言。其中說唐先生那段為：

唐君毅先生特別強調中國哲學的「一元性」，或「一本性」。中國文化的各領域，如哲學、文學、藝術、政治、

7　唐君毅撰：《中國文化之精神價值》（台北：正中書局，1959 年），頁 478。

科技都有一統一的根源。中國文化各領域都依中國哲學精神而得一統一性。此不同於西方文化來自多元，各領域各自獨立，且對「真」往往起對立爭辯，而不能夠得一真實的統一性。[8]

　　要之，唐先生認為：「中國人對宇宙的看法，根本上是採取『分全合一』、『天人不二』的看法，西洋人對於宇宙的看法根本之是採取『先裂分於全，離人於天』的看法的。」（見唐君毅先生《中西哲學思想之比較論文集》）意即：西哲一開始依其重分離之心靈，重視現象與本體、宇宙與人、我與他、主與客、內與外，一一嚴分開來，不停分下去，然後在分中依還原法將所分實在化。此即先認為真理在外面，隱藏在「現象之後」，於是追尋去，不斷分解，最後就向上找，找出一個最後實在來方罷休。中哲則認為天地人本一體，息息相關，只是人本身習氣使隔離了，只需將吾人生命純淨化，不帶習氣，誠實反省我的存在，我即能馬上擴充開去，與天地萬物合一。[9]

所言原為申論唐先生所示之中國哲學精神，這裏移作說中國文化精神，以中國哲學與文化之緊密相連，是一致的。

三、從文化生命與民族生命交迭表現而求歸一，看中國歷史之各期特性與意義

　　唐先生強調中國文化之「一元性」、「一本性」，此則在歷史哲學上，須說明構成中國歷史之「方向性」觀念、「動力」觀念、「歷史階段」

8　見本書〈「兩極歸宗」與中國哲學精神〉（1996 年）。
9　同上註。

觀念，否則，中國歷史文化便會因其「一本性」而只能被解釋為「無發展」、「因襲重覆」、「傳統性的而非歷史性的」了。然而無人會否認中國有「歷史」，無人會否認中國民族及其文化「在歷史中」。如何說明一本性之中國文化擁有自己的「歷史」，且擁有世界諸民族中最悠久持續的自己的歷史，唐先生提出了特別的說法。此即：「住居於其本地之無數古代民族，合力創造起來，而迄未斷絕的」中國文化，原出於一本，而在歷史之各期或分而為民族生命與文化生命之二，交迭表現，而求歸向於一，以達成一較高之綜合，而形成中國歷史之各期特性，與發展之階段性、方向性。其言曰：

> 希望大家對於中國文化精神之發展之歷史階段，與歷史動力、歷史動向，有一整個的看法。此歷史動力，是一民族生命與文化生命的動力。其動向，是此二動力原出於一本，故雖或分為二，終必歸向於一。依此以看中國文化之歷史之過去之各階段，直到現在之一階段，即皆分別有其特性、意義與價值，亦皆分別擔負表現此歷史動力，以完成此歷史動向的使命與責任。[10]

唐先生以民族生命與文化生命之求歸向於一，使兩腳同時站立，為中國歷史動向之根本使命與責任。若有人以為這是「客觀歷史目的論」語言加以質疑，則是誤解。這誤解正在於認為文化歷史只是一民族之活動陳述，我們只能對陳述作反映、了解；陳述中只能有各種獨特而具體事件中之各種實際目的，不可說有甚麼總諸事而挈之之統會之理，以及整體歷史之動向及目的。這類唯史主義之陋，前文已陳之。今只需再重說唐先生之說這統會之理及歷史目的，是實踐哲學的、溫故知新地通過學習歷史而體驗歷史中的人性，以反思人性之常與歷史

10　同註5，〈中國文化之原始精神及其發展〉，頁307。

目的而擔負歷史、創造歷史；而非外懸一歷史目的，泯能趨所也。此亦古代史家所見之道統相傳之義，由「究天人之際」以明「通古今之變」，由「體經明史」而「體史明道」而「體道用史」，使歷史學能表現充實之力量效用於學歷史者，以創造學歷史者之存在狀態，然後歷史學乃有充量而真實的存在意義；並因此，歷史學活動因有不斷之對歷史之詮釋，而歷史學本身（史學及史學史）之不斷發展成為可能。故唐先生之言歷史動向等，與古儒史家之言「道統」同義，而與神意論，或任何觀照的、推測的、符咒的歷史主義全異。淺識者毋於此攪混。

由實踐實證的唯心道統論所明之中國文化精神之發展動向，唐先生遂從唐虞夏商周之始創禮樂文化說起，而至現代，借用湯恩比《歷史研究》中之「挑戰 ── 回應」模式，歷舉中國文化所經之七次挑戰及其回應（見其〈中國文化之原始精神及其發展〉一文，約為：

一、春秋時之禮壞樂崩及夷狄入侵，而有孔子儒家出，「內存禮樂，外抗夷狄」，樹立中國民族與文化並立之最高典範。

二、秦之只強化民族力量但不知禮樂而暴，而有合於儒家思想之陳涉、吳廣之起義，後有項羽、劉邦之繼起對秦革命，至建立大漢帝國，仍是民族力量強大與禮樂文化廣被二者俱立之要求。

三、漢末魏晉北方夷狄之亂華及佛教之傳入，為第三次挑戰，中華民族之回應是同化五胡、轉化佛教、創造中國佛學，維持傳統禮制，而有隋唐之大一統盛世。

四、晚唐五代風俗頹敗、寡廉鮮恥，昔所未有，而為中國民族文化之一內在挑戰，而有宋初儒學的興起，拯救文教之衰，而偏於從文化生命之復興，以為回應。

五、北宋遭金入侵，南宋亡於元，是中國第一次亡國，民族生命與文化生命同時受挫，雖有理學之復興先秦儒學，倡尊王攘夷以為回應，但在外王事業上終失敗。

六、元代建立種族階層社會，形成對傳統儒家禮教社會之空前挑戰。中國文化之回應，是融合儒佛道墨四教精神，以保存文教於民間，

終在民間產生推翻元朝之力量，而有明代；以證文化生命一日不亡，即可帶領民族生命一併站立。

七、明代之亡於滿清，是中原民族之第二次亡國，而滿清雖亡中國，卻服膺中國文化，圖使中國文化與中國國族分裂。然至雍正以理學反理學，是見其意識到中國文化與國族之一本性，而思萎縮中國文化為材料性存在，限制學術活動於考證訓詁。中國文化之回應則是一方面同化滿人，一方面有太平天國代表民族主義之反清而破壞傳統文教，與曾國藩等代表華夏文教之討伐太平天國兼維持了滿清統治，而委曲民族生命。至有辛亥革命及中華民國之建立，終完成此一回應[11]。

唐先生更總結以上中國文化歷史各階段之特性、意義與價值為：

一、由上古至三代，乃「中國民族生命自然生長出其文化，成為有具備原始的文化精神的民族生命」之時期；二、由秦至漢，是「中國民族生命對其外之四夷，真實樹立」的時期；三、由魏晉至唐宋，是「同化入侵之北方民族，並回應亞洲之印度文化之挑戰，而加以超越轉化，更反省民族生命之病痛，以求真實成為一真正健康的民族文化生命」的時期；四、元至辛亥革命，為「由北方民族入主於中國，而使民族生命與文化生命之發展受壓抑而相分離，以求再整合」的時期；五、由清末至民國以來，為「應付中國以外之西方與日本侵略勢力，以求中國民族之文化生命與世界文化相通接，而不失其自作主宰之主體的地位，而待於綜合以前各時期之應付挑戰的諸方式，以創造一對當前之大磨難的挑戰之回應方式」的時期。此即我們現在所在之時期，亦即在中國文化歷史之動力與動向之當前所在之地正在發生者。[12]

從歷史哲學而言，湯恩比「挑戰 —— 回應」模式並非最上乘，因其落入將精神生命類比於生物生命之自然主義，減殺了精神生命之自發創造性，並因此視不同之文明（無論時間軸上或空間域上）為截然不

11　同註 5，頁 295-301。
12　同註 5，頁 307-308

同之文明，而落入文化相對主義（斷離論），則歷史動力在於不同文明之衝突而外在化，而非一民族文化生命之自求發展壯大之自我完成。即此而言，「挑戰 —— 回應」模式不及黑格爾「精神現象學」之「在其自己 —— 對其自己 —— 在並對其自己」模式來得真實充沛。但黑氏又不免太強化集團性之客觀精神與歷史理性，輕視人格精神，遂有馬克思唯物史觀之惡化，而引發後來存在主義之哲學顛覆，但因此又犧牲了歷史理性與客觀精神，貶損了集團生命。唐先生雖借湯恩比「挑戰 —— 回應」模式，但觀唐先生全文，顯然作了迥然不同的運用。易學傳統、王船山陰陽並建、黑格爾之辯證行程，都被吸納交匯到這「挑戰 —— 回應」模式之全新運用中，而為「唐君毅哲學」的新說，其中脈絡及痕跡，讀者自能覺察，今不贅。此處順帶提出另一思路，可為唐先生這一歷史觀增加一註解，此即孔子之「質勝文則野，文勝質則史。文質彬彬，然後君子。」與尼采之痛思由阿波羅神象徵之智性生命與原始生命之破裂及兩極化，而禮讚戴奧尼索斯神所象徵之最高文化生命與最深原始生命之秘密結合、沉醉。歷史之動力即根源於此「兩極歸宗」。「兩極歸宗」不僅解釋了歷史動力，亦透顯了歷史方向與目的。此義見於我之另文，今不贅[13]。尼采自是偏重於肯定原始生命，而說權力意志之動力論，這點，當然孔子、唐先生都不會同意。今亦不能詳說之。

　　孔子、唐先生和尼采，竟在這裏相遇 —— 在這次溫故知新中相遇，而使孔子、唐先生及尼采多生一義，我們之存在狀態，亦因對此義之意識、覺悟，而可能有所堅持或改變，而使此義因更生一今日之成果，而增其創生不已之義，而證上文所說。

13　見拙文〈兩極歸宗與道德理想主義〉（「第四屆當代新儒學國際學術會議」論文，1996 年）。今收入本書。

四、從「兩極歸宗」看「歷史動向」

唐先生本着中華民族生命與文化生命要求同時站立為中國歷史根本動向之信念，在晚年發表了包括上述兩文之系列影響深遠的訪談錄，這組文章，應被視為哲學家評論透視其所在時代之政治文化、思想觀念之典範[14]。又時處中國歷史最黑暗時期，唐先生之言如暮鼓晨鐘，其所預見，亦一一應驗。是知「唯仁者能好人，能惡人」，亦唯仁者能體經論史、知言論世。反過來說，這廿多年歷史巨變之一一實證唐先生所言，亦見天道有情、歷史無欺。易繫辭曰：「成性存存，道義之門。」宋代理學言「命日降、性日成。」即此義也。

下引唐先生此諸文中數語。結合這廿多年之世變及當前中國人之人心與處境重讀之，豈能無感！

　　我們要談文化思想，亦並非必須管現實政治如何演變。我們盡可以從歷史看，文化思想的力量，實可以如水銀之瀉地，無孔不入。它是以「天下之至柔，馳騁天下之至堅」，其力之鉅大，無與倫比。……政治的力量，只能改變人的身體，文化思想的力量則直接改變人的靈魂，以旋乾轉坤。這樣我們即能守道不移。[15]

　　我相信只要真是中華神明華胄，其靈魂之攝受量，都是無量無邊。馬列主義絕對不能使中國人之靈魂滿足。「趙孟之所貴，趙孟能賤之」。（……）[16]

　　（百年來）這一切外來的政治經濟、文化勢力，皆以中國為戰場，以中國人自己為戰士，互相戰爭，以共同破

---

14 此諸文收於《唐君毅全集》第八卷《中華人文與當今世界》（下冊），為廿五、廿六、廿七、廿八、卅一、卅三，各文。參閱本文所摘引。
15 同上註，頁 257-258。
16 同註 14，頁 257-258。

壞中國文化，而是中國人各本其所崇尚之外國文化思想，
所依傍之外國勢力，而互相戰爭，以血肉相拼，既共同破
壞中國文化，亦共同從事於民族之自殺。於是此所謂的外
來的侵略或外來的巨患，亦一一全轉化為中國民族生命之
內在的深憂，以合二為一。此之謂中國民族生命文化生命
所遭遇之在中國歷史空前、亦世界一切民族所未有之大磨
難，大挑戰。對於此大磨難，大挑戰，中國人尚在回應之
歷程中。畢竟能有正確的回應否，客觀說來，尚在不可知
之數。[17]

此「客觀說來，尚在不可知之數」，在唐先生，則可「確知」之：

> 「中」國人注定了要超出此兩者（案：指馬列主義與
> 殖民資本主義），以行於「中」道。行於中道，不是妥協，
> 不是軟弱。此是《中庸》所謂「中立而不倚，強哉矯」的中
> 道。靠牆站的人，才是軟弱；只有最強的人，最強的民族，
> 才能直行於中道。……我相信中華民族的文化生命之流
> 行，千迴百轉，必歸在能行於此中道。[18]

唐先生之此「知」乃以其主觀精神直契絕對精神，絕對精神內在
於主觀精神，而透視絕對精神之「宗」，明辯證展現之「兩端」、「兩極」
在歷史中之揚棄以形成客觀精神之行程，而必「兩極歸中」，而「確知」
之、「預知」之。唐先生此「知」，又非黑格爾式之精神現象學的、偏於
觀照的、偏於歷史理想主義的「知」，而為實證於人性之常、實證於道
心、實證於三千年國魂文命，而實踐地「確知」之，「預知」之，依中

17　同註 10，頁 303。
18　同註 6，頁 269。

國哲學「兩極歸宗」精神而確知之，預知之。以實然者已然（過去式），
應然者應然（進行式），未然者應然而必然（理念的、未來式）故。而
「歷史的必然」只能在「兩極歸宗」中理解。

關於「兩極歸宗」我曾有文專說之，今摘兩段，以為唐先生之歷史
哲學進一解：

此「宗」、「元」乃扣兩端而求「宜」求「中」之辯證綜
和之「允執其中」而貫穿終始之「方向」、「目的」、「理想」
者也。此「兩極歸宗」之辯證綜和，既有橫攝的「陰陽」、
「仁義」、「剛柔」，更有縱貫的「天人之際」、「古今之變」，
而終成於人道，亦總始出於人道。

自橫攝的兩極言，無論是「相關」(relative)、「相反」
(contrary)，或「有無」、「肯定、否定」，其之為「端」為
「極」，本依於既有所「感受」（「寂然不動，感而遂通天下
之故」）立「此」則不能不立「彼」，而來回於彼此兩極，並
要求此兩極有辯證綜和而「有道」，有「陰陽之道」、「仁義
之道」、「剛柔之道」，同時即有縱貫的兩極之辯證綜和（時
中）直貫下來，要求與橫攝之兩極綜和作綜和而「有道」。
此即「六爻之動，三極之道」、「時中」之義，亦即「兼三才
而兩之」、「易六位而成章」之所表。宋儒張橫渠以六字說
之，曰：「命日降，性日成。」[19] 此「命」即「天命」，「天命」
者，縱貫的「究天人之際」之綜和之下貫也，而與「分陰
分陽」、「迭用柔剛」之橫攝的綜和再作綜和，而化氣之偏
而不斷地繼其天命之則，以彰著彰顯而「成性」、「成章」。
「性」者，既是人之所以為人之「應是」，亦是人之所以為
人之「能是」(ability-to-be) ——「我應故我能」，並因「我

19　見《張載集》，〈誠明篇〉（北京：中華書局，1978 年），頁 22。

應故我能」而總攝「兼三才而兩之」、「易六位而成章」之
一切存在而「命日降，性日成」。[20]

最後，略對「兩極歸宗」之「宗」再說幾句：

一、「宗」或「中」非「兩極」之量的對析平均，而是兩極之「中心」
與活動方向；

二、因此，「宗」代表理想與終極目的；

三、因此，「宗」屬於未來，而為「目的因」，但正因此是歷史之「動
力因」[21]。

至此，再回看上文諸義，我們或可進入唐先生以客觀悲情開闢的
歷史意識宇宙。

（本文為香港法住文化書院「紀念唐君毅先生逝世二十週年學術會
議」之論文，1998 年 6 月。）

---

20 同註 13。
21 同註 8。

第八章

孔子與中國思想之實證傳統（序論篇）

—— 從「軸心文明」、「實證之名義」、「三階段律」、「三路向」諸說看孔子中國的文化道路

1998 年 9 月濟南第五屆新儒學國際學術會議，我所提論文〈實證唯心論與當代新儒學〉[1]，結語為：

> 中國的實證傳統，自孔子已經確立。「蓋有不知而作之者，我無是也。」「知之為知之，不知為不知，是知也。」「君子名之必可言也，言之必可行也。君子於其言，無所苟而已矣。」（……）對於有人非由實感，唯由思辨作超越推演所生之觀念獨斷、虛妄顛倒，而生種種病痛；再又由思辨尋病根，如此病而又病，朱子直斥其妄。《朱子論學切要語》記潘時舉問：「今學者幾多未求病根？」朱子答曰：「顱病灸顱，腳痛灸腳。病在這上，只治這便了，更討甚病根也。」為宋儒實證態度之代表。西哲實證主義創

1　今收入本書《實證與唯心》。

立人奧古斯特・孔德為「實證」一名作之「知的特性」之
說明，皆可收攝於朱子此一態度中。

此文宣講時說到「孔子的實證精神一直貫注、起作用於孔子後的
二千五百年中國思想文化，這個題目，可以拉開來寫一部大書。」今
年正是孔子誕生二千五百五十年，值此盛會，本人願為這部「大書」提
交其中一篇「序」，試從人類文化、理想文化的視域和高度，正視孔子
精神的世界性意義和方向性、究極性之永恆價值。

一、以「超越論」為中心觀念的「軸心文明」說
——實證傳統不在西方

法國哲學家奧古斯特・孔德（Auguste Comte, 1798-1857）被認為
是「實證主義」（positivism）首倡者。他的言說，除了有關實證一名之
說明外，最廣被引述的，是「人類智能發展三階段律」：

> 吾人對於凡所有之問題，無論其為何，其思想必經
> 過三相續階段：神學階段，於中不期而然，無可證明之幻
> 想，自由運用；形而上學階段，帶有個人意味之抽象或實
> 體，流行其間之特性；最後，則實證階段，以真實事件之
> 切實見解為其基礎。[2]

人類思想的歷史和個人思想進程，都如此，故稱「律」。就人類精
神發展而言，依他的劃分，十三世紀以前是「神學階段」，十三至十七
世紀是「形而上學階段」，十八世紀開始進入「實證階段」，亦即人類精
神的成熟階段。

2　奧古斯特・孔德撰，蕭贛中譯：《實證主義概觀》（台北：商務印書館，1938年），
　　頁36。

　　既然十三世紀以前，人類思想一直處於「神學階段」，則討論人類思想之初次覺醒，無論是歐洲中心論，或承認人類有三大文明區已於西元前六世紀同時湧現其根源思想之「軸心時代」論，皆只能籠罩在「神學」型態中去理解。據杜維明教授在《現代精神與儒家傳統》中的介述，美國國家人文藝術科學學院機關報 Daedalus 在 1972 年有關軸心時代文明特性的專號，以所謂「超越性」transcendence 為「貫穿所有這些精神文明的特性」——「一種除了凡俗的世界外，還有一個神聖的世界，且二者是絕然分隔的排斥二分。」此說固以希臘哲學的羅各斯 Logos、猶太教的上帝、印度婆羅門教的梵天為典範，並以此為標準，「顯示儒家傳統和其他軸心文明相比，有種內在結構上的缺陷。」[3] 另有郝大維、安樂哲（Roger Ames）〈殊途同歸——詮釋孔子思想的三項基本預設假定〉力言中西思想之根本區別，中國是「內在性」（immanence）、「兩極性」（polarity）、「傳統性」（traditional），西方是「超越性」（transcendence）、「二元性」（duality）、「歷史性」（historical）[4]。本人曾撰文〈「兩極歸宗」與道德的理想主義〉對此說有辯證之討論[5]。換言之，西元前六世紀既屬神學時代，軸心文明遂只能以神學的超越性為準，更以「宇宙恐懼」為特質的超越的緊張勁道顯示其精神性的高下。但諷刺的是，若依孔德之說，神學階段是人類精神的童年，童年的惶恐與狂熱竟成為精神性高低之標尺了。Daedalus 專號的學者們，一如既往，在無所可逃的西方思維非此即彼方式中、以及「歷史階段論」之機械劃分中，時常亦此亦彼，授人以柄——「一切都只是為了討論」。

　　提出「軸心時代」說的，是卡爾‧雅斯培（Karl Jaspers, 1883-1969）。雅氏此說原是在其對「超越界」之「哲學信仰」背景中所作的對

3　杜維明撰：《現代精神與儒家傳統》（台北：聯經出版事業公司，1996 年），頁 444。

4　郝大維、安樂哲：〈殊途同歸——詮釋孔子思想的三項基本預設假定〉，原文載《大陸雜誌》第六十八卷第五期。

5　該文今收入本書。

人類各大文明創世紀論釋，意謂各大文明由於自己的特殊歷史境況，選擇自己的自我存有（selfstsein）；而所謂選擇，實基於「超越界」之肯定，「選擇」意即超越現實界之此岸，投向永不現前的超越界彼岸。故雅斯培之軸心時代文明說，一方面如杜維明教授所說是「提出多元文化的深刻的歷史理由。人類文明有各種不同的文化表現，不同的文化有不同的價值，有不同的生命力，各有其長處和短處。」[6] 但一方面卻最是基督教神學中心論的。雅斯培的超越論之軸心時代文明說與西方式歷史階段論結合，是為羅伯特・貝拉（Robert Neely Bellah, 1927-2013）之宗教進化五階段說：初民宗教、古代宗教、歷史宗教、前現代宗教（pre-modern religion）、現代宗教；並謂軸心時代文明屬歷史宗教，只有基督教後來能突破歷史期而進入前現代和現代，其餘的如印度教、佛教、道教、儒家、希臘哲學都停留為歷史宗教（羅氏後來放棄這種說法）[7]。

Religion 中譯「宗教」，源自 relegere（重拾）、religare（重縛），故 religion 其本義為人與神重新結合之祈盼。《舊約》、《新約》本意即神與人所定的「約法」、「契約」，已包含「有神論」以及「神人相隔」之設定。將人類文化理解為「神學的」，再言宗教進化五階段，本就是一徹底的基督教中心論，至於再云唯有基督教能進入前現代和現代，便只是重彈馬克斯・韋伯（Max Weber）的舊調。

韋伯一如他的先輩同行，以超越性觀念為古代西方文明之動源，但與其他人不同的是，韋伯並且堅持以超越性觀念的進一步自我強化，而為「天職」觀念（絕對的命定主義之使命與職業觀念之結合）作為西方由中古進入現代之動源和轉化之道：「現代資本主義精神以及全部現代文化的一個根本要素，即以天職思想為基礎的合理行為，

6　同註 3，頁 33。
7　同註 3，頁 40。

產生自基督教禁欲主義。」[8] 超越性之向外投射，否定人的個體性、
自性：「輕視自己的人，在上帝那裏就受到尊重。」[9] 而為神學之「咒」
（imprecate swear），既是西方古代文明的「理性之謎」，則超越性之自
我意識與強化，而為神諭「天職」，是超越性之內在化、工具理性化，
成為了韋伯以之為西方「解咒」、步入現代化之核心觀念，而建立其「現
代文明源自古代文明之自我轉化」之整體文化轉型論。此韋伯之特殊
思考，卻往往又是講韋伯思想的人所惘然不察者。

　　其實，若能回到韋伯所討論的新教倫理（由讓・加爾文 [Jean
Calvin, 1509-1564] 教派代表），韋伯所言，只是加了一點整理功夫。
新教既將超越性內在化，轉為人的本質，則神的存在與否再不重要。
馬丁・路德（Martin Luther, 1483-1546）對於他自小接受的天主教上
帝，遂可以這樣說：「愛他？我不愛他，我恨他。」[10] 而對自己所宣揚
的路德新教，則說：「相信基督吧！在基督身上有許諾給他的恩惠、和
平和自由。所有這些東西，如你相信，你就會都有；而如你不相信，
你就會失去他們！」[11] 這是標準無神論語言，同時亦是標準的宗教信
仰論 —— 若能聽懂這種話。或許我們因此明白孔德說西方神學時代在
十三世紀結束，但我們的西方歷史知識又告訴自己，馬丁・路德和「站
在路德肩膀上」的繼承人讓・加爾文，都不是神學的結束者；相反，
他們只是將不可實證測知的神，轉移安放到人的信仰中，由人的「信
仰的權威性」（路德認為，人的信仰就是人的生命、人的一切），「因信
稱義」，進一步純淨和確保神的權威性，再由萬物之自然秩序之井然奇

8　馬克斯・韋伯（Max Weber）撰，黃曉京、彭強譯：《新教倫理與資本主義精神》（四
　　川：人民出版社，1986 年），頁 141。

9　費爾巴哈撰，榮震華、王太慶、劉磊譯：《費爾巴哈哲學著作選集》下冊（上海：三
　　聯書店，1962 年），頁 53。

10　Roland Bainton, The Reformation of the Sixteenth Century (Boston: The Beacon
　　Press, 1952), p. 33.

11　周輔成編：《從文藝復興到十九世紀資產階級哲學家政治思想家有關人道主義人性
　　論言論選集》（北京：商務印書館，1966 年），頁 116。

妙，證明神的設計安排，如是重新把神引入人的理性思考之中。（在這之前，1433 年 5 月某天參加巴塞爾宗教會議的主教、修士及學者，在巴塞爾附近林子散步，聽到夜鶯在春陽中啼唱，他們一致認為這是邪惡的。據說教士們當天病倒，不久相繼死去。而瑞士山水之美，又曾令多少傳教士恐慌，認為受到誘惑。）換言之，將神性理性化的同時，將人性宗教化，將自然神學化，這是路德新教並不自知而實際採用的策略。

路德維希・費爾巴哈（Ludwig Andreas von Feuerbach）說得好：

> 這個上帝人化的宗教方式，或實踐方式，就是新教。只有作為人的上帝，或人性的上帝，亦即基督，才是新教的上帝。新教並不像舊教那樣關心甚麼是上帝自身這問題，新教所關心的僅僅是對於人來說，上帝是甚麼。因此新教不像舊教那樣具有思辯的或冥想趨向；新教不再是神學，而是在實質上只是基督教義，亦即宗教的人類學。[12]

神學的宗教→宗教的神學→宗教的人類學

這就是漫長的一千五百年西方神學的內在轉化。直到路德新教和加爾文教派，這「宗教的人類學」其實仍是非常「神學的」。馬丁・路德在《論自由意志為奴隸》（De Servo Arbitrio）一書中反對獨立的哲學、反對自由意志，堅持以神為天下一切事情的決定原因。被韋伯稱為直接催生資本主義精神之加爾文教派，將路德的「天職」觀念中「人無自由意志，一切由神安排，故所有職業都由神分派」進一步強化為：人在事業財富上的成功，證實他是上帝的「選民」，事業失敗即表示他為上帝所棄。加爾文說：「一個人所以發達致富，不在於他的品德、智慧

12　費爾巴哈撰，榮震華、李金山譯：《費爾巴哈哲學著作選集》上冊（上海：三聯書局，1959 年），頁 122。

或勤勞，而完全靠上帝恩賜。」因此，「財富決不應像某些蠢人那樣予以斥責。這樣做就是褻瀆神明。」[13] 這位韋伯討論中的資本主義精神啟蒙者，既是「絕對神定論」，亦邏輯地在現實上成為「選民專制論」。英國《劍橋近代史》這樣描寫這位新領袖：「在諾克斯、加爾文、羅馬宗教迫害狂之間的唯一區別，是諾克斯和加爾文為自己而要求自由，但拒絕給其他人自由。他們助長比羅馬教徒更反人道的殘暴。」[14] 加爾文教派嚴格控制民眾的衣食住行，曾在其教區處死五十八個被控不信上帝的人，驅逐七十六人，更於 1553 年將著名醫生、西班牙人文主義者邁克爾・塞爾維特斯（Michael Servetus）推上火刑台。

李約瑟（Noel Joseph Terence Montgomery Needham, 1900-1995）謂西方思想搖擺於兩個極端世界，一個是結構嚴密、絲毫不爽的機械世界，一個是上帝統治的神學世界。李氏稱此為「典型的歐洲痴呆症」[15]，這就是韋伯所需要的人神關係的緊張？孔德所言之神學時代之結束而進入形而上學時代？或雅斯培軸心文明說之「超越」？無可懷疑的是，在西方思想史和歷史實踐中，正如實證主義者指出的，幾乎從來沒有一個人學（心性論）的實證傳統！實證主義者所標舉的實證精神，在西方不僅開始得晚（古希臘哲學家如德謨赫利 [Democritus] 特重認知的實證，蘇格拉底亦重人生體驗之實證和思想自我辯證，但很快中斷），並且當其在西方出現，是以一種革命的狂飆方式在十七至十八世紀抬頭的，此「宗教改革」、「啟蒙運動」、「文運復興」、「文藝復興」諸名所示。換言之，以懷疑代替信仰、以實證代替虛構推演，在西方帶來極大震盪，令幾代人充滿絕望、痛苦和喜悅。

在哲學上，直至勒內・笛卡兒宣稱為思想尋找支點而建立「自明說」，但仍在為神的存在作論證，雖然亦因「自明說」及其喻「哲學為

13　楊真撰：《基督教史綱》（北京：三聯書局，1979 年），頁 347。

14　《劍橋近代史》第三卷（1907 年英文版），頁 755。

15　伊・普里戈金、伊・斯唐熱撰，曾慶宏，沈小峰譯：《從混沌到有序 —— 人與自然的新對話》（上海：譯文出版社，1987 年）。

一棵樹，形上學是樹根⋯⋯」而扭轉西方傳統哲學之視形上學為「超絕」的蹈空、不可知的，但又以全知的態度說此不可知的傳統。上帝若在彼岸，亦需吾人以「自明」為基點而思之。

　　笛卡兒被譽為西方近代哲學之父，依本文思路，可謂為西方由「神學的宗教學」轉為「宗教的神學」和「認識論的神學」之開啟者，以其攝上帝存在於人的主觀認識（subjective knowledge）故。但其主要用心與貢獻在「認識的主觀批導」（subjective criticism of knowledge）之方法論，而非自覺為實證精神與實證原則之沉思。笛卡兒的「自明說」很快分化為「理性自明」與「經驗自明」之兩路，而無論理性主義或經驗主義，都不再是「宗教的人類學」，而轉向對人的知識能力之反省：「人能知甚麼？」康德徹底完成了這種轉向，通過結合和批判理性主義與經驗主義，逼現先驗原則，再展示「二重立法」、「自由意志」諸義之主體性活動之本體論性格。換言之，形上學（哲學）底全部系統在康德之批判的重組中，成為：（一）存有論（理性對存在作超越的分解）；（二）理性的自然學；（三）理性的宇宙學；（四）理性的神學；（五）本體界的理性的心靈學（此部為牟先生據康德原意補。參見《純粹理性批判》之〈超越的方法論〉第三章「純粹理性之建構」），而此五部無一不戴上「理性的」（屬人的）之冠詞，無一不可轉化翻解為「哲學人類學的哲學」課題。亦唯有轉為「人文學的哲學」，由人心人性自在自為之自明自證與證自明、證自證，此整套思想才獲得最後的實證的支點。此故最後須提「人有智的直覺」，亦實即知體明覺的自我震動而自證實證，所以極成這整套也。

　　既然全部哲學問題皆可歸屬於哲學的人類學，則哲學不應有越出人性論（廣義）之論題，除非此論題乃為最後證成人性之實在性、超越性、恆存性，以人性之「對其自己」，或「超其自己（超我）」以證成人性之性，人性之常。哲學亦不應有謂不能由人性予以「實證」（主客的對應實證、內省的實證相應與主體際之相應實證）的論題，而哲學活動最後只應迴向人以及人的實踐，而為心性論的、「真我論的」（請參

閱拙文〈徹底的唯心論與中西哲學會通〉）。一切純由概念推演而成之
觀念系統，及由抽象思辨而成之論斷，當宣稱其為「彼岸的」、「超絕
的」、「超知的」時，即否定了自己。當康德重組形上學的全部系統，
在現象界的存有論（超越的哲學）外，分為「內在的形上學（immanent
metaphysics）」和「超絕的形上學（transcendent metaphysics）」。「超絕
的形上學」之所以為「超絕的」，因其對象不能被給與。我們對靈魂、
宇宙目的、上帝、自由意志均無直覺，不能實證；顯示康德嚴守其哲
學人類學的實證立場。當康德由實踐理性來證說自由意志諸義，使「超
絕的」可轉為「內在的」（實踐地內在，不是思辨觀解、或知識地內在
的），顯示康德是真正的實證論者和實踐理性優先論者。當康德謂「自
然秩序是道德秩序之符徵」、「反思判斷力把一目的性理念提供給自己」
諸義時，康德要將內證精神貫注到宇宙論、目的論，而企向成為本體
（主體）實證論的宇宙論、目的論。

　　康德哲學不僅標誌着西方傳統「神學的宗教 —— 宗教的神學 ——
宗教的人類學」時代的終結和「哲學的人類學」時代的來臨，並且標誌
着西方哲學開始轉向為「哲學的人類學的哲學」。「哲學的人類學的哲
學」可簡稱為「人學的哲學」或「人文學」。她的全部系統，吾人依康
德之說，可確定為：

　　（一）人的知性的分解（超越分解）：人所知的現象界的存有論
說明；

　　（二）內在的形上學：理性的心靈學與理性的自然學；

　　（三）超越的形上學：本體界的理性的心靈學、理性的宇宙學、理
性的宗教學。

　　這三部，皆可冠以「人學的」，皆可歸屬於廣義之人性論。既是人
學的／人性論的／理性的批判哲學，便不能允許有宣稱離開人性的、
離開人之「智知（判斷力與智的直覺）」、人的「識知（知性與感觸直覺）」
之論斷。

　　康德指出：分析命題其結論不能超出前題，但正可以藉分析展示

其所蘊含；綜合命題須有直覺支持，始可有真假，可作檢證。但認為人只有感觸直覺而無智的直覺，康德遂成為西方現代實證主義和分析哲學的先導和奠基者。雖然西方現代狹義實證論和分析哲學在根本精神上違背和扭曲了康德的原意，亦違背和扭曲了實證主義創立人的原意。

問題是，康德所依之西方「神學的宗教 ── 神學的人類學」傳統，其原始本義，是否只有西方中古神學之「人是被造物、人註定有限」一種詮釋？試重讀《舊約》有關亞當夏娃如何失去永生以換取「知善惡之智」這段文字：「（上帝）吩咐亞當：園中各樹的果子你可以隨便吃，只有分別善惡樹上的果子，你不可吃，因為你吃的那日必死。」「……有一天，蛇對夏娃說：上帝知道你們吃知善惡樹上的果子，眼睛就明亮了，你們便如上帝能分辨善惡。於是夏娃摘下果子吃了，又給她丈夫，也吃了，二人的眼睛就明亮起來。」「……上帝說：那人已與我相似，能知善惡，現在恐怕他伸手去摘生命樹的果子吃後永遠活着。」便逐亞當夏娃出伊甸園。首次奠定神學基礎的保羅在《新約》的〈致羅馬人書〉說：「罪是從一人入了世界，死又是從罪來的，於是死就臨到人類，因為人類都犯了罪。」（第五章第十二節）是見耶教原始思想中，人雖被造，卻是違抗了神，吃了知善惡樹的果子，眼睛明亮，能知善惡，與神相似，唯是不及摘生命樹的果子，而有死，被逐，帶了罪性。這裏的「吃了知善惡樹的果子，眼睛明亮，能知善惡，與神相似」，實可令人不禁要對原始基督教神學的人類學，重新作「非西方」的詮釋，而為：人有限（被造／在條例中／無「自由意志」／無不受誘惑／有死／原罪）而卻不幸地可以「無限」（知善惡／自知有限而求無限／自知有罪而求救贖／怖慄）。雖則不見人是善惡的根源立法者、人有自由意志之義，亦不見人之本性好善惡之義）。此「不幸地可以無限」與「人註定為有限」，依本文看法，正是神學人類學的兩極。若西方心靈能一念反正，兩極歸宗，是可以實證其超越性之內在性，而神性人性可貫通而不隔。再進則可轉向，而為「人學的神學」矣，此豈不正是康德及康

德後理想主義所企向？但西方心靈寧選擇拉開以至隔斷人神關係，以保護神的不可測知的地位，維護其「神學的人學」和漫長的神學時代，維護其因不成熟而可發展之「階段性」。羅伯特・貝拉（Robert Bellah）之言宗教進化五階段，或正依於此基督教之「可發展性」、「不成熟性」。當尼采說：「被遲死的說教者所崇拜的那個希伯來人（耶穌）死得太早了，……他若留在曠野，遠離正人君子，也許他能學會如何生活，學會如何愛大地——也學會如何笑吧！」「他還沒有成熟」，「他死得太早了！若他活到我這般年紀，他會撤消他的教義。」（《查拉圖斯特拉如是說》）可見尼采是以耶穌的唯一知己而反基督的。

馬丁・路德為反對贖罪券與教廷決裂，所作《關於贖罪券效能的辯論》（「九十六條論綱」）只為從教會手中奪回原屬上帝的無上權威，免受羅馬沾污，算不上「宗教改革」，在某義上他是更保守的原教旨主義者。其故居石像所刻銘句「路德之學乃基督之言，其因此而永存」是不錯的。西方的神學時代非如孔德所言結束在十三世紀。早死的耶穌，未學會如何生活、如何愛大地、如何笑的耶穌，鐵釘穿過髁骨的劇痛，暈眩醉人的痛楚，千多年來傳遍每顆遲熟激昂的西方心靈——從襁褓時起，他就早晚看着母親如何跪伏在地、合十向上禱告（唐君毅先生稱此向上禱告為西方文化之象徵，低眉垂目為印度文化之象徵，平正而視為中國文化之象徵）。

當埃里希・弗洛姆（Erich Fromm）宣稱「十八世紀的（西方）問題是上帝之死，隨之而來的十九世紀的（西方）問題是人之死。」他豈非同時宣告西方神學時代轉向形上學、轉向實證時代的失敗？當韋伯堅持新教禁欲的入世精神催生資本主義，亦等於同時堅持了上帝不死，且要求他的子民，以世間功業實證誰是上帝內定的選民。

二、「實證」義的限定與解放：綜和的實證 ——中國思想中「相喻相接」之實證義與實踐的 「內容真理」的實證義

以上，對雅斯培的「軸心文明」說、孔德「神學——形上學——實證」三階段說作了新解說，正如我們每次面對這種單向度歷史觀及其層出不窮的西方式階段論，所應做的那樣——探意存言，取其內核，捨其硬殼。

撇開這些說法之歐洲中心論及其對東方文化的隔膜，只就西方文化自身之發生、發展而言，諸說是有意義的。他們不約而同地描述了西方思想之行程：以「二元實在論」為格式，以「超越性」觀念為中心觀念與動力，開始其「歷史階段性」之行程；先是投向上帝之「宗教階段」，轉而將上帝歸為思想之所思所思的「形上學階段」，直至近代，漸收攝為人性論的理性批導與經驗反省，此以康德的哲學轉向為典範，而為孔德所謂之「實證階段」。

孔德在《實證主義概觀》一書中論「實證」一名之「知的特性」與「哲學的系統性之特性」，其言曰：

> 反觀此實證主義所有知的特性之簡述，可見其主要性質，皆概括於「實證」一名中，即這裏所用來稱這新哲學者。西歐一切語言文字，皆一致將此名及其引申之義，釋之為含有「真實」及「有用」之意義。合之，則可對於此真正哲學精神，得一完備之定義。此真正哲學精神無他，即不過一普遍且可及之善意，以系統之方式出之耳。在歐洲之一切語言文字中，此名又包含「有機機體」之意向。現在之形而上學精神不能機體化，但評判而已，此則有異於實證精神，雖其在相當時間有一公共致力之範圍。謂實證主義為「有機機體」論者，吾人即為其有社會義之謂。此

種意義，於人類之精神方面，固將取神學而代之。「實證」
一名將更有一種意義，即謂此系統之有機機體之特性，自
引吾人以至於其他之屬性，即其不可變更之相對性。……
如是，人類智慧最高之性質，除一事未說外，皆漸以一單
簡明了之名詞概之。現在所須者，即應指明那未說之意
義，斯即道德知識之性質之連合。而近代進化之程序，則
使此事歸於確定，即確定「實證」一名所含之意義終將與
人心有直接之關涉，較與知識之關涉為甚。則實證主義之
趨向，以其最初之特性即真實之故，應使感情（案此當指
含道德義之感情，即「仁」）有系統的高於理性，如其高出
於行為言，此即將為一般人所覺悟。最後以道德之條件與
心之條件合一故，真正實現「哲學」一名字源上的價值 [16]。

其中「知的特性」可簡明述之為六條：
一、實證與空想相對立；
二、實證與無用相對立；
三、實證與矇昧相對立；
四、實證與斷裂論相對立；
五、實證與非社會之出世間態度相對立；
六、實證與「絕對」相對立。
其「哲學的系統性之特性」可從下面這句全書之篇首語，更得印
證。孔德這樣描述實證時代的哲學使命：

　　　一切真正哲學的目的，是構造出能夠包括人類生活每
　　個方面（社會的與個人的）的一種體系，即它能包含我們
　　的生活由以構成的現象、思想、感情和行動。[17]

16　同註 2，頁 62-63。
17　同註 2。

　　既已告別神學時代、形上學時代，哲學不應再耗費氣力於「超自然的能動者」之論證，或絕對知識之虛擬，而轉為關注人類生活世界秩序之系統思考；此則政治成為主要關懷，而獲得與哲學結合為政治哲學之重要地位。

> 　　哲學和政治是偉大的社會有機體中的兩種主要功能。系統考慮過的道德（案：或即指黑格爾所謂「倫理」）既是連接它們的紐帶，同時也是二者之間的分界線[18]。

　　孔德所言之實證時代哲學及其精神與論題，任何熟悉中國思想傳統的人，都會覺得兩者何其相近，更像是以儒家思想為典範而說的。但從發展的角度，從所謂「智思發展三階段」說，又可謂南轅北轍。因為早在孔德所說的「神學時代」，或早在雅斯培說的軸心時代，中國思想，尤其是孔子代表的儒家思想，已在「實證的」或至少努力於實證的，而非「神學的」。不僅如此，任何讀中國書的人，看到上引孔德之言實證之諸義，特別是「實證與斷裂論相對立」、「實證與非社會之出世間態度相對立」，強調「實證」一名包含「有機機體之意向」，批評舊形而上學不能有機體化，強調以感情高於知性和行為，以綜合二者，合道德與心性為一，等諸義，及其「人的智性之三階段」說，都會說：依實證主義創立人所言，中國思想、儒家思想正是系統性機體論地實證的，而且，不僅是實證的，在雅斯培所言之軸心時代，中國思想就已經歷了「神學的」、「形上學的」與「實證的」之發展、揚棄與綜合。當孔子及其後學曰「殷因於夏禮，所損益可知也；周因於禮殷，所損益可知也；其或繼周者，雖百世可知也。」（〈為政〉）「君子名之必可言也，言之必可行也。君子於其言，無所苟而已矣。」（〈子路〉）「夫人不言，言必有中。」（〈先進〉）「君子之道，本諸身，徵諸庶民，建諸天地

18　同註2。

而不悖，考諸三王而不謬，質諸鬼神而無疑，百世以俟聖人而不惑。」（《中庸》）等言時，其所透露的時代精神，必是綜和的實證的，是內省的實踐地實證的，又是主客相符、或互為主體地相感而實證的。依最狹義的「實證」義（邏輯實證論），實證最後只能是「公開檢證」，「公開檢證」即互為主觀的相喻相接，而客觀義即涵其中，因而亦是曾經主客對待、「符合說」地實證的 —— 但同時又深含形上學意味，以至具示某義之宗教性，而最後歸於實踐地實證的。

以西方各種「階段論」來解釋中國歷史和思想發展，最後歸於圓鑿方枘、格格不入，我們早已厭倦而且不屑。但這不妨礙我們仍然開展與西方對話，我們只需避免再次落入未經實證的觀念成見而造成歪曲。要使中西思想對話真實地展開，「名之必可言也，言之必可行也」，不是惠施式的「對辯」，不是「真理越辯越明」，而是在辯論中，反身而誠。一切名言系統之有意義、有何意義，與言者所言是否相應，豈能離開天地間此心之誠，以其之「向」（orientation）——「向前」、「向上」、「向下」、「向後」、「向內」、「無向」之所「感」、「興」、「知」、「取」、「比」、「合」、「忘」、「寂」諸行。而一切名言之意義所在，捨此言說所喚起受言者與言者自身之「諸行」——向前、向上、向下、向後、向內、無向之感、興、知、取、比、合、忘、寂之「諸行」，以相喻相接外，更有何義？此本人曾論之於〈言意之辨與魏晉名理〉及〈語言轉向之轉向〉二長文，通過對邏輯實證論「實證」義之徹法源底，極成之，即同時解放之，而建立我們的「徹底唯心相應的實證」義。其中辯說頗繁，今不能贅，幸讀者參閱之，以補本文此處之闕 [19]。孔德謂西方一切語言文字皆一致地將「實證」此名及其引生之義，釋之為含有「真實」及「有用」之意義，合此二義則可對此名所代表之真正哲學精神，得一完備之定義。孔德此說，乃「實證」義之最哲學最思辨，亦最「美」（合目的）之說明。

19　參閱本人所著《玄理與性理》〈言意之辨與魏晉名理〉一文，以及本書之〈語言轉向之轉向〉，二文皆詳申此義。

三、孔子「人的發現」與「理想文化」理念

所謂比較哲學，或比較文化，即就每一哲學型態，或思想文化型態，通過其經典言說（包括各種符號形式，但仍以系統的觀念文字表述為主）所喚起之吾人一心之「向前、向上、向下、向後、向內、無向」之「感、興、知、取、比、合、忘、寂」諸行中，以何向何行居勝，以為此哲學、文化之特質，以與由同一方法所得之另一哲學、文化之特質相比較，由比較而觀各自之勝場。甚而由比較而判各哲學、文化之高下，以其所能喚起或已經實現之人心「向前、向上、向下、向後、向內、無向」之「感、興、知、取、比、合、忘、寂」諸行之強度與全幅性、圓滿性為準，表現為人格世界、典章文物世界之高卓豐盛與統緒連貫、歷久不衰的創造建立與自我批判轉化之能力。是故本人雖同情多元文化論，但反對文化相對主義（以各文化無分高下，以至各言說系統無真理判準）；既反對文化霸權，亦反對文化鄉愿及姑息主義，而主張文化理想主義，文化發展論與自我轉化論，亦即機體自運之整體文化觀。

亦因此，我們之認識一哲學、一文化，必須以我們之心為感通之心，並隨時可以前後上下正反地湊泊所讀文本（包括各種形式符號，如聲光、形相，但仍以系統的觀念文字為主）。「體會」（等同身受，同體化、內在化）之，再而將所體會對象化，認識自己所體會之思想文化為何種型態之思想文化；進而可言此所體會之文化與一「理想文化」（方向性的，反省的、實踐的實證的，而非憑空虛擬定義的、計劃的）比較，以及與其他文化型態比較。唯如此，方可言文化比較和文化批判。

「理想文化」既是一開放的方向性理念，則既可說為能實現的，又可說為永不能實現的，因為本就無一世界圖則；更不能宣稱已有一文化為理想文化，而舉之以為其他文化之標準、鵠的；或將某文化之特殊歷史經驗，普遍化為人類活動之「律」，如歐洲中心論者所為。雖然某一文化之特殊歷史經驗，本就是人類文化其中一方向之行程記錄，

而含辯證的普遍性，為文化對話之一端、一極。中國人尚稱三代，黃梨洲謂「三代以上藏天下於天下，三代以下藏天下於筐篋」，是借三代「天下為公」斥貶「家天下」。自孔子說損益三代，是理想文化的方向論和發展論。「其或繼周者，雖百世可知也」者，是理想文化之方向性之超越原則也，「禮之本」也。「林放問禮之本。子曰：大哉問」，以此也。而「損益三代」說，正見孔子「不易、變易、簡易」之文化理想。不易、變易、簡易之諸原則皆須在吾人心之不安與安中取得實證。此亦無積極的話可說，只有消極的話可說，即：排除個人之特殊性好與私欲（包括好德之性好、施惠之私欲），由心之不安不忍（心之不安不忍既是情、又是理、亦是「命日降、性日成」之命、性）則「理想性」、「普遍性」原則自必呈現。而隨着個人私欲之排除，內省越深，感通越微，則越加不安不忍，掘井及泉，若決江河，沛然莫之能禦。理想性、普遍性之要求愈強，愈不能封限，亦愈不能對象化、認知化，而唯是「內容真理」的、形上學的、宗教的。但必反對那種純由概念推演而成的觀念系統而又宣稱為實在的獨斷的形上學，反對由一外在的超越的神為終極說明的神學的宗教，因這種形上學和宗教皆將理想對象化、認知化為自相矛盾的「不能實證的認知對象」；整套形上學唯餘下對現象界的否定，整套宗教言說唯餘下對人間世的否定，而一往不返，在否定性中「忍」且「妄」矣，此非理想之真實。

真實的理想既根源於不安不忍之心，必由反察一己之歷驗、性好與欲念，之為氣質之性，之為特殊、為私，之為命為遇為運，皆依於「超越性」、「普遍性」、「理想性」而見其為特殊、為私、為命運、為一己；此則反證各個體之具體性、特殊性有辯證之真實性，必然性；若無個體性、具體性、特殊性，則亦不能言普遍性、超越性、理想性矣！此見理想性、超越性、普遍性，與現實性、具體性、個體性遂注定不一亦不二。各個體之具體特殊性之互倚與互相否定，主體之自我揚棄、天道性命之「命日降，性日成」，亦為真實、為必然，而證道證史證悲證如。故理想文化者，根源於心而推開為超越實體與現實個體、歷史

目的與歷史進程之兩極，此兩極得以充分張開與綜和，並創造「最」豐富多樣的價值（真、善、美、利、望）之謂也。心愈不安不忍，此「理想文化」之內容愈豐富，兩極間之張力必愈大，「命日降，性日成」必無限，而一一真實。此既是形上學的、宗教的，亦是實證的。是實證上下貫通的形上學、實證內信外仰的宗教、實證主客符應的經驗實在論，是實證唯心內聖外王之學。《論語》說「仁」，說仁與諸善；子貢曰「夫子之文章可得而聞也，夫子之言性與天道不可得而聞也。」於此可解為：無限而一一真實的「性與天道」，「命日降，性日成」，何不自家理會，實證相應？若不能實證相應，理會不來，則亦無性與天道。夫子何來「積極的話」可說。

　　孔子所選擇，亦是華族文化所選擇的這條文化道路，所凝成的這個思想型態，在雅斯培的軸心文化說中，固是與希臘文化、猶太教文化、印度文化等同時並起的多元文化的一元，亦是可以「超越性」觀念為解說之者，但更是對超越性之超越的，從存在入路的、實證實踐的「超越性」。在孔德的「人智發展三階段律」說中，中國思想（以孔子儒家為代表）依孔德本人所界說，只能是機體論的實證的，而不是西方型態之宗教的、形上學的、非實證的；但又不僅是狹義實證的，而是超越的反省的根源論的超越論的實踐實證的人學的宗教和形上學，是則並不能直接入於孔德所列西方思考三階段之任一時期。雖如此，我們卻可借雅斯培與孔德的話，助今人了解孔子思想底義理性格及在人類思想史之意義：在所謂軸心時代，一套綜和了宗教、形上學和實證精神的、由超越性及對超越性之超越與剝復、而「發現了人」的偉大仁學／人學，從此範導了中國文化。孔學的繼承者，中國文化的創造者在一千年後再而吸收轉化了印度軸心之佛教宗教文化，到近代與西方現代文化相遇，失敗於「純否定的西方意識型態」，卻因此震動了中國文化所哺育的「博大、深沉、純樸、靈敏」的心靈，而有中西思想文化對話之真實開展，此當代新儒學之重要課題。真正認識西方軸心原有精神之時，即中國文化自我認識與重建之日。而人類文化幸見中西印

各文化對察互動，共同對抗一「純否定的西方意識型態」，守護人類文化，不願見任其一之消亡。

四、梁漱溟「三路向」說與實證的形而上學

梁漱溟在《東西文化及其哲學》有「人生三路向」、「文化三期說」，以分判中、西、印三文化，認定人類精神行程為「西方 —— 中國 —— 印度」三期。此說的困難，與此說所受西方「文化階段論」的影響一樣的明顯，使論者每提此說時即不免加詰難。本文今重提此說，對其所受西方進化論、機械階段論影響處不論，直說梁先生所發現的中、西、印三思想文化之特質，結合本文上所言，試轉進此說。

梁先生之說及本人之新解以下：

一、第一路向／西方文化：「以意欲之向前要為根本精神」，「着眼研究者在外界物質，其所用的是理智（比量）」。

解說：此說偏於以西方現代科學主義一路之文化為說。至於西方傳統神學的宗教、形上學，中古救贖主義、近世「禁欲的入世主義」，是否總是「以意欲之向前要求為根本精神」（或其變形）須有說明（本文認為不妨先歸入此精神）。又，此「以意欲之向前要求」與其說為人類文化之第一期，本文寧認之為一文化結構之重大環節，代表一文化形成之動力原則和擴展原則。即非可以經而過之之階段，而為一文化精神之「破裂」以「顯用」、「實化」所必須和常需者，代表一「相對肯定」（以「能」證「所」故）、「不斷否定」（不證「能」故），比量求證（泯能歸所）之精神。此種精神首先表現於宗教和科學，範導倫理、藝術。

二、第二路向／孔子代表的中國文化：「以意欲自為調和持中為其根本精神」，「着眼研究者在內界生命，其所用的是直覺（非量）」。

解說：此處的「內界生命」，依本人〈徹底的唯心論與中西哲學會通〉之說法，轉康德之「超絕的形上學」為「超越的理性心靈學」，本一心之震動，而自覺自證與證自證，貫「超越的理性心靈學」和「內在的

理性心靈學」為一，總攝「超越的宇宙學」、神學和理性物理學、現象學，貫通康德所言哲學之五要部而為一部，為一至大無外的「整體生命」之學，為一大機體論之大心。本人又有〈兩極歸宗與道德理想主義〉、〈超政治與政治〉、〈實證唯心論與新儒學〉、〈「聖人體無」所開啟的目的論思想〉諸文，更多方辯證，論此「內界生命」為掘井及泉，至內而沛然無外、有向而無向、內聖外王、「命日降，性日成」、上下貫通、徹裏徹外之實證相應、唯心實證之生命世界，其所用是性智，以非量（直覺）主導現量和比量。但在過去的表現中，潛伏的比量實證雖有相當成就（此中國科技之長期領先於歐洲可見之），但比量本身未能獨立，成為虛欠。此與其說為人類文化之第二期，寧說為人類文化之目的性、合理性原則和悠久性原則。代表一「絕對肯定」（以證所證能明心故）、「相對否定」（以所是與應是不一，所所相剋，境不離識故）、性智主導以求實證（證能貞所，證史證悲）的精神，此精神首先表現於倫理、藝術和禮化政治，範導宗教、科技。

　　三、第三路向／印度文化：「以意欲反身向後要求為其根本精神」，「着眼研究者將在無生本體，其所用的是現量」。

　　解說：此「以意欲反身向後要求」表示一對「意欲之向前要求」之否定，以「意欲之向前要求」永不能得滿足故，是則二者同源，皆出於「有我之執」，前者以「有我」求「我有」（Having），「為有而奮鬥」；後者以有我求無我無生，「為無而奮鬥」；兩者皆以「苦」、「業」或「原罪」、「救贖」為說，無關道德，只關去除「有」「無」之煩惱。故牟先生謂耶教「證所不證能」，而佛教「證如不證悲」，以此。此則與其說之為人類文化之第三期（終期），寧說為人類文化之「消用」、「解脫」原則，與西方文化精神相對為兩極，而較深微和在邏輯上為後起。其所用是現量，以現量反比量，以現量證非有非無（真如）。代表一雙向否定（蕩相遣執、八不中道）、絕對肯定（如如、眾生皆有佛性）、「如是本末究竟等、現量實證」之精神，而為一「以捨離為主」的文化精神。

以上轉解梁漱溟之文化三路向、三期說，是要轉出：

一、中、西、印三文化路向，梁先生說為「三期」，尋其本意，是「理想文化」之「實現次序」，我則進一解認此三路向為理想文化之義理結構的終始條理，而為辯證的「你中有我，我中有你」、周而復始的。因此，

二、三路向之任一路向都不應只是「一期」而經而過之者，因三路向之任一路向皆是「理想文化」之必須環節與關係者，以至或竟是「理想文化」理念的首先提出者和永遠的出發點；

三、以三路向已在歷史中實現為中、西、印三大文化，是見三路向皆具某程度之實證精神，又各以某義之實證精神為主導。由此是要對孔德實證主義之實證義予以梁漱溟說「三路向」義之限定同時予以解放，解放之而分為「量智的實證」（現量實證、比量實證、現量與比量之合證、否證）和「性智的實證」。但我們仍尊重和採用孔德之實證諸義，配合梁漱溟所說義，以之為實證正義，而以實證主義第三代邏輯實證論之實證義為狹義、偏義。

四、若梁先生所說孔子仁學與中國文化精神、及本人對之之解說不錯，依一理想文化之系統結構及終始條理，中國文化之「實踐的理性」、實證的大綜和精神和悠久智慧，相比於西方文化和印度文化，正是「居中」（不排斥向前，亦不排斥向後），既「超越」（超越於實然，但又超越於一往向前或一味向後、之「超越」）而「實證」（綜合實證，證現量、比量、非量，證兩向門於一心，實證相應於一「應然」），則中國文化並非只為「第二期」可以經過之者；相反，西方的生活態度和印度的生活態度雖亦非經而過之者，卻始終應歸於以中國的生活態度為「正」和「常」者。雖則西方文化精神和印度文化精神皆為一理想文化機體不可缺之方向結構，並依中國文化當務之急，須極力強化西方文化所代表之方向，在辯證中助成中國文化之「正」和「常」。

五、是則梁先生的「文化三路向」、「文化三期」說若有意義，（正如孔德之「人類智能三階段律」說若有意義），依本文之意，須由歷史

學向度，轉為文化本體論的結構學，再由本體論的體用學，轉出發生學的次序思考。

　　梁先生中年後重提此「三路向」說，以中國文化的人生態度為「鄭重態度」，最難且深，且通常是經歷了前二路向（西方之「逐求」、印度之「厭離」）後的人生態度，其言雖與本文所言意旨似不同，卻表示梁先生思想之轉進，而與本文某義相接：

　　　　將此三者（案：指「三路向」之人生態度）排列而為之較，當以逐求態度為較淺；以鄭重態度與厭離態度相較，則鄭重較難。從逐求態度進步轉變到鄭重態度自然也可能，但我覺得很不容易，普遍都是由逐求態度折到厭離態度，從厭離態度再轉入鄭重態度。宋明之理學家大多如此，所謂出入儒釋，都是經過厭離生活，然後重又歸來盡力於當下之生活[20]。

　　所言宋明理學家大多經過厭離再而歸於鄭重態度，此不確，今暫不論；其言是否可理解為本文所提之文化學本體論，亦難說，亦不能是中國文化先經過隋唐佛教之厭離態度，而再轉入宋明之鄭重的理學態度。然本文願引之為佐證，並借梁先生之言，重構立體的人學文化學當有之結構和終始條理：

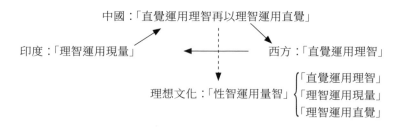

20　梁漱溟撰：《朝話》，〈三種人生態度〉（上海：上海書店，1989 年），頁 202。

梁先生書中有一表，比較中、西、印三大思想，很少被人引述，我卻認為此表甚得各文化之要領，此或牟先生評梁先生「契入有餘」所指。今重列於此，略加案語以銜接本文。

目別		西洋方面	中國方面	印度方面
宗教		初於思想甚有勢力，後遭批評失勢（案：指十五世紀啟蒙運動後），自身逐漸變化以應時需（案：指宗教革命及其後之世俗化）。	素淡於此（案：指原創期至漢代），後模倣他方（案：指吸收佛教），關係亦泛（案：指雖吸收佛教但同時轉化之，則中國文化所得唯是佛學而非佛教。民眾之信佛，多為祈福，非宗教的信。至宋明理學興，佛教亦消退）。	佔思想之全部，勢力且始終不墜，並無變化。
哲學	形而上學	初盛，後遭批評，幾至路絕，今猶在失勢覓路中（案：指自近代知識論興起，否決一切形上學論題，無論柏拉圖希臘傳統哲學或中古神學宇宙論皆頓成廢墟）。	自成一種。與西方、印度者全非一物。勢力甚普，且一成不變（案：此數語，實深契之言，得來不易。我認為梁先生對中國學術的貢獻，即此數句可代表。讀者幸結合本文所論，深思此數語）。	與西洋為同物。但研究之動機不同。隨着宗教甚盛且不變動（案：指佛教「解脫觀的實踐的存有論」，有與西洋為同物處，如以分解為主要方法，亦有很不同處）。
	知識之部	當其盛時，掩蓋一切，為哲學之中心問題（案：指西方主知傳統與信神傳統之破裂、宗與教之破裂、思維與存在之破裂。近代重知識論，其他一切悉被掩蓋）。	絕少注意，幾可以說沒有（案：此梁先生故意對照之說。近年研討中國知識之部者頗眾，然終不及西方之特盛也）。	有研究，且頗細，但不盛。
	人生之部	不及前二部之盛，又粗淺（案：西方人生部之思想當於其文學著作中覓之，而可印證中國人生哲學思想）。	最盛且微妙，與其形上學相連，佔中國哲學之全部（案：注意「與形而上學相連」這句）。	歸入宗教，幾捨宗教別無人生思想，因此倫理念薄（案：留意「倫理念薄」）。

從此表，則中國的形上學，吾所以稱之為「實證的形而上學」，其「實證」主要來自人生之部，而非來自知識與宗教（若不從此表，而依本文，則中國的宗教和知識緊連於人生之部，而為人學的宗教、人學的知識論），由人生體驗之核心，最真切、最普遍之「仁」的自我震動，反思且實證「天道」形上實體、宇宙目的。此義之「實證」，可涵蓋孔德言實證主義之諸義而不相悖。以此義反觀孔德之言，未免膠着人生之各向而未真切（孔德言道德感情本真切，惜未被重視），此故實證主義以後之發展漸趨向於「無體」、「無理」、「無力」。而中國的形而上學因得人生體驗之實證，故「勢力甚普且一成不變」。自孔子之文章可得而聞，由仁學默示「性與天道」，孟子十字打開，說「盡心知性知天」，即不墜。中國的人生之部因得孔子理想主義仁學之提撕，「天不變道亦不變」，而人生有體有理有力。但從集團生活之「對列原則」和「組合原則」言，中國的實證精神有待強化一曲折，即強化那量化的、類名的（抽象化、概念化）、外延的「實證」（量智的實證），實現民主與科學。此孔子仁學當有之義。

五、孔子承先啟後的實證精神
——孔子與六經、孔子與先秦諸子

本節之標題所涵，原是本文之主題，今為篇幅和時限，不能再寫。但仍保留此節之標題，諸君幸沿上諸義，思從「孔子與六經」觀孔子偉大的繼承精神，從「孔子與先秦諸子」觀孔子深宏的開啟精神；再結合上四節所述，觀孔子精神所本，是一無限的心量，故有無限的超越而不限於超級，有多向度的無限的「縱貫實證」和「橫向實證」並超越而涵蓋各定向之實證。超越而不限於超越以求實現與實證，實證而能觀復反本以能無限超越。寂然不動，感而遂通天下之故。言孔子仁學者，幸勿失之。

　　（1999 年 12 月，台北「紀念孔子誕生二千五百五十週年國際學術會議」論文。）

第九章

禪與中國文化
—— 從「佛教之中國化」[1] 看中國文化傳統與宗教

一、引 言

佛教自東漢傳入中國，初唯依附道教，「與道術同氣」，或只視為九十六種道術之一，表示其未能對中國本土文化有任何挑戰，而中國心靈亦尚未發現佛教之特殊而堅定的宗教意趣，而只視之為道教之一型。經魏晉至隋唐，佛教才漸獨立而蔚為大國，但亦同時被中國化。至禪宗，佛教中國化完成，而佛教即走向式微。

英人阿諾德・湯恩比（Arnold Toynbee）說，一個文化不可長期靜止自守，而需要外來挑戰，才能喚起生機，通過積極的回應，而獲得再生。一個文化能否經得起挑戰就是該文化能否存在、壯大之契機。故此佛教之入中土，而中國文化接受佛法並予以吸收和消化，最後是佛教之中國化和中國原有文化之深化與壯大。這種吸收和消化佛教之

---

1 這裏說「佛教中國化」，並非說有一個與印度佛教之解脫精神相背離的中國佛教，而是說有一個中國化的佛教。

哲學經驗值得我們記取與重新考察。現在中國文化正面對西方文化之挑戰，我們能否從中國文化吸收和消化佛教的經驗中，認取與選擇得一份自信與平常心，以回應今天這個大開大合的時代，回應西方文化之挑戰。所以，回顧這段中國哲學上之最重要一個運動，是有現實感的。

佛教在中國傳播，隋唐時代並曾佔有主流的地位，甚至取代儒家和道家。但是佛教發展最後之成果，卻是帶着中國文化鮮明印記的禪宗。太虛法師云：「南洋佛法之特質在儀律，西藏佛法之特質在密咒，日本佛法之特質在聞慧及通俗應用……，中國佛法之特質在禪。」以「捨離」為根本意向之佛法，依所傳播之地之原有文化之特性而發生「遞移」。而禪宗可說是佛教對中國文化之選擇，亦是中國文化對佛教之選擇。

日本禪學學者鈴木大拙說：「就一種意義上說，使中國人與印度心靈有所不同，中國人心靈得到完全自我肯定的，是禪。禪不可能在任何其他土地與人民中生長，只能在中國土地得以如此繁茂。」

禪（禪那，Dhyana）的原意是靜慮，棄惡，又譯「思維修」，後來稱「禪定」，屬佛教修養途徑之一，依此契會佛的智慧。所以在印度，禪不是一個宗派，只是一個法門。後來禪宗溯其祖至北魏時來華之達摩，其人面壁九年，所謂「壁觀」是指精神意識不偏不倚。話雖可溯至達摩，惟達摩所傳只是靜坐、「禪定」，並非後來惠能所表現之行證頓悟之禪精神。禪宗，實自六祖惠能始。

牟宗三師常言：「基督教有宗無教，佛教有宗有教」。然而教有漸頓，達摩的禪法是通過靜坐去契入空理，此為借教悟宗，令捨偽歸真，凝住壁觀，然終是二法。佛法是不二之法，故《六祖壇經》「惟論見性，不論禪定解脫」。又記「師日：道由心悟，豈在坐也。經云：若言如來若坐若臥，是行邪道。何故？無所從來，亦無所去。」又云：「生來坐不臥，死去臥不坐，一具臭骨頭，何為立功課？」依此可知六祖已捨棄外在之修煉行為，反立「無念為宗，無相為體，無住為本」、「心不住

法」，與原來印度之禪法異其趣。故印度只有禪法，沒有「禪宗」。惠能，禪宗的創立者，一掃佛教之繁瑣哲學和外在之戒律教條而反遙契本土儒道之攝性歸心，本心即道之正面的自悟自覺之功夫，即行即證，直心即道場，直心即淨土。至此，佛教在華傳播完成了一次辯證的開合，而中國文化對佛教文化之挑戰亦完成了一之積極的回應。

二、禪與中國文化

以下，試從幾方面討論禪與中國文化：禪與中國傳統思想之證道與思維方式，禪與中土宗教精神，禪與中國道德心靈，禪與中國藝術，禪的人格世界等。中國文化土地既生長了禪，我們今天仍滿懷欣喜，樂於檢看禪在中國之文化之地位和意義。

（一）禪與中國思想中之體悟、內證與直覺方法

禪之「明心見性」，實乃主體性之一種自覺（依佛家即自覺為佛性），並依此自覺而「如實知、如實觀、真實行」，此全不同於非自覺（內省）地依一種既與之格局對對象世界作命題式的構造，如我們平日之所謂認識世界認識人生。生命自身之自覺與提昇，跟生命向外撲以構造外境、支配外境是不同的。中國思想歷來即重視這種不同。主體性只能「默而識之」（孔子語）。老子曰「為學日益，為道日損」。向外摹擬構作必動之愈出，故謂「為學日益」。「為道」則消用歸體，故曰「日損」，「損之又損，以至於無為」，亦即放下我們之「有為」的身份。舉例言之，如「知識活動」之身份。知識活動，依西哲康德所言，乃人依其知性所設之格套對世界作理解（分判之、決定之），即以知性之綱決定世界「是甚麼」。這種知識真理僅對於具有這種知性的人類有效，對其他之理性存在，如外星人，或上帝等皆無效。命題世界、知識真理依認知者之觀點與角度之改換而不斷更新，而使科學知識不斷向前發展。所以科學真理是相對的，不斷為未來科學真理所取代，但又永

遠不能到達存在之真相，更不能提供關於道德、宗教、自由、存在、藝術、成佛、得救等關於主體的真理，以至不能證明人有自由。

即如孟子所講「見孺子將入於井，怵惕惻隱之心，人皆有之」。這不是科學的證明，然而卻是無人可以反對的「存在的實感」，當下即透露了人的自由身份，即他能隨時跳出作為個體存在的有限性而立即跟其他存在同情共感，並自由地抉擇自己的態度。這就是人性的自明自證。若說：「拿出證據來！」這便是最不可移的證據，卻不是「拿出來」，而是內證、體證、印證、互證。中國思想歷來即強調主體真理之優先性，並要求保持這種主體之清明，直接去知這個世界，而無需假借概念，間接擬構世界。故孔子贊曰：「天何言哉！四時行焉，百物生焉，天何言哉！」莊子則曰：「聞以有翼飛者矣，未聞以無翼飛者也；聞以有知知者矣，未聞以無知知者也。」「以知知」即以人為的特定的知識格套去知，凡所知皆是封存的、抽象的、邏輯的、過去的。「以無知知」即要求撤去人為的認知網（佛教所謂「偏計執」），取消參照系統，而直接與所知合一，而全知、活知。有人把道家之「以無知知」認定為反智，是不解道家。其實道家並非反智，而是超智，所強調乃玄知，知幾知變。

儒、道二家所體會之主體性有不同，然皆要求人首先自覺自明，再依自明自覺重新安排生命和天地萬物，而真正贏取存在與自由。儒、道雖非「顯確」的宗教，但早已成為中國人安身立命之信念系統。儒道這種學思型態，既助成佛教之傳播，又範模了佛教之發展。

道、佛相望，此無人有異議，然儒、佛互證，則人寡能言及。其實自一義言，禪宗之「明心見性」，實可視為佛教中之孟子學（牟宗三師即有此說）。「聞一善言，見一善行，若決江河，沛然莫之能禦。」悟道固需修習和契機，但依然有待你的主體原本有這性，或曰佛性、德性。若然沒有，畢竟是禽獸，草木，任何善言、善行皆度它不得。所以中國思想歷來對人性寄望甚殷。與這種善本論相應的是自覺頓悟之工夫論和體證、內證、直覺之知的教化方法。這一切都在禪宗得到繼承和發揚。「惠能曰：迷時師度，悟了自度。……今已得悟，只合

自性自度。」此《壇經》所記，自性自度，實與儒、道無異。又云「若起正真般若觀照，一剎那間，妄念俱滅，若識自性，一悟即至佛地」。「智與理冥，境與神會，如人飲水，冷暖自知」。凡此均說明禪宗一如儒、道，更盛張此不二法門。

法國哲學家亨利・柏格森（Henri Bergson）在其《玄學導論》中曾謂：有兩種極為不同的認識事物的方法，一種是位於事物之外，環繞對象，另一種是進入對象之中。前者所得決定於我們所立的觀點以及表達所用的符號，後者則不依靠某一種觀點，亦不需任何符號。前一種知識可說是停留在對象之前，後者則可能達到絕對（在某些事情上）。這「某些事情」即所謂「物如」，包括存在之趨向、意向、幾變；在人則言「人格世界」之發現：「至少有一真實的是：我們每個人都可以不用借助分析，而用直覺，而自內得到我們自己的人格，正在那裏流動着穿過時間，我們各自的『我』在那裏綿延……。」儒、道、釋的終極關懷，即在建立人格世界。一切教義言說，只為引領我們去達成一理想人格。既然人格世界與死的、抽象的、邏輯的、過去的、非存在的東西無關，是故，「禪與死的、抽象的、邏輯的、過去的東西無關。」（鈴木大拙語）佛教發展至初唐，完全獨立，並有各宗之成立。其中法相宗有太多印度繁瑣哲學之色彩，故雖有玄奘大德之大名，亦稍盛即衰。天台、華嚴二宗表示中國心靈對佛教之完全消化與重建，但仍有教相，總是「平地起土堆」。最後只有禪宗流行下來，「平常心是道」。到宋代理學出來，則禪消融於理學，真正完成佛教之中國化。理學之取代佛教，因理學才真正是沒有教相之宗教，又能銜接中國之人文傳統。以下，即看中國傳統宗教精神與禪的關係。

（二）禪與中國傳統宗教精神

一、中國傳統宗教精神的特質

中國原始宗教到了周代，轉出人文精神，而為人文主義的宗教精神。其特質可歸為：(i) 不設置一超絕而外在之人格神；(ii) 自力得度，

反對外在權威主義；(iii) 不預設人有原罪，而肯定人有善性，且人而可神；(iv) 注重宗教超越精神之有一實踐的落實點，故注重現世、倫常、道德。

若言人類宗教之解脫型態，日本學者木村泰賢就佛教言約為四種，今略加改動，擴大為適用於所有宗教，為：(i) 由一超絕的人格神的恩寵而得救（像基督教）；(ii) 由主體精神能夠擺脫客塵而獨立，便是解脫（如神秀偈「時時勤拂拭，勿使惹塵埃」所云）；(iii) 生存意欲之否定，斷煩惱、滅無明即解脫（如小乘淨土）；(iv) 由契悟天地宇宙之生生不息，參贊天地之化育與歷史開合。則中國之宗教精神當屬第四種。印度佛教各派則分屬以上各種型態。而中國的禪宗則傾向第四型態，即傾向於世間的，參予天地之化，在與日常生活契合無間裏體悟解脫。其實這是儒道式的適意、自然、自由之解脫之道。《六祖壇經》有云：「不悟，即佛是眾生；一念悟時，眾生是佛。」眾生、佛、心三者沒有差別，一悟即自由。

馬祖當年從懷讓禪師學法，勤於坐禪，其師一日將磚放在他的禪房前用力磨，馬祖受擾而問所作何事？師答：「磨磚作鏡」，馬祖曰：「磨磚豈得成鏡！」師曰：「磨磚既不成鏡，坐禪豈能成佛！」馬祖聽後立即領悟：佛豈是在枯坐中圓成的！

德哲黑格爾本其成見，對東方思想不甚恭維，然亦表示相當之了解，如他以下這段話：「東方人強調的是就一切現象裏觀照太一實體，並拋棄主體自我，主體通過拋捨自我，意識就伸展得最寬闊，通過擺脫塵世有限事物，便獲得完全自由，結果達到了自己消融在一切高尚優雅事物之中的福慧境界。」黑格爾重視破裂對立，以成就他的客觀精神，這種東方的和諧統一，當然不為他欣賞。而黑格爾哲學終被馬克思利用改造為鬥爭哲學。

二、印度佛教與中國禪宗之比較

簡言之，印度佛教之根本精神為捨離精神，因物累而厭棄物累，因世俗而厭棄俗世，在歷史中表現為理論的、思辨的、繁瑣的、苦行

的、出世的；中國禪宗之根本精神非關厭物棄世；只表現為現世的豪邁精神，表現為實踐的、機智的、自由適意的以及即於世間的、平常心的。

三、禪與宋明理學

禪之後，佛教既完成了她的中國化，表現佛教對中國文化之歸化。佛教在唐以後便式微。到宋以後，禪的智慧被吸收消融於宋明理學。但我要強調的是：宋明理學乃繼承先秦儒家思想，而佛教、禪對宋明理學只不過是一個參照系統、一個對立、對話、即興。從禪之消融於宋明理學，我們可以進一步講佛教與中國文化重新整合的問題。

《大乘開心顯性頓悟真宗論》（〔唐〕慧光）有云：「心是道，心是理，則心外無理，理外無心。心能平等，名之為理；理能照明，名之為心。」這即是陸象山、王陽明的講法。但佛教之所謂理是指平等，而心能平等就是理（「如是本末究竟等」之理，理能照明叫心。可見這個理並非死理，而是即理即活動，有心才有理，「心即理」。而宋明理學之「心即理」的「理」之內容是「四端」、是「無條件的道德律令」（康德）。這些思想在孟子裏早已有伏線，不，不是伏線，是義理典範。你了解了孟子，就在方法上了解禪宗，就了解宋明理學的陸象山、王陽明，根本就是一根下來。

憨山禪師說過一段話云：「為學有三要：不知春秋，不能涉世；不精老莊，不能忘世；不參禪，不能出世。此三者，經世出世之學備矣。缺一則偏，缺二則隘，三者無一而稱人者則肖之而已。」末句意謂若「涉世」、「忘世」、「出世」之學皆無的話，則只是似人形，並不是人！此亦既論三家異同，更辨人禽兩路之意。但憨山禪師這一說，卻把涉世、忘世、出世裁成三截，互不關涉，毫無理趣，成了死智，倒有點不知春秋，不精老莊、不參禪了。

其實禪是企圖融和儒家性理之義，又要消融老、莊之「無」和「忘」的智慧。而宋明理學則以道、佛作為它的辯證環節中的內容，而促成新的綜合。

（三）禪與中國道德倫理

一、儒家的道德哲學

宗教本來有多種型態，有些宗教是無關於道德的，意即並非由道德方面進入的，如佛教則是從「生老病死」切入的。由道德意識切入，而涉及一切存在，以至於本體宇宙論、目的論，所謂「終極關懷」的，是儒家，因儒家自始至終都是道德的。佛教如何接受中國倫理道德強而有力的規範制約呢？

我想權借康德的道德哲學講起。康德的道德理論簡說就是人的現實意志無條件地服從其自由意志所頒之道德律令，而為自律的道德。但康德否認人有自由意志，又否認人悅理義，故康德最後只能以天理戰勝人欲而行天理，亦即以道德的神學來講道德是如何可能的。

儒家則通過天理之內在化而與自由意志合一，從而自主地、自由地、自悅地要求現實意志之「小我」服從「大我」（以自由意志為主導，以統領現實意志，成為統一的人格之我），故儒家一方面講「克己復禮」，一方面即講「理義悅心」，講「知之者不如好之者，好之者不如樂之者」。這種型態之道德，其理想當然是圓善、無漏善。

二、禪對中國倫理道德的欣從

儒家對禪宗一方面起衝激，另方面禪宗願意向儒家的道德意識靠攏，並以此作為佛教中國化的最大特色。所以佛教傳入中國而發展成為禪，禪在其教義裏對倫理道德表示尊重。禪宗講「無漏事」，「無所得事」，「無心為道」就是圓融的道德。其實禪顯然對儒家的道德型態表示欣從。

惠能之後五宗之一曹洞之曹山本寂禪師，有一天他訓導其徒說：「但有一切，總歸斬盡。」然而有一僧反問其師曰：「忽逢父母，則將如何？」師曰：「揀甚麼？」徒曰：「爭奈自己何？」師答：「雖奈我何！」最後徒曰：「為甚麼不殺？」禪師答：「無下手處！」這表示禪對中國原有道德倫理是尊重的。雖曰總歸斬盡，然人倫親情，奈人之子何，終無下手處，總得還他一個仁義禮智信、孝養相憐。

《六祖壇經》有云：「心平何勞持戒，行直何用修禪，恩則孝養父母，義則上下相憐，讓則尊卑和睦，忍則眾惡無喧。」這表示雖然出家身在佛門之內，但是他完全應用中國傳統的一套人倫作準則。「常行十善，天堂便至」。

《頓悟真宗論》更云：「世間所有森羅萬象，君臣父母，仁義禮信，此即是世間法，不壞。」是故經文曰：「不壞世法而入涅槃。若壞世法即是凡夫。」這跟原教旨基督教式的斬斷是不同的。

鈴木大拙對此謂：「禪的欣喜在於無限自由，因為禪就是自由，不論責任是如何的無止境和無法負擔，禪卻負擔得起它，好像根本沒有負擔一樣……。這就是禪對道德責任的態度。」這便是在中國文化的環境下禪的道德意識和道德態度。

(四) 禪與中國藝術精神

一、中西藝術精神特質之比較

若以西方藝術與中國藝術粗作比較，中國藝術之特質，自始即非向外摹仿的，而西方藝術自始就是向外摹仿的。

由於中國藝術本意是非摹仿的，故此亦不會反動而成為反具象、反自然；西方則基於是摹仿的、寫象的，但發展至現代就成為反動，反具象、反自然。我會給中國藝術一個總名就是「意境的表現主義」。

中國藝術之為表現主義是表現其精神境界，即藝術家心靈中之世界秩序與意味，通過媒介表現出來。此為「意在筆先」，混忘無對即絕對，消融所對，將所對意象化，作意境的表現。反觀西方到現在才有「xx 表現主義」，又多屬情欲的和情緒的。中國的意境表現主義穿越全部的否定和肯定而歸於最個人（筆墨）而又最普遍（自然合目的）的悟悅境界。

二、禪將生活藝術化

禪本是無所謂藝術的，說藝術已經落入「術」中、「相」中。要把握禪的藝術精神，最好的把握就是觀其宗教生活之藝術化，主要表現

為生活的態度，一種放下的心境、一種自適、一種平常。這完全是中國藝術精神與宗教生活之結合。至於禪的無慮與藝術精神之關係，我以前曾作「禪與美學」一文有所討論，現不及。

（五）禪與中國的人格世界

一切生命的學問最後是引向於成就人格世界。而禪所成就的人格是佔有一個崇高的席位。

唐君毅師在《中國文化之精神價值》一書裏，立中國的人格世界為十一型：（一）功德型（如神農、魯班）；（二）學者；（三）文學藝術家；（四）聖王賢相（西方的政治家是崇拜權力；中國的政治家並不崇尚武力而重德行）；（五）豪傑；（六）俠義之士；（七）氣節之士；（八）佛家之高僧；（九）道家之隱逸之士；（十）獨行人物；（十一）聖賢。

從「高僧」這一人格，你可見佛教與中國文化結合得何等水乳交融（印度宗教和基督教人物中均無高僧這一格），請看唐先生對高僧之描述：「中國禪宗之大德，其學道固未嘗不歷艱苦，持戒亦未嘗不謹嚴；然其教人與說法之氣概，則特以恢廓而親切見長，而亦不失其莊嚴與高卓。此實為一世界宗教徒之特殊之典型。」「禪宗之教，出自一既恢廓而親切，亦莊嚴亦高卓之精神，固無疑義。此精神中有一豪傑氣概，而又包涵一宗教徒之虔誠，與一無對之形上境界之直接體驗。」

何謂「無對之形上境界」？「無對」跟「相對」對舉。若只表現一個相對之精神境界，就表示落入一個特殊之界域。「無對之形上境界」就是表示其境界實無限無漏。

這就說明佛教禪宗不僅僅是一個學派，一個宗教，而且是有其眾多之人格典範的體證者，而他們一直活生生的在中國歷史文化中行走。

三、結　語

最後我引太虛法師一段話來作此講的小結。他在〈佛學源流及新

運動〉的演講中有以下一段說話：

> 最雄奇的是從中國第一流人士自尊獨創的民族特性，以達摩西來的啟發，前不見古人，後不見來者，而直證釋迦未開口說法的覺源心海，打開了自身徹天徹地的大光明藏，佛心自心印合無間，與佛一般無二的圓明了，體現了法界諸法實相，即身便成了與佛陀一般無二的真覺者。然後應用一切方士的俗語雅語，乃至全宇宙的事事物物，活潑潑地以表現指示其悟境界於世人，使世人各各直證佛陀的心境，此為佛學的核心，為中國佛學的骨髓，……此為中國佛學最特色的禪宗。

佛教中國化之最高成果就是禪宗，禪宗就是這樣水乳交融地與中國文化結合一體。中國文化就以其潛移默化的常情常理常道的智慧來改造了佛教，因此又結合了佛教，亦豐富了中國文化自己，所以整場文化運動極具啟發意義。今天我們面對一切外來的文化的挑戰，不論西方的、東方的，我們應一如往常以「平常心」去對待。

（1993 年 10 月，澳門東亞大學專題文化講座講辭。錄音整理：蕭亮華、葉生福。原載澳門東亞大學《匯訊》。）

第五輯

時代與思想

第十章

超政治與政治
—— 從整體文化論看傳統文化之現代轉化與中國革命之悲劇

一、釋 題

本文題目〈超政治與政治〉，源出唐君毅先生生前最後講課的一句話：「政治不能是純政治。」[1]

「政治不能是純政治」這話很表示唐先生對「政治」的基本思考，以及當代新儒家關於「新外王」的一路措思，即「新外王」並非如一般解說那樣只是西方現代民主政治之翻版，而是一深具內張力的，有待發掘的觀念。

本文非專題討論唐先生的政治思想，卻希望借唐先生這句話，重新考察當代新儒家「新外王」思想的一個根本問題：「整體文化之自我轉化」其性質與相關問題之檢討。

1　參閱吳甿撰：〈如何認識唐君毅先生及中國文化運動〉，《明報月刊》，1978 年 9 月，後收入《實證與唯心》（2001 年）。

本論文認為當代新儒學「新外王」思想之中心問題就是：就整體文化論而言，傳統中國文化如何自我轉化！

為此，本論文展開下述討論：

（一）作為整體文化之傳統中國文化之「體」與「用」問題。

（二）整體文化論與意識型態之問題。

（三）整體文化論與文化相對主義問題。

（四）整體文化論與保守主義問題。

（五）傳統中國文化與「開放的傳統」、「開放的歷史」、「開放的社會」等問題。

（六）從整體文化論看西方傳統文化之現代化轉型，與中國文化之現代化思考

二、「內聖外王」體用六說之批評

「內聖外王」首見於《莊子》〈天下篇〉，原表道術之「一」而不裂，非今日流行之拆開為「內聖」、「外王」，以至「內聖為體，外王為用」。其辭曰：

> 古之所謂道術者，果惡乎在？曰：無乎不在。曰：神何由降？明何由出？聖有所生，王有所成，皆原於一。天下大亂，聖賢不明，道德不一。（……）是故內聖外王之道，闇而不明，鬱而不發，天下之人，各為其所欲焉以自為方。悲夫，百家往而不返，必不合矣；後世之學者，不幸不見天地之純，古人之大體，道術將為天下裂。

稱體而說，內聖外王同體，而為一體之兩面。說用，內聖、外王各開內外之用，「聖有所生，王有所成，皆原於一」。如康德之「純粹理性」開為「實踐理性」與「理論理性」兩翼，各總兩界之用；說體，

實踐理性與理論理性同歸純粹理性而為體；說用，兩者同為純粹理性之「即體之用」[2]。而康德以「實踐理性優於理論理性」作為他的主體哲學（以主體說本體）底選擇。但莊子的「內聖外王」更重「能備於天地之美，稱神明之容」、「圓而非方」、「天地之純」、「古人之大體」、「往而能反之合」之「一」之「道」。此「內聖外王」後多被儒家沿用，而其為「一」之義，似未曾改。孟子多直稱「聖王」，如「聖王不作，諸侯放恣，處士橫議」（〈滕文公下〉）。《宋史道學傳一》〈邵雍〉有載：「河南程顥（明道）初侍其父，識雍，論議終日，退而嘆曰：『堯夫（邵雍），內聖外王之學也。』」至明李贄《四書評》稱《大學》：「真正學問，真正經濟，內聖外王，具備此書。」亦無拆開之意。近人章太炎說：「荀子不苟云：『天地始者，今日是也。（此本仲尼告冉求說，所謂當下即是也。）百王之道，後王是也。』內聖外王之學，此十六字矣。七國大儒所以可貴。」[3] 仍是連說不拆開。將「內聖外王」拆開來解經的是當代新儒家熊十力。熊氏之後，「內聖」與「外王」似有日漸分開之勢，以至可獨立兩說矣！（此據個人讀書印象，待日後稽考方可成說。）

　　熊氏《讀經示要》就《大學》之八條目列表，以「致知、格物、誠意、正心」四條目為「莊子所云內聖」，以「齊家、治國、平天下」三條目為「莊子所云外王」；餘下一條「修身」置七條之上成為「吾道一以貫之」之統一之道。其言曰：

　　　　八條目雖似乎說，其實以修身為本。君子尊其身，而
　　　內外交修。格、致、誠、正，內修之目也；齊、治、平，
　　　外修之目也。家國天下，皆吾一身，故齊、治、平皆修身

2　王夫之關於體用關係，有如下一說：「離體之用，體生用生，因於物感，故有發有未發。即體之用，即以體為用，不因物感而生，不待發，亦無未發矣。」見《讀四書大全》第七卷（上海：古籍出版社，1995 年）。吾以為「即體之用」與「離體之用」的提法，是體用觀之重要發展，曾援引之解說魏晉名辯「才性四本」，見拙著〈言意之辨與魏晉名理〉，收入《玄理與性理》（香港：經要文化出版有限公司，2002 年）。

3　見章炳麟：《章氏叢書》續編，〈菿漢昌言〉（台北：世界書局，1933 年重印）。

之事。小人不知其身之大而無外也，則私其七尺以為身，而內外交修之功皆其所廢而弗講。聖學亡，人道熄矣。[4]

　　熊氏此處撥「致知」、「格物」入內聖，乃本陽明「格物」義：「格物者，格其心之物也，格其意之物也，格其知之物也。」（《傳習錄中》〈答羅整菴少宰書〉）熊氏雖拆開「內聖」、「外王」，卻更合「內聖」四條、「外王」三條共七條目於「修身」一條，而主「其實以修身為本」，卻最是一本論，即一身無外之「大身」論。此則內外交修者為聖學，聖學又名「實學」；「實學一詞，約言以二，一指經世有用之學言，二，心性之學，為人極之所由立，尤為實學之大者。」[5] 此「大身」論即「整體文化論」或「有機文化論」，顯不同於當時「內聖為體，外王為用」或「中體西用」之體用之分，此留待下節再說。中西文化之，但中共執政不久曾一度歸於沉寂。[6] 文化討論遂於海外論辯，並時有沿用「體用」格局者。近年有「新外王」之說，標誌着這方面思考趨於成熟。今試就文化之「體」與「用」，綜合諸子之說，特別是牟宗三先生有關論說，重構所謂「新外王（民主、科學）」與「內聖外王」之體用關係。

　　前云舊說之「內聖外王」本是「一」，內聖、外王同是一體之兩面，而各開內外之繁興大用，實乃本吾中土原有之體用觀，及當代新儒家有關言說，並揉合西哲亞里斯多德之體用論，康德、黑格爾之觀念論而有之說。

4　熊十力：《讀經示要》第一卷（台北：廣文書局，1960 年）。
5　同上註，頁 143。
6　杜維明教授在一篇講辭裏提到：「1949 年以後可以說真正的中華民族的浩劫，文化大革命是一種徹底革中國文化的命。國內一位學者龐樸曾經做過一個簡單的分疏，從五四運動的 1919 至 1949，用『文化』這個字做書名系列的出版物的好幾百種，從 1949 至 1979 這個三十年，用『文化』這個名詞來做書名的只有一本，就是蔡尚思先生的《中國文化的總批判》。『文化』這個字經過四十年，從一個有非常深刻的象徵意義的符號，變成了一般口語所謂的這個人有沒有文化，就是他有沒有受過教育，他識不識字。」載徐復觀學術思想國際研討會執行委員會：《東海大學徐復觀學術思想國際研討會論文集》（台中：東海大學，1992 年）。

　　茲重檢各說，以見各說之不諦（以體代用，則分際不明；體用分離，則文化斷裂；體用顛倒，則價值失脫）及各說在本說之地位：

　　一、將「內聖外王」拆開，為由「內聖（體）」直接開出「外王（用）」。

　　此則繞過知解理性及由知解理性所立之對列原則，而以目的論之規約原則代替了形構原則。

　　二、主張「唯用論」，不言「道統」、「內聖」，只言「外王之用」。

　　此則無規約原則，無道德判斷，只是歷史主義、純政治，則「外王」不成其為「外王」。

　　三、「中學為體」攝取「西學（民主、科學）」為用。

　　此則以「中學」與「西學」為相對，並視「西學」只是用，不知民主、科學乃「價值物」，不能無體。「中學為體」所開，只能是「中學之用」，問題是「中學之體與用」如何有民主、科學，而不是「以西學為用」的「無體的（寡頭的）拿來主義」。

　　四、「西學為體，中學為用」。

　　此則與第三說同謬。視中學之「內聖外王」為只是用，更是體用顛倒。[7]

　　五、「中學之體結合西學之體，開中西結合之用」。

　　此說太籠統且粗暴。一高度成熟之文化體（中、西文化皆屬高度發展成熟之文化體），雖不至於如英國的保守主義奠基人埃德蒙・柏克（Edmund Burke）所云：「（一個成熟的文化）是一切科學的組合，是一切藝術的組合，是一切美德的組合，是一切完美之組合，只有經過許多世代，才能完成這種組合之目的。這不僅是活着的人之間的組合，亦是生者，死者與即將降生者之間的組合。」[8] 但一文化之整體

7　內地學者李澤厚持此說，以為新論。其實中國內地一直宣傳「把馬克思主義的普遍真理與中國的具體情況相結合」，即「西學（馬學）為體・中學為用」。李氏只是照搬着說。

8　埃德蒙・柏克：〈法國革命論〉（"Reflections on the Revolution in France", 1790），載《東海大學徐復觀學術思想國際研討會論文集》第二卷，頁38。

有機性不容忽視，特別當觸及一文化之核心觀念或終極關懷。而一文化之體用結構傳統，與另一文化之體用結構傳統不同，其層級結構（hierarchy）中某一價值觀念須在雙方之系統中獲得大致對等之地位，始有同情之了解。如何互相對話和吸收會通，此有近佛教之判教，而判教亦可有不同也。

六、「中體中用，西體西用，河水不犯井水」之相對主義。

由第五說之反省，以知一高度成熟的文化同時必是一整體有機化之文化，愈是如此，當遭遇某方面重大衝擊時，愈容易因其整體有機性而導致變異、感染、併發症、過敏症，以至精神（心理）性自戕等，而出現阿拉斯代爾‧麥金泰爾（Alasdair MacIntyre）所謂「認識論危機」（epistemological crisis）。此危機之為危機，須是原來的文化傳統之核心價值觀念虛脫，舊的意義框架瓦解，世界成為不能理解，更不能化約、理解、解讀衝擊者所自之另一文化傳統。然則不同的文化傳統之間是沒有共同語言的了──至少在傳統核心附近開始愈向中心愈喪失彼此翻譯通傳之可能。麥金泰爾因此追問：「誰的公正？哪一種理性？」（Whose justice？Which rationality？）[9] 並宣稱：「只有⋯⋯各種不同的理性，而不是單一的理性，就像只有各種不同的公正而非單一的公正。」[10] 此亦柏克保守主義多元文化論之「各國不同的文明按神聖旨意（divine tactic）展開，在世界文明中各安其位」的濫觴。基於這種相對主義，這第六點的主張遂為「中體中用，西體西用，河水不犯井水」論。唐先生早年論中西文化比較，自謂從中國文化內部各家、各支、各部之間，喜見其同，而中、西文化比較多說其異。是有見於近人喜言中西文化比較，攀援比附，故有意拉開距離，然則唐先生之說幸勿以相似而混同附會於文化相對主義。兩者恰是最相反對也。詳見下文。文

9　見 Alasdair MacIntyre, Whose Justice？Which Rationality？（London: Duckwonth, 1988），中譯本見麥金泰爾撰，萬俊人等譯：《誰之正義？何種合理性？》（北京：當代中國出版社，1996 年），頁 362。

10　同上註，頁 9。

化哲學上的相對主義無疑是一個「有意義的問題」，然正因此，它幾乎毫無新意而成為最古老的有意義的問題並且「已經被推翻許多次了」。現在，我們再次觸碰到它。文化的相對主義之基本困難，一是須否定哲學人類學之普遍人性；二是須否定一文化之有傳統、有歷史，亦有發展與前途；三是須放棄對意識型態作系統性掊擊，而甘為文化鄉愿。

三、整體文化論與開放的社會及其敵人

　　當代新儒家似皆主張整體文化論，至少認為中國文化是如此。四先生〈中國文化與世界〉宣言中，即說中國文化之性質之「一本性」：「此一本性乃謂中國文化在本原上，是一個體系。」「此正如一樹之根幹，雖極樸質簡單，而透過其所貫注之千條萬葉以觀，則生機鬱勃，而內容豐富。由此我們可知，欲了解中國文化，必須透過其哲學核心去了解，而真了解中國哲學，又還須再由此哲學之文化意義去了解。」[11]（此處以「樹」喻中國文化體系，以「樹幹」喻中國哲學，與馬丁・海德格之借笛卡兒喻「哲學為一棵樹，樹根有如形上學……」以說「存在」，有異曲同工之義涵，堪可注意。暫不說。）早在四先生之前，梁漱溟的中、西、印三文化、三路向、三期說，明是文化整體論；熊十力興趣在形上學，少直言文化事，然其「性相一如，體用不二」之「翕闢」說，云「翕則分化成事，而由闢運乎一切翕之中，無所不包通故，故多即是一；闢則恆是渾一，而以行乎翕或分殊之中故，即一亦為多。知此者，可與窮神。」[12]在文化哲學上只能是活動的整體論，且整體論之色彩最強。諸子中，徐復觀先生曾明確表示在政治、社會的立場，反對形上學和任何由思辨而來的體系，着重實踐中經驗的歸納，隨經

11　見《中國文化與世界》，收入《唐君毅全集》第四卷（台北：台灣學生書局，1991年），頁16。

12　見《新唯識論》，收入《熊十力論著集》之一（台北：文津出版社，1986年），頁547。

驗之「實事」而「求是（理）」，此「是」固必多端而為異質的。此態度甚
顯徐先生作為史學家的本色。然而，在較寬鬆的語路中談中國文化及
其哲學之根本性格時，徐先生稱之為「心的文化」、「形而中學」[13] 卻又
十分「中心主義」。

這種整體文化論或「有機體文化論」與保守主義之柏克所認為傳
統是一有機體是否同義？有論者認為柏克的傳統文化整體論這類文
化論，正是中國現代化遭受阻延的主要理論因素，若承認現代化是被
阻延於全盤復古派或全盤西化派的話。「這種生物有機體論，在中國
曾一度受到全盤復古論者及全盤西化論者所借重。前者據此而主張
全盤保存傳統，後者據此而主張除非傳統全盤打倒，現代化就無從入
手。……全盤論者，不管是西化派或復古派，其最大的弱點是生物有
機體論。」[14]

先不說當代新儒家的文化觀與柏克的保守主義是否同論。就柏克
在其《法國革命論》（Reflections on the Revolution in France）中的思想，
他是「反意識型態」（anti-ideology）的，換言之，柏克所代表的思路，
是認為傳統理性優於任何個人的理性，歷史理性優於任何時代意願及
意識型態。此外，既然神是唯一總設計者，則不應有人聲稱可以取代
祂另作全盤設計。因此，說柏克式的有機傳統論會導至全盤保守論或
全盤反傳統。其實如中國的全盤西化論（全盤英美化，或全盤馬列化）
與文化有機體論毫無關係，若胡適即說「多談問題，少談主義」。而很
多西化派或復古派，只能說是「激情的反動」。柏克的保守思想，直接
引生黑格爾的歷史理性論（「凡是存在的都是合理的，凡是合理的都是
存在的」），又成為現在的卡爾·波柏（Karl Popper）「開放社會」論的
先導，這是十分令人感興趣的。

---

13 徐復觀撰：《中國思想史論集》（台北：台灣學生書局，1975 年），頁 242。
14 引自蕭欣義：〈一位創新主義的傳統觀〉，載《徐復觀文錄選粹》（台北：台灣學生書
　　局，1980 年），頁 7。

　　卡爾・波柏深信「開放社會」的最危險敵人，來自兩股正相對反的意識型態之奇異結合：符咒的歷史主義（「歷史必然」論）與「大社會工程學」（徹底革命改造論）之奇異結合。熟悉近現代政治神話的人，一看便明白。波柏卻不惜遠溯到西方哲學的第一代領袖：柏拉圖、亞里斯多德。而真正構成對人類生存境況毀滅性威脅的，是這種符咒型大規劃（large-scale planning）的兩個現代版：馬克思主義與法西斯主義。[15]後者因其政治神話的概念魔術性與概念持續性都不夠堅強，故其災害性甚為有限。前者則很夠，既有高層概念的自欺欺人的魔術性與持續性，又有低層概念技術的冷靜，更有組織嚴密的神話行動集團，其災害性可以無限。此牟先生所剖析，極深微而無奈（具見於《政道與治道》之「近代集體主義的形態」）。而其魔性之根源在將西方傳統二元實在論，轉為行動論而統一於人性中之根本惡之嫉恨心（或弗洛姆所謂「逃避自由之毀滅本能」）而曰「自我實現」、曰「理想」、曰「解放」。曰「將顛倒了的歷史再顛倒過來」。這對於西方實在論傳統，是致命的、眩目的。

　　極端歷史主義與大社會工程學結合為「烏托邦社會工程學」（utopian social engineering），此馬克思主義底本質，而並無關於對被遺棄的無產階級之同情（馬氏斥凡此類同情適足減慢革命的到來而有害於此科學的空前偉大工程）。[16]這點波柏看錯了，以為「馬克思主義有着人道主義的衝動」。作為個人馬克思主義者或偶有這種衝動，但馬克思主義與這種衝動絕對無關。馬克思主義並且不是一般的「烏托邦」或「批判理論」，而只是「極度的歷史定命論主義」和「全面性的神聖革命」之奇異結合。這點許多支持或反對馬氏的人都看錯了，波柏卻看出了：

15　詳見卡爾・波柏撰，莊文瑞、李英明譯：《開放社會及其敵人》(The Open Society and Its Enemies)（台北：桂冠圖書公司，1984 年），頁 17-18。

16　《馬克思恩格斯全集》第三卷有一段話，其意謂：工人階級全體淪至赤貧，正是革命到來的希望。以前撰文曾引述，今未及翻出。此類話在馬派著述中甚普通流行。

他（馬克思）曾公然指摘說：寄望社會制度有合理的計劃，是完全不切實際的。（……）他採取的是一種極端的歷史定命論主義之態度，反對所有的社會工程學（案：指改良工人地位等改良主義）。但是，在烏托邦主義中，有項最能表現柏拉圖研究途徑之特性的因素（這項因素可能是我抨擊為最不切實際的），馬克思卻未加反對，這即烏托邦主義的全面性（sweep）（……）。柏拉圖和馬克思都夢想有一種「神聖的革命」（apocalyptic revolution）將徹底改造整個世界[17]。

馬克思主義的這一本質，說明西方二千年「驚怖意識」之宗教文化，在十六世紀啟蒙運動之解咒以後，轉型為理性化之緊張（韋伯思考），並在百年後，隨着工具理性之離心化，機械文明的半自主化而構成對人性的反噬，價值理性讓位於「經營活動的目的理性」，「社會的理性化」這個現代化進程進入「現代化的理性禁錮」。《逃避自由》的作者弗洛姆說：「十八世紀的問題是上帝之死，十九世紀的問題是人之死。」人類的未來不能再交給人以及帶領西方走進現代的人的理性，而重找神話的時代來臨：「在絕望的情形下，人永會乞靈於絕望的方法 —— 而在我們今日，政治神話正是這樣一個絕望的工具。如果理性失敗了，總會留着最後的一項奇蹟和神秘的力量。」恩斯特・凱西爾（Ernst Cassirer）如是說。[18]「偽先知」（《開放社會及其敵人》原擬用《偽先知：柏拉圖 —— 亞里士多德 —— 黑格爾 —— 馬克思》為書名）除繼承「道高三尺，魔高一丈」的語言魔術外，並且將現代文明之神「科學」結合為新信仰的重要成分，組建為空前的神話概念系統和神話行動集

17　同註 15，頁 384-385。

18　恩斯特・凱西爾著，言衍君譯：《國家之神話》，末章〈現代政治神話之技術〉，另見《民主評論》第八卷第十三、十四期（香港，1957 年）。轉引自牟宗三：《政道與治道》（台北：台灣學生書局，1980 年），頁 63。

團。這是典型的西方驚怖文化與政治神話的現代結合和變型：經解咒後，放棄以舊神作為附着體，改為以「理性」或理性產品「科學」為附着體之現代魔性；而「最後的解放」、「一個真正的美麗新世界」之承諾則一。

我認為，馬克思主義政治神話有四個主要成分：

（一）是柏拉圖的理想國意識型態傳統和希伯來宗教的救贖主義，及由此而來的對世界、現世、現實人生之否定，由對現世人生的否定（誹謗），構造一種超越的幻覺。

（二）是思辨理性的概念技術之理智精審，加上承自黑格爾而「顛倒之」之「過於理智的、無所不包的、反智的」（波柏語）之唯物論辯證法之魔術結合。

（三）是由西方神話傳統之拯救論的歷史主義（歷史命定論），到耶教的「樂園 ── 失樂園 ── 復樂園」三階段歷史主義，到黑格爾「理性的太陽從東方昇起，最後落於西方」的單次終結完成的歷史主義等等，無所可逃的西方的封閉式歷史主義傳統，和近代新寵的「科學」、成為信仰對象的「科學」，被認為是客觀真理標籤的「科學」（「科學的⋯⋯」成為馬克思政治神話不可缺的修辭）之結合；而成為「原始共產（樂園）── 私有制（失樂園）── 共產（復樂園）」之新宗教歷史終結論之歷史命定論、「科學的共產主義」、「科學的唯物史觀」之符咒。

（四）是一元論（唯物論）使其突出於西方資本主義多元思想之平庸之上。能夠有極神聖殉道之形似，更有狠愎、虛無之魔性狂熱，而唯是不平庸、不平常，更不溫良恭儉讓。馬克思之信徒、列寧的朋友格奧爾基·普列漢諾夫（Georgi Plekhanov）在《論一元論歷史觀之發展》一書中曾謂：唯一元論者有過人之堅強意志。此之謂也。

此四項宗教文化特質，向世界各支文化中尋找，應該說，在中國文化中最欠缺，最不濟了。由此四項特質而要求之「共產主義者」之人格型範，在中國傳統人格世界中亦最欠缺、最不類。此全新的「馬克思主義倫理」（如果有的話）會是怎樣？在蘇聯和中國，有大量樣板可

供研究[19]。然而一個最陌生、最異質的政治神話，卻在中國找到它的
最大實驗場。這對慣於單向思維的某類學者而言，當然是不可理解的。
更因其為單向思維故，便深文周納，栽贓地在中國文化、特別是儒家
傳統中發掘拼湊出一些條件，使能夠湊合其單向思維之因果律，而謂
儒家原含有馬列因素。「全盤西化」論者，無論反「馬列之西」或崇「馬
列之西」的人最喜持此論。

關此，牟、唐、徐多年有大量論說，只要不帶意氣成見，能讀進
去，只需讀一遍，就可以從問題的糾纏中走出來。諸位可直接去讀他
們留下的詳盡分析解說，今亦不必援引。這裏我只想補充二點意思：
一是關於一異質勢力（外來意識型態）入侵而「成功」，原因很多，而
且有偶然性。記得列夫・托爾斯泰（Leo Tolstoy）在《戰爭與和平》的
結局部大發議論，其中關於歷史偶然性那段令人難忘。我們不必太入
黑格爾們的歷史主義的圈套（黑氏直認其歷史詮釋是「太陽下山了，貓
頭鷹才起飛」，故歷史因果律云云，只表示論者的歷史判斷。則黑氏亦
因此否定了歷史主義。今暫不及。）亦不取簡單的唯思想文化決定論，
此為一。二是正視近代中國文化的「認識論危機」導至加深所有有關中
國近代問題性質的「非理性化」。換言之，建立一套對中國近代問題的
純理性化解釋只能屬於歷史哲學的工作，而不可能只是史述學的。雖
然，對任何時代問題的純理性解釋本就是危險的。吾人今所能，唯在
揭露馬克思政治神話的四大西方特質，對處於「認識論危機」的中國讀
書人，是何等的陌生、新奇、痛快、一刀兩斷。那一大套全不是他們
可以依循傳統理性而能理解的，他們亦壓根兒不要依從傳統理性，那
一大套全非中國傳統正合他們心意，是他們由衷渴望的火焰、光明。

一、中國傳統中沒有柏拉圖式、耶教式以否定現世人生以表理想
（尼采謂「通過誹謗人生而來的超越」）為特質之神諭體系，沒有「人有

19　本人早年有〈中共社會人格剖析〉七萬字長文討論，連載於《明報月刊》（香港 1976-
　　1977 年）各期。

原罪」因而渴望救贖恩典此路之怖慄意識。儒、道兩家皆不誹謗人生。釋氏雖然從印度帶來苦業意識，但以「緣起」說捨離同時也就以「緣起」保住了世間。道家始終欣賞自然人生，說天地有大美而不言。儒家更正面肯定讚美人生，唯人生可以修德，寄託情志。論語以「學而時習之，不亦說乎！有朋自遠方來，不亦樂乎！」開篇。中國思想從無以苦難證存在、以苦難與德行成正比的偏見。孔子稱美顏回貧而好學，然又謂「邦有道，貧且賤，君子恥之。邦無道，富且貴，君子恥之。」並不謳歌貧賤。自周代人文精神成熟，所有非根源於人性的實質性律則，再沒有神聖性而可繼續保留為高層次地位。

　　二、中國傳統思想極重「實證」——包括心性之實證（熊先生所謂性智實證）與經驗實用之實證，故被西化論者譏為太重實用、太重實踐；而不喜純由概念推演而成之觀念體系或純知識，然亦因此可免於意識型態災害。又多信「言不盡意」，亦就使到語言魔術無所施其技。故「過度知性」或「反知」之極端，「過度知性的反知」之無賴（如「唯物辯證法」）皆非中國人所長。

　　三、中國史家喜言「體經用史」，「經」代表道德判斷、價值理想，是超越原則，虛以成實（此處之虛實只指具體內容言，不指根源實證之有無）；因此，是方向，不是航道；是無目的但以成德為目的的目的論，不是「歷史若干階段論」。被考據判為偽託的《周禮》、董仲舒的「五德終始」，有「文化設計」、「歷史策劃」之嫌疑，但與決定論的「總體社會工程學」、「歷史必然規律」根本不同。故中國歷史觀，一言以蔽之，太史公所言「究天人之際，通古今之變，成一家之言」而已。體經用史，是開放歷史，開放歷史目的，開放每一個時代，同時開放社會。亦從來沒有一種將歷史視為「自然知識」以探其「規律」之「科學的史學」。中國的偉大史學傳統從來不會發生「歷史主義」亦不會容忍意識型態化。

　　四、中國傳統思想特質，基本上不是元論實在論的頭腦。由元論的二元對立，而堅持一元吞食另一元，並且是實在論的吞食，確實是

夠緊張，非凡夫俗子所能。中國思想沒有這種元論，傳統思模的「兩極歸宗」亦可以說大大減殺了二元實在論的緊張勁道，以及神我遙對之「離教式緊張勁道」，至令魔性難以附着，難以表現抗爭之非凡卓絕、烈士殉道之宗教精神。

　　傳統思想長期理性的結果，是不能面對一個外來的、才解咒二百年，卻又重新追求神諭的西方紀元之時代：或堅持理性化、堅持現代性而失望，或意識了理性的自囚而反現代、反理性，或由理性產品之異化、自由之異化而逃避自由、逃避文明……；但另一方面又是船堅炮利的、高效率的、民主的、法律的、自由的，這樣一個四分五裂的西方現代圖像。對當時中國知識分子而言，馬克思的政治神話，相對於其它有限意識型態，自然很不尋常；而那些非意識型態之「民主」、「自由」倒成了庸俗了，實用主義更是庸夫俗子的哲學。我們因此知道，當時信奉馬列神話者的心態，其實可謂非中國性的，而近耶教的、上十字架的、末日裁判的。徐復觀先生嘗謂民國下來沒有儒林傳，只在共產黨那裏有「變態的儒林傳」。我一直願改其為「變態的士林傳」[20]。徐先生又嘗謂劉少奇有意願把馬列主義與儒家結合，證據是其引用孟子「吾日三省吾身」。但劉氏《論共產黨員的修養》是為做「黨的馴服

---

[20]　賀麟在二十世紀四十年代有一文名〈基督教與政治〉，末段專述基督教之與共產主義，其論乃本英國著名政治思想家哈羅德・拉斯基（Harold Laski）之說。其實視共產主義為基督教之變態之論者眾多，拉斯基只是其中一位。今引賀文二段如下：

　　　依「政治基於宗教」的原則，若共產主義不能表現耶教之精神亦不會有盛大的發展，所以認共產主義為一新宗教，認共產主義者為耶教精神之新承繼者，的確不失為有歷史眼光的看法。共產主義者要想徹底改造世界，要想把世界秩序倒轉過來，要把他們的理想強迫全世界接受，及其以白熱的信仰主義，以犧牲性命的精神宣傳主義，一一皆與我們描寫的耶教精神極近似。至於共產主義者之崇拜馬克思、列寧，絕不亞於基督教中人之拜耶穌、聖保羅。其信仰資本論不亞於耶教之信仰聖經。其辯證法唯物論的公式，頗似基督教的神學。其宣傳員之四出活動，與基督教的傳教師同一精神。所不同者，共產主義者隨宗教政治化、政治宗教化的大潮流之後，以政治作宗教，寓全部宗教精神於政治，而表面上揭起無神論反宗教之旗幟罷了。

工具」、「革命螺絲釘」（劉氏原話），與儒家道德自我之實現全非一回事。據牟先生回憶，梁漱溟先生亦曾稱讚毛澤東能「去矜持」，舉名儒謝上蔡對揚之。此皆見傳統儒者本其理性、常性之思路，不免被「欺之以其方」，老一輩讀書人多不免。牟先生遂感慨繫之而嘆曰：「民國時代的中國知識分子，既不『知人』，也不『知言』，對問題的本質總不了解。」[21] 日月出焉，而爝火不熄！大審判、大解放已經降臨，仍在正心誠意、鄉村建設的「最後的儒家」之不能理解、「發愣、聞所未聞」，不亦宜乎！因這兩套全不相干、全隔也！若現在有人以此問罪老一輩學人，則又徒暴其澆薄而已！

是知馬列共產神話之入主中國，乃在中國文化自身發生「認同危機」時，因着其全然的異質性、越凡絕俗的革命性、庸俗的現代理性的死敵、被遺棄者的救世主……，總而言之，因着其全反於傳統理性，

至於共產主義之興起，耶教中人亦有某一段貢獻，稱為烏托邦的或基督教的共產主義，以示有別於現代所謂科學的共產主義，更是人所共知的事實。上面曾引述過的美國左翼作家辛克萊於其《宗教的利益》一書中曾力言耶穌為無產階段革命的創始人。並謂「無論耶教種種污穢歷史，無論耶教如何受有產階級利用，但總無法在世人記憶中，淹沒此無產階級革命的領袖——耶穌。」英國名政治思想家拉斯基（Laski）著有一冊論共產主義的專書，曾很恰當地說過：「布爾什維克與耶穌會（Jesuits）最為相似，皆有謹嚴不屈的信條，鐵一般的訓練與紀律，對於主義之熱情的盡忠（passionate loyalty）並具有無涯的信心。耶穌會人之到中國傳教與共產黨人之到被壓迫民族宣傳相似，其皆為主義為黨服務，無個人目的亦相似。其自信必得最後勝利以至於發狂，為目的而不擇手段亦相同。共產主義者與穆罕默德的信徒、克林威爾的鐵騎軍、日內瓦喀爾文的信徒，其行徑皆極相似。總而言之，我們對付共產主義實在是在對付一種新的宗教（Anyone who deals with communism is dealing with a new religion）」（見拉斯基著《共產主義》一書，頁 51-53）（……）（賀文見《現代思潮新論》[正中書局：1948 年 1 月]，頁 174-175）。

又記：近日偶得見賀麟此文，遂引之於此。翻查此文在幾十年封禁後近年重版之賀麟著作中之「情況」，幸於 1988 年內地商務印書館新版之《文化與人生》中見之，而多處悉數刪改，至於文義相反。則今引用此兩段原文，亦有保守存真之特別意義矣。

21 見牟宗三：〈「徐復觀學術思想國際研討會」主題演講〉，載《東海大學徐復觀學術思想國際研討會論文集》。

而又反向地利用了傳統理性（「君子欺之以其方」故），而一時似乎解決了中國的危機，證明了此外來神話系統的優越性。隨即「總體社會工程」在中國展開，一個全新「文化」登場：「復樂園」！但眾所周知，徹底改造運動寫下中國歷史中異質、黑暗的一頁。

這到底是證明整體傳統文化之破產？或是整體文化之自我辨認錯置之失誤？或是整體文化缺乏自我認同之瓦解？或是整體文化之睡眠、自我否定而為無體、無理、無力，而有之歷史的懲罰？！

四、開放的整體論與文化保守主義、虛無主義

前說當代新儒家對文化持一種近乎整體論、或文化有機體論的主張，西方近代政治思想中，柏克為代表的傳統主義持同樣的主張。但我急於在此特別說明，當代新儒學與柏克的傳統主義只有在這點上是相同的，即：尊重人類世界既有之不同文化傳統，並鄭重要求世人珍惜保守之，視之為彷彿在遠古以來漫長歷史中自然長成壯美的巨大文化之樹。此外，在其他有關文明之樹之「根」，以及政治、宗教、財產、法律、社團、國家等各「枝幹」、「葉簇」與「根」之關係性質等問題之看法上，可說是毫無共同之處。今只摘引西方政治思想史家對柏克思想有關介紹數語，即可見之：

> 他（柏克）從未打算說明，那些不可變更的原則——也許包括財產、宗教、政體綱要等——究竟是甚麼，但無疑相信它們是真實存在的。然而，他像休謨一樣將其視作純粹的習俗。也就是說，它們不是源自自然或人類全體，而是源於習慣以及約定俗成的安排，由此將某個特定集團的人變為市民社會。
>
> 天賦平等只是一種社會虛構。人結合成政治實體需要等級差別，這是「習慣的社會誡律……」。

　　人民是一個有機的團體，有它的歷史、體制、習慣
行為方式、慣有的崇尚忠誠以及權威等等。它是一個「真
正的政治人格（true politic personality）。這種社團結構僅
在很少程度上依賴於計算或自利，甚至很少依賴於自覺意
志。柏克對革命者的理性神話反唇相譏，寧願說社會取決
於成見（prejudice）[22]。

　　不是理性，而是習慣、傳統，以及社會成員的資格，
賦予人性的道德品質[23]。

　　概言之，在哲學上柏克只能算是未經深思的經驗主義者。習慣、
世代經驗的累積、持續性，傳統，構成他的主要語言。這與當代新儒
家固毫無共同之處。儒家的主要語言是：價值根源、道德理性、創造、
自由意志、自律、方向與抉擇、目的與理想、精神、主體……然柏
克之保守主義、傳統主義早有定論，社會上常有人卻以同樣名號稱謂
當代新儒學，則很有混淆而易生誤解。唐君毅先生曾感於時風之崇外
逐新而流於無守，而宣某義之保守主義，其言曰：

　　　今不惜冒世俗之大不韙，申保守之義，説中華民族之
　　大悲劇，原於失其所守。人必以為我乃反對進步，違逆世
　　界情勢。若有人如此相責，我還可再擴大一步説，今日共
　　產世界之大罪，正在其不守人類文化之正流而加以叛逆。
　　（……）今只要大家真能守得住人類文化中原來已有之價
　　值之事物與理想，即已了不得。我們所慮的，正在連守亦
　　守不住。如守得住，自由世界得救，人類得救。守不住，

22　喬治・霍蘭德・薩賓（George Holland Sabine）撰，李少軍、尚新建譯：《西方政
　　治思想史》（A History of Political Theory, 1973）（台北：桂冠圖書公司，1991 年 10
　　月），頁 617。
23　同上註，頁 619。

自由世界沉淪，人類亦沉淪。人要進步只是為實現更有價
值的理想，而創造未來之更有價值的東西。如果對已知其
有價值之舊事物、已有之理想，尚不能守，人之價值意識
託於何處？[24]

唐先生所申，乃文化的保守主義、價值理想的保守主義、創造未
來的保守主義。此意甚明，除了文化虛無主義者，亦無人能反對。故
唐先生此義之保守，乃所有不同立場的文化世界之共法，但只有一家
例外，即唐先生指名的「共產世界」。

1995 年，我在一文裏，相對於黑格爾的「歷史存有論」而略提到
馬克思之唯物論是歷史、文化之純否定論、虛無主義。[25] 歷來論說共
產主義者，對於其是否可形成一「全新文化」，如人類其他文化般，假
以時日長成一棵怪異文化樹，似皆未曾說到。我今舉一文，看所謂「共
產世界」之存有論根據。1977 年，法國的「蘇維埃學」專家艾倫‧貝桑
松（Alain Besancon）在一次訪問中概括了共產世界的一些非凡特質：

---

24 《唐君毅全集》第七卷（台北：台灣學生書局，1991 年），頁 32-33。
25 見〈兩極歸宗與道德理想主義〉，第三屆當代新儒家國際學術會議論文（台北：1996
年）。後收入《實證與唯心》。其有關之文句為：「依黑格爾，個體自我之為『我』，
首先因其『有限性』（亦正因此，依辯證法之思辨理性，則亦證『人有自由、無限性』）
首先為現實所規定了的，並且以人的身份在欲望中的（黑格爾謂：人只有在欲望中
才會說『我』）。因此，現實人在緣起中，為『過去』之『有』（既承）與『現在』之『無』
（所欠缺）規定為『欲望者我』，更因為欲望之為欲望之『諸行無常』，或曰 "desire
for another desire"，世界之現實性得到否定性之力量，而進入時間／人的目的性活
動／歷史性中；而人的欲望，以及為欲望之欲望，因着其「有限性」之本質，或在
其實現時互相否定，或在每次滿足中而自我否定，真正遺下的只是達成滿足欲望的
『手段』和『工具』。此全部『工具』、『手段』正是人類文化。而當初為實現人類具體
目的之那一切『手段』、『工具』在黑格爾『歷史存有論』中辯證地轉為目的性之存在。
（……）此黑格爾歷史哲學中人的命運：自由着向絕對目的行進，因而在辯證之揚棄
中，要求克服一切片面性、抽象性之有限性，但人的現實存在終是一有限性，故最
後實存的只是世界歷史／文化。人唯存在於歷史文化。（……）到馬克思唯物論則
顛倒為『歷史』『文化』是人存在之手段，而人存在是族類之手段，族類存在是國家
之手段，國家是階級鬥爭之手段，階級鬥爭是生產力之解放之手段，生產力是人存
在之手段，人存在是欲望、生產力之手段……之純手段、純虛無、純否定。」

這一真理，其實證和天啟是一而二，二而一的。政權一到手，所使用的語言依舊，但其內涵不同了，它變成了體現超現實狀況的物質基礎。共產主義的語言以百科全書式的涵蓋性為我們全面拼湊重組出一個並不存在的世界。……語言的功能變成魔術師召魂術。

一般政權只提出一個真理，使用兩套語言，一套自己用，另外一套用來愚弄對手。列寧主義卻提出兩個真理，只用一套語言，這一套語言一會兒拿來表達這個真理，一會兒拿來表達另外一個真理。這種言語正流行在今日蘇聯和其他「人民民主」國度。我們稱之為「木頭語言」。只消聽到一個句子，甚至一個字，聽到其語氣，我們就知道，說話的是一個共產黨。（……）

蘇維埃政權為其子民提供了某些日常生活上的滿足，比如：完全不用負甚麼責任，生活可以很懶散，幾乎可以要怎麼懶就怎麼懶。這些雖然不是人性中高貴的品質，卻正是我們每個人都或多或少具有的劣根性（案：即康德所說「人性中之根惡」）。這個體制所給予人們的滿足可比擬作精神病院裏老病號習於病院的滿足，或者習慣於監獄生活的老囚犯的滿足。這種滿足足以使人淪落到另一種生活樣式裏，而且有永世不得翻身的危險。在這裏，我願意把蘇維埃政權比作森林火災：雖然火灶區堆積的只是殘燼了，但四外邊緣火頭所到之處，卻仍然繼續吞噬鮮活的生命而維持其火勢。（……）[26]

艾倫．貝桑松作為過來人，其言甚切，其情也悲。令人驚嘆不已

26　原載法國《快訊週刊》，常守愚（金載熹先生）中譯：〈共產主義是一場森林大火〉（香港《中報月刊》，1980 年 12 月）。

的，是他說到：共產世界「說垮，也許明天就垮；說不垮，傳之千年萬世也不一定。它一倒下來，就會像從來沒有存在過一樣不留痕跡」。語音未落，整個共產世界就垮了，且果然「一倒下來，就會像從來沒有存在過一樣不留痕跡」。因為這整套只是建築在語言魔術之上。然而為何又說「說不垮，傳之千年萬世也不一定」呢？亦正因為有語言故，有語言魔術故，有「人性之根惡」故，「逃避自由」故。雖這一套只能拿來放火，焚燒原有文化之林，只要尚餘一棵樹，它仍可以燃燒。但它永不能自己成一棵樹，不能自己成為文化、成為傳統。這個不能，是邏輯地不能。共產世界既自絕於人類歷史文化已有的精神價值和傳統並反所有傳統，則亦不能因這場大火維持了多久而視之為傳統，猶不能視森林火災為森林傳統。反對法國大革命的柏克因着相信歷史中的神意，也就承認了當大規模的變革確實降臨，吾人亦只有順從歷史的安排。雖一般老百姓很願像柏克，秉持一貫的保守態度，願意逆來順受，但共產革命並非法國大革命，群眾亦不是社會穩定力量而是燃料與火頭。這裏甚至容不下柏克的保守。這便是共產革命的「幽靈」本性了。

五、文化整體論與相對主義

對法國大革命，儒家則必如當時歐洲有識之士，懷抱審慎，並作哲學的呼應；要求保持革新者的沉重，一如其所繼承的周文王之憂患意識傳統；此則有異於柏克之反革命態度。然而，當代新儒家對於構成人類最大威脅的共產革命，牟、唐、徐等先生毫無保留地在思想上予以最深刻的揭露和讀責，成為貫穿他們畢生思想言行的其中一條主線，並留下大量言論，見證此劫難時代，亦見證儒家之抗爭精神和在時代磨礪中的再生。他們是這個時代最悲慟、最激越的一群。真狂與狷而本於中道；曠野中有人聲，無緣大慈、同體大悲，因此亦契接了耶穌精神和釋迦本懷，而共同對抗這偽先知。從儒者對人類與國族命

運的關懷，他們「瞄準時代問題的中心」，並同時開展對儒家傳統自身之反省與批判，而有「新外王」之提出。他們是「站在中國方位瞄準時代中心的弓箭手」（借用並轉進尤爾根・哈貝馬斯［Jürgen Habermas］）語），他們三位有關時代問題的論說（若加集中當超過十巨冊）就是新外王的理論成果。他們所掀動的中國文化運動之種種效應，隨着時間而加深加廣，甚至連中國當局亦不能不正視。這就是新外王的部分顯赫事業。那些天天譏問「新外王開出了沒有？」的人，往往正是「觀眾席上的人」（齊克果語），並且是在觀眾席上閉上眼睛說話的人。即此，亦可說當代新儒家最不保守。當唐君毅力申「保守」真諦時，毋寧是激越的、湯武革命的。對於既在的共產世界，以「存在優於理性」（柏克思考）予以承受；或以「誰的公正？那種合理性？」（麥金泰爾思考）式的「文化相對主義」（麥金泰爾自說反對相對主義）予以承認；這兩種對待共產世界的態度，都不會是當代儒者所持的態度。

　　當代新儒家固似主張文化機體論，視文化為一整體，由這種整體文化論可導至文化相對主義，或「河水不犯井水」的多元文化論，此點在本文第二節已提及。這多元文化論正是近代文化學者傾向於採取的文化觀[27]。弱勢文化、以及為弱勢文化說話的善良人們，亦會持這種多元文化觀。這在一般的文化類型比較、社會學宗教政治型態比較上，是可以的，也是應當、必須堅持的。但有論者卻在「哲學的中心課題」高度，想使相對主義在方法學上成為難以推翻的。上所提的麥金泰爾以「傳統的合理性」（The rationality of traditions）這一概念，反對笛卡兒的自明的理性（因此具普遍有效性）。「傳統的合理性」只能從由傳

27　整體文化論和有關文化觀或導至文化相對主義，可以斯賓格勒在《西方的沒落》導言中對文化作有機體之類比的一段話可得明晰印象：「每一種文化都有她的自我表現的新的可能，從發生到成熟，再到衰落，永不復返。世上不只有一種雕刻、一種繪畫、一種數學、一種物理學，而是有很多種，在其本質的最深處，它們是各不相同，各有生存期限，各自獨立。正如每一種植物各有不同的花、果，不同的生長與衰落的方式是一樣的。」見陳曉林譯：《西方的沒落》（台北：桂冠圖書公司，1980年），頁 39。

統所組構（tradition constituted）以及組構傳統（tradition constitutive）
之智性探究中了解，而為傳統內部的自證及自我發展，此則不能有傳
統之外的普遍有效性。如是，「除了從某一特殊的傳統中所進行的對
話，合作，以及居住在這個傳統中的人他們之間的衝突之外，沒有其
他方法來從事構解、詳釋、給予合理的證立，以及對實踐性及公正的
說明提出異議。」[28] 而文化、傳統之相對主義是不可避免的了。雖然麥
氏提出一文化傳統的「認識論危機」以及如何能夠解決危機，即可見出
不同傳統之孰優孰劣，而避免相對主義；此分別優劣之理性亦只是「傳
統的合理性」即足夠。此說既堅持沒有傳統之外的理性，又認為各文
化傳統之間可以作比較。麥氏此說實有不少困難，有論者試從相對主
義立場予以質疑：「兩個不同或互相競爭的傳統並非完全不能互相理解
或翻譯。但是，它們之間的理解及翻譯乃限制在某一個程度上，越是
離兩個傳統的核心遠的部分越是能夠彼此翻譯，而越是離兩個傳統核
心近的部分，則越是無法翻譯。而核心的部分，則是無法翻譯的。至
於甚麼要素構成某一個傳統的核心，則是要作具體研究才能說得出來
的。如果兩個傳統所有的部分，包括它的核心都是可以翻譯的話，則
它們也就不是兩個不同及彼此競爭的傳統了。因為彼此競爭的傳統這
概念就蘊含不可翻譯性。」[29]

　　我對麥氏之說無意深究，但初步印象，他之反對笛卡兒和黑格爾
之有客觀性之理性，論證未必足夠。即使笛卡兒和黑格爾不被接納，
亦不應輕輕繞過康德之理性批判。除非回到康德仍不能發現有哲學的
人類學之可能，否則，相對主義仍不免停留為提出真實問題的階段，
而不必構成麥金泰爾之理論兩難。又，相對主義若認為兩個競爭的傳
統即蘊含至少其核心部分之不可翻譯，此「至少其核心部分之不可翻

28　同註 9，頁 350。

29　見石元康：〈傳統‧理性‧與相對主義〉，收入《當代新儒學論文》（外王篇）（台北：
　　文津出版社，1991 年 5 月），頁 266。石教授在此文中對麥金泰爾《誰之正義？何
　　種合理性？》作了清晰的介紹，但非即表示石教授本人採相對主義。

譯」似不能從「彼此競爭的傳統」這個概念推出，除非先說明兩者等同。而依本人所見，兩個彼此競爭的傳統，或者正是在其核心部分可以「翻譯」的（「互相發明」、「照察」、「說明」、「體之」等，算否「翻譯」？）而在其他部分頗有各自殘缺不全之情形而不能「翻譯」而因此有了「競爭」。問題或者與麥氏虛擬之災難性混亂之性質不同，「我所想提出的假說是，在我們所住的現實世界中，道德語言正如我上面所描述的想像世界中的自然科學語言（案：指殘缺不全）一樣處於一個極大的混亂中……」。[30] 我則認為自然科學語言可因為某種災難而失傳或殘缺不全至陷入大混亂，但道德語言作為文化之核心之一部，則不會因牘卷之離散斷缺而陷入不可解，因道德意識原不依賴語言或理論系統故。

據上所論，我認為整體文化論若說明其為「開放的」──核心部分以至各部皆能與其他文化傳統對話的，卻又互相尊重，在競爭中一方面互補長短，一方面自我保守轉進，則既可是多元文化的，又是普世性的，道並行而不相悖的。不必以相對論為代價而喪失對意識型態作系統性之批判。

六、「新外王」與「現代」與「開放的傳統」

馬克斯・韋伯（Max Weber）相信，西方社會之從傳統步入「現代」是一條「解咒」之路。但「解鈴還須繫鈴人」，關於這次解咒之成功，韋伯將功勞還歸新教：

> 「唯有禁欲的新教教義的天賦倫理，才會在宗教救贖的保證下，製造出一個有原則，有系統及統一性的入世天

---

30 Alasdair MacIntyre, After Virtue (London: Gerald Duckworth Co., 1981) ,p.2。 參閱上註。

職倫理。」（不是要信徒厭世，而是）「要他們摒除性愛滿
足與意念」、「摒除一切藉不勞而獲的財富和收入的奢侈享
受」、「抱持一種臨淵履深的態度，維持理性可以控制的生
活作息，並避免對這世界美麗事物、藝術、或個人情調感
受投注心力。這種禁欲主義最明顯一致的目標：就是對生
活作息進行監督，並賦予有方法論基礎的組織。它的典型
代表就是『選民』，而它的典型結果，就是使社會關係變成
理性化、功能化的組織。」[31]

韋伯認為憑藉此禁欲的入世主義，使新教得以中斷中古之神諭與
祈福混合之傳統（此舊傳統使理性長期麻痺），因而重新使清教徒奉
行一天職信念下的完全自我控制的、有條理的生活作息，使西方獲得
關於「合理性」（在現代主義即等於「現代性」）之劃時代啟示，成為資
本主義的催化劑：「現代資本主義精神以及全部現代文化的一個根本
要素，即以天職思想為基礎的合理行為，產生自基督教禁欲主義。」[32]。
西方之由「傳統」走上「現代」，依韋伯所見，是由西方傳統宗教
之自我轉化所帶領。論者認為「合理性」轉向之重要性在於：

我們將發現——它（案：指合理性）具體實現了理性的
最高形式，也就是說，它落實了「實踐的理性」。它之所以
是最高形式——而且這只是指「形式」而不是指內容——
是因為它將目的、手段，或目的理性與價值理性予以結合
並調解，使之匯合到同一個具有普遍意涵的生活形式中[33]。

31　馬克斯・韋伯：《經濟與社會》，頁 556。轉引自邁克爾・普西（Michael Pusey）著，
　　廖仁義譯：《哈伯瑪斯》（台北：桂冠圖書公司，1989 年），頁 57。
32　馬克斯・韋伯撰，黃曉京、彭強譯：《新教倫理與資本主義精神》（四川：人民出版
　　社，1986 年），頁 170。
33　同註 31，頁 58。

依此，此轉向以及由此轉向而發生之整體文化之轉化，其內在邏輯當為：清教徒一旦在「價值理性」上自視為上帝之工具，並正因此，而發展出一系統性的「目的——手段」意義結構，而以合理性為基本原則，進入禁欲的（意即無關欲念因而排除了特殊內容之幸福）「工具理性時代」。

韋伯比較基督教倫理與儒家倫理，提出有名的關於在中國沒有出現資本主義的解釋，在於儒家倫理之欠「緊張性」：

> （儒家思想）從未出現與「世界」的緊張關係，因為就目前所知，還從來沒有出現過一位超越現世的上帝作為道德先知來提出倫理要求，也沒有出現過精神替代物來發出召喚，以使堅決而忠實覆行之 [34]。
>
> 儒家倫理中沒有救贖觀念，沒有從靈魂轉移或來世懲罰中得救的欲望。儒者肯定生命，故並不希求從生命中解脫；亦不希求從社會或世界中解脫，因為世界與社會亦是儒家視為當然而加以肯定的。於是，儒者唯有通過自我克制、克己復禮，戰戰兢兢地面對這個世界 [35]。
>
> 儒家倫理中，自然與神祇、倫理期望與人性缺陷、罪惡意識與得救欲求、今世行事與來世補償，以及宗教責任與社會政治現實之間，任何緊張性都不存在 [36]。

暫勿論韋伯對儒家倫理之闡釋是否適切，所應注意者，從其所論，表現韋伯思考有如下特點：

一、整體文化論。認為文化之核心部分與各部是統一相關聯的

---

34 Max Weber, Religion of China (Edited by Hans H.Gerth With an Introduction by C.K.Yang) (New York 1951), pp.229-270.

35 同上註，頁 156-157。

36 同註 34，頁 235-236。

並得有具體實踐實現之可能（韋伯有「實踐的理性」一觀念，其意涵謂生活作息體現其秉承之宗教文化，實現主觀經驗與客觀世界之具體結合。）

二、宗教思想主導論。認為文化之核心乃宗教思想，文化之轉型只能由其核心部之宗教思想之自我轉化以主導整體文化之轉向；而非經驗決定論，亦非湯恩比《歷史研究》之「挑戰——回應」模式，亦非多因素互動論。

三、文化之主題與文化發展之動力無關幸福。

我認為，這三點才是韋伯有關思想能吸引人的地方。其所說儒家倫理，就上所引各端，亦頗有所見，但即此而論儒家不能帶出現代理智化的生活，在理論上無甚意思，除非他已經證明不信仰新教即不能進入現代文明。儒家倫理的緊張性是「實現為超越而內在」這種「兩極統一於超越目的之緊張」，不同於新教之表現為「超越」的與「內在」的之「二元論緊張」。此非韋伯所知，此處亦暫不論。相應於吾所提韋伯以上三點思考，當代新儒家新外王思考應該是：

一、開放的整體文化論。同意韋伯文化整體以及其可得具體實踐實現之可貴思考，此亦中國知行思想所重者，但認為一文化整體不必只限為一「特殊傳統」（如耶教傳統）。傳統中國文化即為可涵容各大教亦能調和統一之偉大文化體，而為開放的傳統。此點亦已為中國歷史文化本身所證。

二、思想主導與歷史契機綜合論。同意韋伯有關思考對文化轉型之極具啟發性解釋。中國的改革者和新儒家皆採「返古開新」的文化核心反省與自我轉化之道路，與韋伯所論不謀而合。但西方現代化的歷史經驗不可能移植，中國近代思想危機中的文化叛離以企望文化移植、全盤西化，適足為外來的意識型態、政治神話所利用，既放棄歷史文化意識之照明，迷信外來的「烏托邦社會工程學」也就難免了。

三、文化目的論與文化手段論相結合。人生、以至人類歷史之目的固不只是幸福；人生、以至人類文化之發展動力亦非只為幸福；但

圓善、德福一致之祈求，確然無人能反對。就政治哲學而言，如何保證人人能夠自由地追求人生之目的、以至幸福，正是最重要課題，而這最重要課題亦必須在超越的反省中，由人為之而存在的目的而發現。

　　以上所說，皆未加論證，然思及諸位當代大儒已有之大量有關著作，則本人亦不必多所申論。

七、結語

　　然則新外王的現代思考當為：

　　一、自逆覺體證之文化核心、文化之「根」而言，不可因時俗卑下而自我枯萎，而反當強化與真實化、純粹化，堅守儒家道德理想主義傳統為一切規約性原則之「根」，以抗抵一切政治神話與咒術意識型態，而人類各大文化傳統可互動共存。

　　二、自逆而能順，「順之則生天生地」之文化各部、文化之「枝幹葉簇」，包括政治、事功、事業而言，不可因時俗之勢利卑下，工具理智之反噬，種種現代化之弊病，而自縮；反當真正逆而能順，順而能曲，則經驗界各域各部之「內部原則」（形構原則）盡得曲成，各域、各部、各個體之間之「對列原則」亦能建立。

　　（1996 年 12 月台北「中國哲學與政治哲學學術研討會」論文，刊於《鵝湖學誌》第十九期。）

第十一章

赤手爭剝復，毋忘貴時中

—— 紀念《中國文化宣言》四十週年兼重提中國哲學現代化論題

一、哲學的苦旅

　　二十年前，初讀四位先生之〈中國文化與世界〉[1]（離發表已二十年），首先感到的是 —— 實在不敬 —— 他們的迂闊。此〈宣言〉用意是糾正西方人士對中國文化之種種誤解與成見，而關涉到全人類對其四分之一人口的中國人的當時處境的良心：「如果中國文化不被了解，中國文化沒有將來，則這四分之一的人類之生命與精神，將得不到正當的寄託和安頓；此不僅將招來人類在現實上的共同禍害，而且全人類之共同良心的負擔，將永遠無法解除。」西方人士固有種種對中國文化之成見誤解、冷漠歪曲，而有虧欠於中國人種種對西方文化之崇尚

1　由牟宗三、徐復觀、張君勱、唐君毅共同簽署之〈中國文化與世界 —— 我們對中國學術研究及中國文化與世界文化前途之共同認識〉（唐君毅執筆），簡稱《中國文化宣言》，於 1958 年元月發表在《民主評論》與《再生》雜誌。後收入《唐君毅全集》第四卷（台北：台灣學生書局，1991 年）。

鍾情、呵護備至；然而一百年來欲置中國文化於死地而後快者，倒不必是西方人士，甚至不必限於帝國主義、殖民主義者（如香港的殖民政府，他們不敢或者不懂，或認為沒有必要做這種耗費而危險的事）；百般仇恨中國文化的，是中國人自己，是佔據現代思想領導地位的大名人物。不用從高遠處講，即中國文字，就足以令他們一直欲廢之而後快。早在本世紀初即掀起廢漢字的熱潮。吳稚暉在 1908 年 10 月 11 日答覆蘇格蘭君「今日救友邦之第一要策，在廢除漢文，……二十年內能廢除漢文」之議，曰：「為應用上暫時附屬品中，然惟其（指漢文）為暫時所應用之物，即當在教育上先置於附屬品中，俟新文字代用之勢既成，便可消滅其縱跡。」又就錢玄同〈論注音字母〉一文，大論廢漢字改用拼音文字。錢玄同致陳獨秀書謂「有人說中國舊書雖不可看，然漢文亦不必廢滅。……我再大膽宣言道：……必以廢孔學、滅道教，為根本之解決，而廢記載孔門學說及道教妖言之漢文，尤為根本解決之根本解決」。陳獨秀之答覆是「惟先廢漢文，且存漢語」。胡適表贊同：「獨秀先生主張先廢漢文，且存漢語，而改用羅馬字書的辦法，我極贊成。凡事有個進行次序。」意思是最後才連漢語亦廢掉。魯迅、瞿秋白又進而設計廢漢文之方案。[2] 到五十年代，則先由官方推行簡體字，為最後廢除漢字之預演。直至七十年代鄧小平會見到訪的日本官員，還說有二件事對不起日本，一是孔子、一是漢字。單是中國文字（他們稱為「野蠻之舊字」）、中國畫（稱為「沒落的」）、律詩（胡適說是「下流的」）就教這輩思想領袖、青年導師痛恨若此，餘事可知。1935 年 1 月，上海十教授聯名發表〈中國本位的文化建設宣言〉，尚能對國人直接講話；整二十三年後，今此「宣言」的四位學者，只能「流亡海外，在四顧蒼茫，一無憑藉的心境情調之下，撫今追昔」，為中國文化向西方人士進言。其中有多少迂闊、有多少蒼涼、又有多少昂揚，

2　見《吳稚暉學術論著》，〈新語問題雜答〉收入《民國叢書》（上海：上海書店，1991年），頁 311。

以後的思想史家當深思之；後世學子，偶然翻到這一頁，或竟感憤而不能已，而躍起。

四十年過去，這篇意涵泓富深遠而措辭溫厚的宣言——正如她所維護的這個文化，默默的完成一次苦旅，回到中國；更以四十年所凝集成的作為中國文化之旗幟、當代思想和新儒學論題之觸發點與交匯場的高度意義體之身份，回到中國土地。她所面對的，是初解咒的意識型態戰場／廢墟。若說她當年有迂闊，這迂闊的種子，已遍播海外，並靈根自植，蔚為大國；而今更可把這經四十年而更溫潤飽滿的種子遍播中國。九日在山東召開第五屆新儒學國際學術會議，開幕式上，蔡仁厚先生贈詩大會，有「丹心爭剝復，慷慨走天涯」句；王邦雄先生致辭，說：「今天到山東開這樣的會，在精神上就像陪同牟老師回到家鄉。」這次大會本身正是〈宣言〉四十年的最好的紀念。

〈宣言〉着重正面總結中國文化及其哲學之特質與在現代對世界人類的意義，而並不十分着墨於中國文化與哲學如何吸收西方哲學、文化以自我轉進，實現現代化的問題，這原不是〈宣言〉當時用意所在。四十年後的今天，中國哲學如何現代化，又似乎已不成問題，因為典範已經出現。新典範中，牟宗三哲學和唐君毅哲學兩大體系最受注目。然正因此，唐、牟哲學的哲學型態不會不引起討論爭議，只要這些爭議不僅僅因為唐、牟兩系弘規盛業之美，不僅僅因為他們建立了中國哲學的現代豐碑，一切有意義的討論，依實證唯心史觀，都在發展這豐碑的意義，增添其弘規盛業之內容和色彩。

而辨明這些爭議的性質，重提「中國哲學現代化」課題，亦可是對「宣言」四十年的一種哲學紀念。

二、哲學之「始終」與「終始」

徐先生一次在課堂上講到當年草擬〈宣言〉的事：「唐先生寫成，寄來台灣牟先生和我徵集意見，牟先生無所謂，我提出把宣言中關於

中國文化道德倫理中的宗教精神那段取消，改寫講中國的孝道……。
後來也沒有加進去。」（大意）

唐先生不會反對講孝道，毋寧視孝道為一種宗教精神，並以孝道、
孝思為中國歷史文化所以長久的一個理由，這意思在〈宣言〉第七節可
看到。問題的焦點不在孝道，而在超世間的宗教和形上思辨那一面。
徐先生曾表示對歷史上那次傳入的不是西方知性文化而是佛教，感到
很大的惋惜。日常講課，對「天」這觀念盡量避談；有學生答題時提到
「天人合一」，徐先生即訓示「不可隨便講」。我當時極贊同徐師的看
法。中國思想研究中長期瀰漫的「認識論的樂觀主義」（美國學者墨子
刻〔Thomas A. Metzger〕語）當該冷卻稍息，「天人合一」這類樂觀主義
大話須暫擱置。但徐師偏重在「一切民族的文化，都從宗教開始，都
從天道天命開始；但中國文化的特色，是從天道天命一步一步的向下
落，落在具體的人的生命、行為之上。」故反對「反其道而行，要從具
體生命、行為、層層向上推，推到形而上的天命天道處立足。以為不
如此，便立足不穩。沒有想到，形而上的東西，一套一套的有如走馬
燈，在思想史上，從來沒有穩過。」[3] 徐師這段話常被人引用來質疑唐、
牟哲學的哲學型態。總有一些人並無屬於自己的真知灼見，便在幾位
先生中摘取一些話語，以為即可充作所謂「新儒學內部批評」的，但引
用的人何嘗懂哲學與中國哲學，又何嘗了解徐先生。

徐先生是思想史家，讀其〈周初原始宗教中人文精神之躍動〉一
文，我想無人不砰然心跳，感受到先生那股鬱勃之氣與中國文化已渾
然一體，證示無餘。其所證示，亦正是思想史的證示，即著重一民族文
化思想在其歷史中開展之次序（及其確立與演變）。這與哲學家之著重
觀念系統中各觀念之存有次序、邏輯次序，以至認識次序有不同，這

3　見徐復觀：《中國思想史論集續編》，〈向孔子的思想性格回歸〉（台北：時報出版社，
　　1985 年）。

不同雖似相異而實可「始終」或「終始」相成。[4] 徐先生這樣說，正是盡其思想史家之忠，亦所以救中國思想、中國哲學之真。然徐先生此說，我認為尚有一切近的感觸。只要肯回到真實人生，一戳即破，卻久不能破，只為其擁有一整套「超知而反知」的語言譜系，隨即派獲神話中的不敗性和無窮的破壞性。此正是「兩種真理，一種語言」之語言咒術也。[5] 中國思想本有深厚的實證精神之傳統，徐先生在〈向孔子的思想性格回歸〉一文中，特引司馬遷《史記》自序之「子曰：我欲載之空言，不如見之於行事之深切著明也」，以見傳統思想原反對純由概念推演而成的「空言」系統，並比較希臘傳統之 Logos 與中國之「道」之不同：

> 假定希臘語中的 Logos 和中國語中的「道」，其分位約略相等，但在希臘則是由「語言」發展出來的，在中國則是由道路上行走發展出來的。……孔子追求的道，不論如何推擴，必然是解決人自身問題的人道，而人道必然在「行」中實現。行是動進的、向前的，所以道也必是在行中開闢。[6]

發表〈宣言〉的四位學者，卻正在目睹一套政治神話如何征服大陸。徐先生作為時代良心和思想史家，對西方這類系統哲學，豈能無憤慨、無戒心！故文中有「孔子對道的迫切感，乃來自他對人生、社會、政治中理性與反理性的深切體認，必須以理性克服反理性，人類才能生存、發展。這是生路與死路的抉擇。」這種迫切語、警告語。但既說到「以理性克服反理性」，則又不能不回到「行中之學思」與「學思之導行」，以至「諸行」、「諸學思」之貫通統一等之「道的超越性」問題而重新思考一實證相應的形上學之道。

4　參閱〈徹底的唯心論與中西哲學會通〉一文中有關存有次序、邏輯次序、認識次序、以至發生次序之討論。今收入本書。
5　參閱〈超政治與政治〉，原刊《鵝湖學誌》第十九期。
6　同註3。

　　這紛紛相斥的一套套「空言」系統，本是西方重知而來的傳統，如〈宣言〉所說：「無形中恆以概念積累之多少，定人生內容之豐富與否。此固有其一面之意義，但概念之本身對具體之人生而言，本有一距離，且有其局限，易造成阻隔。」而西方傳統亦就此逼出其多元對列之觀念的之現世格局，或作觀念的對抗對列，或直接讓各固守概念系統者作現實力量的較量，而一併交給莫測之上帝、或歷史理性之法庭（故黑格爾等人皆贊成戰爭）。中國一本性的文化傳統卻忽視這非存在的、兩頭不着之概念系統世界，並因此忽視觀念之力量，而只依實踐意識直啟一目的者之辯證存在歷程。這種兩極歸宗、一本兩端之思想模式，由橫攝的兩極歸宗開對列原則而歸於客觀精神，由縱貫的兩極歸宗開「時中」之隸屬原則，統攝各時代精神而歸於「終極理想」（無極之極）。唯橫攝的兩極歸宗未能充分作到，以至縱貫的兩極歸宗只能以「反求諸己」、「志於道、據於德、依於仁、游於藝」這種暫可稱之為「實踐的樂觀主義」作為表現和實現之道。個人思想行為以至一學說之性格，皆能持中去極以歸實，自覺趨向於合理性和文化之整體性，而甚少無本之極端或徒托虛言之論。故「中國有通哲學道德宗教以為一之心性之學，而缺西方式之獨立的哲學與宗教」（《宣言》），即儒、道、釋諸子各家，亦主動要求回到「見之於行事」而消言，歸為「充實之謂美，充實而有光輝之謂大，大而化之之謂聖，聖而不可知之之謂神」之「本體論的樂觀主義」之無分橫攝縱貫之一存在境界。

　　「本體論的樂觀主義」者之所以「樂觀」，因他為「性智者」（熊十力）、「直覺（非量）者」（梁漱溟）、「超越者」（唐君毅）、「智的直覺者」（牟宗三），對自己之作為目的者及萬物之自然存在目的，一旦排除私欲的遮蔽，即可「直知」之，以「反思判斷力」知之（康德，但不確認）。這本無所謂樂觀，排除私欲，豈是樂觀？卻是「知之非艱，行之惟艱」，說樂觀只為實證相應，無人不能；若說不能，倒是自妄自欺了。但因此而看得太易，把「人而神之為無限歷程」一時平鋪於「平鋪地人文世界」中，那就難免招致「認識論的樂觀主義」之譏了。為防止這種「認

識論的樂觀主義」，中國哲學的重建者積極開展與西方哲學之「認識論的悲觀主義」的對話，範例是牟宗三先生之與西哲史上最有方法論價值，同時夠悲觀的康德哲學之對話。本人曾這樣概括康德在道德問題上如何把悲觀主義發揮得淋漓盡致：

> 「道德如何是可能的？」在康德思想中，總表現為純粹理性之二律背反及二律背反之突破。如：「道德之可能」須預設「自由之理念」，同時須預設「自然法則」；既須預設「人是自然之目的」，又須預設「自然之隱蔽計劃」；既須預設「人為根源的存有」（智思界之一分子），同時是「依待的存有」；既須預設「純粹實踐理性為普遍的意志」，同時須預設「人為具體的特殊存在」……。此見康德真能為道德立言，為「道德」概念奮鬥。[7]

經歷康德之理性的悲觀主義之概念奮鬥，對馬克思之反理性的極端悲觀主義（以人註定被經濟地位決定，只有階級性，無普遍人性）同時反理性的極端樂觀主義（以一旦無產即大公無私而徹底改造全人類）能無疑乎？中國現代悲劇之鑄成，其中一主因是：現代型態的對列化的社會已經出現，然而以對偶性為原則的概念思考卻未成熟。致令具高度欺騙性的、集「科學」與咒術於一身的政治神話，利用社會對列之失衡失控，一方說「科學的決定論」，一方說「科學的解放論」，以「超知而反知」而為缺乏思考力的時代所喜，而中國傳統理性因在概念層停駐不夠，軟罷不能對抗。今牟先生之援康德以補中哲之概念層，實現中國哲學之現代化，既是「中國文化依其本身之要求，應當伸展出之文化理想」（〈宣言〉），亦信是「赤手爭剝復」之最可靠的哲學道路，而與徐先生稍有不同，此不同只是哲學家與思想家之不同。

7　同註 4。

三、樂觀與憂患，悲觀與超越

　　由「本體論的樂觀主義」轉而肯定現世人生，肯定一切理性事業，不信任各種類型之假先知以及誹謗人生之假超越。由「認識論的悲觀主義」轉而肯定形上學、肯定歷程與各元。最後，由「實踐的超悲觀主義」涵攝前兩種態度而透示一真實的形上學，一道德的形上學，以反省存在的目的及其秩序，為人類重建精神家園。這「本體論的樂觀」、「認識論的悲觀」以及「實踐的超悲觀」，依一實證的唯心哲學而各得其用、各顯其義而得辯證的統一。儒、道、釋三家或稍有偏重，卻正合成中國哲學之憂患的性格。

　　今年 9 月在山東召開的「牟宗三與當代新儒家——第五屆當代新儒學國際學術會議」有德國波恩大學的漢斯·格奧爾格·梅勒（Hans-Georg Moeller）教授引用美國學者墨子刻的話：

> 　　在中國二十世紀的每一種著名哲學理論中，在每一個公開的政治話語中，以及在差不多每一個我能了解的個人對話中，認識論的樂觀主義都佔據了主宰地位。儒家和理學的傳統毫無例外的遵循於此，認為人心能夠把握道德和物理世界的理，因此能夠達到荀子所謂的「知道」境界。由此而後，認識論的樂觀主義作為一種基礎觀念一貫地影響著一百年來的每一位重要的中國思想家和意識形態的倡導者，例如康有為、梁啟超、孫中山，在十至二十年代的五四運動中出現的科學民主派和馬克思主義派，以及像唐君毅那樣的新儒家學者。[8]

8　見梅勒：〈新儒學是不是一種哲學？〉，「第五屆新儒學國際學術會議」論文（1998年 9 月）。

墨氏所謂「認識論的樂觀主義」當係沿用威廉・詹姆斯（William James）名著《實用主義》有關「哲學的兩難」中，「理性主義、樂觀主義」對比於「經驗主義、悲觀主義」的說法。而墨氏此後之說法，依中國哲學說來，是混淆了兩種「知」：「見聞之知」與「德性之知」；亦混淆了三種「樂觀」（三種「易」）：「不易」之樂觀、「簡易」之樂觀、「變易」之不樂觀與樂觀。康德以人沒有智的直覺，智思界只可思及，不可知之，固是悲觀主義；但康德以道德法則為不可疑，又信人有反思判斷力，可「知」（雖只是主觀的）自然之目的，並以此自知人之為目的者，則康德不是悲觀。康德本人是審慎的，他之前及之後之西方哲學和宗教文化中有太多認識論的樂觀主義，以對某目的之知識為絕對無疑，而構成梁漱溟所說的「以意欲之向前要求為根本精神」之人生態度（哲學），以及〈宣言〉說的「相信上帝，又有依理性而成之普遍理想，而兼習於實用技術精神之西方人，遂有一種自覺或不自覺的心習，即如承上帝之意旨，以把其依理性所形成之理想，一直貫注下去之心習。」「由於現在地球上的人類，已經由西方文化之向外膨脹，而拉在一起，並在碰面時彼此頭破血流」之激蕩性格。墨子刻顯然是把彌漫於西方近代認識論的樂觀主義投射於中國思想。他所舉受認識論的樂觀主義影響的中國現代思想人物，只有科學派和馬克思派相符；康、梁今文經學之托古改制，一舉掃蕩二千年舊經學，下開疑古之風氣，能否說是認識論的樂觀主義，今不能論；孫中山在其《建國方略》中明說「行先知後，行易知難，不知亦能行，有知必有行。」難說是認識論的樂觀主義。至於唐君毅先生，其哲學取徑為對生命存在之層層的超越反省，所走之形上學道路，每步「都表現出一個反省的懷疑意識，一種對於限制的清晰的敏感性」，而被公認繳繞艱難，真是工夫所至方是本體。「知行二者，相依而進，此覺悟可表達之於文字，然他人之了解此文字，還須自己由實踐而有一覺悟。此中實踐如差一步，則覺悟與真實之了解，即差一步。」（《宣言》）說之為認識論的樂觀主義，跟說之為艱難主義並無兩樣。梅勒接着墨子刻的話，說「跟其他的新儒學

學者一樣，牟宗三是一個認識論樂觀主義者，可能他是他們中最樂觀的。牟宗三的『智的直覺』、特別是他的『圓照』觀念，都體現了他的樂觀的認識論。按照這樣的哲學，哲學家最終能獲得一個聖人的智慧和道德完美。」這完全是「智」、「知」不分，知行不分，以「知」代「智」代「行」的說法。若按墨子刻以「認為人心能夠把握道德和物理世界的理，因此能夠達到荀子所謂的『知道』境界」即為認識論的樂觀主義的話，所有嚴肅進行哲學活動的人（包括墨氏）都必是樂觀主義者，雖然有人最後認為人心所能把握的道德和物理世界的理是「無」、是「不知道」，仍證明其為認識論之樂觀主義者。牟宗三先生則認為人心能夠把握道德和物理世界的「理」有二，為：以認識（感性與知性）知物理世界之理，而動之愈出，知不能盡；以智知道德世界之理，即性理自明、實證相應而無所認知。此皆「體現一種新的哲學的謙遜、承認限制、承認語言和知識的界限」而來的哲學真誠與對哲學家的忠告。

　　哲學家們，除非你們能夠證明你們苦心經營的觀念系統並非只是空洞的，其「對象」並非根本不可能被給與，又無任何直覺可達之之觀念，否則，你們休想迴避人們的責難而仍說在從事今日的哲學，休想以無從實證為哲學的特質，以無從實踐為哲學的驕傲；或以哲學的限制為名，把哲學自絕於其他學科，從而把「哲學問題」以及「哲學之所以為哲學」逐出哲學，把思索一貫通之道逐出人心。

四、理論與實踐，剝復與重建

　　梅勒先生這樣說到牟先生的哲學事業：

　　　　牟宗三是要在一個現代意義上，而不是在西方的意義上，成為一個偉大的哲學家。即如我在前面已論及的那樣，東方和西方在現代化上有普遍的相同的步調，牟宗三不能不走哲學現代化的路，但不願意接受西方哲學，所以

他只能把現代化的努力施加在中國哲學上，因此他不能避免跟他自己的理想成為矛盾。這個理想就是中國哲學的實踐性，思想和行為、宗教和哲學、道德和智慧的同一性。我這樣認為，牟宗三雖然哲學上矛盾，但這個矛盾是在使儒學現代化的過程中必然出現的。從他終於使儒學開始了現代化之路這一點看，他的矛盾也同時標誌着他在哲學上的巨大成功。[9]

梅勒先生這樣強烈地認為儒學現代化愈取得成功，越遠離中國哲學的實踐性格，這和他從現代系統理論看的現代社會的性質，其中哲學的處境，是一致的。社會只是由各個獨立而封閉的小系統（如經濟、科學、法律、宗教）構成，而哲學只是科學這個小系統之下的一個小系統，「它使用自己的語言，跟同在科學之內的歷史學或心理學的語言不同，它更遠離於科學之外的其他社會系統，比如政治和宗教，因為這些系統所依靠的是完全不一樣的編碼。」坦率地說，哲學若離開哲學，寸步難行；談論已經須有限制，遑論實踐；包括哲學者自己的為人，哲學亦無能為力。

與梅勒先生這個徹底的哲學悲觀主義徹底相反的，是同樣對牟先生之使儒學現代化高度關注的另一批學者；他們同樣高度關注牟先生這巨大的一步，據說遠離了中國哲學的實踐性格，但與梅勒先生相反，他們是徹底的樂觀主義，在他們從未清醒的哲學定義裏，沒有甚麼不是哲學和哲學家幻變或點化出來的，因此，依超越原則認為應該有的東西，若現實上尚未做到，在他們看來即是此超越原則的失敗——或者他們根本沒有超越原則與內在原則的區分，正如徹底的哲學悲觀主義者也沒有這個區分一樣。因此指望這極端相反的兩種意見通過哲學對話達成問題的澄清也很難。但這哲學悲觀主義的「哲學無能論」與哲

9　同註8。

學樂觀主義的「哲學萬能論」的兩個極端，卻教我們以後很容易辨認以避免重蹈過度多元實在論之相對主義與過度一體平鋪之唯用主義，以重思作為貫通之道的哲學本義，並回到中國哲學現代化論題重新明確以下三問：

第一、中國哲學是否需要作「哲學的現代的表述」？又，中國哲學可否作「哲學的現代的表述」？若回答是肯定的，則：

第二、這中國哲學現代化而作「哲學的現代的表述」是否可以西方哲學作參照系？又，西方哲學中到底那一家適宜作中國哲學重建之參照系？若回答是肯定的、是有的，則下面第三個問題便是題外的（更普遍的、而非題內的），卻是前述那兩種意見共同夾纏不休帶入本論題的，即：

第三、重視邏輯結構的系統哲學的格套，是否與實踐要求在精神上相違？或至少減殺實踐的熱誠？——或不必？甚至相反！系統哲學既明確了各觀念的限制，但同樣重視系統的完整而必帶入終極性和方向的必然性，這對於擁有系統哲學者，是行動信念的支持或取消？有誰能告訴我們？但至少我們知道：理性的全面歷練有助於拒絕偽先知，有助於反對「哲學的狂熱」和「反哲學的哲學狂熱」，而有助於人們重新認識「極高明而道中庸的中國哲學」——這個代表最早走出「哲學兩難」——一個早熟的名字！

以道德概念為核心的中國哲學（儒學），是註定不用擔憂其中的概念只是空洞的虛構的，因為道德概念只能是實踐概念。對於有人反對這種實踐理論，康德在〈論通常的說法：在理論上可能正確，但在實踐上行不通〉一文中有一段嚴厲的話：

> 使哲學蒙羞受辱的是，這種理論常常被人說成：凡是其中可能正確的東西，在實踐上都是無效的；並且還以一種顯然充滿輕蔑口氣的傲慢，竟要在理性安置其最高榮譽的地方而要以經驗來改造理性本身；以一種死盯在經驗上

的鼠目寸光的智慧，竟以為比昂然挺立、眺望天外的那種
生物（人）所本有的眼睛還看得更遠、更確切。[10]

除非人類不再有「實踐」（本義之實踐），否則，人類總需要有哲
學，以人的本有的眼睛，在理性安置其最高榮譽的地方，努力看清一
切。

〈宣言〉說：「中國有通哲學道德宗教以為一之心性之學，而缺西
方式之獨立的哲學與宗教，我們亦願意中國皆有之，以使中國文化更
形豐富。但是如依中國之傳統文化之理想說，則我們亦可認為中國無
西方式之獨立的宗教與哲學，並非如何嚴重的缺點，而西方之哲學、
宗教、道德之分離，缺少中國心性之學，亦可能是西方文化中之一缺
點。」我願在此多說一句，以結本文：

心性之學不能無哲學（觀念系統）、道德（目的實踐）、宗教（終極
關懷）以實之，此中國文化須有一現代轉型以立學統。此所以剝復亦
即重建，而為今時之「時中」義。

哲學、道德、宗教不能無心性之學（超越原則、價值根源）以為
貫通綜和，此西方文化避免進一步破裂之途。此亦為西方文化今時之
「時中」義。

而中西文化會通，正是今日最大的「時中」義。

（1998 年 11 月 20，原載《鵝湖學誌》第二十一期。）

10　參閱康德撰，何兆武譯：《歷史理性批判文集》（北京：商務印書館，1991 年），頁
166。

附錄：
孔子與現代中國之命運
—— 孔誕二千五百五十年述願

一

近日常行走新亞書院水塔旁邊的小徑，察覺樹叢裏有人走動，靜悄悄似在砌作甚麼。不久，一座銅像置立在巨型方塔腳旁，拱手站立，一聲不吭。心想難道是孔子。

二十多年前，香港中文大學成立中國文化研究所，有熱心人贈孔子銅像一尊以慶賀。中大當局怯於中國內地當時反孔之氣焰，就不敢樹立，而將之藏入倉庫地室。此事引起社會議論，徐復觀先生亦為文斥之。中大當局卻惘然如故。時移世易，近來內地改革開放，思想領域非馬列化，有人開始講中國傳統以收人心。今年是孔子誕生二千五百五十年，亦是當年錢穆、唐君毅應廣州華僑大學紀念孔誕二千五百年學術演講會之邀，來穗，並因此得機會來港，創辦新亞書院五十週年。換言之，沒有當年孔誕二千五百年紀念，亦就沒有新亞。這時樹立孔子像，本屬應時。只可惜新鑄之銅像造工生硬，又一切都靜悄悄地令人納悶。

二

友人自法國學成歸來，打電話談及回港看內地出版的書，發覺居然在講中國文化，還把新儒學研究列為「第八個五年計劃的重點研究項目」(學術思想仍要受國家計劃)，明是利用儒學。她對此憂心忡忡，說在今日講中國文化本已難，今國內政權一改反中國文化之老調，也來講儒學，此番攪渾水，以後講中國文化、講儒學，豈不難上加難。我安慰她說：凡有力量的東西總不免被用。黑格爾說：人們為一時之目的尋得工具手段；人們的目的若是片面的特殊目的，此目的旋即在揚棄中被否定，能夠留下來的，卻是手段、工具；手段工具轉而成

為文化、成為目的。此「歷史的辯證法是無情的」之謂。儒學在中國專制政治歷史中的命運，類此。但孔子儒學之能夠成為中國文化之脊樑，在儒學原是建體立極之目的之學。儒學本文制而超文制，本宗教而非一特殊之宗教，本學問而歸於實證實踐，本性情之學而徵諸天地春秋。作為建體立極之學，儒學對歷史上每次外來的挑戰，皆有成功的回應，並於每次回應中，有內在的震動，自內部湧現新原則、新課題、新理想，而自我轉化，其命維新；而知既然儒學「哲學地」發現了「人」、發現「人文化成」、發現了「歷史」，則中國文化「歷史地」選擇了儒學，豈曰偶然。既知今日新儒學「存在地」發現了中國文化之現代意義與時代課題，開展與西方文化的會通，以自我更化，促使中西文化之綜和；則中國文化為時代與未來而選擇新儒學，豈曰偶然。而利用新儒學，利用中國文化收拾人心者，將歸於被歷史「利用」。至於利用新儒學之個人，既識時務人心，則依荀子之說，亦或可藉偽返真；此雖不易，卻亦理中應有之事。然則中國內地之講新儒學，總表示一正面的轉向。

歷史將證明，在五十年唯物咒語下的故土，孔子的後人必能靈根再植，重建人文。

三

中國內地近來之講儒家、講中國傳統文化，在事勢上亦無可選擇。雖然我們希望這無可選擇須有一自覺，自覺其無可選擇，並竦然知此無可選擇非可直接反正，還須返本開新。共產集團之徹底崩潰，東歐各國解咒後可直接反正，回歸其歐陸文化母體 —— 一個直接與馬列主義對抗但屬同一型態之西方文化母體。中國文化原不是神、物（魔）二元論格局。中國今日要真正反正，須一面解咒，以西方主流文化否定馬列主義，但這只是消極的，否定性的；積極的，另一面則須返本開新，開展中國文化與西方主流文化之大綜和，以貞定西方主流文化之體，「體其體，用其用」。中國文化通過自我轉化，本道德倫理之超越

之體內在的開出西方知性文化之體用，以成就現代化之轉型。這是下一世紀的中國的唯一正途。

過去一世紀已經證明，中國不能全盤西化，道理上不應暫不說，且是事實上不能。全盤英美化、德化、日化、或全盤馬列化，只能令神州大地變成阿修羅場。中國既註定不能全盤西化，則馬列主義總會以西方主流文化之否定者姿態，吸引因全盤西化而受挫折的中國人。中國永遠不能全盤西化，則馬列主義永遠吸引在全盤西化中註定失敗的中國人。這是馬列主義唯一魔法所在，亦是擁有偉大文明的中國人的唯一失敗機會。過去一世紀中國人飽嘗此失敗，此失敗由反孔開始。

四

今年亦是「五‧四」八十週年，香港兩家電視台都有請學者談「五‧四」。聽着聽着，你由是明白英哲羅素云「了解時間之不重要，是為智慧之門」這話的意思。人，或者成長，或者拒絕成長，時間只能幫閒，完全幫不上忙。

比較之下，陳獨秀、胡適之，這兩位「五‧四」代表人物，稍能明白時間的意義：人所擁有的唯一特權是自我否定和自我超越，時間使人這一特權之行使成為可能。事實是這兩位「反封建」、「打倒孔家店」的革命健將，在「五‧四」運動後不過十年，便有這樣的言論，關於他們拼命要打倒的「封建」在中國是否仍存在？

先是陳獨秀連同八十一個當時的中共「反對派」發表〈我們的政治意見書〉，說：

> 在經濟上，中國封建制度之崩壞，土地權歸了自由地主與自由農民，政權歸了國家，比歐洲任何國家都早。……土地早已是個人私有的資本而不是封建的領地，地主已資本家化，城市及鄉村所遺留一些封建式的剝削，乃是資本主義襲用舊的剝削方法；至於城市鄉村各種落後

的現象，乃是生產停滯、農村人口過剩、資本主義落後國
共有的現象，也並不是封建產物。

其時在 1930 年，陳獨秀至少已認清二千多年來中國國情不是封
建。至於是甚麼？他們似認為屬於「自由的個人私有資本」、「生產停
滯、農村人口過剩、資本主義落後」這類。

胡適在〈我們走哪條路？〉一文裏引了陳獨秀這篇〈意見書〉的話
後，揶揄說：

> 獨秀先生們一面判決了封建制度的無罪，一面又捉來
> 了一個替死鬼，叫做資產階級，硬定他為革命的對象。然
> 而⋯⋯一個四萬萬人的國家裏，只有一億五千萬元的銀行
> 資本，資產階級只好在顯微鏡底下去尋了。這個革命的對
> 象也就夠可憐了，不如索性開恩，也宣告無罪，放他去罷。

其實，以陳獨秀們當時的托派（托洛茨基主義者）態度，自不會判
決封建制度無罪；只是判決封建並非中國之國情。此胡適之失解。同
理，在陳獨秀們而言，並不能指望他們開恩，判決資產階級無罪，只
能要求他們如實判決資本主義並非中國之國情。既非封建，又非資本
主義，然則中國之國情、中國社會之特質，竟在陳、胡所套用的西方
政治社會理論的名目之外了。梁漱溟早以「倫理本位、職業分途」稱中
國社會，但胡、陳又豈肯跟隨這位不隨流俗的孔子信徒。

胡適因此只肯用「我們的真正敵人是貧窮、是疾病、是愚昧、是
貪污、是擾亂，這五大惡魔」來描寫當時中國社會。這種「三呎童子的
濫調」（梁漱溟評語，見〈敬以請教胡適之先生〉），適足表示實用主義
者的熱誠和不濟。

又過十年，到 1940 年，陳獨秀這位「在其一生之任一時期，皆知
其一，不知其二，遂成悲劇」（唐君毅評語，見〈中國現代社會政治文

化思想之方向〉一文）之悲劇人物，終於由布爾什維克轉到民主陣營，說出「五・四」人物的最後覺醒：

> 不幸十月革命以來，輕率的把民主制和資產階級統治一同推翻，以獨裁代替了民主。……一班無知的布爾什維克黨人，更把獨裁制抬到天上，把民主罵得比狗屎不如。這種荒謬的觀點，隨着十月革命的權威，征服了全世界。第一個採用這個觀點的便是墨索里尼，第二個便是希特勒，首倡獨裁制的本土——蘇聯，更是變本加厲，無惡不為。從此崇拜獨裁的徒子及徒孫普遍了全世界。

平情而論，馬克思對西方政治歷史之以階級鬥爭為特質之觀察描述，正如許多這方面的學說，有相當的真實性。馬克思唯一區別於其他學說者在其主張激化階級鬥爭，並以無產階級獨裁專制鎮壓資產階級、消滅有產階級以歸於無階級為人類之「科學的歷史必然」之福音。恩格斯在馬克思墓前演說即指出此點，並謂：唯此說方構成馬克思之傑出貢獻及其主義之特質。亦因此，西方社會有「無產階級」存在之一日，馬氏咒術呼喚出來的共產幽靈，就徘徊一日。簡言之，馬氏對西方之過去，在事實層面之說明，對了一半，對西方之未來，則似下了一道咒符。這本是西方文化內部逼出來的一個變態一個極端。既逼出這樣一個變態極端，西方社會亦必須通過社會改革，先消滅無產階級（使有產化），使馬氏咒符失效。

任何對中國歷史政治文化有常識的人，又假定他對馬克思這套有了解，便知道這套全不符中國歷史事實，亦全不能說明中國社會、解決中國問題。中國社會根本不是以階級鬥爭為特質，則膜拜階級鬥爭，並深文周納，以之為歷史動力以結束歷史，這種所謂唯物辯證史觀，只當視之為囈語。西方有識之士，亦早知其妄，又或正因同一傳統而易知其妄。唯中國這代新文化分子，既把氣力耗費於反孔、破壞中國

文化，造成所謂「認識論危機」（參閱拙文〈超政治與政治〉），又處於西方帝國主義、共產第三國際、日本軍國主義，國內叛亂之四方惡戰中，基於「遠方崇拜」，或豔陽迷鹿、或飛蛾撲火，既有陳、胡「全盤西化」之「首開風氣」，亦難怪後來研究中國現代思想的人會有「五·四」為「現代中國悲劇之門檻」之說：1919 年是二十世紀中國歷史悲劇的門檻，過此以後，則一發不可收拾矣。」（見林毓生〈問題與主義論辯的歷史意義〉一文）

二十世紀中國悲劇以反孔揭幕，中國人亦應有能力以回歸孔子來為這世紀悲劇落幕。謹以此願紀念孔子誕生二千五百五十年。

（原載《鵝湖月刊》孔子誕生二千五百五十週年紀念專號，1999 年 9 月。）

第六輯

目的論與美學

第十二章

反思判斷與道德判斷

一

關於康德由反思判斷力所「給予於其自身」之「合目的性原則」，其意義及其限制，我曾在不同篇章加以簡結與省察。

1992 年 2 月出席國立中央大學哲學研究所主辦的學術研討會，提交論文〈反目的論的美學悖論〉中，這樣說明「判斷力」在康德哲學系統中的關鍵性地位：

> 康德把「一個在感觸世界中必須被看成是現象」的存
> 有 ── 人 ── 假定其自身中為可擁有「在一感取對象中
> 其自身不是現象者，名之曰智思的（純智所思的）」之能力
> 者，此能力即「自由意志」，由此能力所構成之因果性，即
> 可成為感取世界中的現象之原因 ── 首先是目的因，同
> 時即為形式因、動力因之提供者，而人得以此自由意志而
> 成為主體。

　　由是，主體即本體，本體與主體為一，本體界不僅不是超絕不可知者，恰恰相反，乃是存在於吾人最內在、最根源處；此最內在、最根源同時即是最普遍而超越，此即自由主體。自由主體依其「創造性與創造是一」（此義依儒家）要求「把它的規律所賦予的目的在感取世界裏實現」而作「辯證的開顯」：一為賦予存在以規律（知性為自然立法），一為賦予存在以意義（「存在之理」、「實現之理」或「目的價值」），綜合而有「宇宙秩序」一名。此見本體界與現象界之區分實只為「兩極性」之區分，而非「二元性」之區分。此區分自某義言之，源自主體之原始的破裂。本此，我們可以明白康德為何把溝通兩界寄託於「人」的一種心力──判斷力。（……）

　　康德的溝通兩界，以合目的性原則為超越原則，然此超越原則在康德並未得一客觀落實。無論「自然的目的論」或是「自由（道德）目的論」，在康德都只是反思判斷的主觀設定，不能有實指之着落處。最後康德提出「道德學神學」來作安排，說：（……）「我們承認這種論證只是在滿足我們理性的道德方面，也就是從實踐的觀點來看才證明上帝的存在的。」換言之，康德止於此而作罷。若有孟子「盡心知性知天」、「本心直透天心」之說以支持之、充實之，直承本體意義的人有「智的直覺」，對世界的「最後原因」、「終極目的」有直接之知，因而是可以依之作決定的判斷的，而曰：「如此是合目的的、必定不移的。」則康德這套是可以極成的，而非僅止於為邏輯的設定。[1]

1　見〈反目的論的美學悖論〉，原載《台灣兩岸文化思想學術研討會論文集》（台北：國立中央大學哲學研究所，1992 年）。後收入本書。

　　1995 年出席為悼念牟先生逝世而舉辦的「牟宗三與中國哲學重建」國際學術會議，所提論文〈徹底的唯心論與中西哲學會通〉（原文撰寫於 1990 年，為本人之博士論文《自然與名教》其中一章，增寫前言修訂而成）再申「決定性判斷與反思判斷須有一綜合，以把分裂了的自然界與自由界重新統一於一心」之義，而曰：

　　　　康德以前二大批判，完成「自然底形上學」與「道德底形上學」，但亦同時「隨哲學之區分而成知解的與實踐的兩部分」，其間又有種種之背反如上文所展示者。至此為止，借用尼古拉・哈特曼（Nicolai Hartmann, 1882-1950）批評黑格爾的話，我們可以說，康德是「超越的分解」的哥倫布，借助「超越的分解」發現了新大陸——「物自身」，卻不知道自己發現了甚麼。（哈特曼的話是「黑格爾是客觀精神的哥倫布，但不知道自己發現了甚麼。」）但康德接著有「第三批判」《判斷力之批判》，藉對「人」的「美學判斷」與「目的論判斷」之批判，為「反思判斷」（美學判斷與目的論判斷皆屬反思判斷）設立（逼現）一超越原則——「合目的性原則」，這超越的原則雖只是「這樣一個不能由經驗借得來的超越原則，反省判斷力只能把它當作一個法則從其自身而給出，並且把它當作一法則給與其自身」[2]之主觀的、虛的原則，但它可以範導我們去為「自然的變化多端及種種特殊之法則與我們諸認識功能皆須有一貫通之統一」尋找一「模式」，由此而透視一「自然的神學」，再由「自然的神學」之遮撥，援入「整個自然的最後目的是人——道德者」之觀念，以完成其「道德的神

2　康德撰，牟宗三譯：《判斷力之批判》，〈引論IV〉（台北：台灣學生書局，1992 年），頁 125。

學」（道德底形上學），同時即重新綜和自然界與自由界。所可注意者，康德把溝通兩界之重責寄託於「人」的某種心能──反省判斷力。而「自然的目的是人」，正是相反於還原論（Reductionism），而近於中國哲學之反省的「歸宗論」（Polarity）。惜康德不知道自己發現了甚麼。他的「物自身」觀念實可依「歸宗性」而可有恰當的理解，至少，當他為反思判斷設立「合目的性原則」時，應重提「物自身」（以本人記憶所及，在「第三批判」幾乎沒有「物自身」再出現），並將之與「目的性」理念連接。孟子曰「五穀不熟，不如稊稗」，是五穀的「物自身」即「五穀成熟為五穀自己」：「五穀自己之目的及五穀之合目的性」？或「五穀在整體自然宇宙秩序中之合目的性」？或二者之綜和？理學家言「物物一太極，統體一太極」，康德言「大自然向人生成」、「人是大自然的最後目的」，又言「成為道德者是人的最高目的」。從歸宗論說，這豈不正是「物自身」觀念之恰切表述，而不為還原論所理解者。反思判斷力為物物（包括人自身）反省其自身之合目的性，以及其在整體自然宇宙秩序中之合目的性，並思此合目的性正表現於大自然變化多端，層出不窮的種種特殊具體之現象界之事物、表現於人的獨一無二的個體性及永無重複的行為（反思判斷正是從具體特殊而反省其目的性及整體秩序者）。如是，目的與手段、自由與自然，物自身與現象，在反思判斷中成為關聯的兩極，而反思判斷力（心能）則成為關聯兩極之中心。

又，反省判斷力之「審美判斷力」既是全然「無向的」，則其為「判斷」，乃是就一物之全然無關乎「他物」而只孤絕地觀照「其自身形式之合目的性」之觀照。而「目的論判斷力」則是「雖無向而有向的」，要為當前「種種特

殊之具體形態以及聯貫此繁多形態之種種特殊之自然法
則」提供一縱貫之統一原則——隸屬原則，以判斷各存在
者在一目的性統緒中之「合目的性」之「當是」。此則近儒
家義。然則反省判斷力之二支，以其被區分為二故，又須
有一綜和，即「審美判斷」與「目的論判斷」之統一。此統
一在康德似是「分析的」，但是虛的。一物「其自身形式之
合目的性」與一物「在其自身及在整體宇宙秩序中之合目
的性」，兩者一虛一實，有虛有實，有合有分，如何綜和，
仍有待反思判斷力此一「智的直覺」發現之、「創造」之。
此同時亦為中國哲學之「天道既超越而內在」之說明掃除
疑慮。[3]

　　我這裏以孟子「盡心知性知天」、「本心直透天心」以至「聞一善
言，見一善行，若決江河，沛然莫之能禦」、「觀乎聖人，則見天道」諸
義以充實康德之反思判斷，說逆覺體證可以對世界的「最後原因」、「終
極目的」有直接之知，因而是可以對之作決定判斷，而曰：「如此是合
目的的，必定不移的。」則康德這套是可以極成的，而非僅止於為邏
輯的要求。當時顯然一方面以道德判斷為決定性的判斷，但又顯然以
道德判斷為同時屬於目的論判斷之反思判斷，在這種雙重肯定下，有
如此之含混的說法。
　　早年讀康德，是先讀第三批判，對反思判斷力以及目的性觀念甚
有興會，並深信凡價值判斷必歸為反思判斷。道德判斷自是價值判斷，
並同時涉及道德者之自我實現、自我完成，根本是一純粹實踐理性之
終極目的論問題，亦即價值論與存有論之綜合問題。但康德所言，在
「自然合目的性原則」方面，與亞里士多德之「目的因」之說相近，此

3　見〈徹底的唯心論與中西哲學會通〉第二節之「『有向判斷』與『無向判斷』之區分及
　　其綜和之可能」。該文今收入本書。

點牟先生已予以指出。[4] 在「反思判斷力」之設定，曰「特殊者是給予了的，而普遍者則須為此給予了的特殊者而被尋覓」[5] 之方面，我則認為很難說康德不是受自柏拉圖之「理型之回憶」說與「最高善」說之影響。不同的是，柏拉圖是理型實在論之回憶說，而康德是道德實踐論的逆覺體證之反思論。後入新亞研究所從諸師習中西哲學，讀孟子「今人乍見孺子將入於井，皆有怵惕惻隱之心。……由是觀之，無惻隱之心，非人也。」「聞一善言，見一善行，若決江河，沛然莫之能禦。」「乃若其情，則可以為善也，乃所謂善也。若夫為不善，非才之罪也。……仁義禮智，非由外鑠我也，我固有之也」諸義，是孟子之「情」訓「實」、「實情」，「乃若其情」即人符合其作為人之內在目的之實情，此內在目的卻須人逆覺／反思得之，此義無可移。即認為道德判斷所依之普遍原則須來自反思判斷（孟子同類章句甚多，不一一引錄）。而老子之「天下皆知美之為美，斯惡矣；皆知善之為善，斯不善矣」諸語，我亦認為正示老子反對把審美判斷與道德判斷誤當作為「決定性判斷」。借用康德的話，反對把美與善之「歷史的知識」如「何者美」、「何者善」之知識，誤當作為「審美判斷」和「道德判斷」這種「理性的知識」。如見一境而當下反省其正符合其目的性，而判為美；聞一言、見一行，當下反思其之表現正符合人之為目的者、為自由者之目的性，而判之為善言、善行。這種「反省之知」、「創造之知」，亦即「目的論之知」或曰「形上之知」。我曾以此意叩詢諸學長，全無回應。或因康德第三批判之「反思判斷」一說，沒有多少人留意（理解？）。牟先生晚年翻譯《判斷力之批判》，送我一冊，得拜讀先生在譯文前之〈以合目的性之原則為審美判斷力之超越的原則之疑竇與商榷〉一長文。先生在文首即申述康德之區分兩種判斷，並謂道德判斷是決定性判斷。其言曰：

4　康德撰，牟宗三譯注：《判斷力之批判》上冊（台北：台灣學生書局，1992 年），頁 10。

5　同上註，參閱 IV〈判斷力當作法則所由以先驗地被規立的一種機能看〉，頁 124-127。

> 審美判斷力與目的論的判斷力皆屬反省的判斷力（吳
> 案：反省判斷乃反思判斷之另譯）而非決定性的判斷力。
> 因此，審美判斷與目的論的判斷皆屬反省的判斷，而非決
> 定的判斷。成功知識的判斷和決定道德善惡的判斷皆是決
> 定性的判斷，而非反省的判斷。決定性判斷，吾亦曾名之
> 曰「有向判斷」，反省的判斷則名之曰「無向判斷」。[6]

牟先生只是一句話，並無解說。此與我一直以道德判斷為反思判
斷與決定性判斷的綜合之理解有異。而思牟先生之說，當以康德在《道
德底形上學之基本原則》中所建立之三原則「一，普遍立法之形式；
二，以人為目的；三，自律」為據，既已立普遍的道德原則，吾人進行
道德善惡的判斷，即把一特殊行為置於此已給與了的三項道德原則之
下以決定性判斷決定其善惡。此見牟先生謂決定行為善惡之判斷為決
定性判斷，是對的。牟先生之說，令我重思道德判斷之歸屬問題，以
及上引文之相信道德判斷具雙重性之問題。

二

其實，決定道德善惡的判斷和成功知識的判斷，皆是決定性的判
斷。這本來是分析命題。知識之普遍法則（包括邏輯、範疇、數，以
至公共時空、概念等等）是已給予的（已知的），以之套牢、決定一未
被決定之具體對象，使成功對之之知識，如「這是一個人」。道德法則
（道德法則在康德是「純粹理性單以其自身即是實踐的，而且它給予一
普遍的法則，此普遍的法則我們名之曰道德法則。」[7]）既是已給予的
（實踐理性本具的），以之判斷、決定一有待判斷的具體人物事件之道

6　同註5，頁3。
7　康德撰，牟宗三譯註：《康德的道德哲學》（台北：台灣學生書局，1982年），頁
　　169。

德善惡，使此具體人物行為之道德意義得以彰顯，如「這人是善的」。就此兩個判斷皆來自決定性的判斷力所作之判斷，而言二者皆是決定性的判斷，這自然是分析的。問題是先驗的知識法則之為人所擁有，以之決定具體物之知識性質，經康德多番論證可無疑；普遍的道德法則亦是人的實踐理性直接給予的，或曰是人能直接意識及之，可以之判定具體行為之善惡者，此則不能無疑。如我們根據普遍的認知法則，可以判斷眼前這個「是一個人！」我們卻未必能根據普遍的「道德法則」，判斷眼前這個人的行為「是善的！」——除非我們知道這個人的行為出於「善意志」。甚至我們未必能根據「道德法則」判斷自己的行為「是善的！」——除非我知道我的出自「善意志」的行為同時與我的「純粹實踐理性」所提供之「道德法則」相吻合，或兩者本來是一。但依康德的悲觀的嚴肅道德哲學——

> 一個人是否是善抑是惡之區別並不存於其所採用於其格言中的動力之區別，但只存於動力之隸屬關係，即是說，存於在那兩種動力中他使那一種動力為另一動力之條件（即是說，不存於格言之材質，但只存於格言之隸屬形式）。既然如此，則結果便是：一個人（甚至最好的人）其為惡是只因以下所說之情形而為惡，即：他在採用動力於其格言中時，他逆反了動力之道德次序（案：意即把道德法則和自私之法則一同採用之，並且把自私之法則置於道德法則之上，作為其動力之次序）。[8]

換言之，區別善惡的根據唯在：（一）行為的意志是否是一「善意志」？（二）即使是「善意志」者（「甚至最好的人」），其行為之動機是

8　牟宗三撰：《圓善論》，第一章附錄：〈康德：論人性中之基本惡〉（台北：台灣學生書局，1985 年），頁 100。

否違反了道德次序，即把道德法則和自私之法則一同採用，並將自私之法則自覺或不自覺地置於道德法則之上？甚至「最好的人」亦會將一己之「善意志」性好（如「毫不利己，專門利人」之善良性好、「守諾」性好、「義氣」性好，以至「道德狂熱」性好）與道德法則一同採用之，且常將此性好之動力置於對道德法則之敬畏之動力之上。但：（一）首先這「善意志」誰人能對之作決定性判斷而決定其實有？善意志固不是經驗對象，而我們又無其它直接知之之本事。（二）即使我自知一己之意志為無私之純粹意志（或即等同於自由意志／善意志），而當一道德法則橫空降下，由對道德法則之敬畏之動力，我採用之於行為格言中時，是否會和其它動力一同採用之？不經意地倒轉了動力之道德次序？行為動力之道德次序固不可以對象化，我們如何可以決定性判斷力判斷之？

　　《道德底形上學之基本原則》第一節開篇句「在世界之內，或甚至其外，除一善的意志外，沒有甚麼可能被思議的東西它能被稱為善而無限制（或無任何限制而即能被稱為善）。」[9]這「善意志」之可以成為決定性判斷之對象除非其被思為某組行為物之「物自身」（行為之在其自己）而對象化自己、表象為一組行為物，僅此組行為物可以成為認知判斷與道德判斷綜合之決定性判斷之對象，而可判曰：依「自然系統為道德系統之符徵」之原則，此組行為物所表現之自然秩序，象徵着其行為之動力系統符合道德目的，其之「在其自己」之意志（物自身）為一善意志。此則須有認知判斷與道德判斷可以統一（同一）為一純粹理性，此純粹理性為一「直接地決定意志（為善意志）」之機能的那純粹實踐理性之證立，亦即能「呈現道德法則為一決定底原則，此原則乃是『不為任何感觸條例所勝過』的決定原則，不，乃是『完全獨立不

9　康德撰，牟宗三譯註：《康德的道德哲學》（台北：台灣學生書局，1982 年），頁 15。

依於感觸條件』的決定原則」[10] 之純粹實踐理性之證立，以及道德法則之證立 —— 與經驗知識相反（經驗只給我們以「自由之直接的反面」之知識），道德法則直接把「它自己」呈現給我們，而且它直接地引至自由之概念。康德這裏其實涉及多重綜和關係，此多重綜和關係實需要一能成功此多重綜和關係之統一原則。本文認為，此統一原則依康德只能是反思判斷力所提給之「目的論原則」，在牟宗三則是「智的直覺」。

這裏，我們先看看康德幾段樂觀言論。除了上引那句「實踐理性給（人）一普遍的道德法則」外，下面這段講的非常有結構性：

> 設想意志是自由的，試找出那「唯一有資格去必然地決定意志」的那法則。（……）
>
> 這樣，「自由」與「一無條件的實踐法則」是互相函蘊的。現在，在這裏，我不問：是否它們兩者事實上是不同的，抑或是否一個無條件的法則不寧只是一純粹實踐理性之意識，而此純粹實踐理性之意識又是與積極的自由之概念為同一的；我只問：我們的關於「無條件地實踐的東西」之知識從何處開始，是否它是從自由開始，抑或是從實踐的法則開始。
>
> 現在，它不能從自由開始，因為關於自由我們不能直接地意識及之，蓋因關於自由之首次概念是消極的故；我們也不能從經驗而推斷之，因為經驗只給我們以現象底法則之知識，因而亦即只給我們以「自然之機械性，自由之直接的反面」之知識。因此，就是這道德法則，即，對之我們能直接意識及之（正當我們為我們自己追溯意志之格言時我們能直接意識及之）的這道德法則，它首先把「它自己」呈現給我們，而且它直接地引至自由之概念，因為

10　同上，頁 165。

> 理性呈現道德法則為一決定底原則，此原則乃是「不為任
> 何感觸條件所勝過」的決定原則，不，乃是「完全獨立不
> 依於感觸條件」的決定原則。（……）
>
> 　因此，他斷定：他能作某種事因為他意識到他應當作
> 某種事，而且他承認：他是自由的──這一事實，倘無道
> 德法則，他必應不會知之。[11]

在這裏，「道德法則」兩頭通，上通於自由之概念，下通於我們的
「直接意識」。至於道德法則如何把它自己呈現給我們，或說當我們為
我們自己追溯意志之格言時我們為何能直接意識及「道德法則」？而不
是直接意識及「德目教條」？康德這裏沒有說，牟宗三當以「智的直覺」
貫通超越之。康德說「倘無道德法則，他必應不會知之（必不會知道他
原來是自由的）」，應從其說道德法則「它直接引至自由之概念」之兩頭
通，解讀之。康德把一個本來兩頭通的「道德法則」說成為好像一個首
出概念，為意志的格言的立法原則，判斷一切言行。此則有將道德法
則視同於「知識法則之為一切知識活動立法，並以之決定判斷一切現
象以成就知識」之嫌。依本文之見，道德法則固大不同於知識法則也。
道德法則成就的是人的自我實現為自由目的，並成為大自然的最高目
的，為天地立心，為萬物與自身立命，故曰道德法則「直接引至自由之
概念」。知識法則成就的是人的知解理性為自然立法，使經驗適合知解
理性之理解，服從法則。道德法則令人超越、趨向目的性、趨向自由、
無限、未來、不決定性，向上。知識法則令人服從、因果、限制、還原、
過去、決定性，向下。

　康德把人能直接意識及道德法則，說得非常直接（一如人能直接
意識及知識法則那樣直接？）。人既能直接意識及道德法則，則依自
律道德而言「道德判斷」當然非常簡易、不易（易教之義）。若依「他律」

11　同上註，頁 164-167。

為道德之假設，人雖直接意識道德法則，但作道德判斷，則需要有世界底知識以及精審原則（精心算計），如是則不能有「道德判斷」可言。康德此說一路都是分析的、必真的。問題是：以道德法則為一既與之人的行為規範而被我們在為自己追溯意志之格言時直接意識及之（一如維特根斯坦說「真空中的邏輯」為我們直接意識及？），此說本身就是「他律」的——獨斷的、寡頭的；除非我們已有相關的存有論、本體宇宙論、目的論的建立，確立一性分不容已的、自由（自律）之生生不已為萬物存有之第一原理，正如中國哲學儒、道之心性論（或曰徹底的唯心論）所為。先看康德怎樣說：

> 道德與自私間的界限是如此顯明地而又清楚地被標識出，以至於即使是最普通的眼光亦能區別一物是否屬於此一面抑或屬於另一面。（……）（有關注說）在真理如此坦然明白處可顯得是多餘的，但至少它們可以用來把稍微多一點的顯著性給與於常識底判斷。[12]

> 最普通的智思亦能很容易而無遲疑地看出：依據意志自律之原則，甚麼需要被作成；但是依據意志他律之假設，要想去看出甚麼須被作成，這卻是很難的，而且需要有世界底知識。此即是說，義務是甚麼，這對於每一個人其自身就是坦然明白的；但是甚麼東西要去帶出真正持久的利益，此如「將要擴展到一個人的生存之全部」的那種利益，這卻總是被蒙蔽於不可滲透的隱晦中；而且很多的精審是需要的，需要之以便去使基於利益上的實踐規律適合於生命底各方面（各種目的），甚至因着作適當的例外而容忍地去使之適合於生命底各方面。[13]

12　同上註，頁 176。
13　康德撰，牟宗三譯註：《康德的道德哲學》（台北：台灣學生書局，1982 年），頁 177。

　　依意志自律之道德，人當下甚麼需要被作成，「最普通的智思」亦能很容易而無遲疑地看出來。何以故？依儒、道兩家思想，「損之又損」故，只需將先前之成見、習氣、偏執全數剝落，人的「真我」──純粹意志（康德）、仁體（心體與性體）「當下呈現」，義務是甚麼，坦然明白。這裏不需要決定性判斷，不需要「為學日益」，只需要「超越的還原」、「超越的反省」（損之又損，剝復），亦即「反思判斷」。說純粹實踐理性、仁體「當下呈現」，其意實謂在對現實外殼的剝落中，生命存在之終極目的通過其內在核心之跳動而示現（生生之仁）。「終極目的」通過反思判斷力此一「特殊的心靈機能」，轉為「實現之理」並連接「存在之理」，即存在即活動，既超越而內在。康德則寧寄託於「我們能直接意識及之」──其實是我們中途截得的「道德法則」之兩頭通。這兩頭通之道德法則其實只能來自反思判斷之「我們為我們自己追溯意志之格言時我們能直接意識及之」之「透視意識」──「反思判斷」（牟先生說的「智的直覺」）。及至以其直接意識及之道德法則對眼前之行為物作判斷，決定其道德的善或惡，固是決定性判斷。而純粹意志（自由意志）之我，對現實意志之我（包括內在的形而上之我、邏輯我、認知主體，內在的形而下之氣質之我、經驗我，以至外顯之才性我、行為我、言行我），作判斷，決定／判別此現實意志之我之當下內在行為（根源性行為，或曰「一念」）其實踐動力之道德次序之正確或錯誤，以決定其行為屬道德的善，或惡，當然亦是決定性判斷，並依所作判斷成為判斷者意志因果性之決定性方向。唯在這重重決定性判斷之前，以及這重重決定性判斷之中，皆須有「為道日損、損之又損」之「剝復」、逆覺體證之「反思判斷」以透視、發現普遍的道德法則──在這裏則說成我們為我們自己追溯意志之格言時我們能直接意識及之道德法則──之照臨，以為道德的決定性判斷之超越原則，再而直接引至自由之概念，為道德判斷提供終極目的之目的論原理。

　　由是可見，純粹實踐理性（真我）之呈現為自己追溯意志之格言直

接意識及之之道德法則，以至道德法則之「直接地引至自由之概念」而為道德底形上學之基本原則之合目的性原則，皆屬反思判斷力之反思推證。及至運用已被給予之普遍的道德法則，對眼前之行為物作道德善惡之判斷，固屬決定性判斷。決定道德善惡之判斷與成就知識之決定性判斷，當然不可同日而語。雖曰不可同日而語，在作任一決定性判斷時卻又必須同時進行，方能貫徹到底。其中深義，上文已有相當涉及，其要在「自然秩序是道德秩序之符徵」[14] 和「感取世界中的事件間的形而上的法則就是感觸的自然系統之法則」（見下引文），「決定性判斷」與「反思判斷」，兩者之同、異、離、合——依實踐理性與思辨理性同屬純粹理性此一同一理性，而言兩者之同、異、離、合。此亦即中國哲學之形神論、迹本論、才性論、道器論、體用論，以至現代唐君毅之「生命存在與心靈境界」，牟宗三之「現象與物自身」、「有向判斷」與「無向判斷」，從未曾間斷過的人性論之中心課題。下引康德兩段文字，可助我們之思考——對康德以「道德法則」為中心之道德哲學的重新省察，並使之進入中國哲學之視域。

　　因為知解理性底原則涉及可能經驗底對象，即是說，涉及現象；而我們亦能證明：這些現象其能當作經驗底對象而被知是只因着其依照這些法則而被置於範疇之下始能當作經驗底對象而被知；因而結果，一切可能經驗皆必須符合於這些法則。但是，我不能依此路來進行道德法則之推證。因為此一推證並不有關於對象底特性之知識，對象底特性之知識可以從某種其他源泉而被給與於理性；此一推證但只有關於這樣一種知識，即，「此知識其自身即能是對象底存在之根據，而亦因着此知識，理性在一理性的存有中有其因果性」這樣的一種知識，即是說，此一推證

14　詳閱《康德的道德哲學》，〈附錄：譯者對「符徵」義的疏釋〉，頁234。

只有關於純粹理性，即能被視為一「直接地決定意志」的
機能的那純粹理性。[15]

　　案：此說區分同為「決定性判斷」之知識判斷與道德判斷。「知識
判斷」之為「決定性判斷」可以說是「以理限事」（「這些現象其能當作
經驗底對象而被知是只因着其依照這些法則而被置於範疇之下，始能
當作經驗底對象而被知；因而結果，一切可能經驗皆必須符合於這些
法則」）。「道德判斷」之為「決定性判斷」則不能說是「以理限事」而
只可以說是「以理復性、以理生氣」。「（道德判斷所得『知識〔善或
惡〕）『此知識其自身即能是對象底存在之根據，而亦因着此知識，理
性在一理性的存有中有其因果性』這樣的一種知識，即是說，此一推
證（判斷）只有關於純粹理性，即能被視為一『直接地決定意志』的機
能的那純粹理性」是道德判斷所成就者「並不有關於對象底特性之知
識」，只有「關於純粹理性」的知識，「此知識其自身即能是對象底存在
之根據」——即能構成對象之存在底超越的「存在之理」。如當以道德
法則為普遍原則，決定性判斷某人之言行為「惡」，此道德判斷並無有
關於此某人作為具體對象底特性之知識，而只有「關於純粹理性的知
識」——關於此某人如是存在之存在之根據（超越的存在之理）之知
識，即：即某人之言行而反思其如是存在之存在之理（存在之超越目
的／性理／心即理），而透視到其言行有違其之所以為人之存在之理，
故判其言行為「惡」，這種只關於純粹理性的知識。然則道德判斷只能
是反思判斷。若當即某人之言行而反思其如是之存在之理（超越的存
在之根據），而發現其之如是不僅有違其之為人之存在之理（或曰目的
論原則），且有違「自私的法則」，而為「純否定」，則此人之如是言行
不足以稱為「道德的惡」，只能稱為「毀滅」。相比之下，能以道德法
則作決定性判斷而判為「惡」者，仍保留承認其本具純粹理性和自由

15　康德撰，牟宗三譯：《康德的道德哲學》（台北：台灣學生書局，1982 年），頁 190。

意志、自為者之尊嚴，而得有資格進入道德之判斷，雖判斷之結果，是其言行違反了其純粹理性、超越目的、自由。此孟子性善論之其中一義。

尋求道德原則底推證雖徒然而無益，然而某種別的事以前不曾被期望者現在卻被發見出來，此即：此道德原則倒轉過來卻足以充作一不可解的機能之推證之原則，此不可解的機能無經驗可證明之，但是思辨理性卻被迫著至少可去認定其可能性（思辨理性要想在其宇宙的理念之間去找出因果底鍊索中之無條件者，而認定此一不可解的機能之可能性，而如此認定之亦並不引致與其自身相矛盾）。此一不可測的機能，我意即自由之機能。道德法則（其自身不需要有推證之證成）它不只證明自由之可能性，且亦證明自由實是屬於那樣的諸存有，即，「此諸存有確認此法則為拘束於它們自身者」那樣的諸存有。事實上，道德法則即是一自由行動者底因果性（通過自由而來的因果性）之法則，因而亦就是超感觸的自然系統底可能性之法則，此恰如感取世界中的事件間的形而上的法則就是感觸的自然系統之法則；因此，道德法則足以決定那思辨哲學被迫著去聽任其為不決定者，即是說，它足以為一種因果性決定其法則，此一種因果性是這樣的，即其概念在思辨哲學中原只是消極的，即為這樣一種因果性決定其法則；因此，道德法則首給此一種因果之概念以客觀實在性。[16]

康德在《純粹理性之批判》曾經論證「自由」概念不僅是道德哲學之一首出概念，且是自然哲學之終極概念 —— 否則，自然系統之終極

---

16 康德撰，牟宗三譯：《康德的道德哲學》（台北：台灣學生書局，1982 年），頁 191。

系統性將不能完成，故說自由概念是其全部哲學系統之拱心石。但思辨理性不能證成「自由」，唯交給實踐理性，實踐理性首先意識及之者不是自由，首先直接意識及之者是道德法則，而轉以「道德法則」為首出概念。「道德法則（其自身不需要有推證之證成）它不只證明自由之可能性，且亦證明自由實是屬於那樣的諸存有，即，『此諸存有確認此法則為拘束於它們自身者』那樣的諸存有。事實上，道德法則即是一自由行動者底因果性（通過自由而來的因果性）之法則，因而亦就是超感觸的自然系統底可能性之法則，此恰如感取世界中的事件間的形而上的法則就是感觸的自然系統之法則；因此，道德法則足以決定那思辨哲學被迫着去聽任其為不決定者……以客觀實在性。」此段文字甚能突顯康德藉「道德法則」（其自身不需要有推證之證成）之兩頭通，一頭通向形而上的宇宙論終極自由概念與實踐理性的「無條件的實踐法則」之自由概念，一頭通向給自然系統之因果概念以客觀實在性之自然宇宙論之自由概念。道德法則它不只證明自由之可能性，且亦證明自由實是屬於那樣的諸存有——那些自律於自由者。「事實上，道德法則即是一自由行動者底因果性之法則。」「因此，道德法則足以決定那思辨哲學被迫着去聽任其為不決定者……。」這些大力談論道德法則之決定作用的文字，意在大力說明：道德法則所決定者，是在一切已存在之決定性中，超越的還原出來，還它一個不決定。把思辨理性被迫着去聽任其為不決定的自由因果性，實踐地實現從而決定出來，而宣告：「道德法則首給此一種因果（自由因果）之概念以客觀實在性。」即此「道德法則」之決定性而言，牟先生故說「道德判斷是一決定性判斷」。即此「道德法則」之兩頭通，其上通向自由之概念（實踐理性之「無條件的實踐法則」之自由概念，以及自然系統之終極完成之宇宙論之自由概念），以至其下通向給「感觸的自然系統底可能性之法則」而自居為「感取世界中的事件間的形而上的法則」而言，本文故認為基於「道德法則」之道德判斷，是反思判斷與決定性判斷之綜和判斷。因為說到底，世界是同一之世界，實踐理性與思辨理性只能

是同一理性。這種「同一性」之最高體現，必是在實踐中、在道德之事中——

　　因為在道德之事中，人類理性很易達至高度的正確性與完整性，甚至最普通的理解亦能如此，（……）「純粹的實踐理性之批判」要成為完整的，即「依一公共原則去表示實踐理性與思辨理性之同一（統一）」這亦必須同時是可能的，因為說到最後，實踐理性只能是這同一理性，即「只在其應用上始須被分開」的那同一理性。[17]

　　康德看來完全明白，所有的哲學的兩難、道德的兩難，在實踐中可以很快消除。在真實的道德之事情中，人類理性很易達至高度的正確與完整性，甚至最普通的人也可以做到，只需他是一正常的人。但康德在批判工作過程中深切體會到的問題，在最後往往一筆帶過，收攏在其主知主義的「不可知」之全知中，保留讓讀者長久困惑之作家特權：雖然說到最後，實踐理性與思辨理性為同一（統一）之理性，「但是，設若沒有先引進一些全然不同的考論（此全然不同的考論對讀者而言自必是令人困惑〔原文是「為難」，課堂上牟師囑改為「困惑」。書中有多處相似之文字改動〕而麻煩的），則我在這裏便不能把這『純粹實踐理性之批判』達至這樣的完整。」[18] 亦即康德為着在批判哲學之工程中把這「純粹實踐理性之批判」寫得這樣的完整（窮理），不惜性、理二分，甚至心、性二分，把「盡性」的事擱置不表，專注於「窮理」。亦就難怪歷來讀康德者都讚嘆其分解之清晰而整篇不知其確解。困惑？康德說：正該如此。因為：

17　同上註，頁 12-13。
18　同上註。

「一個法則如何直接地而且以其自身即能是意志之一
決定原則」這問題，對於人類理性而言，是一不可解決的問
題，而且與「一自由意志如何是可能的？」這問題為同一。[19]

三

堅持認為道德判斷既是決定性判斷，更是反思判斷，是本文今日
之態度。康德所立之道德原則，其性質與構造知識判斷所需之先驗原
理、普遍法則完全不同。康德在《道德底形上學之基本原則》中之道
德三原則根本就是反思判斷之成果，若「普遍之應然」，若「以人為目
的」，若「自律」，根本就是目的性自己；也就是說，根本就是反思判
斷力即着人的本自的不安不忍、性分不容已的種種行為表現而反思人
之所以為人之內在目的，以至超越目的，以至終極目的，而有人之所
以為人之應有行為的普遍規範之反思判斷，實則即人的行為之理想模
範，或曰目的性原則。此則全屬個人主觀精神與絕對精神（終極目的）
的事，唯在歷史文化中，不能不相喻相接，而客觀化之說為道德法則，
如此而已。既為目的性原則，道德法則所施加判斷之行為物，並非行
為物之表象，乃是行為物之表象與物自身之存在之如是如是，是否符
合其存在之應是（其存在之內在而超越的目的），依道德三原則為：存
在為人人應然之所然；存在為以人為目的、並自為目的，互為主體、
互為目的；存在為意志自律；是否存在為如此？判斷之以決定其為善，
抑為惡，而曰決定性判斷，而此決定性判斷所依之普遍的道德法則，
此處所言之道德三原則，實有賴於反思判斷力提供，以至目的性原則
以及被判斷者之物自身皆由「智的直覺」給與之（直覺之、透視之）。

康德留下的這目的論道德哲學的真正繼承者是黑格爾，他將康德
所有難題放進其精神現象學之辯證法、放進歷史哲學。道德目的從個

19　同上註，頁 245。

人實踐中解放，懸空為歷史目的，同時將道德法則外在化（客觀化）為社會行為規範而落實，而成為法哲學之基本原理。黑格爾稱此為由主觀的「道德」（「形式的良心」）轉進為主客觀統一之「倫理」（「真實的良心」）。康德之道德三原則在黑格爾精神哲學即落實為：

一、普遍形式之「應然」，須充實之以「法之所是」與公眾福利——即以「現實的義務」——為應然之內容。因此：

二、「人是目的」須不只是自是地存在（as they are），同時亦是自為地存在，即個體不再是一「單純的私人」而應是處於「現實的普遍性」（具體的普遍性）中，並在「現實的普遍性」中，即在倫理生活中獲取「人是目的」之意義。「倫理性的規定就是個人的實體性或普遍本質，個人只是作為一種偶然性的東西同它發生關係。個人存在與否，對客觀倫理來說是無所謂的，唯有客觀倫理才是永恆的，並且是調整個人生活的力量。」[20] 或者，依黑格爾，「目的」與「手段」截然二分「自始是庸俗的，毫無意義的」。[21] 所以：

三、「意志自律」實即整體（普遍）意志與個體自由意志之統一「共律」，「我就是我們，而我們就是我」。說得明白些，依黑格爾，是「我們」（含真實個體）立法，每個的「我」遵行。自由與道德、自律與他律、普遍與特殊，都重新統一在「世界精神歷史」之最高階段，「存在於地球上的神聖的觀念」——「現代國家」之理念中。[22]

20　黑格爾撰，范揚、張企泰譯：《法哲學原理》（北京：商務印書館，1982 年），頁 165。

21　黑格爾撰，賀麟、王玖興譯：《精神現象學》上冊（北京：商務印書館，1981 年），頁 122。

22　此段引自本文著：《歷史理念中的自由與道德》，收入江日新編：《中西哲學的會面與對話》（台北：文津出版社，1993 年），頁 44-45。今收入本書。

　　我們排除黑格爾過於信賴「客觀精神」而來之集團意識之可能失控而異化，只保留其「合理內核」。如是，康德之道德三原則，改依本文今之說法，則需要為第一原則「普遍性原則」之空洞的形式的普遍性加入「應然」內容，而為「具體的普遍性」，此「具體的普遍性」（須反思判斷力即着現實之「今人乍見孺子將入於井」，有不安不忍，而反思人之所以為人之普遍原則為「人皆有怵惕惻隱之心」、「仁義禮智，非由外鑠我也，我固有之也，弗思耳矣」之具體的「人皆有……」之普遍性）原則，正有待於反思判斷去建立；其第二原則「人是目的」（如「見父自然知孝」，父是孝行的目的，孝子盡孝，亦同時成為具體的普遍者，成為目的者），本就是反思判斷力所設定的目的論之根本原則；其第三原則之「意志自律」亦就是目的論判斷中之整體與部分（自由意志與現實意志、個人與集團、集團與全體人類等）以及短暫目的、長遠目的與終極目的之貫通統一原則。若是，此道德三原則實為反思判斷力所發現、所設立。而依道德之為「理性的事實」而須「理性的存有」者將之實踐實現（呈現）而言，此反思判斷力所設立者不能再如康德所云只是虛的空洞的形式。「目的性原則」不再如康德所強調僅僅是一先驗的主觀性的超越原則，而當是一既超越而又內在（實踐地內在）的超主客觀原則（「道德法則即是一自由行動者底因果性之法則」。雖然康德又馬上說「『一個法則如何直接地而且以其自身即能是意志之一決定原則』這問題，對於人類理性而言，是一不可解決的問題」，保留其為不可知論）。道德判斷之為反思判斷即在此根源處說。我認為孟子之「性善說」即此路，而更重實證相應，故從「內在」說起，講推擴工夫，以達超越而實在的目的性理念，再由目的性講人性，而為理想主義歸宗論之「性善論」（參閱本書《實證與唯心》中之〈兩極歸宗與道德理想主義〉）。荀子之「性惡論」則是已設定普遍的道德原則（荀子交由先聖王化性起偽及禮義之統、知識之類所給予），再依普遍的道德法則，「把特殊者歸屬於此普遍者之下」，而見「現實上人的現實意志（即氣質之性）並不自然喜好此普遍的道德原則」、「無節制之自然欲望所支配之

行為，常不遵從此普遍性原則」，而說「性惡」。故荀子之道德判斷屬決定性判斷，即以道德法則（普遍者）是已給予的（由聖人所作禮義之統、知識之類［概念］），以之判斷特殊者之善惡（合法則者為善，反之則惡）。荀子以外，凡當吾人已獲取關於道德的普遍性原則（如由神命神啟或由社會力量、教育，或如康德之說由天而降之道德法則），以之判斷具體人之行為之善惡，此道德判斷即屬決定判斷。

至於黑格爾之將「道德」概念轉進為「倫理」概念，依本人之理解，實是將反思判斷所成的目的論，向現實人生下貫而為以意之所在為材質因之存在，提供目的因、形式因和動力因，成功為一整體活動論的歷史存有論，與康德哲學恰成對照（參閱本書〈歷史理念中的自由與道德〉）。在中國則有王船山可與黑格爾參照。

1992 年 12 月，出席「第二屆當代新儒學國際學術會議」，得恭聽黃振華教授發表〈從牟宗三先生的哲學思想看康德哲學中「一心開二門」的思想〉論文。黃教授此文一小註中有如下說法：「康德發現『反省判斷力』是他撰寫《判斷力批判》時才發現的。當他撰寫《道德形上學的基礎》及《實踐理性批判》二書時，尚未發現此種判斷力。但我們如依康德在《判斷力批判》中的意見，來檢討他的道德哲學時，便可知道德的判斷是『反省判斷力』所構成的判斷。」[23] 但只是一句話，並無解說，全文亦未再涉及，宣講時亦無提及。會議小息時，我即向友人特提黃先生此注所說，惟當時與會者眾，未便就此義叩問黃先生。而今黃先生竟作古。憶當年參加編輯《唐君毅全集》，曾藉赴台訪問之便，專程到黃先生寓所商討唐先生全集之編制。黃先生一律以《康德全集》（德文版）之編制為借鑒，而言必及康德，令我印象極深。翌日，又親自陪同訪學生書局商談唐先生全集出版事。雖與黃先生不熟，然對這位篤實剛直的學人之逝，不能無感。往事歷歷，特此誌悼。而黃

---

23 見黃振華撰：〈從牟宗三先生的哲學思想看康德哲學中一心開二門的思想〉，收入李明輝編：《當代新儒家人物論》（台北：文津出版社，1993 年），頁 95-96。

振華教授此注謂道德判斷是反思判斷，惜無進一步的說明，其意或與本人歷年所思相吻合，則本人深感幸焉。

　　（本文原節錄自〈「聖人體無」所開啟的目的論思想〉[24]。今重新修訂，新加第二節。）

24　見本人另著：《玄理與性理》，原為中國文化大學「魏晉學術國際研討會」論文。

第十三章

反目的論的美學悖論
—— 評《批判哲學的批判》中的美學思想

一、美學與目的論之關係與取捨

李澤厚在《批判哲學的批判 —— 康德述評》一書最後一章，評介康德的美學與目的論思想後，說：「從唯物主義實踐論觀點看來，溝通認識與倫理、自然與人，總體（社會）與個體，並不需要目的論，只需要美學。」[1]表明既反對以目的論溝通康德前二個批判所展現的似是「截然二分」的世界，又反對以目的論原則（所謂「自然合目的性原則」）以為審美判斷之根據（超越原則）。故「捨棄目的論」應是我們了解李澤厚的康德批判以及李澤厚本人美學思想的一個線索。

在討論李澤厚方面的問題之前，我們先看康德如何處理其自訂給自己的課題：通過美學判斷力之批判與目的論判斷力之批判，為反思判斷力（審美判斷力與目的論判斷力皆屬反思判斷力）「自證」（逼現）

---

[1] 李澤厚撰：《批判哲學之批判》（北京：人民出版社，1979 年），頁 395。

一「超越的原則」——「自然合目的性原則」，這「超越的原則」雖只是「這樣一個不能由經驗借得來的超越原則，反省判斷力只能把它當作一個法則從其自身而給出，並且把它當作一法則給與其自身」（《判斷力之批判》導論第五段）[2] 之主觀的、虛的原則，但可以範導我們去為「自然的變化多端以及種種特殊的經驗法則與我們諸認識功能皆須有一貫通的統一」尋覓一「模式」，由此而透視一「自然神學」。再由「自然神學」之遮撥，援入「整個自然的最後目的是道德的人」之觀念，完成其「道德的神學」，而溝通兩界。這裏值得注意的是：康德是以審美判斷去引發目的論判斷呢？還是以目的論判斷來說明審美判斷？自一般的了解，以及《判斷力之批判》一書之結構言，似是前者。若然，則康德此處顯有一錯置：既尚未真實地建立起目的論原則，何來此目的性之美學的表象？下面這段話最表現此含混：「我們只由於對象之表象直接地被伴隨以愉悅之情之故，我們始把『合目的』這個形容詞應用於對象之上；而此被伴隨以愉快之情的表象自身即是合目的性之『美學的表象』。」[3] 此見康德在此以審美判斷之本性（直接地無關功利的審美快感）

2　參閱康德撰：《判斷力之批判》，牟宗三譯註本（台北：台灣學生書局，1992 年）之〈引論 V 自然之形式的合目的性之原則是判斷力之一超越的原則〉：「判斷力是被迫着把如下所說之義採用之為一先驗的原則以為其自己之指導，即：那對人類的洞見而言，在諸特殊的（經驗的）自然法則中是偶然的者，卻仍然在此諸般自然法則之綜和於一本自可能的經驗中含有法則之統一性 —— 這統一性是深奧難測的，然而仍是可思議的，因為這樣的統一性無疑對我們而言是可能的：判斷力即被迫着把如此所說之義採用之為一先驗的原則以為其自己之指導。結果，因為在一綜和中的法則之統一性（此統一性在符合知性之一必然的目的中，即在符合知性之一需要或要求中，為我們所認知，雖然同時亦被確認為是偶然的：這樣的統一性）是被表象為對象之合目的性（在這裏說是自然之合目的性），是故這判斷力，即，在關於可能的（猶待被發見的）經驗法則下的事物中只是反省的，這判斷力，它必須在關於可能的經驗法則中，依照一對我們的認知機能而言的「合目的性之原則」，來看待或思維自然。」（頁 132）—— 後加註。

3　參閱牟宗三譯註本之〈引論 VII 自然底合目的性之美學的表象〉：「因此，我們只由於對象之表象直接地被伴偶以愉快之情之故，我們始把『合目的的』這個形容詞應用於對象上；而此被伴偶以愉快之情的表象其自身即是合目的性之一『美學的表象』。唯一的問題是這樣一種『合目的性之表象』究竟是否存在。」（頁 142）—— 後加註。

投射而以為一「超越原則」(「合目的性原則」),並以之透顯「目的性」。但此以「合目的性之美學的表象」混一為「審美判斷之超越原則」,遂令此「超越原則」失據,因「合目的性的美學表象」其為表象則只繫於觀照心而為主觀的。除非這「美學的表象」被解釋為「自然神學」之「天意安排」,然此則不必有審美判斷。康德在同書第一章第九節談到「在鑒賞判斷裏,是快感先於對對象的判斷,還是判斷先於快感」時,強調必是後者,否則,「除掉其是官能快適外,不能是別的」。則從普遍性要求「美的表象」。凡此,皆見出康德的美學與目的論本是互倚的,雖康德自己必認為是由判斷而帶出美感。主要問題在一無目的的審美快感如何與合目的性概念聯結?若以牟宗三之康德哲學為準,極成康德的道德的目的論,則審美判斷及其超越原則或須有一重新批判的安排。而李澤厚以美學取代目的論,即表示放棄以目的論對「自然之雜多以及其經驗法則之變化多端與吾人諸認識功能,皆須有一原則予以貫通的終成」作回答。而負起溝通自然界與自由界之責的,當然再不是目的論,亦不是「理義悅心」、「性分之不容已」、「命日降,性日成」,而是「美學」了。當年蔡元培倡美育以代宗教,是守目的論(理想主義)而棄神學。李澤厚則反目的論而崇唯物論,在此則為「歷史唯物主義的積澱決定論」,美學則必是「歷史唯物主義之積澱論美學」了

下面,我們先看被康德二個「批判」所區分的自然界與自由界,看是否需要一「第三者」——「神」,或「美學」,或康德說的「判斷力」負起溝通之責,又一「第三者」是否能負起此溝通之責。

二、康德「溝通兩界」問題底性質

康德在《判斷力批判》開卷即示「判斷力批判作為使哲學的兩部分成為整體的結合」之義。其言曰:

> 現在,在自然概念的領域,作為感覺界,和在自由概

念的領域，作為超感覺界之間，雖然固定存在着一個不可
逾越的鴻溝，以致前者到後者（即以理性的理論運用為媒
介）不可能有過渡，好像是那樣分開的兩個世界，前者對
後者絕不能施加影響，但後者卻應該對前者具有影響，這
就是說，自由概念應該把它的規律賦予的目的在感性世界
裏實現出來。因此，自然界必須能夠這樣被思考着：它的
形式的合規律性至少對於那些按照自由律在自然中實現目
的的可能性是互相協應的 —— 因此，我們就必須有一個
作為自然界基礎的超感覺和實踐方面包含於自由概念中
的那些東西的統一體的根基。雖然我們對於根基的概念既
非理論地，也非實踐地得到認識的，它自己設有獨特的領
域，但它仍使按照這一方面原理的思想形式和按照那一方
面原理的思想形式的過渡成為可能。[4]

康德這裏說得極顯豁，這兩界之存在着一個不可逾越的鴻溝，只
是就從自然界過渡到自由界而言（以理論理性之運用為媒介）為「不可
逾越」；相反，「後者卻應該對前者具有影響」以便「自由概念把它的
規律所賦予的目的在感性世界裏實現」，而兩者即在此「定然之要求」

4　康德撰，宗白華譯：《判斷力批判》上冊（北京：商務印書館，1964 年），頁 13。參
　　閱牟宗三譯註本之〈引論 • II • 9〉：「依是，雖然自然概念之界域（作為感觸界）與自
　　由之概念之界域（作為超感觸界）這兩者間存有一固定的鴻溝，遂致不可能從自然之
　　概念之界域過渡到自由之概念之界域（即不可能藉賴理性之知解使用從自然概念之
　　界域過到自由概念之界域），恰如它們兩界真是這樣各別分開的兩個世界，其中之第
　　一個無力影響於第二個；雖然是如此云云，然而自由概念之界域卻意想去影響自然
　　概念之界域，那就是說，自由之概念意想把其法則所提薦的『目的』實現於感觸界；
　　因而自然遂亦必須是能夠依如下所說之路數而被看待，即：在自然之形式之合法則
　　性中，自然至少與『諸目的之可依照自由之法則而被實現於自然中』之可能性相諧
　　和。因此，處於自然之基礎地位的超感觸者與那自由之概念在一實踐路數中所含有
　　者，這兩者間必存有其統一之根據，而雖然此根據之概念於此根據自身既不能知解
　　地亦不能實踐地達成一種知識，因而亦並無專屬此根據概念自己之特殊的界域，雖
　　然是如此云云，然而此根據概念仍然使『從依照此一界之原則而成的思想模式過轉
　　到依照另一界之原則而成的思想模式』為可能。」（頁 116-117）—— 後加註。

（「應該」）中溝通。此本是康德系統之內在的邏輯要求，雖康德自己未能無疑地作到。此見兩界之區分原是所謂「超越的區分」，是依於「人」這一存在既是「智思界」之一分子，同時是「經驗界」一分子之雙重性而來，即依於人之主體態度是「智思的性格」抑或「經驗的性格」而有之主觀的區分。

> 我們必須在一「屬於感觸世界」的主體中首先有一「經驗的性格」，因此經驗的性格，此主體底活動，當作現象看，是依照不可更變的自然法則與其他現象有通貫的連繫，而因為這些活動能從其他活動中而被引生出，所以它們與其他現象合在一起構成自然秩序中一個唯一的系列。其次，（除那經驗的性格外）我們定須也要允許這主體有一智思的性格，因着此智思的性格，這主體實是那些「當作現象看」的活動之原因。但是這智思的性格本身卻不處於任何感性底條件之下，因而其自身亦並不是一現象。我們可名前者曰現象領域中的事物之性格，而名後者曰「作為物自身」的事物之性格。[5]

此處，康德把「一個在感觸世界中必須被看成是現象」的存有——人，假定其自身中為可擁有「在一感取之對象中其自身不是現象者，名之曰『智思的（純智所思的）』」之能力者，此能力即「自由意志」，由此能力所構成之因果性，即可成為感取世界中的現象之原因——首先是目的因，同時即為形式因、動力因，而人得以此自由意志而成為主體。

由是，主體即本體，即目的王國即自由王國，本體與主體為一，本體界不僅不是超絕不可知者，恰恰相反，乃是存在於我們最內在最

5　康德撰，牟宗三譯註：《純粹理性之批判》下冊（台北：台灣學生書局，1983年），頁296。

根源處，此最內在最根源同時即是最普遍而超越，此即自由主體。自由主體依其「創造性與創造是一」（此義依儒家）而要求「把它的規律所賦予的目的在感取世界裏實現」（《判斷力之批判》上卷〈導論〉之二），而作「辯證的開頭」，一為賦予存在以規律（知性為自然立法），一為賦予存在以意義（「存在之理」、「實現之理」或「目的價值」），綜合而有「天地秩序」、「宇宙秩序」一名。此見本體界與現象界之區分，源自主體之原始的破裂。本此，我們才可能明瞭康德為何把溝通兩界寄託於「人」的一種心能 ── 判斷力。而李潭厚即於此表示不解：

> 康德解決自然與社會、認識與倫理、感性與理性的對峙，統一它們的最終辦法，是要找出它們之間有一種過渡和實現這種過渡的橋樑。過渡本身是一個歷史的進程，由自然的人到道德的人。但它的具體中介或橋樑、媒接，在康德卻成了人的一種特殊心理功能，這就是所謂「判斷力」。[6]

李澤厚先把兩界之關係理解為「彼此對峙、截然二分」，此即不察康德的主體主義之進路及「實踐理性之優先性」之取向。李澤厚寧採取一歷史主義的進路，而說：「過渡本身是一個歷史的進程，由自然的人到道德的人。」但這種歷史進程若無屬人的文化意識、無人之自覺為目的者、以「應有者有，不應有者不有」等為原則，之憂患者、歷史性活動之行動者，若無「歷史理性」支持與照明，則已不成為「歷史」，只可稱為「自然進化」而與人類歷史無關。達爾文之所謂「進化論」面世不久，即有論者提出「三期進化」說，謂第三期之人類進化原則，全異於前二期之物質、物種進化之原則。孫中山即持此說。此說雖不嚴格，卻足夠嚴肅提出人類歷史之特質在目的性理念。康德為其「哲學的人

6　同註1，頁 355-356。

類學」之系統，建構目的論，同時也就為歷史提供了哲學說明。今為反目的論的歷史唯物論者所反，豈曰不宜。亦由此可知，所有唯物論之歷史主義之所以隨時可走上歷史虛無主義或歷史宿命論的道路，而所標榜的「經驗的批判」，可轉為獨斷的神秘主義。李澤厚個人的美學思想是很有這種危險和悖論的。

三、目的論與還原論

李澤厚之捨棄目的論，固是其意識型態之所限，亦可視為因為康德在目的論討論中未能有一真實之建立。

康德的溝通兩界，以合目的性原則為超越原則，然此超越原則在康德並未得到一客觀落實。無論「自然的目的論」或是「自由（道德）的目的論」，在康德都只能是反思判斷的主觀設定，不能有實指之着落處。最後康德提出「道德學神學」來作安排，說：「如果我們是要樹立一個與道德律的需要相符合的最後目的，我們就必須假定有是一個道德的世界原因，那就是一位創世主。而就樹立這樣一個目的是必需的這點來說，那末，照樣也必須，就是說，在同樣的程度上以及根據同樣的理由，必須假定有一位創世主，換句話說，假定有一位上帝。」但此說亦自己表明「我們只是為着宗教，也就是為着我們理性的實踐的，即道德的使用，才需要神學的，而且是作為一種主觀的需要才需要它的。」[7] 康德不以為需要客觀論證上帝存在（目的論亦暫作如是觀）：

7　康德撰，韋卓民譯：《判斷力之批判》下冊（北京：商務印書館，1987 年），頁 159。參閱牟宗三譯註本（下冊）第八十七節：「依此，我們必須假定一『道德的世界原因』，即假定『世界之創造者』，如果我們想要把一『符合於道德法則之所需要者』的終極目的（最高目的圓善）置於我們自己面前時。而只當『去把一終極目的（最高目的圓善）置於我們面前』是必要的時，則即在此限度內，即是說，即依此同樣程度與依此同樣的根據，『去假定一世界之創造者』這亦是必要的，或換言之，『茲存有一上帝』這亦是必要的。」（頁 176-177）── 後加註。

　　　　如果事情是這樣，導致神學對象的一個明確概念
（案：指上帝）的唯一論證本來也就是道德的論證，這並
不是奇怪的。而且不但是這樣，我們還不覺得從這種論證
所產生的信念有甚麼不足於它所要達到的目的，只要我們
承認這種論證只是在滿足我們理性的道德方面，也就是從
實踐的觀點來看才證明上帝的存在的。[8]

　　換言之康德止於此而作罷。若有孟子「盡心知性知天」，「本心直
透天心」之說以支持之、充實之，直承本體意義的人有「智的直覺」，
對世界的「最後原因」，「終極目的」有直接之知，因而是可以對之作決
定的判斷的，而曰：「如此是合目的的，必定不移的。」則康德這套是
可以極成的，而非僅止於為邏輯的設定。

　　李澤厚看到康德的困難（包括康德不承認人有「智的直覺」），但既
不思撥轉以極成康德之說，而唯依其唯物主義立場反對目的論與自然
神學：

　　　　在認識論，在《純粹理性批判》中，經常可以看到
康德提及一種非人所有的「理知直觀」（案：即「智的直
覺」），這種超經驗的假設是屬於所謂「本體」彼岸的東西。
在《判斷力批判》中，康德又認為，在這種非人所有的理

8　同註2。參閱（下冊）第八十七節：「或許他決心仍然去忠於其內在的道德天職之
呼喚，而且他亦不情願讓這尊敬之情，即『道德法則所由以直接鼓舞着他使他來服
從這道路法則』的這尊敬之情，由於那『回應此尊敬之情底高度要求』的那一個理
想的終極目的（即最高目的即圓善）之歸空之故，而被減弱下去。尊敬之情若一旦
被減弱下去，則這不可免地要損害其道德情操，以此故，他不情願讓其尊敬之情被
減弱。如果這一正直的人尚是如此樣的時，則他必須假定世界底道德的創造者之
存在，即是說，他必須假定上帝之存在。由於此假定至少並不含有甚麼本質上是自
相矛盾的成分，所以此正直的人可以很容易地從一實踐的觀點來作此假定，那就是
說，至少為形成『道德地規定給他』的那個『終極目的（最高目的即圓善）底可能性』
這一概念之故而去作此假定。」（頁180-181）——後加註。

知直觀那裏，機械論與目的論可能是同一的。也就是説，自然存在及其有機規律是屬於不可知的超感性世界中的，在那裏，目的論與機械論便合而為一了。康德還提出所謂作為世界原因、整個自然的「最後原因」、「最後根源」、「原始理知」、「非必然的存在」等等觀念……。這正是康德哲學中説得非常模糊，而又確是走向信仰主義去的「神秘東西」。[9]

可見，康德溝通認識與倫理、自然與人，而提出判斷力批判，結果歸宿到上帝的懷抱中去了。在人與自然的現實統一方面，康德未能邁出一步。[10]

李澤厚認為，關於自然的秩序以至「社會現象」只能通過發生學的還原，予以解釋：

馬克思主義認為，物質運動從機械力學到生命現象到社會現象，各有其相區別的質，把高一級完全還原為低一級是不可能的。但問題在於，這個不能還原的高一級的質究竟是甚麼？它是如何得來和構成的？顯然它不是某種神秘的「目的」，而只能在低一級的各質料之間的某種獨特的形式結構中去尋找。因此，科學中還元論（案：即還原論）一派倒更為健康和富有成果。這裏涉及的根本問題是，低一級的物質運動作為材料在某種形式結構中，產生出不同的、高一級的物質運動。結構的不同可以產生質的差異。所以，這裏的重要環節在於結構。這是值得進一步從哲學、科學方法和各門具體科學中去深入探究的課題。

9　同註1，頁390-391。
10　同註1，頁395。

康德用一個主觀的目的論範導原理來代替這種客觀的結構規律，只是逃避了問題。[11]

此見李澤厚是要以還原論代替目的論，以一物之「形構之理」代替其「存在之理」與「實現之理」，以說明其「存在之意義」（包括「為何存在？」、「其存在之完滿性」，這裏所說不僅是自然物之存在，還包括「生命現象到社會現象」之存在）。若說康德是「逃避問題」，則李澤厚是對問題全無了解。或者，李澤厚這樣說僅僅是為了表現其「存在的選擇」是作唯物論之還原論者。可惜的是他所選擇的否定他「可以選擇」——可以「把他自己轉移至一個『與他的感性領域內的欲望底秩序完全不同』的事物之秩序中的選擇」[12]。如是，存在而為一唯物主義者的理由亦「只能在低一級的各質料之間的某種獨特的形式結構中去尋找」。但我們知道，這似乎不應該是李澤厚的本意。

既捨棄目的論——包括自然的目的論和道德的目的論，對於兩界的溝通、自然的秩序與「道德的人」，李澤厚不能一如法國存在主義者沙特之直截了當，說：「在上帝與荒謬之間，我寧選擇荒謬。」又不能一如經驗主義之安於經驗、安於不可理解；又不能一如黑格爾之置這一切於其歷史理念之中而理解為自由精神在時間中之辯證的展現（「世界歷史無非是『自由』意識的進展，這一進展是我們必須在它的必然性中加以認取的。」[13]）又不能一如道家以「無」撥去兩界之區分，又不能一如儒家以道德心之上下貫通、徹裏徹外，以終成一切。而李澤厚似又不甘心於馬克思主義所提供的答案：「歷史向世界歷史的轉變，不是『自我意識』、宇宙精神或者某個形而上學怪影的某種抽象行為，而是

11　同註 1，頁 389。

12　康德撰，牟宗三譯註：《康德的道德哲學》（台北：台灣學生書局，1982 年），頁 106。

13　黑格爾撰，王造時、謝詒徵譯：《歷史哲學》（北京：三聯書店，1956 年），頁 57。

純粹物質的，可以通過經驗確定的事實」[14]，「物質生活的生產方式制約着整個社會生活、政治生活和精神生活的過程」[15]。此即要在「同他們的物質生產力的一定發展階段相適合的生產關係」[16]中去尋找他們的「自由」、「道德」、「美」，在「純粹物質」裏尋找「世界歷史」。這當然是太為難的工作，李澤厚寧可在準備成為馬克思主義者之前的青年馬克思的手稿中尋求靈感，卻找到了抄襲自黑格爾「精神現象學」的所謂「自然的人化」，但是，現在卻是捨棄了「自我意識」、「絕對精神」、「自然的目的性」、「人的本質的歸復」諸義之後的「自然的人化」，李澤厚將之作為其美學思想之基礎。

四、悖論之一：「自然人化」與「人的異化」

「自然的人化」主要是黑格爾的觀念，也與康德的主體思想有關。李澤厚則是引用自青年馬克思的《經濟學 —— 哲學手稿》。

在〈私有制與共產主義〉一節裏，馬克思有三處講到「自然的人化」（或「人化的自然」）：

> 人的感覺，感覺的人類性都只是相應的對象的存在，由於存在着人化了的自然界，才產生出來的。[17]
>
> 在社會主義的人看來，全部所謂世界史不外是人通過人的勞動的誕生，是自然界對人說來的生成。[18]
>
> 在人類歷史 —— 人們社會的產生活動 —— 中生成着的自然界是人的現實的自然界，因此，通過工業而形

14　《馬克思恩格斯選集》第三卷（北京：人民出版社，1975 年），頁 52。

15　同註 14，第二卷，頁 82。

16　同註 14。

17　馬克思撰，何思敬譯：《經濟學 —— 哲學手稿》，頁 79。

18　同註 17，頁 81。

成 ── 儘管以一種異化的形式 ── 的那種自然界，才是真正的、人類學的自然界。[19]

馬克思只是以一種極端的人本主義立場在重覆黑格爾和費爾巴哈（這時還並不存在馬克思主義）。馬克思這個異化論的重覆，使李澤厚只需對之稍作歷史唯物主義的解釋之後，就可以合法地以之為其美學的基礎。

現在看李澤厚以「自然的人化」作為其美學「美的本質」之說明：

> 我認為，自然形式與人的身心結構之所以能發生同構反應，產生審美感受，其最重要的中介是人類生產勞動的社會實踐活動。人類在漫長的幾十萬年的創造和使用工具的物質實踐中，勞動生產作為運用規律的主體活動，日漸成為普遍具有合規律的性能和形式，對各種自然規律，人類逐漸熟悉了、掌握了、運用了，使這些東西具有了審美性質。可見，自然事物的性能（生長、運動、發展等）和形式（對稱、和諧、秩序等）是由於同人類這種物質生產中主體活動的合規律的性能、形式產生同構同形，而不只是生物生理上產生的同構同形，才進入美的領域的。因此，外在自然事物的性能各形式既不是在人類產生之前就已經是美的存在，具有審美性質，也不由於主體感知到了它美才成為美，也不只是它們與人的生物生理存在有同構對應關係而成為美，而是由於它們跟人類的客觀物質性的社會實踐合規律的性能、形式同構對應才成為美。因而美的根源是在人類主體以使用、製造工具的現實物質活動作

19　同註 17，頁 84。

為中介的動力系統。它首先存在於、出現在改造自然的生
產實踐過程之中。[20]

簡言之，所謂「自然的人化」無非謂：人類通過長期的製造和使
用工具以改造控制征服自然，結果是 —— 外在自然事物的性能和形式
與人類勞動者、製造和使用工具者的「客觀物質性的社會實踐合規律
的性能、形式」（案：有誰能解釋清楚這種語句？）形成「同構對應」，
而這就是所謂「美的本質」或曰「美的根源」。李澤厚不諱言此說其實
來自格式塔完型心理學之「同構」說，謂若外在世界與內在世界（生
理 —— 心理之「力」）在形式結構上有「同構」關係時，即有一種呼應，
引起快感云云。

問題是：這種「自然的人化」的「同構對應」是何時出現以及何
時可能完成的？或者說：這種「同構對應」是否有「出現之時」，「完
成之時」？李澤厚這裏說到「人類在漫長的幾十萬年的創造和使用工
具……」，須待「自然」與「人」兩者產生同構同形，「才進入美的領域」，
是否意謂有一與社會生產型態同步同級的「美的進化論」，以及有一
「科學的美學」，「其結構形式將來應可用某種數學方程式來作出精確
的表述。」「現代心理學還未能科學地規定審美的心理狀態，但將來肯
定可以作到。」[21]，以及「美的進化科學史」？若是，生產力提高，美亦
提高？古代生產力低，人類與自然之「同化」程度低，則藝術亦低？現
代生產力高，「自然之人化」程度高，則藝術亦高？生產力低的地方，
藝術亦低？「自然的人化」既然專指「物質生產、勞動實踐，……是人
類製造和使用工具的勞動生命、即實實在在的改造客觀世界的物質活
動」，而不是指「人的意志、情感、思想」或「精神生命、藝術實踐」[22]，

20　李澤厚撰：《李澤厚哲學美學文選》（台北：谷風出版社，1987 年），頁 463-464。
21　同註 1，頁 403。
22　同註 20，頁 464。

則隨着工具的進步和生產力之提高，「自然的人化」是否「加速」和「深化」因而更「人化」更「美化」？又，「自然的人化」作為「歷史進程」，並依李澤厚對目的論的捨棄，則是一「盲目的」，無關「人的意志、情感、思想」，只「製造和使用工具」的「物質活動」之過程，如是，關心人類命運的思想家寧稱此為「人的異化」。黑格爾以其歷史樂觀主義的態度稱此為「必須的否定性環節」，既為「否定性環節」（「異化」）則需再否定（揚棄）以自我超越地回歸目的，否則，則為「純否定」，而不是「必須的否定性環節」了。然則，這個「自然的人化」意義何在？

以上種種，李澤厚大概一如馬克思，將之付諸「歷史之謎」，等待「共產主義」去解決：「它（指共產主義）是歷史之謎的解決，並且它知道它就是這種解決。」[23] 只有共產主義「它」知道，此外，就只有李澤厚知道：「整個人類的漫長歷史告訴我們，美的世界必將出現在我們這個偉大的星球之上，這一天終究是要到來的。」（《批判哲學之批判》一書結尾語）

原來，反目的論者是保留「歷史目的」的，而且，是「唯物」的；而且，是「謎」，而且「美的世界必將出現」！

1992 年 2 月

補記：本文乃臨時應邀出席台灣國立中央大學哲學研究所主辦「台海兩岸文化思想學術研討會」所寫論文。〈悖論〉之二、三、四諸節，只作口頭報告，未完稿。後研討會出版論文集，未通知本人提交完整文稿。事隔多年，未寫之部分，因筆記已失，亦無興趣續寫。「唯物論美學」曾經作為一種變態的「精神安慰」而在中國內地流行，但因作用有限而驟退。然其之「不可討論」一如其主義。因此這半篇也就足夠了。立此存照。

2000 年 10 月

23　同註 1，頁 408。

第十四章

生態藝術與藝術生態
—— 觀念的探索與根源的追尋

一

「生態藝術」一名，對我而言，有說不出的熟悉和陌生。單提「生態」、「藝術」，當然不會令人覺陌生，陌生來自二名相連為一名；如一老友、本有二名，驀然聽人講到此二名連為一名之人，便生疏了，回想原是一熟人，相認了便有說不完的話題。

我的意思是：「生態」與「藝術」，在某義上，其本一也；「生態」本是自然自身生化的藝術，而「藝術」本是人的精神向自然物貫注的生態。然則，「生態藝術」當謂：本乎（或發現）自然生態的韻律，再現此韻律於一切可能之符號（自然符號及人為符號），重證自然生態的藝術本質和藝術的自然本質；所有這方面的活動及成果，可稱「生態藝術」。此為生態藝術之廣義。生態藝術之狹義則為自然生態韻律之重現於人為符號。下文所說，以狹義的生態藝術為主。

二

　　然而，何謂「自然生態之韻律」？今試說三義：

　　一、「眾生輪迴六道，同在生死，共相生育，迭為父母兄弟姐妹，若男若女，中表內外，六親眷屬」（《楞伽經》）「所有卵生、胎生、濕生、化生，或有依於地、水、火、風而生住者，或有依空及株卉木而生住者，種種生類、種種色身、種種形狀、種種相貌、種種數量、種種名號、種種心性、種種知見、種種育樂、種種異形、種種威儀、種種衣服、種種飲食，處於村云聚落、城邑宮殿，乃至一切天龍八部、人與非人等，無足、二足、四足、多足，有色、無色，有想、無想、非有想、非無想，所有如是等類，我皆與改隨順而轉，種種塵世、種種供養，如敬父母，如奉師長，及阿羅漢及至如來等無所異，菩薩如是平等，饒益一切眾生。」（《華嚴經》〈入法界品〉）此為輪迴之自然生態韻律，簡稱相因韻律。

　　二、「天地合和陰陽，陶化萬物，皆乘一氣。」（《淮南子》〈本經訓〉）「氣泱然太虛，昇降飛揚，未嘗止息。」（張載《正蒙》〈太和〉）「一陰一陽，或動或靜，相與摩蕩，乘其時位以著其功能，五行萬物之融結流止，飛潛動植，各自成條理而不妄。」（同上，王夫之註）此為元氣論之自然生態韻律，簡稱氣化韻律。

　　三、「天地之大德曰生。」（《易傳》）「天何言哉？四時行焉，百物生焉！天何言哉？」（《論語》）「常無欲以觀其妙，常有欲以觀其徼。」「萬物並作，吾以觀復。夫物芸芸，各復歸其根。」（《老子》）「備於天地之美，稱神明之容。」「天地有大美而不言。」（《莊子》）「無情有性」（天台宗）「萬物並育而不相害，道並行而不相悖。」「致中和，天地位焉，萬物育焉。」（《中庸》）道德秩序、自然秩序、藝術秩序，通而為一。此為目的論之自然生態韻律，簡稱道德韻律或終始韻律。

　　以上，說自然生態韻律之三義。下試依中國藝術品評傳統，重說此三義，以期轉出生態藝術之品格論。

三

先看孟子的人物品評:「問曰:樂正子何人也?孟子曰:善人也,信人也。何為善?何為信?曰:可欲之為善,有諸己之謂信,充實之謂美,充實而有光輝之謂大,大而化之之謂聖,聖而不可知之之謂神。樂正子,二之中,四之下也。」(《盡心下》)

是為六品:善、信、美、大、聖、神。說的是人格世界。《莊子》〈天下篇〉有相類說法:「不離於宗,謂之天人;不離於精,謂之神人;不離於真,謂之至人;以天為宗,以德為本,以道為門,兆於變化,謂之聖人;以仁為恩,以義為理,以禮為行,以樂為和,薰然慈仁,謂之君子。」是為天人、神人、至人、聖人、君子五品。若照中國藝術批評之「詩如其人」、「文如其人」、「畫如其人」的傳統,孟子六品說、莊子五品說亦可轉作藝術品評。

生態藝術既是人將所體會之自然生態韻律重現於可能之符號,而心物合一、天人合一,是則生態藝術之品格,決定於人的存在品格與人所體會之自然生態韻律的結合。而人之體會自然生態韻律為何義,關係於人的存在品格;人的存在品格,又何嘗可離於自然生態韻律之觸動感興而發乎情,止於義,成於樂。換言之,生態藝術的品格與藝術生態的品格,二而一。

孟子所言六品中,「大而化之之謂聖,聖而不可知之之謂神」之聖、神二品,莊子所言之天人、神人、至人三品,或曰已超出一切符號,化作不可知,此則不宜直作藝術品格。然孟、莊原話只說和光同塵、大而無大相、聖而不可方物,正表一種極高之藝術境界。對應於自然生態韻律之三義,孟子的六品、莊子的五品,可約為生態藝術之三品:

一、善、信 —— 可欲而有諸己、相遇珍重之相因韻律 —— 相當於莊子之「君子」;

二、美、大 —— 充實有光輝、氣韻生動之氣化韻律 —— 相當於莊子之「聖人」;

　　三、聖、神 ── 和光同塵、渾厚華滋之終始韻律 ── 相當於莊子之「天人」、「神人」、「至人」（依向秀、郭象註莊義）。

　　唐人論畫，有「神、妙、能」三品之說[1]，聖、神自當神品，美、大可當妙品，善、信可當能品。張彥遠《歷代名畫記》中，更易此三品說而為九品，自上品之上，說到中品之中，餘下不足論。其言曰：

> 　　夫失於自然而後神，失於神而後妙，失於妙而後精。精之為病也，而後謹細。自然者上品之上，神品為上品之中，妙者為上品之下，精者為中品之上，謹而細者為中品之中。[2]

　　最可注意者，張彥遠以「自然」高於神品，神品只居上品之中。「夫畫者成教化，助人倫，窮神變，測幽微，與六籍同功，四時並運，發於天然，非由述作。」[3] 聖神至高矣，必失於自然而後得，此說與孟子稍不同，而本老子。後有「逸格」、「逸品」之說，更置「逸品」於九品之上。「逸」者，「拙規矩於方圓，鄙精研於彩繪。筆簡形具，得之自然。莫可楷模，出於意表。」[4]「逸」即自然也。「神」、「逸」何者為高，長期爭持不下，成為傳統畫論必涉及的論題，正見中國美學對「自然」、「天然」之極度推崇。

　　若無自然生態韻律之啟發，無天地萬類之相因相忘、天然並運，宛如一大生命之俄而流轉，一皆似無目的而自然合目的；若無中國山水之默示；中國美學恐不會有「逸格」之說。同理，無一「博大、深沉、純樸、靈敏」的心靈，去領會這一切之「有」與「無」，「可道」與「不可道」，「玄之又玄、眾妙之門」，中國畫論美學亦不會有「逸格」之說。

1　見朱景玄：《唐朝名畫錄》〈序〉：「張懷瓘《畫品》，斷神妙能三品，定其品格。」《全唐文》，第 763 卷。
2　張彥遠：《歷代名畫記》第二卷〈論畫體工用搨寫〉。
3　同上，第一卷〈敘畫之源流〉。
4　黃休復：《益洲名畫錄》，〈品目〉。

四

以上，為「生態藝術」之觀念探索。今可問：此「生態藝術」之名可有所指乎？或只是一理想名、空名？若有所指，人類以往之藝術活動中，可有此名所指者之品類？或至少體現以上所言生態韻律之其中一義者？

翻開人類藝術史，在眾多品類中，有兩個藝術傳統，顯示截然不同的藝術價值觀——在自然與生態韻律上，涇渭分明。這便是中國藝術與西方藝術。

西方傳統藝術，藝術家（以畫家為例）恍如置身在場景之外，以從世界之外分得的理性，為自然立法，在知性主導中，與物為對地認識、安排和摹仿各物之知識元素。但同時，在超過十五個世紀的藝術史長廊中，八成以上位置，是對神的家族動態的揣測摹擬——理性的另一傑作，而視自然為異端之母。在罪惡感尋求補償的同時，是思辨理性的超凡構造和神性化。西方傳統自然觀一直搖擺在機械因果世界和上帝統治之神學世界這兩極（李約瑟稱為「典型的歐洲症狀」）[5]。西方藝術長期竭盡全力表現這兩極：摹擬上帝和摹仿上帝所造的世界。直至批判時代來臨，上帝隱退，而藝術亦走上回歸自然之路。然直至十九世紀「一八三零年畫派」成立，獨立的風景畫在歐洲始得以真正獨立。[6]但在西方，上帝隱退的震蕩太大，其薄弱的人文傳統不足以維持世界

5　見伊利亞・普里高津（Ilya Prigogine）、伊莎貝爾・斯唐熱（Isabelle Stengers）撰，曾慶宏、沈小峰譯：《從混沌到有序——人與自然的新對話》（上海：上海譯文出版社，1987 年。）

6　由世界各地三十座著名博物館提供資料編成的大型精印套裝《世界繪畫珍藏大系》（上海：人民美術出版社，1998 年 1 月），首冊《文藝復興時期繪畫》（一）收十五世紀文藝復興腹地意大利名畫 150 幅。繪畫基督、聖母等者 95 幅，繪畫宗教神話者 40 幅。其它題材如人物肖像者 15 幅。風景畫一張也沒有。諷刺的是，主編是一位反宗教者，其寫的序文題為〈人文主義的禮讚〉，曰「他們高唱世俗的『人』的讚歌，提倡以『人性』反對教會的『神性』」云云。事實上所謂文藝復興仍籠罩在神的身影中。十五世紀以前之西方藝術可想而知。

秩序，藝術很快出現「叛亂」，以用藝術符號顛覆自然秩序為務，是為「現代藝術」。在西方藝術中尋找自然生態韻律，恐怕真要「創造性詮釋」，從神的隱藏計劃中轉出。

反觀中國藝術，自周初原始宗教神話時代終結，再無任何勢力可以分隔人與自然。周代已趨成熟的人文傳統，堅持「觀乎天文以察時變，觀乎人文以化成天下」，自然秩序和文化秩序不離。從此，中國哲學一直不認為人可以置身於世界之外來談論或重組世界。中國詩人、畫家永不言倦地「在自然中看人生，在人生中觀自然」；或「有我」或「無我」地，與自然「相看兩不厭」。中國藝術因此失去主客的對立性和神人的緊張性，而為天人合一、物我兩忘的自然韻律的體現、調和。中國畫要表現的，不是外物的知識素質、亦不是畫家對事物的「印象」，或畫家個人的情緒。因此，中國畫不定「觀點」（非定點透視），轉色彩為水墨（非情緒），化形構為線條皴法（非實象亦非抽象），「無以全有」故處處留白讓空，以「無」保有及存活一切「有」，成為每部流動而全景虛靈雍穆（非斷裂局部、密封）。中國畫的文化生態，正如中國文化其他各部之生態，各部互為體用，相因相生。道、學、書、畫、詩、文、禮、樂，共冶一爐。如是，一幅山水畫亦就是一文化生命機體。她所表現的，不僅是自然山水之生態韻律，且是一人文生態韻律，是兩者之交織流行。滿紙筆墨只為寫出無限空寂與生機。「寂然不動，感而遂通天下之故。」、「備於天地之美，稱神明之容。」民國以來的畫家中，黃賓虹渾厚華滋，最得第三義之道德終始韻律，為儒家型之畫家；傅抱石空濛荒忽，險得第二義之空靈氣化韻律，為道家型之畫家；張大千中年僅入能品，偶得一義之相生環視韻律，晚年之《盧山圖》風神俊朗，卻兼得第二、三義，而秀美有餘，深厚不足，為畫家型之畫家。生態藝術、生態藝術家之名若有所指，在現代，捨此三子而其誰？而現代中國畫家首選，捨此三子又其誰？是知中國畫、中國藝術的現代新名，可謂生態藝術，而生態藝術可從中國藝術中獲得縱貫二千年的哲學觀念與藝術實踐的支持和說明，並認取其中典範。

五

中國六經以《詩經》為首,子曰「興於詩,立於禮,成於樂。」詩教自始不語怪力亂神之非自然世界,故「小子,何莫學夫詩!詩,可以興,可以觀,可以群,可以怨。邇之事父,遠之事君。多識於草木鳥獸之名。」對人與自己、人與人、人與自然之理想關係的期盼,是風雅頌諸篇的成立根源,亦是詩教的唯一目的與動力,而非關神人關係之重新修好,怖慄懸念於天國地獄、末日審判。換言之,人文生態與自然生態,從一開始佔據中國思想的核心,並與中國文學藝術俱始。

雖云「非斯人之徒與而誰與」,中國聖賢豪傑、詩人墨客,總常流連於山水田園,怵惕於春溫秋肅,留情於草木鳥獸。聖人與弟子言志,無非「暮春者,春服既成,冠者五六人,童子六七人,浴於沂,風乎舞雩,詠而歸。」朱熹註:「即其所居之位,樂其日用之常,初無舍己為人之意,而其胸次悠然,直與天地萬物上下同流,各得其所之妙,隱然自見於言外。」生態藝術之最高意趣,自不能外於「智者樂水,仁者樂山」、「天地有大美而不言」二語。其後之楚辭漢賦、魏晉文章、唐詩宋詞、元劇明清小說,縱有許多悲歌慷慨、豪放婉約、風詭雲譎、蜚短流長、將相豪傑、才子佳人,總是人情世間,而人間世情總關江堤風月、大漠孤煙,枯藤老樹昏鴉、小橋流水人家;於是青銅白石、水墨丹青、玉帛絲竹、汝官哥定、西廂紅樓,三千年凝結積聚的不是神蹟、神典、祈禱、咒術,而是天經地義、乾健坤順、陰陽五行、悲歡離合、「山無陵,天地缺,才敢與君絕」,最後「還缺憾於天地」,亦與神無涉。

中國的人生,歷來信任自然多於神。對據稱來自異界的啟示或符咒,多不理會,卻常聆聽來自自然的話語,感受一草一葉的顫動,以至於同體同步。「悲風愛靜夜,林禽喜晨開;山氣日夕佳,飛鳥相與還。此中有真意,欲辯已忘言。」(陶淵明)「請君試問東流水,別意與之誰短長。」(李白)「落葉別樹,飄零隨風。客無所託,悲與此同。羅

幛舒捲，似有人開。明月直入，無心可猜。」（李白）「感時花濺淚，恨別鳥驚心。」（杜甫）「西北望長安，可憐無數山。」（辛棄疾）此處說美學之「移情」、「內摹仿」皆隔而見外。康德區分「優美」與「崇高」，似亦不相應。

在中國藝術，優美亦涉人格，而崇高不靠對抗自然。主體自由之戰從來不是人與自然之戰、亦非人與神之戰，而是主體之自我純粹，解蔽除習，疏瀹五臟、澡雪精神；這時可呈現主體自由之根本兩態 ——「有目的／有向的自由」和「無目的／無向的自由」。有向的自由須目的性理念湧現，以及實踐；無向的自由亦須目的性理念湧現，以及靜觀。而目的性理念是反省判斷力給予自身的範導性理念，以貫通自然世界與自由世界者。人的精神生命生態正這樣與自然生態合一：當目的性理念呈現，照明世界之存在，「所是」非「應是」，「所是」之現實世界之「不應然」，反顯出「應是」之目的性之「理想相」、「目的相」，此即目的性理念底存在生態以及有目的的行為「實踐」底存在生態；當目的性理念呈現，照明世界之樣相，「所是」若合「應是」，「應是」之目的性不顯其「理想相」、「目的相」，以其與「所是相合」而為「無目的相」、「自在相」、「如相」，此即目的性理念之「無」以及「自由合目的」而「無為」之審美生態。反過來說，由反思判斷而湧現的目的性理念，其究為主觀的、抑或客觀（絕對）的目的性理念，所湧現的目的性理念與當前「所是」，何為「相合」？何為「不相合」（破裂）？何為「超破裂（超想像）？實又據於作反思判斷的人的存在生態，其為「常無欲而觀其妙」者乎？為「常有欲而觀其徼」者乎？抑或為「兩者同出而異門。同謂之玄、玄之又玄」者乎？魏晉玄學之或主「貴無」，或言「崇有」，或謂「自然獨化」，豈無深意存焉！其皆欲為「自然與名教」、「自然與自由」尋找一理想生態也！而貴無、崇有、獨化三論亦構成玄學生態之觀念藝術，而「本末究竟等」。是知人作為判斷主體之生態（或為「決定性判斷」，或為「反思判斷」）與自然生態、道德生態、藝術生態，皆相因相生，互補互動。由是，退而可言知識生態藝術：自由無

限心自我坎陷為知性主體，開展「感性 —— 想像 —— 超越的統覺」以構造知識，康德稱此為「深藏人類心靈的一種藝術」。進而可言藝術創作與鑒賞之生態藝術：藝術家向外物貫注其主觀精神，使外物之存在形式成為相因的，或氣化互動、終始條理的。此即藝術家與藝術符號之相因互動、終始條理之創作生態。鑒賞家在藝術品前暫忘其原有意識，無私地體會藝術品所表現之韻律、亦即藝術符號所綜和的藝術家之精神與藝術品材料之生態韻律，隨即反思此藝術品所表現之韻律之合目的性，而感受一浹洽之美；再就此目的性之品位，定此藝術品之品位。此即鑒賞家通過藝術符號與藝術家共感共存生態，而為藝術鑒賞生態 —— 美的呈現生態。再可言文化生態藝術，以至人類各族文化互動共存之生態藝術。此是生態藝術一觀念之擴大，亦是藝術生態之觀念上的自覺。

　　生態藝術與藝術生態之觀念探索和根源追尋，由上所言，或可得一開卷語。

　　（寫於 1999 年 11 月 25 日，台灣中央大學藝術系「生態藝術國際研討會」論文。）

第七輯

文命與人物

第十五章

如何認識唐君毅先生及其中國文化運動

一

徐訏先生是我尊敬的老作家，雖然他的作品我讀的不多，那是因為我從國內出來才幾年的緣故。在國內，徐先生的作品大概是在被禁之列。記得 1976 年底徐先生主編了一個月刊，封面精美，我自然要買來看，讀到幾個現代劇，印象很深。1977 年春天，我有機會到巴黎，聽說徐先生也來了，將有一個講演會。那是我第一次見到徐先生，他用國語講演，論述中國傳統戲曲小說中沒有「戀愛」。我當時想，這個題目反過來做也可以——西方文學中沒有（中國式的）「戀愛」。全繫乎如何界定「戀愛」這個概念。散場後，主辦人請喫飯，我湊數叨陪末座。主人很講究禮節，處處先請徐先生。徐先生卻很隨便，分明以此為苦。有了這個印象，不久前讀到徐先生的〈憶唐君毅先生和他的文化運動〉一文時，一方面為他對唐先生的誤解感到震驚，另一方面很自然的便想到他的「隨便」態度。我想：徐先生的「隨便」很流於輕率了。對唐先生的學問系統自然可以批評，但徐先生的眼光似乎只到達唐先生的精神氛圍以外便指點着說：「完全莫名其妙，其遠離常識得近乎離

奇」、「太幼稚太天真了」、「很悲哀」。好幾年以前，台灣有一位作者，也是根據片言隻語便輕率地批評徐先生。徐先生老大不高興，寫了公開信答辯。兩年前我在工作的地方翻舊雜誌讀到徐先生的答辯信，很同情徐先生。那末，現在徐先生在悼念剛逝世的故友的文章裏，竟也如此輕率，這就難免令許多尊敬徐先生的人感到失望。而在今天中國這種特定歷史環境裏，在殖民地香港一隅，則這種對徐先生的失望，比起一般對一個作家的失望來，其含意必深廣得多。我想說的是 ——唐君毅先生作為「文化意識宇宙中之巨人」（見牟宗三先生〈哀悼唐君毅先生〉），他尚存一息仍以全幅生命證驗與弘揚的「人文主義」理想或精神方向，「顯示出中國文化方向要擺脫外來種種壓力和迷誘的要求，顯示出中國這個民族要衝破歷史的困局而卓立天地之間的要求；縮小一點說，更直接顯示中國知識分子擔承歷史文化的重擔的精神氣概。凡此種種，可以在許多層面上作許多不同角度的說明，約而言之，則是：人文主義代表一個真正的中國文化運動。唐先生本人就是這樣一個運動的倡導者與推動者。這個運動就其實際發生的影響力講，不能說是已經很強大，但在近百餘年來中國歷史的背景中來看，它正如夜空中一星高懸，雖是孤明，卻正照着歷史道路的確定方向。」[1] 而徐先生在〈憶唐〉文中表現他對「唐君毅先生和他的文化運動」沒有了解，「擴大一點說」，是對於「當代中國知識分子擔承歷史文化的重擔的精神氣概」缺乏了解。這就不能不令人懷疑，在一部分海外知識分子身上，是否發生了「價值失落」。

作為一個讀者，關心着中國文化的命運，我明白的感覺到對徐先生的失望。在看到徐先生最近發表在某日報的答辯公開信後，我的失望只有加深，也不再以為徐先生是一般地流於輕率了。但我不同意說徐先生在惡意誹謗唐先生。事實上徐先生在兩篇文章裏都有流露對唐

1　見勞思光先生：〈成敗之外與成敗之間 —— 憶君毅先生並談「中國文化」運動〉，刊《新亞書院中國文化學會「人文」紀念唐先生逝世特刊》，1978 年 3 月。

先生的某種敬重，而唐先生的儒者生命格範，決定了唐先生只有文化
意義上的敵人、戰友、同情者或旁觀者。我們對徐先生的失望，也在
於徐先生既自覺為唐先生的老友和同情者，卻缺乏對唐先生精神主體
的認識，只能站在旁觀者的地位，發出一些不相干的聲音，使認識唐、
徐二先生的人感到不安和震驚。寫到這裏，想到不久前，《明報月刊》
主辦的關於「作家的社會責任」研討會。在會上，德國作家君特‧威
廉‧格拉斯（Günter Wilhelm Grass）說到「寫作永遠有危險」，「我們不
談畫家的責任，我們在談作家，他們在使用語言，在寫作。」[2] 徐先生
是擁有很多讀者的老作家，在當天研討會上徐先生是中國人作家的首
席代表，徐先生對葛氏這話一定有很深印象。其實，要談作家對社會
的責任，只有在「民族文化的方向」和「時代對知識分子的要求」這兩
個前題下才可有對問題的真實接觸。

　　我是徐先生的晚輩，對於文字的使用更應慎重。為了避免流於輕
率，下面我擬就徐先生〈憶唐〉和〈公開信〉二文中的一些主要題目，
向徐先生請教。另外還想在較寬闊的意義上談談我對「中國文化與現
代」的一些浮淺認識，一併就教於徐先生。

二

　　徐先生在「公開信」中重寫他在〈憶唐〉文中所例舉的唐先生的兩
點「幼稚」、「無知」──

　　一、「他在釣魚台事件中，忽然寫了一篇文章，說這個學生運動，
遠比五四運動為壯闊龐大。我非常詫異，因為這實在顯示他對於五四
運動以及對於釣魚台事件的無知。釣魚台事件當時已經發展為中共反
台的行動，而唐君竟一無所知！」

　　二、「據唐夫人說：『他（唐先生）看到昨天（2 月 1 日）報上說國

2　見《明報月刊》，第 149 期。

內開始恢復孔子的名譽，心裏很高興，要把他的著作，寄給內地的三所圖書館。」我說，唐君毅是把孔子放在諸子之上的。國內怎麼恢復孔子名譽，也還是在馬克思恩格斯毛澤東思想之下，唐君因此而高興，這不是太幼稚了麼？」

徐先生要求批評他的人「先要把我所例舉的唐先生的兩點『幼稚』、『無知』作另一個解釋。只要這另一個解釋比我所解釋完善，我自然願意承認自己的錯誤。」「對我攻擊並不足為唐先生辯護。」

古言云「蓋棺論定」，一般以為是口舌的評論便足以月旦故人。其實真正儒者的立場，所謂「生無所得，死無所喪」、「知我者其天乎！」是對生命人生的全幅負責盡性的態度，「大哉死乎，君子息焉。」不過表示盡責直到最後一口氣，甚麼「立德、立功、立言」竟是義外，與本人宗旨不相干的。唐先生的生命旨趣純在儒宗，不需要人歌頌他，也不需要人替他辯護，他一生講學著述做事，任誰也一分不能增加，一分不能減損，這就是「蓋棺論定」。「他不是事業宇宙中的巨人；他作事不是政務官之作事，亦不是事務官之作事，亦不是革命家之作事。他無汗馬功勞，亦無經國大業。他亦不是甚麼專家，他更不是所謂名流。如是，銷用歸體，他卻正是文化意識宇宙中之巨人。他的一生可以說純以續承而弘揚此文化意識之傳統為職志；他在適應時代而對治時代中張大了此文化意識宇宙之幅度，並充實了此文化意識宇宙之內容。」[3] 此語出自唐先生的數十年摯友牟先生之口，亦無歌頌之意。「吾與之相處數十年，知之甚深。吾有責任將他的生命格範彰顯出來，以昭告於世人。」如此而已。並世真知唐先生者。捨牟先生而誰與？

現在徐先生在唐先生一生言行中檢攝兩點「幼稚」、「無知」要人為唐先生辯護。我可以在這裏冒昧講一句：沒有人可以替唐先生辯護，但也沒有人可以曲解唐先生的。即使這兩點都如徐先生所解說那樣「幼

3　牟宗三撰：〈哀悼唐君毅先生〉，《明報月刊》第十三卷第三期（1978 年 3 月）。後收入《道德的理想主義》（台北：台灣學生書局，1978 年修訂三版），頁 267。

稚」、「無知」，至多只能證明唐先生不是「事業宇宙中的巨人」，不是「革命家」、不是甚麼「專家」或「明智之士」。這或許是唐先生的「不足」，或許是唐先生之為唐先生的性情之一面。但徐先生的意思，似乎要在這兩點上去塑造建立唐先生的形象和解釋唐先生的學問系統，而一言蔽之以「幼稚」、「無知」，這就不能不使認識唐先生的人感到震驚不安。我不知道若有人憑了徐先生平生言行的一、二末梢，加以曲解以後，便用以評騭徐先生和解釋徐先生的文學，或曰「莫名其妙」、或曰「輕佻」、或曰「交白卷」，則徐先生將作何想？事實上沒有人這樣對徐先生而徐先生已經在抱怨了——為何「獨獨苛求於我」。

但在「釣魚台運動」和「恢復孔子名譽」這兩件事上，我還要為唐先生說幾句話。唐先生是哲學家，他思考的乃是普遍廣大深邃的問題，立足於人類全體，即超越一般政治勢力，且超越於狹隘的民族意識。唐先生之以繼承弘揚中國文化意識傳統（即人文傳統）為職志，亦因為他和他的朋友，生於憂患，遂產生一超越而涵蓋的胸襟，看到世界文化的各支，各有所長，而深切體認他們所隸屬的中華民族的文化源流之中實有其它文化所不能代替的真價值在。對治時代，中國文化所展現的圓滿具足的人生境界、宛轉曲盡的直覺智慧、延續文化的持久力、由人對人之敬而生的憂患精神和溫潤悲憫之情，在在足以補救其它文化之不足。現代人的價值失落（上求於神，外求於物，神死物遷，因而失落），生命無所安頓，甚至於寧願投在一極權統治之下以求取「安全感」；中國文化的人文精神（反求諸己的精神），恰是對症良藥。而令人心寒的，是中國人自己在摧毀這一優秀文化傳統，棄之唯恐不速，避之唯恐不遠。此地的情況，大家知道得比我清楚，是中國人寫文章，可以談甚麼沙特、馬古沙、馬克思以至柏拉圖、蘇格拉底、古希臘，懂與不懂，都無關緊要，一到要談中國文化，以至孔孟、周文，則為青年們所憎惡，遲早給顏色看。在國內則是用政治力量作雙重摧毀，一方面以西方唯物主義來攻擊人文主義，另方面則以中國傳統文化之負面的法家來否定主流的儒家和道釋二家，以達成對民族文化主流的

大否定、大解恨，以求符合馬克思的唯物史觀。唐先生既生於此時此地，自不能不有大悲憤，不能不有中華民族花果飄零之慨嘆。由此心情而對當年的釣魚台運動表示正面的熱烈期待，希望由民族意識之自覺上昇到文化意識之自覺，這有何不可，而使得徐先生詫異？至於說中共插手釣魚台運動，則今日的時勢，天底下，地上頭，哪一運動中共的統戰專家不想來插一手？這與海外的熱血青年何涉？與唐先生何涉？唐先生所為，正流露其「大人者不失其赤子之心」。李璜老先生在悼文中稱道：「我之所以賞識唐君毅為性情中人，而非袖手以談心性之若干理學家也。」[4]

　　唐先生 1976 年患肺癌，以今日的科學知識，幾等於被判了「死刑」。西方有一哲學家提烏・曼利厄斯・塞維林・波愛修（Anicius Manlius Severinus Boethius, 480-524），於被判死刑後在獄中著《哲學之安慰》；唐先生則在等待動大手術的床上校其最後一部大著《生命存在與心靈境界》。其後癌細胞擴散，醫生以實情相告，唐先生明知死期已近，卻每週兩次以上，拄着手扙，在唐夫人攙扶下，臉灰氣喘，顫巍巍的爬上新亞研究所四樓為幾個學生講課。好幾次我目睹此景象，只能垂手而立，並不敢走前一步。我想，這就是最高意義的中國儒者的「哲學的安慰」。我並非新亞研究所的學生，我只是從內地跑出來的無知青年，卻在《明報月刊》讀到諸先生的文章，在胡菊人先生那裏聽到新亞的精神，後來驚悉唐先生在世不久，乃放下別的計劃，經由李璜先生親自向唐先生引薦，來新亞研究所作旁聽的。1 月 18 日的「經子導讀」，輪到我講解《禮記》的鄉飲酒義，由唐先生批評指點。臨時改作課室的圖書館內，寒氣四起，凝聚不散，大家正襟危坐，一堂肅然。唐先生臉色蒼白，聲音微弱而發音異於常時，一面喘氣，一面說：「鄉飲酒義要旨在『尊賢養老』，序長幼、敬長老、排輩分。若從功利的觀念說，

4　李璜撰：〈我所認識的唐君毅先生 —— 其家教與其信行〉，《明報月刊》第十三卷第三期。

是因為中國是農業社會，特重經驗之故；若從倫理哲學的觀念，則是後輩人對前輩的一種承奉，是向往一種長久、敬仰一突出高出於自己的生命，在鄉飲酒禮中忘掉世俗功名事業，達到每人對生命個體之認同安頓⋯⋯。政治不能是純政治。西方以宗教約之，柏拉圖主以哲學為政治之基礎。中國孔子則以禮教為政治之本。政治的基礎在社會，以尊賢為本。尊賢風尚須在社會上培養。尊賢養老，不以地位功名為取⋯⋯。」嗚呼！此竟是唐先生幾十年教學生涯的最後一課；而從內地跑來的無知的我，竟是最後的直接受教者。現在徐訏先生舉出唐先生臨終前要人把他的著作寄給內地三所大學（唐先生母校）圖書館，表示「懷疑」唐先生，我不能不告訴徐先生，在他對唐先生「懷疑」的那一段文字裏，我讀到的只是「玩言喪志」四個字。請徐先生恕我直言。

徐先生既自覺為唐先生的「老友」，卻不能稍解唐先生故國山河的悲情，超越涵蓋的哲人胸襟和最高意義的儒者的「哲學安慰」，竟以區區現實政治的利害來拘限曲解唐先生。這太不合常情，則是否有一種「投射作用」的「特殊心態」在作怪？

徐先生在〈憶唐〉、〈公開信〉二文中令人費解的言論正多，我不必在這裏一一問教。作為讀者，我只是明明白白的感到：〈憶唐〉、〈公開信〉二文所傷害的不是唐先生，不是新亞的師生，而是徐先生自己！這是令尊敬徐先生的人深感惋惜的。我並相信，徐先生若能把自己寫過的東西重新看一遍，即不會再保留如此輕率的文字。

三

徐訏先生在〈憶唐〉、〈公開信〉二文中除了許多關於唐先生與新亞的令人費解的言論外，卻頗清楚的表現了他與當前中國自由思想界的隔膜。這種隔膜不管是怎樣造成的，徐先生的這點隔膜態度卻有一定代表性。我隨意在這裏談談個人的一些浮淺看法，希望大家重視這種隔膜的存在，而設法消除，則中國有幸。

這種隔膜主要表現在三方面：

一、以為當前思想界仍然是所謂西化派與保守派對立的壁壘森嚴的局面；

二、以為唐君毅先生和他的思想戰友所掀動的中國文化運動是對五四啟蒙運動的反動；

三、以為梁漱溟、熊十力、唐君毅、牟宗三、徐復觀等諸先生作為思想人物是一般的文化本位論者或保守派。

思想界經過一個時期的分裂對立之後，漸漸的趨於互相涵容而所對問題較一致，這在思想史上是普遍性現象。但「自強運動」以來，論爭對抗的西化派與保守派兩邊，均缺乏有超越涵蓋的胸襟的人物，故近百年中國思想界一直是互相攻擊指摘的局面。在這種對立局面中，卻有幾位思想人物在默默地做着對中、西、印三支文化哲學的比較和反省工作。在中共以政治力量摧毀了國內的思想界，中國文化重鎮被迫在海外重建以後，這種思想趨向在幾位自覺的思想人物的倡導推動下日益蓬勃而形成一文化運動，無論西化派或保守派均為之黯然失色。至此，中國自由思想界中所謂西化與保守的論爭變得沒有意義，西化派再推不出一位代表和一套有代表性的學說，而保守派亦只能固守「國學」。西化與保守之爭的局面已經被結束，目前在思想界工作的人們所致力的是繼續中、西、印三支文化哲學的比較和反省工作，以期為中國文化和哲學開出新生命，為中國文化未來確定一方向。此為第一點，我對當前思想界的看法。

唐先生和他的思想戰友所倡導推動的中國文化運動與五四啟蒙運動的關係如何？是否是一個反動？我們知道，五四運動是民族精神振奮，對治時代，而有對傳統文化之深切反省，又由於當時內憂外患的情勢，便有一種緊迫感，這種反省未免偏於否定性批判一邊，此亦是啟蒙時代的通常現象，我們自不應苛責前人。但心理一旦失去平衡，既容易沿着否定的一路向下滑。一般青年不能了解幾位啟蒙人物「愛之愈深，責之愈切」的苦心，只能檢取他們的一些言論，時代既隔，

則使用更失去限制，便如魯迅所說他們不僅否定了現在，還否定了將來。適值最西方的「純否定哲學」現代唯物主義輸入，於是推波助瀾，不能在反省中超拔貞定，反而跌落在遠為低級的層面上，以至不得正果。五四運動和新文化運動作為中國近代之啟蒙運動，有其相貌和規模，亦有重大成績（如白話文運動），而有劃時代意義。但由於當時各種歷史因素，沒有完成啟蒙運動之為啟蒙運動的「思維方式的革命」和「文化價值的重建」兩大使命。與西方十六世紀的文藝復興運動相比、與日本的明治維新運動相比，我們不能不承認中華民族實為一苦命民族。半個多世紀以後的今天，面對花果飄零的現實，每個人有他自己的一番感想和思考。各人的感想和思考方向盡可不同，但那份熱忱是同樣可貴和應該相互尊重。至於各人的感想和思考在反省中國思想文化出路方面的貢獻，則視其能否正視、承擔和解答五四啟蒙運動所沒有解決的兩大問題——「思維方式的革命」和「文化價值的重建」。唐君毅先生們的文化運動正是在此一歷史契機中應運而生，是與時代緊密呼應而非遊離於時代以外，即不是停留在五四時代風氣中，亦不是站在外族文化的立場。依此一意義，我們可以直說唐君毅先生們的文化運動是五四啟蒙運動的反省後的一次真正的文化運動，而非對反。我以為，只有明白唐先生們的文化運動與五四啟蒙運動此一接榫處，方算得明白唐先生和他的思想戰友的用心，才不至誤解唐先生；不論是唐先生的繼承者或在文化意義上反對唐先生的人。此為第二點，我對中國文化運動與五四運動的關係的看法。

　　記得三年前，幾個從內地跑來的青年請牟宗三先生談話，當時一些進出中國內地的所謂學者名流獻媚奉承之狀可掬。牟先生說這等傢伙正是魯迅所說的「幫閒文人」。我當時聽說即為之一震。魯迅攻擊傳統文化弊端可謂不遺餘力，一字一句令人刻骨銘心，而牟先生和唐先生同是以繼承弘揚傳統文化為職志的中流砥柱，與魯迅本應為陌路人，何以牟先生會引用魯迅的話，這在當時的我不能不深以為怪。或因為我把當時編著的一本書贈先生，有所觸發？後來我讀了一點他們

的書，才知道他們深通西方文化和哲學而不是西化派（他們比西化派人物更懂西方），深通中國文化和哲學而不是一味守舊派（他們比保守派人物更懂中國傳統文化），他們原是超越於一般西化派與保守派，畢生的工作，是把中、西、印三支文化哲學作一番比較和深切反省，從中為中國文化和哲學開出新生命，為中國未來文化發展確定一方向。至今為止，他們所代表的人文主義方向，已經成為當今中國自由思想界主流，正代表着歷史發展確定的方向。我以為，只有確切地認識梁漱溟、熊十力、唐君毅、牟宗三、徐復觀等諸先生作為思想人物的超越性，才不至誤解諸先生為學為人的性格和作為思想家哲學家真價值所在。這是第三點，我對諸先生作為思想人物的超越性的認識。

　　本文之寫作，原為徐先生的文章引起，而一發不可止，還有很多感想，留待日後深思和慢慢寫出。文中若有對徐先生失敬之處，請徐先生恕罪；文中有謬誤之處，請徐先生和讀者諸君不吝賜教。

　　（1978 年 7 月 18 日，原載《明報月刊》1978 年 9 月號。）

附錄：
斯人千古不磨心
—— 懷念唐先生小記

一

「我們打開一部書，期待遇見一個作家，卻遇見一個人！」每次打開唐先生的書，常想到布萊士・帕斯卡（Blaise Pascal, 1623-1662）這句話，現在國強兄和《毅圃》的同學約我寫唐先生，我首先想到的也是這句話，以至不敢一口答允。雖然平日課堂上下，時常談到唐先生，但說到要寫唐先生，便覺凝重端肅起來。對於一位一直緬懷中的巨人、真人，如何敢下筆呢？

二

有內地學者回憶說：十幾年前所以知道有海外當代新儒家，是因為唐君毅先生的逝世。唐先生當年病逝引起震動竟遠及重重封閉的大陸。這使我想起尼采說的那種「和生者結誓盟的死」：「一個有目標與繼承者的人，為他的目標和繼承者而死得其時。」

對受教者，無論怎樣說，唐先生永遠都死得太早（此義當然不同於尼采之謂耶穌死得太早，以至沒有學會愛大地、學會笑）。但既然唐先生死，去年牟先生亦死，其死必有意義，必「死得其時」，否則，他們不會死。依聖托馬斯・阿奎那（St. Thomas Aquinas）的意思，人的存在不能就是他的本質，因為若人的存在與本質合一，則人永遠不會死。丹麥存在主義者齊克果說「永遠的真理與一個存在的個體關連一起，即成為弔詭」也是這個意思：不死的真理如何關連於一個能死的人。困惑西方哲人的問題起於西方頭腦。梁漱溟寫〈懷念哲人唐君毅先生〉，只說：「身體這東西，它自始即一銷毀中之存在，而於此銷毀中，表現心理活動，所以人之身體自生至死，只是心之本體活動之一段過程表現。所以人之有死後的生活或第二代的身體來繼續其心體

活動之表現是不成問題的。」

「身在心中」，身不在而心更在。齊克果的墓誌銘：「那個人」（that individal）。依此我想唐先生的墓誌銘當是：「這心」（the mind）（陸象山鵝湖之會有「斯人千古不磨心」句）。

三

《毅圃》第五期有一文寫道據云牟師每講課講到極入神時「常不禁垂淚」。但牟先生很少流淚，曾有幾次講課講到痛切處走出課室緩氣，晚年有幾次拉着我問：「竟有人可以不流淚？」我每次默然。講課時感念而不禁垂淚的是唐先生。有人沒有見過唐先生，遂把聽到的話都掛到牟師身上了。

我由李璜老先生引見唐先生（李幼老電告唐先生有一青年來研究所），到旁聽唐先生的課，直至唐先生逝世，只有一年。唐先生這最後一年的身影，在我記憶中，一直重如山；而唐先生的音容，我現在想到的，是「悲切但堅決」。

（寫於 1996 年 11 月 17 日凌晨四時。原載《毅圃》。）

第十六章

真狂與狷，在時代中奮進

—— 推介《生命的奮進 —— 四大學問家的青少年時代》

一

劉逍兄來電話約寫一文介紹《生命的奮進》，辭氣嚴正。這影響，是我固不敢不寫，及至提筆握管之時，猶覺筆端凝重。

我感到要談這書，周到謹慎的恭維、學院式的評估論析、玩弄風景的悠談，均屬不敬，亦不相應。憶以前偶讀這幾位學問家的自傳文字，每次的感受，皆容不得半點矜持、矯飾、佯狂、慢傲，乃至「公允折中」、「不偏不倚」、「大家風範」、「君子美德」亦一概打落（不相應）。所直對者，惟是憂患時代之一真生命，通體憂患、通體透明。文如其人，則唐君毅先生情深文茂，沉鬱惇大，而九曲盤旋；徐復觀先生元氣淋漓，真宰上訴，而縱橫桀崛；牟宗三先生孤峭俊逸，精警透闢，而高遠挺拔，有冷然之美；梁漱溟先生疏朗篤實，而調適上遂，有長者之風。此皆天地間真文章。康有為謂：「登高極望，輒有山河人民之感。」談這等文章，亦如登高極望。有性情者自能掀動其存在的實感，

怵惕警覺，念天地悠悠，日換星移，蒼生何苦，我生何用；在四顧蒼茫，宛轉不已中，一念存真，即可當下展現一真實無妄的世界 —— 仁的世界。這是唯一可靠的世界。

則此書所收文字雖近乎感性，然皆從諸先生之真生命最根源處流出，善學者一讀之下，必可與諸先生之生命契接。振聾發瞶，起死回生，豈可謂小補哉！存在的呼應、存在的感受，這中間原無第三者說話的餘地，強說之，只怕是「悠悠談」，故讀者宜取此書讀之，不必看我此文。

二

徐復觀先生一次在課堂上說：「有人教了一輩子書，教不出一個真學生。熊（十力）先生能有真學生，唐先生、牟先生就是真學生。」徐先生自謙，沒有說自己。唐、牟、徐三先生的學問，皆自成系統，不必追隨熊先生。所謂真學生者，只從契接老師的原始生命、原始智慧上說。有熊先生、梁先生一代之「興於詩」，乃有牟先生、唐先生、徐先生一代之「立於禮」，此之謂慧命相續。

在傳統中國，老師向有崇高地位。即聖人孔子也有老師，孔子就是他老師的真學生，而孔子亦有許多真學生。印度佛陀釋迦牟尼是沒有老師的，「上天下地，唯我獨尊」。西方的耶穌既沒有老師，也沒有學生，只有信徒。聖人孔子兼為學生與老師，象徵中國之文化慧命內在於歷史，貫注於歷史，而與歷史相始終。

而中國人之尊師，除了尊此文化統緒、文化慧命外，又有其更內在的道理，此即：中國的學問，其重點與關注，是落在對生命自身之把握上，非落在對外經驗事實之查究上。外在的經驗事實變幻不居、剎那生滅，故以其為對象而考察得之真理，必是有條件的、相對意義的真理。換言之，這種真理必套在「如果……則……」之格局中。如「太陽從東邊出」，其實只是「如果太陽系不發生異動，則太陽從東邊

出」。故「太陽從東邊出」是沒有保證的 —— 沒有必然性。一切科學真理皆不能擺脫這個格局。但生命自身的真理卻可以而且必須擺脫這個格局。「見孺子將入於井，人皆有惻隱之心」，便是無條件的、絕對的、當下無所待，因而是最真實的。故生命的學問亦稱「實學」，「實」者，真實不妄之謂也；「學」者，「學而時習之」之謂也。因此，生命的真理不能定限於一套符號文字所代表的概念系列中。語言文字在此只是接引、指點、啟發的作用，其辯證的性格，不能死看。六朝名士荀粲有句名言：「六籍雖存，固聖人之糠秕。」六籍自六籍，聖人自聖人。聖人的道理，文字不足以擔當之；聖人的道理，惟具體的人格可以擔當，擔當之亦即存在地復活之、創造之。熊先生在北大發獅子吼：「當今之世，講晚周諸子，只有我熊某能講。」這便是擔當。牟先生當時即耳目一振：「心中想到，這先生的是不凡，直恁地不客氣，兇猛得很。我便注意起來，見他眼睛也瞪起來了，目光清而且銳，前額飽滿，口方大，顴骨端正，笑聲震屋宇，直從丹田發。清氣、奇氣、秀氣、逸氣，爽朗坦白。不無聊，能挑破沉悶。直對著那紛紛攘攘，卑陋塵凡，作獅子吼。」有真生命之屹立，才能說擔當，此熊先生之不可及。牟先生當時以青年學子能當下認取一真生命之屹立，而接上去，此牟先生之不可及。唐先生、徐先生的文章皆有類似之描寫，感人至深。是知慧命相續，原是何等莊嚴。莊嚴來自存在的實感。

三

然而這存在實感是長久地失落了。清代以來的讀書人，幾乎都成了「空疏迂陋」、「規行矩步」，「沒有一點活氣」的「假道學」；中國學問乃死在這些冬烘假道學的不講不學裏。落到社會上，便是「貪染、殘酷、愚癡、污穢、卑屑、悠忽、雜亂」（熊十力語）。則「五四」人物之激烈反傳統，亦有如魏晉時荀粲、嵇康們的對僵化了的名教之揚棄，自有其存在的緊迫感。在一義上，亦是文化生命復活之契機。但原來

的文化生命實在受傷太過，更失護持，故其結果，在魏晉是道家的復興而引進印度佛教文化，下開隋唐，是為中國文化生命之第一次歧出；在現代是在西方文化之衝擊下，自毀文化長城，是為中國文化生命之第二次大歧出——大淪喪。對於佛教文化，中國文化可以吸收之以充實自己，以助文化生命之清澈與豐厚。對於西方文化，中國文化亦可以吸收之以充實自己，以助文化生命之清澈與豐厚。以強大同化力著稱的中國文化這次要挽救自己，捨弘通擴充原有文化生命，充量吸收被「反西方的西方思想」之馬列主義所反的西方主流思想，以「西」平「西」，以盡華族文化生命之性，不能奏功。此即：

　　一、要以存在的實感確認與正視自己的民族與文化。一朝契悟之，即永遠契悟之，「自從一見桃花後，直到如今更不疑。」而確知中國文化之永恆價值。

　　二、正視中國文化生命之第二次大歧出，疏導此歧出中所吸收的西方思想，體其體，用其用，不可以用為體，亦不可以體廢用；一切歸位，消除觀念災害，克服魔性，實現現代化，實現文化生命之清澈與理性之表現，完成這次歧出以回歸自己。回歸自己，亦正所以回歸世界文化之大流。

　　這是「民族意識」與「文化意識」之一致，亦是「歷史感」與「未來感」之一致。我們衡量一個知識分子對當前時代問題、文化問題的發言是否中肯、有價值，即以此一致性之圓足為標準。準此，我們不能不承認：唐君毅、牟宗三、徐復觀諸先生是當代最具代表性和成就最大的思想家學問家。我們讀這本《生命的奮進》，了解諸先生在青少年時代，即遭逢這次華族文化生命之大歧出，而能全幅相應地奮然而起，一生在時代憂患中渡過。而能保有純真生命之「原始靈感」，數十年如一日，如泉之始湧，沛然莫之能禦。而知天下學問之大且真者，當該如是。

四

　　前說民族意識與文化意識之一致、歷史感與未來感之一致，然則此二者之有無及其一致性，落到個人生命上，如何表現之？

　　我們說，一個人有無民族意識、文化意識，有無歷史感、未來感，只由其人對時代問題的癥結有無存在的感觸即可知之。

　　一具體的人，乃繫屬於一民族，一民族乃繫屬於此民族之歷史，此民族之歷史乃有待於此民族之文化智慧之照明，此民族之文化生命依其本性必由過去而通向未來；個人的生命 —— 若他是個「真實的存在」必與民族生命文化生命連為一體，民族生命之病痛即他自家生命之病痛，文化生命之暢通即他自家生命之暢通。同理，若他對時代問題無感觸，即對民族生命文化生命之存在的處境無感觸，他割斷了自己與民族文化、過去未來之臍帶，永遠落到一「偶然的存在」中，而為「草木之人」—— 他對時代問題麻木，同時即對自己不仁。

　　熊先生立於河梁，而有「吾儕生於今日，所有之感觸誠有較古人為甚者」之慨嘆，又謂「吾人之生也，必有感觸而後可以為人。感觸大者則為大人，感觸小者則為小人，絕無感觸者則一禽獸而已！」而稱千古以來感觸最大者唯釋迦與孔子。牟先生則進言釋迦之感觸為「偏至」，唯孔子之感觸為「至大而中正」。（見《尊聞錄》，牟先生之案語則吾幸得見之。）此孔子所以為「聖之時者」。此非高說孔子，乃正低說孔子，以知唯其能持載時代憂患，使大小偏至諸感觸得所依止，使感觸而入於邪妄者得所暴露，不得以感觸掩蓋其邪妄，不得以「理想」包藏其「根本惡」。

　　感觸而與一具體人格結合，即為此具體人格所範鑄。然感觸之所以為感觸，必發自一理想主義之超越精神。超越精神為一具體生命氣質所範鑄，若此生命未為至廣大極高明如孔子者，其表現必非「狂」則「狷」。故孟子以下，自古聖賢豪傑、志士仁人、才子俠女，凡可稱人物者，無不狂狷。「不得中行而與之，必也狂狷乎！狂者進取，狷者有

所不為。」即儒者學為聖賢，亦皆必自狂狷入，以防學為鄉愿、學為陋儒。自今日言之，唯狂與狷，可抗時俗之「貪染、殘酷、愚癡、污穢、卑屑、悠忽、雜亂」，使生命屹立。生命屹立，乃知自由可貴，在人類當前之自由與奴役之大抉擇中，不疑不懼，以個人生命之尊嚴，迴向人類生命之尊嚴。

熊先生在北大發獅子吼，自是狂者。唐先生自況近乎狷者，而稱牟先生有狂者氣象。徐先生之大勇，世所切知，當屬狂者。梁先生主「含蓄」，或近乎狷。然如實言之，諸先生皆能狂而有狷，狷而帶狂，亦狂亦狷，在狂狷中把真生命一一屹立於時代的中流，以證華族文化仍保其原始生命之強靭與原始智慧之光華。

或曰：狂非妄蕩，狷非萎縮，故真狂必狷，真狷亦狂，此乃辯證的一致，諸先生的生命格範生命風姿，誠可作存在的啟示。美哉斯言！學者有幸，可以景從。

（原載 1982 年《百姓》半月刊。）

第十七章

深情宗子，儒哲典範
——（在「牟宗三先生追悼會」上所致悼詞）

今天，我們懷着沉痛的心情悼念牟宗三老師。牟先生一直是新亞研究所的導師。身為一代大哲宗師，牟先生屬於中國和世界；身為文化精神之巨人，牟先生屬於人類和歷史；而今，牟先生走進歷史，讓歷史獲得先生這柱永恆的理性光明。但先生既選擇了新亞作道場，在此講學著書以至終老，則先生與新亞有大情；我們研究所同學悚然敬謹聽受先生教誨，珍惜先生生前的每一天，今對先生之逝，不能不有大痛！

一

牟先生自 1960 年來港，即擇居於新亞校旁街道一棟唐樓之四樓。三十多年來，先生以新亞為基地，來往於港台兩地，邊講邊寫，完成了至少十九部著述。以《才性與玄理》、《心體與性體》、《佛性與般若》等巨構疏通中國哲學慧思，使中國哲學能哲學地建立，哲學地開展；

今後言中國哲學者豈能不折中於此諸皇皇巨構。又以《智的直覺與中國哲學》、《現象與物自身》、《圓善論》等專著會通中西哲學，盡西方知慧之內蘊與思辨之工巧，以補中國思解之虛歉，正示「圓融不可以徒講，平實不可以苟得」，亦所以彰顯中國智慧之圓而神與西方思解之方以智；今後言中西會通以期有新哲學者，豈能不正視先生所提示之典範與前途。先生在晚年更一鼓作氣，完成了康德三大批判之全部中譯與評註，先生自言「其功不下於玄奘、羅什之譯唯識與智度」。代表西方心靈之康德哲學經先生一枝筆得完整呈現於國人之前，並藉先生精微透闢之評註，開展了一場東西方最高哲學心靈之對談，而康德有幸焉；今後言「典範遞移」與哲學對話以引生新基源新典範者，豈能不深致其讚歎於先生這枝筆。牟師每書之蘊醞發皇，即在課堂上先示新義，研究所同學得躬逢其盛，親承音容。一些「牟宗三哲學」的語言與重要觀念，如「實有型態」與「境界型態」、「縱貫縱說」與「縱貫橫說」、「分別說」與「非分別說」、「執的存有論」與「無執的存有論」、「現象與物自身之超越區分」與「智的直覺」、「即存有即活動」與「存有而不活動」、「實現之理」與「存在之理」、「外延真理」與「內容真理」、「自由無限心之自我坎陷」與「一心開二門」、……遂成為同學日常語彙，迴響於走廊梯間、飯堂茶肆；待一年半載，新書出版，才無遠弗屆，長久迴響於有關中國哲學以至世界哲學之思考中。

二

　　先生在香港的這些著作與先生早年在中國內地完成的《認識心之批判》，及在台灣地區完成的「新外王三書」等著作，一脈貫通，激揚古今，平正中西，波瀾壯闊，而為大成，顯示了曠世的哲學智慧和儒者的覺情悲懷。又因着中國智慧傳統之深厚和時代之遭逢巨變，這種曠世的知慧與覺情悲懷不免漸趨昂揚，要求凝塑這個時代的「士」的格範。前既有熊十力先生之狂者之憤悱，則牟先生之狂者的灑然，當來

自先生「企向混沌」、「落寞而不落寞」之原始氣性。但時代太沉落、家國太不堪，先生的曠世的哲慧與覺情悲懷不免於苦，不免於「苦怖嘆三昧」，不免於孤峭、冷峻，也就不免於灑然嫵媚。證苦證悲證覺，先生說：須有「大的情感」、「大的理解」、「大的行動」，否則一無所是。三千年國魂文命，豈能沒有幾個深情宗子盡忠盡義，護持光大。既有熊、梁諸先輩，繼有唐、徐、牟諸子出，而有「當代新儒家」之名；「民國儒林」於焉有傳（徐復觀先生嘗沉痛謂：民國下來沒有「儒林傳」，只有「變態的儒林傳」）。然而諸子一一殂落；近十多年，祗牟師碩果僅存，天以夫子為木鐸，曠野中有人聲。聲光遠播，感召四海。儒門淡泊如故但不寂寞，晚輩青年多有景從，既受諸子啟動沾溉，更得牟師指點提撕，卓然自立者眾；交相輝映，有九零年第一屆當代新儒學國際大會之召開，以後每兩年舉行，迄今已開三屆，第四屆亦在籌劃中。中國文化雖仍在危疑之時代，但已「一陽來復」、「復其見天地之心」。牟師在九二年台北召開的第二屆新儒學大會的開幕演講中，回顧一甲子以來實證的「徹底的唯心論」終於克服虛無的唯物論，並宣告中國文化發展的大綜和時代之來臨：「我們要求一個大綜和，是根據自己的文化生命的命脈來一個大綜和，是要跟西方希臘傳統所開出的科學、哲學，以及西方由各種因緣而開出的民主政治來一個大結合。」哲學的勝利是哲學家最高的安慰，先生既欣喜於國族人心從今或可擺脫魔難，走向正途，先生可以無憾矣！我敬輓夫子曰：

> 三千年國魂文命，深情宗子，激揚古今；
> 廿餘冊哲理典範，思想巨擘，平正中西。

三

先生在新亞二十多年，天光道上這片福地集合了幾位文化巨人，此事，實不可思議，亦非偶然。「新亞精神」，原是要延續中國文化的

命脈於海外，為中國文化「存亡繼絕，返本開新」（君毅師語）；在教學上，老師學生「精神上互相契洽，即以導師之全人格及其生平學問之整個體系為學生作親切之指導」（錢穆先生語）；草創時期之艱苦困乏，亦當依前二義而顯真意義，真性情。總其三義，牟先生實是新亞精神之總持的表現者。自錢先生退休，唐、徐等先生辭世之後，敬惟先生之風範，是真可告無愧於孔子所立之典型，以及其摯友唐君毅先生等新亞創辦人。然先生固不以為在表現甚麼精神，我們同學亦從不認為先生在表現甚麼精神。先生只是誠樸、率性、灑然，在學問上非常嚴格，有時不免兇猛。我從學於先生多年，知道先生「不藏怒焉，不宿怨焉」，當下即是，故會訓人，然常稱道人。先生從不討好學生，不喜浮泛不切之東拉西扯，更厭惡昏沉掉舉之衰象。牟師常道：慧命之能否相契相續，遇不遇其師，得不得其友，此中有存在的呼應而不可思議。但牟師最得學生緣，最多真學生，卻無絲毫不可思議；只因牟師單純瑩徹，即之令人悚然敬謹聽受，沐浴其言，習氣全消。然孔子言：事君難、事親難、妻子難、朋友難、耕難，君子焉可息哉！熊十力常謂為人不易，為學艱難。牟師於此有蒼涼之觸着，然皆以難而不難，不易而易處之。

初夏，新亞圓亭旁邊四棵高大的鳳凰木花爛映發，覆了半邊校園。先生總是指着說：這是新亞精神、是蘊蓄既久之靈氣的爆發。傍晚，先生喜歡一個人沿着學校後面山徑，一路走到宋王台公園，柱杖佇立，觀看那遺刻「宋王台」三個大字的黃花巨石，直至啟德機場上空收去最後的落霞。我偶有陪先生散步，我隱約感到先生那份哲人的鄉愁——文化的鄉愁。

願先生安息！

（1995 年 5 月 7 日，新亞研究所、香港中文大學新亞書院、香港中文大學哲學系合辦「牟宗三先生追悼會」，本人代表新亞研究所師生致悼辭。）

附錄：
牟宗三先生逝世週年紀念座談會之〈引言〉及〈結語〉

引言

　　牟先生離開我們一年了。研究所師生為紀念牟先生，特地舉辦這次座談會。

　　春溫秋肅，一年來我們對牟先生的感念與日俱增。在座各位多曾親炙先生，今天聚首一堂，思念交匯，動感幽明，千頭萬緒。然先生首先是一代哲人，我們亦可從先生的哲學說起。我因此想到三點：一、先生重建中國哲學，有所借用於西方哲學，更多所借用於康德，有謂先生此舉對中國哲學之實踐的形態，或有減損，或不適當。是否如此？希大家有所辯正。二、先生的時代感特強，依此，先生對時代問題常有即時直截之論，體經用史，發聾振瞶。猶記先生最後離別香港前兩天，還從家裏帶着份報紙來研究所找學生談一則時評的用辭。具見先生之為哲學家，是一存在的智者和時代的諍友。思辨理性之冷正為感觸憂患之熱。我們如何回應先生這方面的關懷，亦希大家就此有所發言。三、先生剛逝，新亞圓亭一棵大鳳凰樹忽然凋落，至今枯槁。我每經過都怵惕驚懼，觸景傷懷。新亞研究所一直以唐牟精神為無形之指引，近年更借牟先生之大名在社會上起作用。今先生遽逝，大樹凋零，研究所一向堅持之文化理想與學術品格，是其使命亦是其存在的意義與前途，此自無疑，然同學對研究所之未來不能釋懷，今亦可藉此發表意見。

　　座談會今請得師長輩的唐先生、陳先生、方先生為主講，三位先生對牟先生的學問人格有深入了解，唐先生、陳先生更是新亞最早期的學生。三位的出席，使座談有了重心。以下先請三位主講發言，然後自由發言。

結　語

很多同學都希望發言，但時間不早了。從諸位發言，可以證明牟先生學問人格的光芒和意義。先生之重建中國哲學，因非如此不能重建學統，喚醒國魂；非如此不能為生命立理想以貞定生命、力挽狂瀾。先生之開新外王，建讜論、斥邪僻，正是仁者之大智大勇。先生為人立言之坦然無曲，亦正為挑破這昏沈的時代，向混濁投一光明。先生奮鬥了一生，晚年愈加思念家國鄉土，孺慕父母，懷想兄姊，慈愛子孫，道福深沉；這從先生的孫女牟鴻卿剛從山東家鄉帶出來的二十多封舊家書可以看到，亦從先生之四十年首次回深圳探望孫女可以知道。這一切，豈能幽明永隔。今後，大家當更關心新亞研究所的存在與前途，「二三子何患於喪乎！天將以夫子為木鐸。」牟先生的精神將與各位在一起。

（1996 年 4 月 28 日，主持新亞研究所紀念牟先生逝世週年座談會之發言。鄧振江記錄。）